Die Besteuerung hybrider Finanzinstrumente

Schriften zum Steuer-, Rechnungs- und Finanzwesen

Herausgegeben von Prof. Dr. Michael Wehrheim,
Philipps-Universität Marburg

Band 4

PETER LANG
Frankfurt am Main · Berlin · Bern · Bruxelles · New York · Oxford · Wien

Haiko Krause

Die Besteuerung hybrider Finanzinstrumente

PETER LANG
Europäischer Verlag der Wissenschaften

Bibliografische Information der Deutschen Nationalbibliothek
Die Deutsche Nationalbibliothek verzeichnet diese Publikation in der Deutschen Nationalbibliografie; detaillierte bibliografische Daten sind im Internet über <http://www.d-nb.de> abrufbar.

Zugl.: Marburg, Univ., Diss., 2005

D 4
ISSN 1610-983X
ISBN 3-631-54473-1

www.peterlang.de

Geleitwort

Bedingt durch verschiedene Einflussfaktoren, wie z.B. deregulatorische Tendenzen, volatile wirtschaftliche Rahmenbedingungen und finanztheoretischer Erkenntnisfortschritt, sind an den Finanzmärkten eine Vielzahl neuartiger Kapitalanlage- und -aufnahmemöglichkeiten für die Marktteilnehmer entstanden. Neben den jeweiligen Vorteilen der klassischen Finanzierungskomponenten Eigen- und Fremdkapital werden in derartige innovative Finanzprodukte zunehmend auch derivative Elemente wie Optionen oder Forwards integriert. Aufgrund dieses Mischcharakters von einzelnen Finanzierungsbausteinen werden solche Finanzprodukte auch als hybride Finanzinstrumente bezeichnet.

Durch die Möglichkeit der maßgeschneiderten Anpassung hybrider Finanzinstrumente resultiert ein breites Spektrum potenzieller Einsatzmöglichkeiten und daraus entstehender risikopolitischer, bilanzpolitischer und nicht zuletzt steuerlicher Vorteile. Aufgrund des Mischcharakters dieser Instrumente entstehen jedoch neben komplexen außersteuerlichen Problemstellungen besondere Herausforderungen im Bereich der nationalen und internationalen Ertragsbesteuerung. Die gegenwärtige Besteuerung hybrider Finanzinstrumente ist deshalb häufig unsystematisch, geprägt von Einzelfallregelungen für bestimmte Instrumente, teilweise wird die Steuerbelastung – wenn es überhaupt zu einer solchen kommt – in das Ermessen des Steuerpflichtigen gestellt oder es treten bei grenzüberschreitendem Einsatz Probleme auf, die die Steuerrechtsordnungen der beteiligten Staaten auf eine große Belastungsprobe stellen.

Die vorliegende Arbeit stellt eine theoretisch äußerst fundierte Auseinandersetzung mit den Grundproblemen der Besteuerung hybrider Finanzinstrumente für den Bereich des Privat- und des Betriebsvermögens dar. Dabei widersteht der Verfasser der Versuchung, zu detailliert auf einzelne Finanzinnovationen einzugehen; vielmehr entwickelt der Verfasser geschickt zunächst ein Klassifikationsschema, auf welches er im Laufe der Arbeit immer wieder zurückgreifen kann bzw. welches es zudem ermöglicht, zukünftig sich entwickelnde Finanzinstrumente mühelos zu integrieren. Auch die Frage der Besteuerung hybrider Finanzinstrumente wird in systematischer Weise angegangen: Ausgehend von einem Referenzsystem einer sachgerechten Besteuerung hybrider Finanzinstrumente wird ein Abgleich zur gegenwärtigen nationalen bzw. internationalen Besteuerung derartiger Finanzprodukte vorgenommen. Auf beiden Ebenen bleibt es jedoch nicht bei einer Gegenüberstellung; vielmehr erarbeitet der Verfasser ein sachgerechtes Steuersystem für hybride Finanzinstrumente gemäß des eingangs entwickelten Klassifikationsschemas. Hervorzuheben ist hierbei zudem, dass der Verfasser im Rahmen der vorliegenden Arbeit finanzwissenschaftliche, bankspezifische und Problembereiche der Betriebswirtschaftlichen Steuerlehre miteinander verknüpft und so eindrucksvoll sein breites Wissen dokumentiert. Es ist davon auszugehen, dass die vorliegende Arbeit nicht nur einen beträchtlichen theoretischen Erkenntnisgewinn liefert, sondern darüber hinaus auch praktische Fragestellungen erheblich befruchten wird.

StB Prof. Dr. Michael Wehrheim

Vorwort

Die vorliegende Arbeit wurde unter dem Titel „Die Besteuerung hybrider Finanzinstrumente“ im Mai 2005 vom Fachbereich Wirtschaftswissenschaften der Philipps-Universität in Marburg als Dissertation angenommen. Sie entstand während meiner dortigen Tätigkeit als Mitarbeiter am Lehrstuhl für Allgemeine Betriebswirtschaftslehre und Betriebswirtschaftliche Steuerlehre.

Im Rahmen meines Promotionsprojektes habe ich von vielen Seiten Unterstützung erfahren. Mein Dank hierfür gebührt an erster Stelle Herrn StB Prof. Dr. Michael Wehrheim, meinem verehrten Doktorvater, für die hervorragende wissenschaftliche Betreuung. Das von ihm entgegengebrachte persönliche Vertrauen und die exzellenten Arbeitsbedingungen an seinem Lehrstuhl haben darüber hinaus wesentlich zu einem erfolgreichen Abschluss der Arbeit beigetragen. Ferner danke ich ihm für die Aufnahme in die Schriften zum Steuer-, Rechnungs- und Finanzwesen. Herrn Prof. Dr. Lars P. Feld danke ich für die Übernahme des Zweitgutachtens und seine stetige Diskussionsbereitschaft.

Meinen Kollegen am Lehrstuhl danke ich nicht nur für kritische Fragen und wertvolle Anregungen zur vorliegenden Thematik, sondern auch für eine überaus angenehme Zusammenarbeit. Hervorheben möchte ich in diesem Zusammenhang Herrn StB Dr. Gerrit Adrian, Herrn Dipl.-Kfm. Matthias Gehrke, Herrn Dipl.-Kfm. Thomas Lenz und Herrn Dipl.-Kfm. Pascal Schäfer-Elmayer.

Für die großzügige Unterstützung möchte ich ferner der Ernst & Young AG Wirtschaftsprüfungsgesellschaft herzlich danken. Mein Dank gilt hier insbesondere den Herren RA/StB Dr. Felix Klinger, WP/StB Wolfgang Oho und StB Bernd Schmitt.

Uneingeschränkten Zuspruch erhielt ich überdies von meinen Eltern und der gesamten Familie, die mir eine gute Ausbildung ermöglichte und in vielfacher Hinsicht mit Rat und Tat zur Seite stand. Besonders herzlich möchte ich meiner Frau Doreen für ihr Verständnis und ihre Hilfe danken, die sie mir in der Entstehungsphase dieser Arbeit entgegen brachte. Meiner gesamten Familie ist diese Arbeit in großer Dankbarkeit und Wertschätzung gewidmet.

Inhaltsverzeichnis

Abkürzungsverzeichnis

a.A.	anderer Ansicht
Abs.	Absatz
Abt.	Abteilung
AER	American Economic Review (Zeitschrift)
AG	Aktiengesellschaft
AktG	Aktiengesetz
Anm.	Anmerkung
AO	Abgabenordnung
Art.	Artikel
AStG	Gesetz über die Besteuerung bei Auslandsbeziehungen (Außensteuergesetz)
Aufl.	Auflage
BB	Betriebs-Berater (Zeitschrift)
Bd.	Band
BFA	Bankenfachausschuss
BFH	Bundesfinanzhof
BFuP	Betriebswirtschaftliche Forschung und Praxis (Zeitschrift)
BGBl.	Bundesgesetzblatt
BGH	Bundesgerichtshof
BMF	Bundesminister(ium) der Finanzen
BStBl.	Bundessteuerblatt
BT-Drs.	Bundestag-Drucksache
BverfG	Bundesverfassungsgericht
bzw.	beziehungsweise
DB	Der Betrieb (Zeitschrift)
DBA	Doppelbesteuerungsabkommen
d.h.	das heißt
Diss.	Dissertation
DStR	Deutsches Steuerrecht (Zeitschrift)
DStRE	Deutsches Steuerrecht Entscheidungsdienst (Zeitschrift)
DStZ	Deutsche-Steuerzeitung (Zeitschrift)
DStZ/A	Deutsche-Steuerzeitung Ausgabe A (Zeitschrift)

EFG	Entscheidungen der Finanzgerichte (Zeitschrift)
ErbStB	Der Erbschaft-Steuer-Berater (Zeitschrift)
EStG	Einkommensteuergesetz
EStR	Einkommensteuer-Richtlinien mit Hinweisteil
e.V.	eingetragener Verein
FA	Finanzarchiv (Zeitschrift)
FAZ	Frankfurter Allgemeine Zeitung
FB	Finanzbetrieb (Zeitschrift)
ff.	fortfolgend
FG	Finanzgericht
FGO	Finanzgerichtsordnung
FR	Finanz-Rundschau (Zeitschrift)
GewStG	Gewerbesteuergesetz
GewStR	Gewerbesteuer-Richtlinien
GG	Grundgesetz
GmbH	Gesellschaft mit beschränkter Haftung
GmbHR	GmbH-Rundschau (Zeitschrift)
GrS	Großer Senat
H	Hinweis
Habil.	Habilitationsschrift
h.c.	honoris causa
HdF	Handbuch der Finanzwissenschaft
HdWW	Handwörterbuch der Wirtschaftswissenschaft
HGB	Handelsgesetzbuch
Hrsg.	Herausgeber
HWF	Handwörterbuch des Bank- und Finanzwesens
IASB	International Accounting Standards Board
IDW	Institut der Wirtschaftsprüfer
i.e.S.	im engeren Sinne
INF	Die Information über Steuer und Wirtschaft (Zeitschrift)
InvStG	Investmentsteuergesetz
IStR	Internationales Steuerrecht (Zeitschrift)
i.V.m.	in Verbindung mit
IWB	Internationale Wirtschafts-Briefe (Zeitschrift)
JbFSt	Jahrbuch der Fachanwälte für Steuerrecht

Jr.	Junior
KG	Kommanditgesellschaft
KoR	Zeitschrift für kapitalmarktorientierte Rechnungslegung (Zeitschrift)
KStG	Körperschaftsteuergesetz
KStR	Körperschaftsteuer-Richtlinien
KWG	Gesetz über das Kreditwesen
LEPO	Low Exercise Price Option
MA	Musterabkommen
m.E.	meines Erachtens
m.w.N.	mit weiteren Nachweisen
n.F.	neue(r) Fassung
Nr.	Nummer
NTJ	National Tax Journal (Zeitschrift)
NWB	Neue Wirtschafts-Briefe (Zeitschrift)
OECD	Organization for Economic Cooperation and Development
OFH	Oberster Finanzgerichtshof
OHG	Offene Handelsgesellschaft
o.J.	ohne Jahr
OTC	over the counter
o.V.	ohne Verfassser
PIStB	Praxis Internationale Steuerberatung (Zeitschrift)
R	Richtlinie
RAO	Reichsabgabenordnung
RFH	Reichsfinanzhof
RGBl.	Reichsgesetzblatt
RIW	Recht der Internationalen Wirtschaft (Zeitschrift)
RStBl.	Reichssteuerblatt
Rz.	Randzahl, Randziffer
S.	Satz/Seite
SolzG	Solidaritätszuschlaggesetz
Sp.	Spalte

StAnpG	Steueranpassungsgesetz
StB	Der Steuerberater (Zeitschrift)
Stbg.	Die Steuerberatung (Zeitschrift)
StbJb	Steuerberater-Jahrbuch
SteuerStud	Steuer und Studium (Zeitschrift)
StuB	Steuern und Bilanzen (Zeitschrift)
StuW	Steuer und Wirtschaft (Zeitschrift)
u.a.	und andere
UmwStG	Umwandlungssteuergesetz
Univ.	Universität
US	United States
USA	United States of America
UStG	Umsatzsteuergesetz
u.U.	unter Umständen
vgl.	vergleiche
VIOB	Variable Interest Option Bond
WiSt	Wirtschaftswissenschaftliches Studium (Zeitschrift)
WM	Wertpapier-Mitteilungen (Zeitschrift)
WPg	Die Wirtschaftsprüfung (Zeitschrift)
z.B.	zum Beispiel
ZBB	Zeitschrift für Bankrecht und Bankwirtschaft (Zeitschrift)
ZfB	Zeitschrift für Betriebswirtschaft (Zeitschrift)
ZfbF	Zeitschrift für betriebswirtschaftliche Forschung (Zeitschrift)
ZIP	Zeitschrift für Wirtschaftsrecht (Zeitschrift)

Abbildungsverzeichnis

Tabellenverzeichnis

Symbolverzeichnis

a_0	Anschaffungsauszahlung in Periode 0
a_t	Auszahlungen in Periode t
d_t	Einzahlungsüberschuss in Periode t
e_t	Einzahlungen in Periode t
i	Kalkulationszinssatz
K_0	Kapitalwert in Periode 0
K_0^s	Kapitalwert in Periode 0 bei Berücksichtigung von Ertragsteuern
n	Anzahl von Perioden
s	Ertragsteuersatz allgemein
s_{est}	Einkommensteuersatz
s_{gewst}	Gewerbesteuersatz
s_{kist}	Kirchensteuersatz
s_{solz}	Solidaritätszuschlag
t	Zeitindex allgemein

1. Einleitung

1.1 Problemstellung

Die Deregulierung der Märkte auf internationaler Ebene und komplexe, aber auch äußerst volatile wirtschaftliche Rahmenbedingungen haben in Verbindung mit technischen Neuerungen und finanztheoretischen Erkenntnissen zu einer Vielzahl neuartiger Kapitalanlage- und -aufnahmemöglichkeiten für die Marktteilnehmer geführt. Die dynamische Entwicklung dieser so genannten Finanzinnovationen[1] kann eindrucksvoll an den stetig steigenden Transaktionsvolumina des Teilsegments derivativer Finanzprodukte beobachtet werden. So ist der von der Bank für Internationalen Zahlungsausgleich erfasste Gesamtumsatz Börsen gehandelter Finanzderivate 2001 um 55%, 2002 um 17% und 2003 um 26% gestiegen.[2] Einhergehend mit dem Boom von Derivaten wurden verstärkt Finanzinstrumente neu konzipiert, die nicht nur die situationsabhängigen Vorteile der klassischen Finanzierungskomponenten Eigen- und Fremdkapital kombinieren, sondern zunehmend auch Elemente des Terminmarkts in die Produktgestaltung integrieren. Derartige Finanzinstrumente werden wegen ihrer Zwitterstellung bzw. des Mischcharakters als hybride Finanzinstrumente[3] bezeichnet.

Aus dem breiten Spektrum an Erscheinungsformen und der Möglichkeit der maßgeschneiderten Anpassung hybrider Finanzinstrumente resultieren sowohl aus Investorensicht als auch für Kapital aufnehmende Wirtschaftssubjekte vielfältige Einsatzmöglichkeiten. So sind neben allgemeinen wirtschaftlichen, risikopolitischen, zivilrechtlichen und bilanzpolitischen Zielsetzungen insbesondere

---

1 Vgl. zu einem Überblick der Entstehung von Finanzinnovationen van Horne, James C., Of financial innovations and excesses, in: The Journal of Finance 1985, S. 621-631.

2 Vgl. Bank für Internationalen Zahlungsausgleich, Quartalsbericht März 2004, S. 47, in: http://www.bis.org/publ/qtrpdf/r_qt0403ger.pdf, abgerufen am 07.03.2004.

3 Die Begriffe hybrides Finanzinstrument, hybrides Finanzierungsinstrument, hybride Finanzierungsform, hybrides Instrument und Hybride werden im Folgenden synonym verwendet.

steuerliche Motive ausschlaggebend für das wachsende Interesse an diesen Produkten.[4]

Die flexible Ausgestaltung hybrider Finanzinstrumente ermöglicht ein effizientes Management finanzwirtschaftlicher Risiken. Investoren sind mit diesen Instrumenten in der Lage, entsprechend ihren individuellen Präferenzen Rendite-Risiko-Profile zu konzipieren, die ansonsten nicht oder nur mit wesentlich höheren Transaktionskosten zu erreichen wären.[5] Auch wenn es um die Finanzierung klein- und mittelständischer Unternehmen geht, die zur Erweiterung bestehender wachstumsstarker Bereiche neues Risikokapital benötigen, kommen hybride Finanzierungsformen zum Einsatz und werden dann häufig als Mezzanine-Capital bezeichnet.[6] Mezzanine-Finanzierungen berücksichtigen insbesondere die zwischen Kapitalgeber und -nehmer bestehenden komplexen Anreiz- und Kontrollprobleme, indem beispielsweise Fragen von Mitentscheidungskompetenz, Haftung und Gewinnbeteiligung individuell geregelt werden. In der grenzüberschreitenden Finanzierung im Konzernverbund haben hybride Finanzinstrumente einen ebenso hohen Stellenwert, weil diese die Handhabung von Wechselkursrisiken, restriktiven Erwerbs- bzw. Gewinntransferregeln von Transformationsländern oder anderer Risiken des Auslandsmarkts erleichtern.[7]

Hybride Finanzinstrumente eignen sich hervorragend zur Erreichung bilanzpolitischer Ziele, indem z.B. bestimmte Kennzahlen der Jahresabschlussanalyse zweckentsprechend beeinflusst werden.[8] So kann unter dem Gesichtspunkt der stärkeren Bonitätsgewichtung bei Kreditvergabeentscheidungen der Banken –

---

4 Vgl. zu einem Überblick der verschiedenen Motive für den Einsatz hybrider Finanzinstrumente Herzig, Norbert, Thema I: Hybride Finanzinstrumente im nationalen und internationalen Steuerrecht, in: IStR 2000, S. 482-485, hier: S. 483.

5 Vgl. Funk, Thomas E., Hybride Finanzinstrumente im US-Steuerrecht, in: RIW 1998, S. 138-145, hier: S. 139.

6 Vgl. zur Mezzanine-Finanzierung Nelles, Michael/Klusemann, Markus, Die Bedeutung der Finanzierungsalternative Mezzanine-Capital im Kontext von Basel II für den Mittelstand, in: FB 2003, S. 1-10.

7 Vgl. Jacobs, Otto H., Steuerliche Vorteilhaftigkeit des Einsatzes von Eigen- oder Fremdkapital bei der internationalen Konzernfinanzierung, in: StuW 1996, S. 26-42, hier: S. 34/35.

8 Vgl. zur Jahresabschlussanalyse Wehrheim, Michael/Schmitz, Thorsten, Jahresabschlussanalyse, Stuttgart/Berlin/Köln 2001 und Wehrheim, Michael/Krause, Haiko, Jahresabschlussanalyse: Fallstudie – TELECOMMUNICA AG, in: Internationale Rechnungslegung, Prüfung und Analyse, Brösel, Gerrit/Kasperzak, Rainer (Hrsg.), München 2004, S. 572-592.

Stichwort „Basel II"[9] – eine Erhöhung der Gliederungskennzahl Eigenkapitalquote für Unternehmen geboten sein, die durch dem Eigenkapital zuzurechnende hybride Finanzierungsmaßnahmen – z.B. Genussrechte – erreichbar ist. Eine andere Möglichkeit der gezielten Einflussnahme auf die Eigenkapitalquote ergibt sich aus hybriden off-balance-sheet-Finanzierungen, bei denen durch die Kombination bestimmter derivativer Finanzinstrumente Mittelaufnahmen bilanzunwirksam und damit im Wesentlichen nicht Fremdkapital erhöhend generierbar sind.[10]

Als ein entscheidendes Motiv für die Entstehung und den Einsatz neuartiger hybrider Finanzinstrumente wird die Erzielung steuerlicher Vorteile angesehen.[11] Steuern sind für Unternehmen und Privatpersonen eine finanzielle Belastung, die unter betriebswirtschaftlichen Gesichtspunkten zu minimieren bzw. unter zeitlichen Aspekten zu optimieren ist. Aufgrund der außerordentlich flexiblen Anpassung und des daraus resultierenden Mischcharakters hybrider Finanzinstrumente bieten sich hierzu den Steuerpflichtigen vielfältige Möglichkeiten an. Prinzipiell werden Steuerpflichtige auf legalem Weg versuchen, Unterschiede in der nationalen und internationalen Besteuerung von wirtschaftlich vergleichbaren Investitions- und Finanzierungsmaßnahmen bei ihren Entscheidungen zu berücksichtigen. So werden einerseits Produkte konstruiert, um im deutschen Steuerrecht die auf quellentheoretischem Gedankengut beruhenden steuerlichen Belastungsunterschiede zwischen § 20 EStG[12] und § 23 EStG für Privatanleger auszunutzen;[13] andererseits versuchen Bilanzierungspflichtige nach HGB[14] bzw. EStG, nach § 8b Abs. 1 und 2 KStG[15] annähernd steuerfreie anstatt „regulär" besteuerte Ein-

---

9 Vgl. zu „Basel II" und den damit verbundenen Auswirkungen auf Unternehmen Nelles, Michael/Klusemann, Markus, Die Bedeutung der Finanzierungsalternative Mezzanine-Capital im Kontext von Basel II für den Mittelstand, in: FB 2003, S. 1-10.

10 Vgl. Häuselmann, Holger, Besteuerungsprobleme und Gestaltungsüberlegungen beim grenzüberschreitenden Einsatz von Finanzinnovationen im Banksektor, in: Handbuch der internationalen Steuerplanung, Grotherr, Siegfried (Hrsg.), Herne/Berlin 2000, S. 795-815, hier: S. 802-804.

11 Vgl. Miller, Merton H., Financial innovations and market volatility, Cambridge/Oxford 1991, S. 5, der neben Steuern auch andere gesetzlich kodifizierte Regelungen benennt.

12 Siehe: Einkommensteuergesetz 2002, in der Fassung der Bekanntmachung vom 19.10.2002, veröffentlicht in: BGBl. I 2002, S. 4210, ber. in: BGBl. I 2003, S. 179, in: Steuergesetze, Stand: 01.01.2004, München 2004.

13 Vgl. hierzu mit zahlreichen Beispielen Harenberg, Friedrich E./Irmer, Gisbert, Die Besteuerung privater Kapitaleinkünfte, 3. Aufl., Herne/Berlin 2003, S. 369-493.

14 Siehe: Handelgesetzbuch vom 10.05.1897, veröffentlicht in: RGBl. 1897, S. 219, in: Wirtschaftsgesetze, Stand: 01.03.2004, München 2004.

15 Siehe: Körperschaftsteuergesetz 2002, in der Fassung der Bekanntmachung vom 15.10.2002, veröffentlicht in: BGBl. I 2002, S. 4144, in: Steuergesetze, Stand: 01.01.2004, München 2004.

künfte zu erzielen.[16] Darüber hinaus besteht für ökonomisch Denkende und Handelnde ein Anreiz, steuerlich belastende Vorschriften durch Vertragsgestaltungen zu umgehen oder die Tatbestände steuerlich günstig wirkender Vorschriften in diesem Sinne gezielt herbeizuführen. Dies wird getan, wenn unter Risikonutzenaspekten die mögliche Strafe für einen missbräuchlichen Umgehungsversuch geringer ist, als der aus der Gestaltung resultierende steuerliche Nutzen.

Mit dem umfangreichen Einsatzpotenzial hybrider Finanzinstrumente aus betriebswirtschaftlicher Perspektive korrelieren allerdings auch komplexe außersteuerliche und steuerliche Problemstellungen, die Theorie und Praxis vor große Herausforderungen stellen.[17] Hinsichtlich des im Rahmen dieser Untersuchung im Mittelpunkt stehenden steuerlichen Bereichs ist z.B. Folgendes zu hinterfragen: Sind hybride Finanzinstrumente als Eigen- oder Fremdkapital zu besteuern? Handelt es sich um reguläre oder zu begünstigende Veräußerungsgewinne? Liegt nicht bereits ein Termingeschäft vor? Wenn ja, ist dieses ein unbedingtes oder ein bedingtes Geschäft? Sollen Finanzinstrumente als Einheit oder in ihre Bestandteile zerlegt besteuert werden? Wie sind durch Duplizierung zustande gekommene synthetische Positionen zu besteuern?

Der Auszug möglicher Problemstellungen deutet jedoch noch auf Fragen einer ganz anderen Ebene hin. Aufgrund der Komplexität des Steuerrechts sind für oben angesprochene Steuerarbitragestrategien auf Basis hybrider Instrumente umfangreiche Kenntnisse der Steuerwirkungs- und -gestaltungslehre notwendig, so dass letztlich der schlecht oder nicht Beratene unnötig eine höhere Steuerlast zu tragen hat und insofern Steuern zu „Dummensteuern" degenerieren.[18] Wenn wirtschaftlich vergleichbare Sachverhalte wegen des Mischcharakters hybrider Finanzinstrumente und damit verbundenen Einordnungsschwierigkeiten zu steuerlich verschiedenen Belastungsunterschieden führen, ist zu hinterfragen, inwieweit dies mit allgemeinen Gerechtigkeitsvorstellungen des Gleichheitsgrundsatzes des Art. 3 Abs. 1 GG[19] in Übereinstimmung gebracht werden kann. Ist zur Beurteilung derartiger Fälle ein Rückgriff auf die wirtschaftliche Betrach-

16 Vgl. Häuselmann, Holger/Wagner, Siegfried, Grenzen der Einbeziehung von Aktienderivaten in das Halbeinkünfteverfahren, in: BB 2002, S. 2170-2175.

17 Vgl. zu einem Überblick Herzig, Norbert, Thema I: Hybride Finanzinstrumente im nationalen und internationalen Steuerrecht, in: IStR 2000, S. 482-485.

18 Vgl. m.w.N. auch zum Begriff von „Dummensteuern" Lang, Joachim, in: Tipke/Lang, Steuerrecht, § 1 Rz. 49.

19 Siehe: Grundgesetz für die Bundesrepublik Deutschland vom 23.05.1949, veröffentlicht in: BGBl. 1949, S. 1, in: Deutsche Gesetze, Stand: 10.12.2003, München 2004.

tungsweise bzw. die spezielle Missbrauchsvorschrift des § 42 AO[20] zweifelsfrei möglich? Eng verbunden mit juristischen Aspekten und allgemeinen Gerechtigkeitswertungen sind finanzwissenschaftliche Fragestellungen zur Effizienz von Steuersystemen[21] und möglichen Wohlfahrtsverlusten bei verzerrenden Steuern. Damit ist übergeleitet auf die Thematik von Optimalsteuersystemen, den diesen zugrunde liegenden theoretischen Modellen, deren Realitätsnähe und den daraus folgenden Konsequenzen zur Lösung für bislang noch ungeklärte ertragsteuerliche Fragen im Rahmen hybrider Finanzinstrumente.

Wenn – wie gezeigt wurde – aus dem Einsatz von hybriden Finanzinstrumenten betriebswirtschaftliche, juristische und finanzwissenschaftliche Problembereiche resultieren, erscheint es ungeeignet, den Fokus der Betrachtung ausschließlich auf die Klärung bestehender Besteuerungsprobleme einzelner hybrider Finanzinstrumente im gegenwärtigen nationalen Ertragsteuerrecht zu richten. Einerseits wären mögliche gewonnene Erkenntnisse durch den Aktionismus des Steuergesetzgebers schnell wieder überholt, und zum anderen würden von den Marktteilnehmern wieder neue Finanzierungsmischformen konzipiert, deren Besteuerung auf Basis einer solchen Herangehensweise ebenfalls nicht gelöst werden könnte. Überdies erscheint es wegen des nicht nur nationalen Einsatzes von hybriden Instrumenten geboten, auch internationale Besteuerungsaspekte zu untersuchen, die aus den Einordnungsschwierigkeiten hybrider Finanzinstrumente in die jeweiligen Verteilungsnormen der Doppelbesteuerungsabkommen resultieren. Dieses erfolgt – dem generellen Ansatz entsprechend – anhand des OECD-MA´s[22]. Aus den genannten Gründen ist das Ziel dieser Untersuchung, einen eher generellen und theoretisch fundierten Ansatz zur Lösung der angedeuteten weitgehend ungeklärten steuerlichen Problemstellungen zu verfolgen, der zudem versucht, interdisziplinäre Aspekte angemessen einzubeziehen. Zwar wird im Verlauf dieser Arbeit auch beispielhaft die gegenwärtige Besteuerung ausgewählter

20 Siehe: Abgabenordnung 1977, in der Fassung der Bekanntmachung vom 01.10.2002, veröffentlicht in: BGBl. I 2002, S. 3866, ber. in: BGBl. I 2003, S. 61, in: Steuergesetze, Stand: 01.01.2004, München 2004.

21 Die Thematik des Wettbewerbs der Steuersysteme und dessen Wirkungen auf Gerechtigkeits- und Effizienzaspekte wird im Rahmen dieser Arbeit nicht behandelt, vgl. hierzu grundsätzlich Feld, Lars P., Steuerwettbewerb und seine Auswirkungen auf Allokation und Distribution – Ein Überblick und eine empirische Analyse für die Schweiz, Diss. Univ. St. Gallen 1999, Tübingen 2000 und Feld, Lars P./Kirchgässner, Gebhard, Vor- und Nachteile des internationalen Steuerwettbewerbs, in: Regeln für den europäischen Systemwettbewerb: Steuern und soziale Sicherungssysteme, Müller, Walter u.a. (Hrsg.), Marburg 2001, S. 21-51.

22 Siehe: OECD-Musterabkommen 2003 zur Vermeidung der Doppelbesteuerung auf dem Gebiet der Steuern vom Einkommen und vom Vermögen, in: Doppelbesteuerungsabkommen, Stand: 31.05.2004, München 2004.

Instrumente diskutiert, dies jedoch weitgehend deshalb, um die theoretisch abgeleiteten Ergebnisse anhand empirischer Besteuerungsbeispiele zu verifizieren.

1.2 Gang der Untersuchung

Zur Erreichung der im vorangegangenen Abschnitt gestellten Zielsetzung ist eine Eingrenzung des zu untersuchenden Themengebiets notwendig. Die Besteuerung hybrider Finanzinstrumente wird unter ertragsteuerlichen Gesichtspunkten gewürdigt und berücksichtigt demzufolge nur sich aus dem EStG, KStG, GewStG[23] ergebende Rechtsfolgen (die aus dem SolZG[24] resultierenden Konsequenzen werden weitgehend vernachlässigt). Zur Analyse internationaler Besteuerungsfolgen wird das OECD-MA herangezogen, dem zwar keine direkte Gesetzeskraft zukommt, dem hier aber stellvertretend für ein bestimmtes Doppelbesteuerungsabkommen fiktiver Gesetzescharakter beigemessen werden soll. Die Besteuerungsfolgen werden – soweit von der Konstruktion der Instrumente her sinnvoll – auf Kapitalanlagen und -aufnahmen einer unbeschränkt körperschaftsteuerpflichtigen deutschen Kapitalgesellschaft und aus Sicht eines unbeschränkt einkommensteuerpflichtigen deutschen Privatinvestors eingegrenzt. Angenommen wird auch, dass Fragen der Hinzurechnungsbesteuerung gemäß AStG[25] keine Anwendung finden. Aufgrund des eher generell gewählten Ansatzes erscheint ferner eine Auseinandersetzung mit branchenspezifischen Besonderheiten für Banken und Versicherungen ebenso nicht geboten, wie mit hybriden Finanzinstrumenten, die ihren Wert von bestimmten Waren oder anderen Nichtfinanzierungsmärkten ganz oder teilweise ableiten.

Die Untersuchung weist folgende strukturelle Gliederung auf: Im Anschluss an die einleitende Problemstellung und den hier beschriebenen Gang der Untersuchung werden im zweiten Kapitel die Entstehungsgründe für neuartige hybride Finanzinstrumente und deren Konstruktionsprinzipien herausgearbeitet, um darauf aufbauend ein eigenes Begriffsverständnis ableiten und das breite Spektrum der Erscheinungsformen hybrider Finanzinstrumente systematisieren zu

23 Siehe: Gewerbesteuergesetz 2002, in der Fassung der Bekanntmachung vom 15.10.2002, veröffentlicht in: BGBl. I 2002, S. 4167, in: Steuergesetze, Stand: 01.01.2004, München 2004.

24 Siehe: Solidaritätszuschlaggesetz 1995, in der Fassung der Bekanntmachung vom 15.10.2002, veröffentlicht in: BGBl. I 2002, S. 4130, in: Steuergesetze, Stand: 01.01.2004, München 2004.

25 Siehe: Gesetz über die Besteuerung bei Auslandsbeziehungen (Außensteuergesetz) vom 08.09.1972, veröffentlicht in: BGBl. I 1972, S. 1713, in: Steuergesetze, Stand: 01.01.2004, München 2004.

können. Nach dieser Charakterisierung hybrider Finanzierungsformen aus wirtschaftlicher Sicht folgt im dritten Kapitel eine Auseinandersetzung mit der Frage, wie ein Referenzsystem für eine sachgerechte Besteuerung allgemein und u.U. spezifisch für hybride Finanzinstrumente ausgestaltet sein sollte. Dieses Kapitel widmet sich vertieft steuerlichen Neutralitäts- und Gerechtigkeitsaspekten auf nationaler und internationaler Ebene. Im vierten Kapitel wird – aufbauend auf den steuerlichen Konsequenzen der verschiedenen Grundformen von Finanzinstrumenten – die Besteuerung ausgewählter hybrider Finanzinstrumente im nationalen deutschen Steuerrecht auf dem Rechtsstand 01.01.2004 dargestellt. Anschließend erfolgt eine Diskussion der im gegenwärtigen Steuerrecht identifizierten Problembereiche und bestehender Lösungsansätze, um dann im letzten Teil dieses Kapitels die Ist-Besteuerung mit dem im dritten Kapitel abgeleiteten Sollsystem zu vergleichen und Lösungsvorschläge auf dieser Basis herauszuarbeiten. Der gleichen Vorgehensweise folgt das fünfte Kapitel zu steuerlichen Konsequenzen beim internationalen Einsatz hybrider Finanzinstrumente. Im sechsten Kapitel wird abschließend die Untersuchung thesenförmig zusammengefasst.

Zu Beginn des zweiten Kapitels wird sich als Grundlage für das weitere Vorgehen mit dem bisherigen Verständnis hybrider Finanzinstrumente im Schrifttum auseinandergesetzt. Die existierenden Definitionsansätze werden beschrieben, miteinander verglichen und anschließend zu einem zusammenfassenden Meinungsbild verdichtet. Im folgenden Abschnitt 2.2 sind theoretische Ansätze zur Erklärung der Entstehung und Weiterentwicklung neuartiger hybrider Finanzinstrumente Gegenstand der Betrachtung. Dies erscheint begründet, weil dadurch erst die ökonomischen Motive für den Einsatz dieser Instrumente und deren Zusammensetzung genau verstanden werden können. Ausgehend von einer Konkretisierung des allgemeinen Innovationsbegriffs werden die „Theory of constraints" von Silber und die „Theory of demand for characteristics" von Lancaster jeweils vorgestellt und anschließend auf ihren Erklärungsgehalt hin überprüft. Im Anschluss wird versucht, die gewonnen Erkenntnisse zu einem integrativen Erklärungsmodell unter besonderer Berücksichtigung steuerlicher Aspekte auszubauen, das sowohl Argumente für die Marktpräsenz als auch die zeitliche Dauer des Bestehens einzelner Finanzinnovationen liefern kann. Zu Beginn von Abschnitt 2.3 werden Aufbau und Zusammensetzung von hybriden Finanzinstrumenten auf Basis der vorangegangenen theoretischen Erklärungsansätze abgeleitet. Daran schließt sich eine Beschreibung der identifizierten Bausteine und deren wertbestimmender Eigenschaften an. Durch den Prozess des Financial Engineering ist eine Duplizierung von Finanzinstrumenten in vielerlei Hinsicht möglich. Deshalb folgt der Darstellung der „real existierenden" Bausteine eine der synthetischen Bausteine, die für das Verständnis hybrider Finanzinstrumente von überaus großem Interesse sein kann. Im Schlussabschnitt des zweiten Kapitels wird aus den gewonnenen Ergebnissen ein eigenes Begriffsverständnis hybrider Finanzinstrumente abgeleitet. Dieses bildet die Grundlage für den anschließenden Systematisierungsansatz und die Zuordnung existierender hybrider Finanzinstrumente in die einzelnen Ebenen.

Gegenstand des dritten Kapitels ist die Erarbeitung eines steuerlichen Referenzsystems unter nationalen und internationalen Gesichtspunkten. Dieses Sollsystem stellt zum einen den notwendigen Vergleichsmaßstab für die Beurteilung der aktuellen Besteuerung hybrider Finanzinstrumente dar, darüber hinaus wird dadurch ermöglicht, gegenwärtig bestehende und noch weitgehend ungelöste Besteuerungsprobleme theoretisch fundiert zu hinterfragen und einer möglichen Lösung zuzuführen. Aufgrund dieser Bedeutung für den weiteren Fortgang der Arbeit sowie wegen der komplexen betriebswirtschaftlichen, finanzwissenschaftlichen und juristischen Anforderungen an ein solches Referenzsystem wird diesem Kapitel ein größerer Umfang eingeräumt. In Abschnitt 3.1 erfolgt zunächst eine Auseinandersetzung mit den verschiedenen steuersystematischen Grundprinzipien und deren Beziehungen zueinander. Im anschließenden Abschnitt 3.2 wird sich detailliert mit der finanzwissenschaftlichen Forderung einer neutralen Besteuerung auf nationaler und internationaler Ebene beschäftigt. Der gleichen Vorgehensweise folgt der Abschnitt 3.3 zur Gerechtigkeit der Besteuerung, der im Rahmen des internationalen Teils neben individuellen Gerechtigkeitswertungen auch eine angemessene Verteilung des Besteuerungssubstrats auf die beteiligten Staaten diskutiert. Der ausführliche Exkurs zur Methode der wirtschaftlichen Betrachtungsweise, die der Umsetzung von Gerechtigkeitsvorstellungen bei der Anwendung von Gesetzen dient, ist dem Mischcharakter hybrider Finanzinstrumente geschuldet. Die Rechtsanwendung wird als Folge der angesprochenen Zwitterstellung dieser Instrumente erschwert, so dass es zur Auslegung von Rechtsnormen einer fundierten Methode bedarf, die die Forderungen der Gleichmäßigkeit und auch der Gesetzmäßigkeit der Besteuerung sicherstellt.

Im vierten Kapitel werden Fragen der nationalen Besteuerung hybrider Finanzinstrumente thematisiert. In Abschnitt 4.1 sind zunächst die einzelnen Grundformen von Finanzierungsinstrumenten und deren steuerliche Behandlung im deutschen Steuerrecht Gegenstand der Betrachtung. Diese Vorgehensweise erscheint sinnvoll, weil hybride Instrumente Mischformen dieser Grundformen sind. Deren Besteuerung ist deshalb von elementarer Bedeutung für die in Abschnitt 4.2 folgende Besteuerung hybrider Finanzinstrumente. Basierend auf dem im zweiten Kapitel abgeleiteten Begriffsverständnis und der daraus resultierenden Struktur des Systematisierungsansatzes wird hier jeweils ein hybrides Finanzinstrument ausgewählt, wirtschaftlich charakterisiert und anschließend die steuerliche Behandlung erörtert. Als Beispiele werden der Genussschein, die Aktienanleihe, ein Capped Call und eine Capped Warrant-Kombination ausgewählt. Die Darstellung der steuerlichen Folgen konzentriert sich jeweils – um in der Sprache des Financial Engineering zu bleiben – auf Long- und Short-Positionen einer unbeschränkt körperschaftsteuerpflichtigen deutschen Kapitalgesellschaft und auf einen unbeschränkt einkommensteuerpflichtigen deutschen Privatinvestor. Aufgrund der vielen im deutschen Steuerrecht verankerten Ausnahmetatbestände können nur die wesentlichen bzw. typischen steuerlichen Konsequenzen aufgezeigt werden. Im folgenden Teil des Kapitels werden die identifizierten gegenwärtigen steuerlichen Problembereiche und existierenden Lösungsansätze zunächst diskutiert und anschließend mit den im zweiten Kapitel abgeleiteten Erkenntnissen zur Entstehung und Konstruktion hybrider Finanzinstrumente systematisch verglichen. Der Schlussabschnitt des vierten Kapitels ist einer Beurteilung der nationalen ertragsteuerlichen Konsequenzen hybrider Finanzinstrumente mit dem im dritten Kapitel vorgestellten Referenzsystem einer sachgerechten Besteuerung gewidmet. Hier werden zudem Ansätze diskutiert, welchen Beitrag ein neutrales und gerechtes Steuersystem zur Lösung existierender Besteuerungsprobleme von hybriden Finanzinstrumenten leisten kann.

Das fünfte Kapitel richtet den Fokus auf steuerliche Fragestellungen, die aus dem internationalen Einsatz hybrider Finanzinstrumente entstehen können. Hier erfolgt die Analyse – wie bereits angedeutet – auf Basis des OECD-MA. Dieses bildet die Grundlage für zahlreiche deutsche Doppelbesteuerungsabkommen und erscheint angesichts der begründeten Verfolgung eines eher generell bzw. theoretisch orientierten Ansatzes zur Analyse internationaler Steuerfolgen sehr gut geeignet. Die Struktur von Kapitel fünf ähnelt der für das nationale Steuerrecht gewählten Vorgehensweise im Kapitel davor. Nach einleitenden Ausführungen zu grundlegenden Aspekten des internationalen Steuerrechts folgt in Abschnitt 5.2 eine Ableitung der Besteuerungskonsequenzen der verschiedenen Grundformen von Finanzinstrumenten – Eigenkapital, Fremdkapital, Forward und Option. Im Anschluss werden in Abschnitt 5.3 die im vierten Kapitel bereits aus nationaler Sichtweise dargestellten einzelnen hybriden Finanzinstrumente der jeweiligen Ebenen – Genussschein, Aktienanleihe, Capped Call, Capped Warrant-Kombination – auch für die beispielhafte Einordnung in die Verteilungsnormen des OECD-MA herangezogen. Danach werden bestehende Diskrepanzen aufgezeigt und zu Theorie basierten Erkenntnissen des zweiten Kapitels in Beziehung gesetzt. Im Schlussabschnitt vom fünften Kapitel erfolgt ein Abgleich, inwieweit die gegenwärtige internationale Besteuerung hybrider Finanzinstrumente mit im dritten Kapitel vorgestellten Neutralitäts- und Gerechtigkeitsaspekten konform geht und ob durch eine sachgerechte internationale Besteuerung identifizierte Problemstellungen einer Lösung zugeführt werden können.

Im sechsten Kapitel schließt die Untersuchung mit einer thesenförmigen Zusammenfassung, die das gesamte Vorgehen sowie die im Verlauf der Arbeit erzielten Ergebnisse nochmals in konzentrierter Form wiedergibt.

2. Entstehungsgründe und Erscheinungsformen hybrider Finanzinstrumente

2.1 Untersuchungsrelevanter Begriff hybrider Finanzinstrumente – Spektrum bisheriger Definitionen

Ein Finanzinstrument oder Finanzierungstitel ist ein bestimmtes Bündel von Rechten und Pflichten.[26] Ausgehend von der Bedeutung des Wortes „hybrid“ als „von zweierlei Herkunft“ oder „zwitterhaft“ kann ein hybrides Finanzinstrument dann allgemein als eine Mischform von Finanzinstrumenten bzw. dem durch diese repräsentierten Bündel der Rechte angesehen werden. Hinsichtlich der grundlegenden Frage, wie diese Mischung zu konkretisieren ist, herrscht jedoch Uneinigkeit im Schrifttum. Das bisherige Meinungsspektrum lässt sich im Wesentlichen in zwei verschiedene Bereiche klassifizieren:

Die erste Gruppe von Autoren grenzt hybride Finanzinstrumente relativ eng ab, indem darunter eine Mischung von klassischem Eigen- und Fremdkapital verstanden wird. Die folgenden Abgrenzungen verdeutlichen exemplarisch das Spektrum für diesen Bereich.

Drukarczyk[27] unterscheidet zwischen Finanzierungs- sowie Nicht-Finanzierungsmärkten und sieht bei einer Systematisierung möglicher Kapitalaufbringungsalternativen nach dem Kriterium der Mittelherkunft hybride Finanzierungsinstrumente als eine Teilmenge der Außenfinanzierungsformen an. Seiner Auffassung nach sind langfristig bestehende sowie neu entwickelte Instrumente zur Finanzierung hybrid, wenn mit diesen weder reine Ansprüche der Eigen- noch reine Ansprüche der Fremdkapitalgeber verbunden sind.[28] Aus der ökonomisch zwar nicht eindeutig möglichen, jedoch für steuerliche Zwecke unumgänglichen Zuordnung zu einer der beiden Finanzierungsformen resultiert nach Drukarczyk Gestaltungspotenzial für den Steuerpflichtigen z.B. in der Form, Eigen-

26 Vgl. Franke, Günter/Hax, Herbert, Finanzwirtschaft des Unternehmens und Kapitalmarkt, 5. Aufl., Berlin/Heidelberg/New York 2004, S. 30.

27 Vgl. Drukarczyk, Jochen, Theorie und Politik der Finanzierung, 2. Aufl., München 1993, S. 15/16 und Drukarczyk, Jochen: Finanzierung, 9. Aufl., Stuttgart 2003, S. 3-9.

28 Vgl. Drukarczyk, Jochen, Theorie und Politik der Finanzierung, 2. Aufl., München 1993, S. 581.

kapital im ökonomischen Sinn mit der steuerrechtlichen Einordnung des Finanzinstruments als ertragsteuerlich privilegiertes Fremdkapital zu kombinieren.[29]

Lang[30], Jacob[31] und Penney[32] verstehen unter hybriden Finanzierungsinstrumenten solche, die Eigen- und Fremdkapitalkomponenten aufweisen. Über die innerstaatlichen Rechtsordnung hinaus wird die Einordnungsproblematik bei internationalem Einsatz dieser Instrumente untersucht und festgestellt, dass aus den unterschiedlichen gesellschafts- und steuerrechtlichen Rahmenbedingungen der jeweiligen Staaten Vorteile entstehen können, die durch den grenzüberschreitenden Einsatz innovativer Finanzierungsinstrumente nutzbar sind.

Nach McCormick/Creamer[33] und Haun[34] wird ein Finanzierungsinstrument zwar ebenfalls in diesem Sinne als hybrid bezeichnet, wenn es einige Eigenschaften von Eigenkapital und Fremdkapital kombiniert; jedoch verfeinern die Autoren diese klassische Definition mit der Unterscheidung zwischen hybridem Eigenkapital und hybridem Fremdkapital. Hybrides Eigenkapital liegt vor, wenn das Finanzierungsinstrument zivilrechtlich als Eigenkapital und wirtschaftlich als Fremdkapital anzusehen ist, während hybrides Fremdkapital zivilrechtlich Fremdkapital und aus wirtschaftlicher Sicht Eigenkapital darstellt. Die wirtschaftlichen Eigenkapitalmerkmale eines zivilrechtlichen Fremdkapitalinstruments können dabei auf zwei verschiedenen Wegen entstehen: Zum einen durch die spezifische Ausgestaltung der Finanzierungsform mit z.B. Beteiligung am laufenden Erfolg oder Liquidationserlös, wie dies bei partiarischen Darlehn oder

---

29 Vgl. Drukarczyk, Jochen, Theorie und Politik der Finanzierung, 2. Aufl., München 1993, S. 581 und S. 617.

30 Vgl. Lang, Michael, Hybride Finanzierungen im Internationalen Steuerrecht – Rechtsgrundlagen der Doppelbesteuerungsabkommen zur Beurteilung von Mischformen zwischen Eigen- und Fremdkapital, Diss. Univ. Wien o.J., Wien 1991, S. 13/14.

31 Vgl. Jacob, Friedhelm, Nationalbericht Deutschland, in: cahiers de droit fiscal international – 54th Congress of the International Fiscal Association – München 2000: Tax treatment of hybrid financial instruments in cross-border transactions, International Fiscal Association (Hrsg.), The Hague/London/Boston 2000, S. 313-348, hier: S. 313.

32 Vgl. Penney, Mark, National Report United Kingdom, in: cahiers de droit fiscal international – 54th Congress of the International Fiscal Association – München 2000: Tax treatment of hybrid financial instruments in cross-border transactions, International Fiscal Association (Hrsg.), The Hague/London/Boston 2000, S. 645-664, hier: S. 645.

33 Vgl. McCormick, Roger/Creamer, Harriet, Hybrid corporate securities – International legal aspects, London 1987, S. 2.

34 Vgl. Haun, Jürgen, Hybride Finanzierungsinstrumente im deutschen und US-amerikanischen Steuerrecht – Eine Analyse ihres grenzüberschreitenden Einsatzes aus steuersystematischer und ökonomischer Sicht, Diss. Univ. Mannheim 1996, Frankfurt am Main u.a. 1996, S. 10.

der typischen stillen Beteiligung der Fall ist, sowie zum anderen durch die Integration einer Umtauschmöglichkeit von Fremd- zu Eigenkapital.[35] Typisch für letztere sind Wandel- und Optionsanleihen.

Ein ähnliches Verständnis ist bei Jacobs[36] zu finden, der auch zwischen hybridem Eigen- und Fremdkapital differenziert, jedoch anmerkt, dass hybride Finanzierungsinstrumente bei wirtschaftlicher Betrachtung weitgehend Eigenkapitalfunktionen erfüllen. Für diese These liefert er keine weitere Begründung.

Basierend auf der dynamischen Entwicklung derivativer Finanzinstrumente auf den Finanz- und Kapitalmärkten einschließlich Techniken des Financial Engineering erfährt diese Definition von anderen Teilen der Literatur dahingehend eine wesentliche Erweiterung, dass hybride Finanzinstrumente nicht nur ausgewählte Eigen- und Fremdkapitalcharakteristika, sondern auch wertbestimmende Faktoren von Instrumenten anderer Marktsegmente verknüpfen. Nachfolgende Definitionen verdeutlichen beispielhaft das Spektrum für diesen zweiten Bereich.

Funk[37] und Gastineau/Kritzman[38] sehen die enge Verbindung hybrider Finanzinstrumente zur Gruppe der Finanzderivate und definieren Hybride als Finanzinstrumente, die in einem einzigen Instrument Charakteristika von anderen Finanzinstrumenten vereinen. Als „andere" Finanzinstrumente werden Eigenkapital, Fremdkapital, Options-, Future-, Forward- und Swap-Kontrakte genannt.

Herzig[39] charakterisiert hybride Finanzinstrumente als Instrumente, die wertbestimmende Elemente von Finanzinstrumenten verschiedener Marktsegmente verbinden. Beispielhaft werden Kombinationen von Elementen aus Kassa- und Terminmarkt wie auch Kombinationen aus verschiedenen Marktsegmenten des gleichen Marktes angeführt, die u.U. einen solchen Komplexitätsgrad aufweisen, dass nicht nur die Einordnung als Eigen- oder Fremdfinanzierung, sondern auch

---

35 Vgl. McCormick, Roger/Creamer, Harriet, Hybrid corporate securities – international legal aspects, London 1987, S. 2 und Haun, Jürgen, Hybride Finanzierungsinstrumente im deutschen und US-amerikanischen Steuerrecht – Eine Analyse ihres grenzüberschreitenden Einsatzes aus steuersystematischer und ökonomischer Sicht, Diss. Univ. Mannheim 1996, Frankfurt am Main u.a. 1996, S. 12/13.

36 Vgl. Jacobs, Otto H., Internationale Unternehmensbesteuerung – Deutsche Investitionen im Ausland, Ausländische Investitionen im Inland, 5. Aufl., München 2002, S. 1250.

37 Vgl. Funk, Thomas E., Hybride Finanzinstrumente im US-Steuerrecht, in: RIW 1998, S. 138-145, hier: S. 138.

38 Vgl. Gastineau, Gary/Kritzman, Mark, A dictionary of terms related to hybrid instruments, in: Handbook of hybrid instruments, Nelken, Izzy (Hrsg.), New York u.a. 2000, S. 143-191, hier: S. 163.

39 Vgl. Herzig, Norbert, Thema I: Hybride Finanzinstrumente im nationalen und internationalen Steuerrecht, in: IStR 2000, S. 482-485, hier: S. 482.

als originäres oder derivatives Instrument Schwierigkeiten bereitet. Über die sonst vorzufindende Definition hybrider Finanzinstrumente als Kombination von Eigenschaften verschiedener Instrumente in einem einzigen Finanzinstrument hinaus wird explizit die Zusammenfassung von mehreren zivilrechtlich selbständigen Finanzinstrumenten zu einem (hybriden) Instrument für steuerliche Zwecke angesprochen.[40]

Sen[41] grenzt hybride von elementaren Finanzierungsinstrumenten auf verschiedenen Wegen voneinander ab: Einerseits liegt ein elementares Instrument vor, wenn sich dessen Wertentwicklung ausschließlich von einer Erfolgsgröße ableitet, während bei Hybriden der Wert von mindestens zwei abhängt. In diesem Sinne wäre eine Aktie ein elementares Finanzinstrument, weil die Wertentwicklung ausschließlich vom Erfolg des Unternehmens und damit nur eines Faktors abhängt; dagegen stellt eine mehrjährige festverzinsliche Anleihe mit Zinszahlungen in US-Dollar und Rückzahlung in einer anderen Währung wegen der Erfolgsabhängigkeit von mehreren Faktoren ein hybrides Finanzierungsinstrument dar. Eine weitere Möglichkeit hybride von elementaren Finanzierungsinstrumenten zu unterscheiden, besteht in der Existenz von Märkten oder Börsen. Gibt es einen liquiden Handel mit einem entsprechenden Marktpreis für ein Finanzinstrument, handelt es sich um ein elementares Finanzinstrument; umgekehrt würde daraus folgen, dass für Hybride kein liquider Markt existiert. Im Ergebnis definiert Sen Finanzinstrumente als hybrid, die wertbestimmende Faktoren von mehr als einem Elementarmarkt bzw. Teilmarktsegment in ihrer Struktur vereinen. Als die bedeutendsten Elementarmärkte werden Kassa- und Terminmarkt genannt, die am Beispiel des Kassamarktes unterteilbar sind in Renten-, Währungs-, Aktien- und Rohstoffmarkt und nochmals weitgehender unterschieden werden können, wie die Aufzählung für den Rohstoffmarkt mit Gold, Kupfer und Weizen zeigt. Interessant ist abschließend die Feststellung von Sen, dass alle Abgrenzungsversuche mit Unklarheiten verbunden sind, weil die Märkte einer ständigen Entwicklung unterliegen und letztlich aus Sicht des Financial Engineering es einer genauen Definition hybrider Finanzinstrumente gar nicht bedarf.[42]

Die bisherigen Definitionen hybrider Finanzinstrumente können damit zusammengefasst werden in ein klassisches, auf die Mischung von Eigen- und

---

40 Vgl. Herzig, Norbert, Thema I: Hybride Finanzinstrumente im nationalen und internationalen Steuerrecht, in: IStR 2000, S. 482-485, hier: S.483.

41 Vgl. Sen, Bidyut, Hybrid securities, in: Financial engineering – A complete guide to financial innovation, Marshall, John F./Bansal, Vipul K. (Hrsg.), New York u.a. 1992, S. 475-492, hier: S. 475/476.

42 Vgl. Sen, Bidyut, Hybrid securities, in: Financial engineering – A complete guide to financial innovation, Marshall, John F./Bansal, Vipul K. (Hrsg.), New York u.a. 1992, S. 475-492, hier: S. 476.

Fremdkapital begrenztes Verständnis, dass von einigen Autoren weiter spezifiziert wurde in hybrides Eigen- und Fremdkapital einschließlich deren Zustandekommen und eine weite Definition, die fokussiert auf den Prozess des Financial Engineering Hybride als innovative Finanzinstrumente auffasst, die wertbestimmende Eigenschaften von Instrumenten verschiedener Marktsegmente bei wirtschaftlicher Betrachtung vereinigen.

Diese sich im Ergebnis erheblich unterscheidenden Abgrenzungsversuche des Untersuchungsgegenstandes legen eine theoretische Fundierung der Gründe für das Entstehen, aber auch für das zum Teil langfristige Bestehen von Innovationen im Bereich hybrider Finanzinstrumente nahe. An diesen theoretischen Aspekt schließt sich eine Untersuchung des Prozesses bzw. der Technik des Financial Engineering an, der für das Verständnis der zahlreichen Erscheinungsformen hybrider Finanzinstrumente unabdingbar ist.

2.2 Theoretische Ansätze zur Erklärung von Entstehung und Weiterentwicklung innovativer Finanzinstrumente

2.2.1 Innovation

Für die inhaltliche Abgrenzung des Begriffs Finanzinnovation existiert im Schrifttum eine große Bandbreite möglicher Klassifikationsansätze.[43] Das Spektrum reicht dabei von sehr umfassenden Definitionen, wie „Financial innovations are new ways to make money"[44], bis zum Verständnis, dass lediglich derivative Produkte darunter zu subsumieren sind.[45] Es bietet sich deshalb zunächst an, auf eine weithin anerkannte Erklärung der nicht auf die finanzielle Sphäre konzentrierten Begriffsfassung als Ausgangspunkt zurückzugreifen.

Die Ursprünge der Erklärung von Innovationen im industriellen Bereich sind eng verbunden mit dem Namen Joseph A. Schumpeter's, der als einer der Pioniere im Bereich der wirtschaftlichen Entwicklungsforschung gilt. Im Schumpeter'schen Sinne[46] handelt es sich bei Innovationen um diskontinuierliche, nicht in

43 Vgl. zu einem Überblick der im älteren Schrifttum entwickelten Definitionen des Begriffs der Finanzinnovation Franzen, Christopher, Finanzinnovation – was ist das?, in: Die Bank 1988, S. 18-20.

44 Garcia, Gillian/McMahon, Annie, Regulatory innovation – The new bank accounts, in: Economic Perspectives 2/1984, S. 12-23, hier: S. 12.

45 Vgl. Pohl, Wolfgang, Neue Generation derivativer Finanzinstrumente – Anlaß zu juristischer Nachstellung?, in: WM 1995, S. 957-964, hier: S. 957.

46 Vgl. Schumpeter, Joseph A., Konjunkturzyklen – Eine theoretische, historische und statistische Analyse des kapitalistischen Prozesses, Erster Band, Göttingen 1961,

infinitesimale Schritte zerlegbare Änderungen der Produktionsfunktion, die auf der Entwicklung und Herstellung neuer Güter (Produktinnovationen) oder der Einführung bisher nicht bekannter Produktionsmethoden (Prozessinnovationen) beruhen. Im Mittelpunkt dieser Theorie steht der Schumpeter'sche Unternehmer, der die Neukombinationen am Markt durchsetzt und insoweit eine Wirtschaft aus dem Gleichgewichtszustand bewegt.

Zwischen Innovationen im industriellen und im finanziellen Bereich bestehen Gemeinsamkeiten und Unterschiede. Im Gegensatz zu Innovationen im Industriebereich lassen sich finanzielle Innovationen nicht ohne Weiteres mit dem durch die Produktionsfunktion ausgedrückten Verhältnis von Faktorinputs und Produktionsoutputs beschreiben, finanzielle Innovationen sind im Regelfall nicht zu patentieren bzw. leicht zu imitieren und weisen vergleichsweise geringe Entwicklungskosten auf.[47]

Gemeinsames Merkmal von Innovationen innerhalb und außerhalb des Finanzbereichs ist die Betonung des Neuigkeitscharakters. Das Kriterium der Neuheit stellt einen relativen Begriff dar. Die Frage, ob etwas neu ist oder nicht, ist folglich nur beantwortbar, wenn die Eigenschaft neu weiter konkretisiert wird. Hierzu bietet sich eine Unterscheidung in die zeitliche Dimension, die Subjektdimension und in die Intensitätsdimension an.[48] Aus der zeitlichen Perspektive geht es um die Länge des Zeitraumes nach erstmaligem Erscheinen, innerhalb dessen ein bestimmtes Produkt oder ein Prozess noch als neu klassifiziert werden kann.[49] Dies ist zum einen von der jeweiligen Leistungsart und der Imitationsgeschwindigkeit abhängig;[50] zum anderen wird die Festlegung dieser Zeitspanne

---

S. 94/95 und Schumpeter, Joseph A., Theorie der wirtschaftlichen Entwicklung – Eine Untersuchung über Unternehmensgewinn, Kapital, Kredit, Zins und den Konjunkturzyklus, 8. Aufl., Berlin 1993, S. 100.

47 Vgl. zu den Unterschieden von finanziellen und industriellen Innovationen Desai, Meghnad/Low, William, Measuring the opportunity for product innovation, in: Changing money – Financial innovation in developed countries, de Cecco, Marcello (Hrsg.), Oxford 1987, S. 112-140, hier: S. 115 und Glaum, Martin, Finanzinnovationen und ihre Anwendung in internationalen Unternehmen – dargestellt am Beispiel von Devisenoptionskontrakten, Diss. Univ. Gießen 1991, Gießen 1991, S. 99-103.

48 Vgl. Büschgen, Hans E., Finanzinnovationen – Neuerungen und Entwicklungen an nationalen und internationalen Finanzmärkten, in: ZfB 1986, S. 301-336, hier: S. 301/302; ähnlich auch Meffert, Heribert, Marketing, 9. Aufl., Wiesbaden 2000, S. 375/376, der noch eine Raumdimension unterscheidet, die hier in die Subjektdimension integriert wurde.

49 Vgl. Glaum, Martin, Finanzinnovationen und ihre Anwendung in internationalen Unternehmen – dargestellt am Beispiel von Devisenoptionskontrakten, Diss. Univ. Gießen 1991, Gießen 1991, S. 96.

50 Vgl. Büschgen, Hans E., Finanzinnovationen – Neuerungen und Entwicklungen an nationalen und internationalen Finanzmärkten, in: ZfB 1986, S. 301-336, hier: S. 301.

aufgrund von individuellen Erfahrungen und Vorstellungen der einzelnen Wirtschaftsubjekte unterschiedlich ausfallen.[51] Mit dem Rekurieren auf Personen ist gleichzeitig auf die besser geeignete Subjektdimension des Neuheitskriteriums übergeleitet, bei der es um die Bestimmung geht, für wen etwas neu ist. Bezogen auf einzelne Leistungen können diese prinzipiell sowohl für potenzielle Nachfrager oder bestimmte Anbieter als auch für beide Marktparteien bisher unbekannt gewesen sein.[52] Insbesondere bei auf nationalen Rechtsunterschieden basierenden innovativen Finanzinstrumenten kommt es häufig vor, dass ein bestimmtes Instrument im inländischen Markt bereits etabliert ist, während es bei grenzüberschreitendem Einsatz von den ausländischen Marktteilnehmern als Innovation aufgefasst wird.[53] Eine Neuheit kann ebenso unter dem Gesichtspunkt der Intensitätsdimension vorliegen, wie dies bereits explizit von Schumpeter[54] angesprochen wurde. Neues in diesem Sinne umfasst eine von der geringfügigen Modifikation, die der Regelfall im Bereich der Finanzinnovationen sein dürfte, bis zum revolutionären Produkt reichende Bandbreite.[55]

Eine weitere Ähnlichkeit beider „Innovationsarten" liegt darin, dass es sich nicht nur um die Einführung neuer Produkte handeln muss. Für den Finanzsektor können drei verschiedene Bereiche abgegrenzt werden:[56]

- Finanzmarkt- bzw. Systeminnovationen (z.B. Entstehung von Future-, Options- und Swapmärkten);

51 In der Literatur wird pauschaliert eine Zeitspanne von fünf bis zehn Jahren genannt; vgl. Eilenberger, Guido, Lexikon der Finanzinnovationen, 3. Aufl., München/Wien 1996, S. 174 und Krawitz, Norbert, Die einkommensteuerliche Abgrenzung gewinnunabhängiger Erträge bei innovativen Wertpapieren des Privatvermögens (Teil I), in: DStR 1996, S. 1265-1272, hier: S. 1266.

52 Vgl. Glaum, Martin, Finanzinnovationen und ihre Anwendung in internationalen Unternehmen – dargestellt am Beispiel von Devisenoptionskontrakten, Diss. Univ. Gießen 1991, Gießen 1991, S. 96; in diesem Sinne auch Silber, William L., Towards a theory of financial innovation, in: Financial innovation, Silber, William L. (Hrsg.), Lexington u.a. 1975, S. 53-85, hier: S. 63/64.

53 Vgl. zu diesem Thema das Beispiel bei Niehans, Jürg, Financial innovation, multinational banking and monetary policy, in: Journal of Banking and Finance 1983, S. 537-551, hier: S. 538.

54 Vgl. Schumpeter, Joseph A., Theorie der wirtschaftlichen Entwicklung – Eine Untersuchung übewr Unternehmensgewinn, Kapital, Kredit, Zins und den Konjunkturzyklus, 8. Aufl., Berlin 1993, S. 100.

55 Vgl. van Horne, James C., Of financial innovations and excesses, in: The Journal of Finance 1985, S. 621-631, hier: S. 621.

56 Vgl. Eilenberger, Guido, Lexikon der Finanzinnovationen, 3. Aufl., München/Wien 1996, S. 172-174 und S. 812-814.

- Finanzprozessinnovationen (z.B. technologisch bedingte wie Electronic Banking oder Cash-Management-Systeme und innovative Abwicklungs- bzw. Finanzierungstechniken wie Securitization oder Pooling);
- Produktinnovationen (z.B. derivative Finanzinstrumente wie Futures oder Optionen und Weiterentwicklungen klassischer Eigen- und Fremdfinanzierungsformen).

Trotz der hohen Bedeutung der System- und Prozessinnovationen aus ganzheitlicher Sicht und den nicht zu vernachlässigenden Interdependenzen zu den innovativen Finanzprodukten wird sich der Untersuchungsbereich dieser Arbeit vornehmlich auf letztere konzentrieren, weil es im Rahmen der Aufgabenstellung um die Besteuerung von Finanzinstrumenten im nationalen und internationalen Kontext geht, die regelmäßig an die jeweiligen Produkte und deren Charakteristika anknüpft.

2.2.2 Erklärungsansatz: „Theory of constraint" von Silber

Die im Jahr 1975 von Silber[57] entwickelte sowie in späteren empirischen Untersuchungen getestete[58] „Theory of constraint" stellt einen überwiegend mikroökonomisch geprägten und auf die Angebotsseite orientierten Ansatz zur Erklärung der Entstehung von Finanzinnovationen dar.

Silber beginnt seine Überlegungen mit einer Beschreibung der grundlegenden Funktionen, den Instrumenten, Märkten und Institutionen des Finanzsektors, dem eine Untersuchung möglicher Wechselwirkungen innerhalb des Finanzsektors einschließlich derer zum Realgüterbereich einer Volkswirtschaft folgt. In einer makroökonomisch ausgerichteten Analyse identifiziert er verschiedene Faktoren, wie Änderungen von Umfang sowie der Zusammensetzung des Sparvermögens, technologischen Fortschritt und geänderte Risikolage bzw. der Einstellung zum Risiko, die Ursache von Finanzinnovationen sein können. Eine zweifelsfreie Ursache-Wirkungs-Beziehung ist seiner Auffassung nach daraus nicht ableitbar, weil makroökonomische Stimulatoren von den jeweiligen Finanzinstituten auf unterschiedliche Weise wahrgenommen werden und es auch zu individuellen, u.U. zeitversetzten Reaktionen kommen kann. Insgesamt gelangt Silber zum Ergebnis, dass eine geeignete Theorie zur Erklärung des Entstehungsprozesses von Finanzinnovationen am einzelnen Anbieter anzusetzen hat.

---

57 Vgl. Silber, William L., Towards a theory of financial innovation, in: Financial innovation, Silber, William L. (Hrsg.), Lexington/Toronto/London 1975, S. 53-85.

58 Vgl. Ben-Horim, Moshe/Silber, William L., A linear programming approach, in: Journal of Banking and Finance 1977, S. 277-296 und Silber, William L., The process of financial innovation, in: AER 1983, S. 89-95.

Die Grundhypothese der „Theory of constraint" ist, dass innovative Finanzinstrumente und -praktiken entstehen, um die den Unternehmen auferlegten Beschränkungen aufzuheben oder abzuschwächen.[59] Die Theorie bedient sich dazu des Konzepts der linearen Programmierung. Mit dem Ziel der Nutzen- bzw. vereinfacht Gewinnmaximierung geführte Finanzinstitutionen unterliegen im Rahmen ihrer Geschäftstätigkeit einer Vielzahl externer und interner Beschränkungen. Die bedeutendsten externen Restriktionen sind zum einen staatliche Regulierungen, wie Gesetze oder bestimmte aufsichtsrechtliche Regelungen im Bankbereich, sowie andererseits durch die Marktsituation bedingte Handlungsbeschränkungen. Interne Restriktionen stellen beispielsweise individuell auferlegte Liquiditätsgrundsätze oder Wachstumsziele dar. Das lineare Programmierungsproblem wird durch die dem Unternehmen zur Verfügung stehenden „policy tools"[60] komplettiert, die nach eigenem Ermessen zur bestmöglichen Zielerreichung eingesetzt werden können. Sind Restriktionen sowie Handlungsmöglichkeiten identifiziert und auch quantifiziert, kann das Nutzenoptimum einer bestimmten Unternehmung rechnerisch ermittelt werden.

Silber's These ist nun, dass exogene Änderungen von Beschränkungen eine Bank zur Innovationstätigkeit veranlassen, um ihre bisherigen Handlungsinstrumente und damit Reaktionsmöglichkeiten zu erweitern. Hierbei werden zwei Arten von Änderungen unterschieden: Im ersten Fall führen aus Sicht des Unternehmens nachteilige Umweltänderungen zu einem sinkenden Nutzen. Innovationstätigkeit ist dann die Reaktion, um auf das bisherige Nutzenniveau zurückzukehren.[61] Im zweiten Fall entstehen Finanzinnovationen, wenn die Opportunitätskosten (Schattenpreise) der Einhaltung von Restriktionen steigen. Ein einfaches Beispiel soll beide Fälle illustrieren: Die Einführung einer unverzinslichen Mindestreserve stellt eine exogene Änderung in Form einer neuen externen Beschränkung für ein Kreditinstitut dar, dass im Regelfall mit einem sinken-

59 Vgl. Silber, William L., Towards a theory of financial innovation, in: Financial innovation, Silber, William L. (Hrsg.), Lexington/Toronto/London 1975, S. 53-85, hier: S. 64.

60 Vgl. Silber, William L., Towards a theory of financial innovation, in: Financial innovation, Silber, William L. (Hrsg.), Lexington/Toronto/London 1975, S. 53-85, hier: S. 65.

61 Glaum, Martin, Finanzinnovationen und ihre Anwendung in internationalen Unternehmen – dargestellt am Beispiel von Devisenoptionskontrakten, Diss. Univ. Gießen 1991, Gießen 1991, S. 105, spricht in diesem Zusammenhang für das Unternehmen günstige Änderungen an. Finanzinnovationen entstehen seiner Auffassung nach dann, um das neue, potenziell höhere Optimum zu erreichen. Dies ist m.E. nicht zwingend der Fall, weil durch eine Verringerung der Beschränkungen es auch bei Einsatz der bisherigen – um bei dem Begriff von Silber zu bleiben – „policy tools" zu einem höheren Nutzen kommen kann.

den Nutzenniveau korrespondieren wird. Banken werden deshalb durch die Suche bzw. Kreation nicht mindestreservepflichtiger Geschäfte versuchen, diese Restriktion und den damit verbundenen Nutzenverlust zu umgehen. Um das Beispiel der bereits eingeführten unverzinslichen Mindestreserve für den Fall zunehmender Kosten für die Einhaltung einer bestehenden Restriktion fortzuführen, entstehen diese ceteris paribus bei steigendem Zinsniveau, weil die Mindestreservehaltung in Opportunitätskalkülen gedacht teurer wird.

Silber erkennt jedoch die Problematik,[62] dass eine Bank zu jeder Zeit bestimmten Änderungen der Unternehmensumwelt gegenübersteht und es schwierig ist abzugrenzen, wann eine normale, mit den bisherigen Instrumenten zu beantwortende Veränderung und zu welchem Zeitpunkt eine abnormale, innovationsauslösende Veränderung vorliegt. Unter wirtschaftlichen Gesichtspunkten lohnt eine innovative Tätigkeit nur, wenn die Kosten für die Suche und Entwicklung spezieller Finanzinnovationen gedeckt werden. Dies erfordert ein dauerhaftes Ansteigen der Schattenpreise oder des Nutzenverlustes, das tendenziell umso eher besteht, je stärker die zugrunde liegende exogene Veränderung ausfällt. Ebenso beeinflussen sinkende Entwicklungskosten das Entstehen von Finanzinnovationen positiv.

Die „Theory of constraint“ von Silber weist Stärken und Schwächen auf. Positiv ist anzumerken, dass sich dieser Ansatz nicht auf das in der Literatur häufig vorzufindende rein makroökonomische Vorgehen beschränkt, sondern die einzelnen Finanzinstitutionen als Träger und Emittenten einzelner Finanzinstrumente in den Mittelpunkt stellt, ohne makroökonomische Einflüsse und die Situation im Finanzsektor zu vernachlässigen. Darüber hinaus wird durch die Theorie deutlich, dass es sich bei Finanzinnovationen aufgrund der Dynamik der Unternehmensumwelt um einen dauerhaften Prozess handelt.[63] Wie Silber in empirischen Untersuchungen selbst feststellt,[64] ist die Theorie allerdings nicht in der Lage, eine umfassende Erklärung aller auf den Geld- und Kapitalmärkten vorzufindenden Finanzinnovationen zu liefern. Die Gründe dafür sind:

---

62 Vgl. Silber, William L., Towards a theory of financial innovation, in: Financial innovation, Silber, William L. (Hrsg.), Lexington/Toronto/London 1975, S. 53-85, hier: S. 66 und Silber, William L., The process of financial innovation, in: AER 1983, S. 89-95, hier: S. 90.

63 Vgl. Brainard, William C., Comment: Towards a theory of financial innovation, in: Financial innovation, Silber, William L. (Hrsg.), Lexington/Toronto/London 1975, S. 87-89, hier: S. 88 und Blank, Thomas: Finanzinnovationen und Geldpolitik, Diss. Univ. Berlin 1990, Berlin 1991, S. 77.

64 Vgl. Silber, William L., The process of financial innovation, in: AER 1983, S. 89-95, hier: S. 94, der von einer Erfolgsquote von über 50% ausgeht.

- In Silber's Theorie werden nur die bereits am Markt etablierten Anbieter einbezogen. Das mögliche Entstehen neuer Finanzinstitutionen als Träger dieser Innovationen[65] wird ebenso wenig thematisiert, wie die nachfrageseitigen Aspekte, die Anlass für die Entstehung von Finanzinnovationen sein können.
- Die Annahme, als einziges Ziel von Unternehmen die (kurzfristige) Gewinnmaximierung anzusehen, ist verfehlt.[66] In der Realität herrscht Zielpluralität, dies jedoch einhergehend mit dem Problem der Quantifizierbarkeit bestimmter Ziele, welches für die lineare Programmierung unumgänglich ist. Dieser Einwand trifft nur bedingt für den Aspekt des Risikos zu. Gewinn und Risiko stehen meist in einem wechselseitigen Verhältnis. Höhere Renditen sind aus Sicht eines risikoaversen Entscheidungsträgers mit einem als negativ empfundenen steigenden Risiko verbunden, so dass zumindest die beiden Ziele Gewinnmaximierung und Risikominimierung in das Konzept eingebunden werden sollten.
- Finanzinnovationen werden ausschließlich als Reaktion auf äußere Einflüsse betrachtet, die ansonsten zu einem sinkenden Gewinnniveau oder zum Ansteigen der Schattenpreise führen würden.[67] Einer aggressiven Vorgehensweise von Unternehmen, um beispielsweise durch innovative Finanzinstrumente Marktunvollkommenheiten auszunutzen und dadurch zusätzliche Erträge zu generieren, wird keine Bedeutung beigemessen.

2.2.3 Erklärungsansatz: „Theory of demand for characteristics" von Lancaster

Ein weiterer Ansatz zur Erklärung von innovativen Finanzprodukten kann in der von Lancaster[68] 1966 vorgestellten „Theory of demand for characteristics" gese-

65 Vgl. Brainard, William C., Comment: Towards a theory of financial innovation, in: Financial innovation, Silber, William L. (Hrsg.), Lexington/Toronto/London 1975, S. 87-89, hier: S. 88.

66 Vgl. Glaum, Martin, Finanzinnovationen und ihre Anwendung in internationalen Unternehmen – dargestellt am Beispiel von Devisenoptionskontrakten, Diss. Univ. Gießen 1991, Gießen 1991, S. 106/107 und Dufey, Gunter, Stichwort „Finanzinnovationen, Innovationsprozeß", in: HWF, Gehrke, Wolfgang/Steiner, Manfred (Hrsg.), 2. Aufl., Stuttgart 1995, Sp. 701-711, hier: Sp. 705.

67 Vgl. Brainard, William C., Comment: Towards a theory of financial innovation, in: Financial innovation, Silber, William L. (Hrsg.), Lexington/Toronto/London 1975, S. 87-89, hier: S. 88/89 und Glaum, Martin, Finanzinnovationen und ihre Anwendung in internationalen Unternehmen – dargestellt am Beispiel von Devisenoptionskontrakten, Diss. Univ. Gießen 1991, Gießen 1991, S. 107.

68 Vgl. Lancaster, Kelvin, A new approach to consumer theory, in: The Journal of Political Economy 1966, S. 132-157; Lancaster, Kelvin, Change and innovation in the

hen werden, die ursprünglich als alternative Theorie der Konsumentennachfrage entwickelt wurde. Ebenso wie Silber's Konzept liegt der Fokus auf der mikroökonomischen Ebene, diesmal jedoch nicht aus Sicht der Anbieter, sondern – wie der Name bereits sagt – der Nachfrager.

Ausgangspunkt des Lancaster'schen Ansatzes ist die Kritik an der neoklassischen Nachfragetheorie, die nicht in der Lage ist, das Konsumentenverhalten – speziell bei neuen Gütern oder Produktvariationen – zu erklären.[69] Dies liegt darin begründet, weil nach der traditionellen Theorie die Güter selbst die nutzenstiftenden Objekte sind. Die individuelle Nutzenfunktion der Konsumenten ist auf die am Markt erhältliche Zahl von Güter ausgerichtet, so dass bei Markteinführung eines neuen Gutes entweder auf Basis der alten Funktion diese Information vernachlässigt und damit ein verzerrtes Bild abgegeben wird, oder die alte Nutzenfunktion vollständig durch eine neue zu ersetzen ist.

Die Grundaussagen der Theorie sind Folgende:[70] Der Nutzen geht von den inneren Eigenschaften der Güter aus. Die eigentlichen Objekte der Nachfrage sind demzufolge die Eigenschaften an sich, während es sich bei der Nachfrage nach Gütern lediglich um eine abgeleitete Nachfrage handelt. In Anlehnung an die Produktionstheorie stellt Konsum eine Aktivität dar, bei der ein einzelnes Gut als Input und ein Bündel von Eigenschaften als Output betrachtet werden kann. Dies impliziert, dass Güter sich aus mehreren Charakteristika zusammensetzen bzw. durch diese repräsentiert werden. Eine bestimmte Eigenschaft kann auch in mehreren Gütern vorkommen.[71] Darüber hinaus können Güter in Kombination Eigenschaften innehaben, die die einzelnen Güter selbst nicht besitzen.[72] Mehrere

---

technology of consumption, in: AER 1966, S. 14-23 sowie das später erschienene, umfassende Werk Lancaster, Kelvin, Consumer demand – A new approach, New York/London 1971.

69 Vgl. Lancaster, Kelvin, A new approach to consumer theory, in: The Journal of Political Economy 1966, S. 132-157, hier: S. 132/133.

70 Vgl. Lancaster, Kelvin, A new approach to consumer theory, in: The Journal of Political Economy 1966, S. 132-157, hier: S. 133/134.

71 Wenn z.B. die Farbe Rot die betreffende Eigenschaft für allgemeine Konsumgüter ist, kommt diese in roten Äpfeln und auch roten Aktenordnern vor. Gleiches gilt für den Bereich von Finanzinstrumenten z.B. für die Eigenschaft Liquidität innerhalb von drei Tagen, die prägend für ein Girokonto und auch für die Anlage in einen Geldmarktfond sein kann.

72 Das Vermischen von gelber und blauer Farbe zu grüner Farbe mag dies beispielhaft für allgemeine Konsumgüter verdeutlichen. Für den Bereich der Finanzinstrumente führt beispielsweise die Kombination bestimmter Optionen (Capped Warrants), aus denen einzeln betrachtet keine Festvergütung oder Rückzahlungsansprüche resultieren, aus wirtschaftlicher Sicht zu fremdkapitaltypischer Festvergütung bei gleichzeitiger Garantie der eingesetzten Kapitalsumme. Eigenschaften können somit synthetisch

Güter unterscheiden sich entsprechend Lancaster also dadurch, dass jedes Gut aus einer Zahl bzw. einem Bündel von Eigenschaften besteht und diese jeweils in einer bestimmten Intensität im Produkt vorhanden sind. Um daraus Schlussfolgerungen auf das Konsumentenverhalten zu ziehen, ist dabei die Annahme notwendig, dass die Eigenschaften als solche objektiv und quantifizierbar sind. Wenn im Gegensatz zur herkömmlichen Theorie die Nutzenfunktion auf die Eigenschaften ausgerichtet ist, maximieren Konsumenten ihren Nutzen, indem eine optimale Kombination von Gütereigenschaften gewählt wird. Auf den Namen eines Produkts bzw. die rechtliche Bezeichnung eines Finanzinstruments kommt es folglich nicht an. Damit lassen sich neue Güter am Markt als ein bisher nicht in dieser Kombination erhältliches Bündel von Eigenschaften interpretieren und deren Nachfrage mit Hilfe der „eigenschaftsgeprägten" Nutzenfunktion erklären.

Bezogen auf Konsumgüter besteht nun die von Lancaster auch selbst erkannte Problematik, dass diesen einerseits objektiv und quantitativ bestimmbare Eigenschaften, wie der Kaloriengehalt eines bestimmten Lebensmittels, innewohnen, es andererseits jedoch speziell bei ästhetischen Überlegungen zu Anwendungsschwierigkeiten kommen kann.[73] Ferner weisen Konsumgüter eine Vielzahl von Eigenschaften auf, so dass für Zwecke der Operationalisierung zunächst wichtige von unwichtigen zu separieren sind. Übertragen auf Finanzprodukte bestehen derartige Schwierigkeiten in geringerem Umfang. Finanzprodukte setzen sich aus einer begrenzten Zahl von wertbestimmenden Eigenschaften (z.B. Rendite, Risiko, Liquidität, Flexibilität, Währung) zusammen, die objektiv feststellbar und meist auch relativ einfach quantifizierbar sind.

In Bezug auf Währungen ist allerdings anzumerken, dass diese sowohl als Eigenschaft,[74] z.B. in Bezug auf den Kauf und Verkauf von Aktien in Fremdwährung, als auch als eigenständige Wirtschaftsgüter,[75] z.B. in Bezug auf Fremdwährungsguthaben und Forderungen in Fremdwährung, für Zwecke des deutschen Steuerrechts angesehen werden. Diese uneinheitliche Handhabung der Währungsproblematik führt z.B. bei der Besteuerung von privaten Kapitalanlagen nach den §§ 20 und 23 EStG zu erheblichen Inkonsistenzen und daraus resultierenden Praktikabilitätsproblemen.[76]

---

hergestellt oder dupliziert werden. Dieser Thematik widmet sich der noch folgende Abschnitt 2.3 ausführlich.

73 Vgl. Lancaster, Kelvin, Consumer demand – A new approach, New York/London 1971, S. 114.

74 Vgl. z.B. BMF vom 25.10.2004 IV C 3-S 2256-238/04, in: DB 2004, S. 2393-2399, Rz. 43.

75 Vgl. z.B. BFH vom 02.05.2000 IX-R-73/98, in: BStBl. II 2000, S. 614.

76 Vgl. zu einem Überblick Jurowsky, Rainer, Fremdwährungseinflüsse bei der Veräußerung von Wertpapieren im Rahmen des § 23 EStG – Anmerkung zum BMF-Schreiben

Abbildung 1: Finanzinstrumente im Zwei-Eigenschafts-Fall

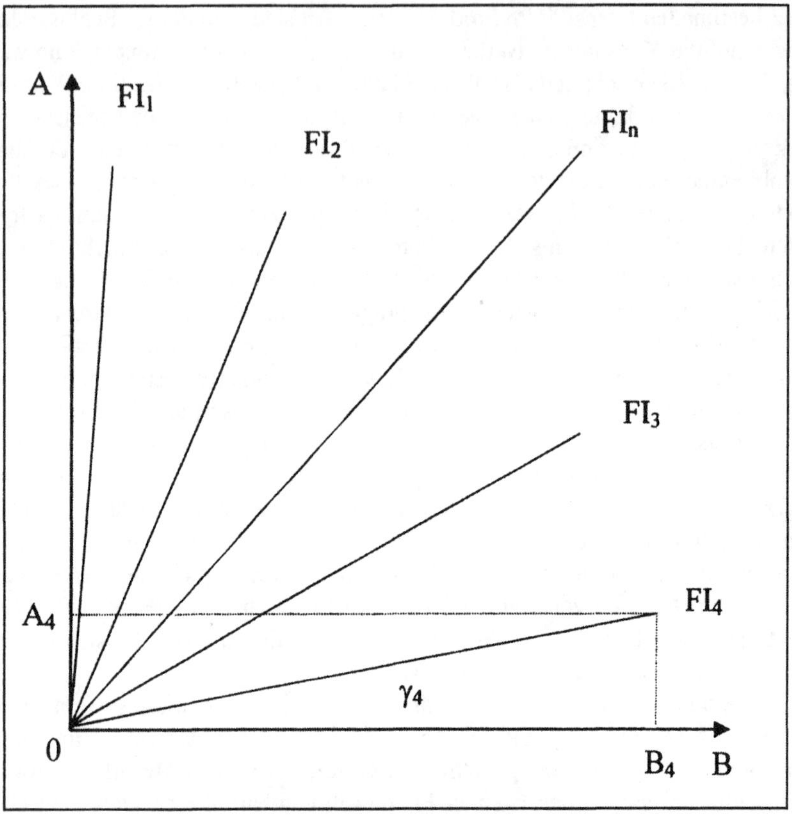

Quelle: In Anlehnung an Glaum, Martin, Finanzinnovationen und ihre Anwendung in internationalen Unternehmen – dargestellt am Beispiel von Devisenoptionskontrakten, Diss. Univ. Gießen 1991, Gießen 1991, S. 111.

Vereinfacht auf den Fall von lediglich zwei relevanten inneren Eigenschaften ist an obiger Stelle die Theorie von Lancaster graphisch dargestellt. Dies bedeutet nicht, dass im realistischen Fall von wesentlich mehr Eigenschaften keine Lösung möglich ist. Zum einen kann hier mit Hilfe der Matrizenrechnung vorgegangen werden;[77] eine andere Möglichkeit wäre, ähnliche Eigenschaften über

vom 25.10.2004, in: DB 2004, S. 2711-2715 und Paukstadt, Maik/Deiritz, Thomas, Fremdwährungsgeschäfte im Rahmen des § 23 EStG, in: DStR 2004, S. 806-809.

77 Vgl. beispielhaft das Vorgehen von Lancaster, Kelvin, Consumer demand – A new approach, New York/London 1971, S. 25-35.

bestimmte Äquivalenzziffern zusammenzufassen und dann auf einer Achse abzutragen.[78]

In der vorhergehenden Abbildung sind FI_1, FI_2, FI_3 und FI_4 die auf einem Markt existierenden Finanzinstrumente. Den Anlagemöglichkeiten ist gemeinsam, dass jede die beiden Eigenschaften A und B aufweist, allerdings mit dem Unterschied der Eigenschaftsintensität, die von Instrument zu Instrument verschieden ist. Beispielsweise FI_4 enthält den Umfang A_4 von Eigenschaft A und B_4 von Eigenschaft B. Das Verhältnis der Eigenschaften wird dabei durch den Tangens des Winkels γ_4 ausgedrückt.

Auf Basis dieses einfachen grafischen Modells können nun wichtige Aspekte für die Einführung neuer Produkte generiert werden. Im Eigenschaftsfeld fällt zwischen den Finanzinstrumenten FI_2 und FI_3 eine große Lücke auf, weil Finanzinstrumente mit mittlerem Umfang beider Eigenschaften bisher nicht erhältlich waren. Sind die Anlegerpräferenzen im Eigenschaftsfeld gleich verteilt und besteht keine beliebige Teilbarkeit[79] der Finanzinstrumente, ergibt sich für Anbieter dieser Produkte die Erfolg versprechende Möglichkeit, ein neues Instrument auf dem Markt einzuführen. Das optimale Finanzinstrument wird durch Eigenschaftskombinationen geprägt sein, die auf der Verbindung $0FI_n$ liegen und damit genau den Winkel zwischen $0FI_2$ und $0FI_3$ halbieren. Derartige Lücken im Eigenschaftsfeld ausfüllende Produkte werden als „spectrum filling"-Innovationen[80] bezeichnet.

Wird das Kriterium der Nichtteilbarkeit aufgehoben, ist es auf Basis der Theorie von Lancaster möglich, genauere Anforderungsprofile für die Anlage eines bestimmten Betrags in neuartige Finanzinstrumente zu bestimmen.[81] Die gra-

---

78 Vgl. Desai, Meghnad/Low, William, Measuring the opportunity for product innovation, in: Changing money – Financial innovation in developed countries, de Cecco, Marcello (Hrsg.), Oxford 1987, S. 112-140, hier: S. 121/122, die den Mindestanlagebetrag über die pauschalierte Umrechnung von 100 Pfund = ein Tag in die Eigenschaft Liquidität integrieren.

79 Lancaster führt als Beispiel für allgemeine Konsumgüter und deren Nichtteilbarkeit den Automarkt an. Wenn es nur Cadillac und Volkswagen gibt, die durch die Eigenschaften „Komfort" und „ökonomischer Verbrauch" charakterisiert werden, dann kann ein beide Eigenschaften in einem mittlerem Maß präferierender Konsument eben keinen halben Cadillac und keinen halben Volkswagen kaufen; vgl. Lancaster, Kelvin, Change and innovation in the technology of consumption, in: AER 1966, S. 14-23, hier: S. 21/22.

80 Vgl. Llewellyn, David, Financial innovation: a basic analysis, in: Papeles de Economia Espanola 1988, S. 14-51, hier: S. 29.

81 Vgl. Lancaster, Kelvin, A new approach to consumer theory, in: The Journal of Political Economy 1966, S. 132-157, hier: S. 139-142; Lancaster, Kelvin, Consumer demand – A new approach, New York/London 1971, S. 53-67 und Glaum, Martin, Finanzinnovationen und ihre Anwendung in internationalen Unternehmen – dargestellt

Abbildung 2: Effizienzkurve und Effizienzsubstitutionseffekt

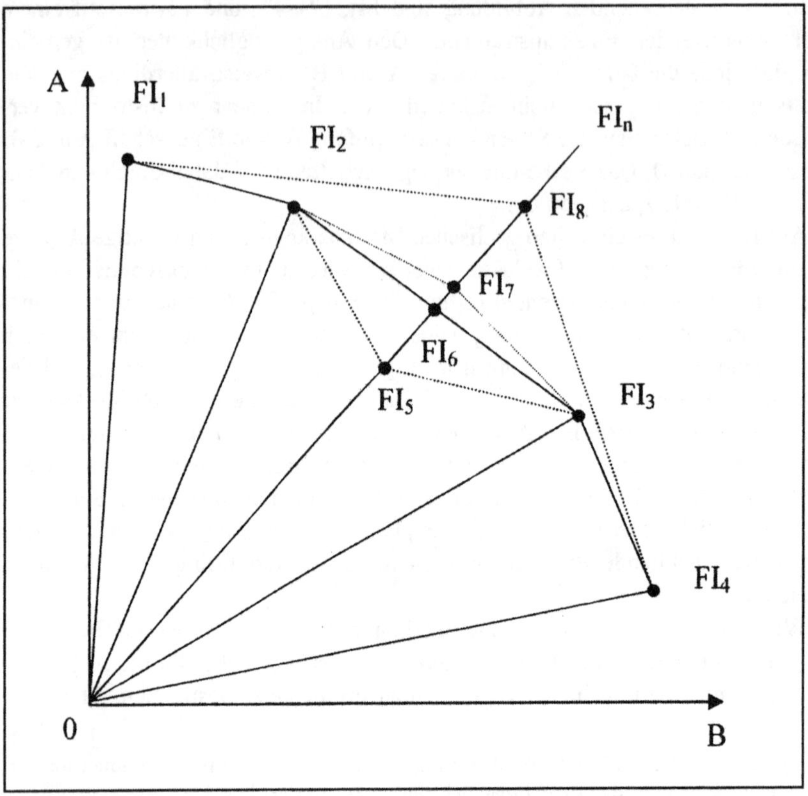

Quelle: In Anlehnung an Lancaster, Kelvin, Consumer demand – A new approach, New York/London 1971, S. 55.

fische Darstellung ist in der obigen Abbildung enthalten. Wiederum sind FI_1, FI_2, FI_3 und FI_4 am Markt erhältlich. Diese können nun jedoch in jeder erdenklichen Form miteinander kombiniert werden. Wenn die verschiedenen Investoren grundsätzlich eine größere Intensität von Eigenschaft A bei gleicher Intensität von Eigenschaft B präferieren und umgekehrt, verlaufen die Indifferenzkurven konvex zum Ursprung. Daraus leitet sich in einem ersten Schritt ab, dass von den theoretisch möglichen A-B-Eigenschaftskombinationen nur solche effizient

am Beispiel von Devisenoptionskontrakten, Diss. Univ. Gießen 1991, Gießen 1991, S. 112-115.

sind, die sich auf der Verbindung der Punkte FI_1-FI_2-FI_3-FI_4 befinden. Unterhalb dieser für alle Marktteilnehmer gleichen Effizienzkurve liegende Eigenschaftsportfolios (z.B. von FI_1-FI_3) werden von Kombinationen auf der Effizienzkurve (in diesem Fall von FI_1-FI_2 bzw. FI_2-FI_3) dominiert. In einem zweiten Schritt wählen die Wirtschaftssubjekte zur Maximierung ihres Nutzens eine ihren individuellen Präferenzen entsprechende Eigenschaftskombination auf der Effizienzkurve aus.

Basierend auf dem vorgestellten Konzept der Effizienzkurve können nun Konstruktionsprinzipien für neue und am Markt erfolgreiche Finanzinnovationen abgeleitet werden. Diese müssen die beiden Eigenschaften A und B in einer Intensität enthalten, die oberhalb der bisherigen Effizienzkurve liegt. Bei Einführung von FI_7 oder FI_8 tritt dieser Fall ein. Die Effizienzkurve wird nach rechts oben gedehnt bzw. verschoben und die Investoren können ein höheres Nutzenniveau erreichen. Die Einführung derartiger Produkte hat Konsequenzen für die bisher am Markt existierenden anderen Finanzinstrumente. So führt beispielsweise FI_7 dazu, dass FI_2-FI_3-Portfolios ineffizient werden und durch FI_2-FI_7- oder FI_7-FI_3-Portfolios ersetzt werden. Zu noch weitergehenden Folgen kommt es bei Einführung von FI_8, weil nunmehr FI_2 und FI_3 völlig vom Markt verdrängt werden. Den Prozess der Entstehung einer neuen Effizienzkurve und die damit einhergehende Verdrängung bisheriger Portfolios oder Produkte bezeichnet Lancaster als Effizienz-Substitutions-Effekt.[82] Dem entgegen wäre die Einführung von FI_5 nicht erfolgreich, weil dieses Produkt im Vergleich zu den bisher erhältlichen als ineffizient einzustufen ist. Zu einer Indifferenzlage würde die Eigenschaftskombination von FI_6 führen.

Die von Lancaster entwickelte „Theory of demand for characteristics“ eignet sich insgesamt gut für die Identifikation von Marktunvollkommenheiten, die im Sinne der Theorie Lücken im Eigenschaftsfeld entsprechen, und liefert über das Konstrukt der Effizienzkurve einen wertvollen Beitrag zur Erklärung der Entstehung, aber auch zur gezielten Entwicklung ganz bestimmter Bündel von Eigenschaften, den innovativen Finanzinstrumenten.

2.2.4 Integrativer Erklärungsansatz unter besonderer Berücksichtigung steuerlicher Aspekte

Um zu ermitteln, weshalb einerseits neuartige Finanzinstrumente in einer bestimmten Konfiguration entstehen und ferner diese über einen kürzeren oder

82 Vgl. Lancaster, Kelvin, Change and innovation in the technology of consumption, in: AER 1966, S. 14-23, hier: S. 17.

längeren Zeitraum am Markt bestehen, bietet es sich an, von den möglichen Ursachen für die Existenz des in der vorhergehenden Abbildung als ineffizient eingestuften FI_5 auszugehen. Auf Basis der Lancaster-Theorie könnte diese Frage zunächst mit zusätzlichen Merkmalen C und D beantwortet werden, die in der Zwei-Eigenschafts-Darstellung nicht oder nur unvollständig über Äquivalenzziffern eingeflossen sind.[83] Dieses Argument würde lediglich einen handwerklichen Fehler bei der Anwendung der Theorie implizieren. Unabhängig davon besteht ein anderer Ansatz zur Erklärung der Marktpräsenz FI_5 darin, dass dieses Finanzinstrument vom anbietenden Institut des Finanzbereichs offensiv vermarktet wurde und Markenbewusstsein sowie enge Kundenbeziehungen bestehen. Der Investor hätte dann entweder keine vollständigen bzw. sogar falsche Informationen über die Produkteigenschaften haben können, oder es liegt irrationales Verhalten vor.[84]

Die bisherigen auf empirischer Ebene durchgeführten Verifizierungsversuche der Theorien von Silber[85] und Lancaster[86] konnten einen Teil der real entstandenen Finanzinnovationen erklären; eine Abdeckung des gesamten Spektrums dieser Produkte, so z.B. FI_5, gelang jedoch nicht. Die Thematik der Entstehung und des Weiterbestehens von innovativen Finanzinstrumenten ist für monokausale Erklärungsversuche zu heterogen.[87] Ungeachtet dessen, haben beide Theorien

---

83 Vgl. Desai, Meghnad/Low, William, Measuring the opportunity for product innovation, in: Changing money – Financial innovation in developed countries, de Cecco, Marcello (Hrsg.), Oxford 1987, S. 112-140, hier: S. 126.

84 Ähnlich auch Desai, Meghnad/Low, William, Measuring the opportunity for product innovation, in: Changing money – Financial innovation in developed countries, de Cecco, Marcello (Hrsg.), Oxford 1987, S. 112-140, hier: S. 126.

85 Vgl. Ben-Horim, Moshe/Silber, William L., A linear programming approach, in: Journal of Banking and Finance 1977, S. 277-296 und Silber, William L., The process of financial innovation, in: AER 1983, S. 89-95, hier: S. 94, der eine Erfolgsquote von über 50% erreicht.

86 Vgl. Desai, Meghnad/Low, William, Measuring the opportunity for product innovation, in: Changing money – Financial innovation in developed countries, de Cecco, Marcello (Hrsg.), Oxford 1987, S. 112-140, die diese Untersuchung im Zwei-Eigenschafts-Feld von Rendite und Liquidität vornehmen, bei der die Effizienzkurve wegen des umgekehrt proportionalen Zusammenhangs von Nutzen der Wirtschaftssubjekte in Bezug auf die Anlagedauer einen ähnlichen Verlauf nimmt, wie die Effizienzlinie der Portfolio-Selection von Markowitz. Im Vergleich dazu ist die Skalierung in der Darstellung bei Glaum, Martin, Finanzinnovationen und ihre Anwendung in internationalen Unternehmen – dargestellt am Beispiel von Devisenoptionskontrakten, Diss. Univ. Gießen 1991, Gießen 1991, S. 113 missverständlich.

87 Zudem gehen auch von der meso- und makroökonomischen Ebene einer Volkswirtschaft Impulse auf die in Abschnitt 2.2.1 genannten Finanzmarkt- und Finanzprozessinnovationen aus, die wiederum in einem Wirkungsgeflecht mit den hier näher untersuchten Finanzproduktinnovationen stehen. Vgl. zu einem die mikro-, meso- und ma-

plausible Argumente und Teilergebnisse geliefert. Es bietet sich deshalb einerseits an, eine Interpretationsmöglichkeit für die Existenz von FI_5 aus der Integration der Erkenntnisse der Erklärungsansätze von Silber und Lancaster abzuleiten und ferner, bisher eher vernachlässigte, aber für den Untersuchungszweck dieser Arbeit bedeutende steuerliche Aspekte und die davon ausgehenden Effekte stärker zu betonen.

Silber hat die Entstehung innovativer Finanzinstrumente als Reaktion der Unternehmen des Finanzsektors auf Änderungen des regulatorischen Umfelds oder auf steigende Opportunitätskosten für die Einhaltung der Restriktionen angesehen. Zum ersten Bereich zählen auch Anpassungen im Steuerrecht, die mitunter in kurzer zeitlicher Abfolge vorkommen, die einzelne Investitions- bzw. Finanzierungsmaßnahmen gewollt oder ungewollt beeinflussen und deshalb mit erheblichen materiellen Konsequenzen verbunden sein können.[88] Im Sinne der Silber-Theorie sind die Ansatzpunkte für Finanzproduktinnovationen aus steuerlicher Sicht aneutral wirkende Besteuerungsvorschriften, deren finanziell unterschiedlichen Auswirkungen von diesen Produkten „ausarbitragiert" werden.[89] Es können allerdings nicht nur Unterschiede zwischen aneutralen Besteuerungsregeln genutzt werden, sondern mögliches Ziel ist zudem die Vermeidung steuerbarer Einkünfte.[90] Insofern spielt – auch in neutralen Steuersystemen – der Grenzbereich von legaler Steuervermeidung und missbräuchlicher Steuerumgehung eine wichtige Rolle, der im deutschen Steuerrecht durch die wirtschaftliche Betrachtungsweise und hier speziell durch § 42 AO geregelt wird.[91] Abgesehen davon, sind mit der Anzahl, dem Umfang und der Dauer des Bestehens der steuerinduzierten Verzerrungen drei Bereiche zu unterscheiden.

---

kroökonomische Ebene einer Volkswirtschaft integrierten Modell Glaum, Martin, Finanzinnovationen und ihre Anwendung in internationalen Unternehmen – dargestellt am Beispiel von Devisenoptionskontrakten, Diss. Univ. Gießen 1991, Gießen 1991, S. 115-148.

88 Ausführlich zum Einfluss der Besteuerung auf Investitionsentscheidungen Mellwig, Winfried, Investition und Besteuerung, Wiesbaden 1985 und Wehrheim, Michael, Liquiditäts- bzw. Rentabilitätseffekte aufgrund der Inanspruchnahme steuerlicher Finanzierungshilfen, in: ZfB 1997, S. 151-178.

89 Detailliert zum steuerlichen Zielsystem Vera, Antonio, Das steuerliche Zielsystem einer international tätigen Großunternehmung – Ergebnisse einer empirischen Untersuchung, in: StuW 2001, S. 308-315.

90 Ähnlich Duncan, James A., Generalbericht, in: cahiers de droit fiscal international – 54th Congress of the International Fiscal Association – München 2000: Tax treatment of hybrid financial instruments in cross-border transactions, International Fiscal Association (Hrsg.), The Hague/London/Boston 2000, S. 51-66, hier: S. 53.

91 Vgl. hierzu Abschnitt 3.3.3. Der Aspekt einer gänzlichen Vermeidung steuerbarer Einkünfte wird in der folgenden Darstellung nicht berücksichtigt.

Hinsichtlich des ersten Aspekts ist klar, dass mit Zunahme der Anzahl unterschiedlich wirkender steuerlicher Regelungen auch die Anzahl der Verzerrungen sprunghaft zunimmt, wie die folgende Abbildung zeigt.

Abbildung 3: Verhältnis aneutraler steuerlicher Regelungen zur Anzahl möglicher Verzerrungen

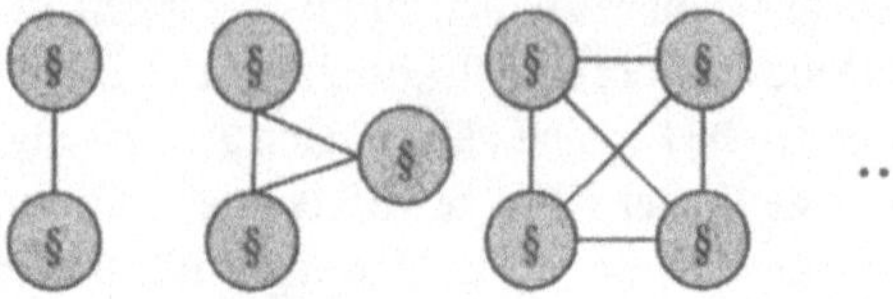

§	aneutrale steuerliche Regelungen (x)	2	3	4	$y = \frac{x \times (x-1)}{2}$
—	mögliche Verzerrungen (y)	1	3	6	

Quelle: Eigene Darstellung.

Gerade vor diesem Hintergrund erscheint die mögliche Absicht eines Steuergesetzgebers, potenzielle Steuerumgehungsstrategien innerhalb eines aneutralen Steuersystems durch weitere verzerrend wirkende steuerliche Vorschriften und damit größere Detailliertheit des Steuersystems zu kurieren, paradox und ist zum Scheitern verurteilt.[92] Konsequenz davon wären neue Umgehungsstrategien und es käme insoweit zu einer endlosen Sequenz von Regulierung – Umgehung –

92 Vgl. Plambeck, Charles T./Rosenbloom, H. David/Ring, Diane M., Generalbericht, in: cahiers de droit fiscal international – 49th Congress of the International Fiscal Association – Cannes 1995: Tax aspects of derivative financial instruments, International Fiscal Association (Hrsg.), The Hague/London/Boston 1995, S. 735-779, hier: S. 778.

Neuregulierung,[93] was deutlich macht, dass eigentlich der Gesetzgeber die Rolle des „major pioneer of new financial instruments“[94] innehat.

Allerdings ist zu beachten, dass ein reines Abzählen der Verzerrungen nicht weiterführt[95] und stets der Umfang der steuerlichen Belastungsunterschiede mit in die Überlegungen einbezogen werden muss. Wenn es durch Finanzinstrumente grundsätzlich möglich ist, eine Einkunftsart in eine andere zu transformieren[96] oder jedwede steuerliche Verzerrung auch innerhalb bestimmter Einkunftsarten, Bemessungsgrundlagen oder Tarife auszunutzen, werden die Akteure am Finanzmarkt die jeweils für sie vorteilhafteste Verzerrung auswählen. So wird eine Verzerrung, aus der eine Reduktion der steuerlichen Belastung um z.B. 10% resultiert, weitgehend ungenutzt bleiben, falls eine andere erreichbare Verzerrung zu einer Reduktion um z.B. 30% führt.

Die Verzerrung zwischen normaler steuerlicher Belastung und Reduktion um 30% ist noch kein hinreichendes Argument dafür, dass dies die Entstehung eines genau darauf abgestimmten Finanzinstruments nach sich zieht. Erfolg versprechend wird die Einführung unter steuerlichen Aspekten nur dann sein, wenn die Dauer des Bestehens der Verzerrung in Verbindung zum Anlage- bzw. Finanzierungshorizont gesetzt wird; allerdings gilt: Je größer der mögliche Arbitrageumfang der steuerlichen Verzerrung, desto eher „amortisiert“ sich eine Finanzinnovation.

Das regulatorische Umfeld und hier speziell das Steuerrecht mit den eben angedeuteten Aspekten von Anzahl, Umfang und Dauer des Bestehens der steuerinduzierten Verzerrungen waren ein Grund für die Entstehung innovativer Finanzinstrumente. Darüber hinaus hat Silber steigende Opportunitätskosten für die Einhaltung einer steuerlichen Regelung als einen weiteren Grund angeführt. Ein einfaches Beispiel hierfür könnten steigende Zinssätze sein, die bei Nichtabzugsfähigkeit von Zinsaufwendungen für den Anbieter bzw. wegen des durch die steigenden Zinserträge erfolgten Übersteigens eines einkunftsartspezifischen Freibetrags oder allgemein eines progressiven Steuertarifs bei den Anlegern zu steuerlichen Nachteilen führen, ohne dass auch nur eine steuerliche Regelung geändert wurde. Damit kommt es auch bei Konstanz steuerlicher Regelungen infolge der

---

93 Dieser Prozess wird in der Literatur als „regulatory dialectic“ bezeichnet; vgl. hierzu Kane, Edward J., Interaction of financial and regulatory innovation, in: AER 1988, S. 328-334.

94 Miller, Merton H., Financial innovations and market volatility, Cambridge/Oxford 1991, S. 6.

95 Ähnlich in einem anderen Zusammenhang Homburg, Stefan, Allgemeine Steuerlehre, 3. Aufl., München 2003, S. 186.

96 Vgl. Miller, Merton H., Financial innovations and market volatility, Cambridge/Oxford 1991, S. 5.

Dynamik des gesamtwirtschaftlichen Umfelds zu neuartigen Finanzprodukten, deren Entstehung folglich einen dauerhaften Prozess darstellt. Geänderte wirtschaftliche Rahmenbedingungen als Entstehungsursache dürfen allerdings nicht völlig unabhängig von den steuerlichen Regelungen betrachtet werden, vielmehr können sich dadurch die Relationen und materiellen Auswirkungen der steuerlichen Verzerrungen verschieben.

Die aufgezeigten Argumente im Bereich des regulatorischen Umfelds und steigender Opportunitätskosten bei Einhaltung bestimmter Regelungen verdeutlichen jedoch nicht nur wann ein bestimmtes Finanzinstrument entsteht, sondern im Umkehrschluss auch, zu welchem Zeitpunkt dieses ineffizient wird und am Markt nicht mehr neu angeboten bzw. nachgefragt wird. Dies ist z.B. dann der Fall, wenn bei einem speziell auf eine Verzerrung hin konstruierten Finanzprodukt die zugrunde liegende Verzerrung abgeschafft wird. Das gleiche Finanzinstrument erscheint erneut am gleichen nationalen Markt, wenn die entsprechende Regulierung wieder eingeführt wird, oder das gleiche Produkt wird auf einem ausländischen Markt eingeführt, dessen Steuersystem genau diese Arbitrage ermöglicht.[97]

Steuerliche Aspekte und die im Rahmen der Silber-Theorie hierzu gewonnenen Erkenntnisse sollen nachfolgend in das Modell von Lancaster integriert werden. Der Schwerpunkt der Lancaster-Theorie liegt auf der Nachfrage nach den Eigenschaften als solche, die in bestimmten Bündeln als Finanzinstrumente auf dem Markt gehandelt werden. Es existiert eine für alle Anleger gleiche Kurve effizienter Eigenschaftsbündel/Finanzprodukte, auf der individuell entsprechend den persönlichen Präferenzen das Nutzenmaximum gewählt wird.

Um steuerliche Aspekte, die sich unmittelbar auf die Vorteilhaftigkeit einzelner Finanzinstrumente auswirken, in das Lancaster-Modell zu integrieren, gibt es prinzipiell zwei Möglichkeiten: Einerseits könnte die bisherige objektive Effizienzkurve im Zwei-Eigenschafts-Fall erhalten bleiben und die Anleger wählen individuell unter besonderer Berücksichtigung ihrer speziellen steuerlichen Situation – damit kämen steuerliche Aspekte in den Indifferenzkurven zum Ausdruck; andererseits könnte die Eigenschaft A nicht mehr die Rendite vor Steuern, sondern nach Steuern sein, und es gäbe entsprechend dem Anlegertyp[98] mehrere effiziente und nun nicht mehr zwingend deckungsgleiche Handlungskurven, auf denen wiederum die individuelle Wahl zu treffen ist – steuerliche Aspekte wür-

97 Hiermit zeigt sich wiederum die Subjektdimension des Neuigkeitscharakters, die in Abschnitt 2.2.1 angesprochen wurde.

98 Anlegertypen könnten z.B. unterschieden werden nach Inländer/Ausländer, privat/betrieblich, oder Interesse an Vorverlagerung der Einkünfte/Nachverlagerung der Einkünfte. und anderen Kategorien mehr. Damit ergäbe sich eine überschaubare Zahl von verschiedenen Effizienzkurven.

den sich dann in der jeweiligen Effizienzkurve widerspiegeln. Dies stellt eine Modifikation des Lancaster-Modells dar.

Um auf die Erklärung des Bestehens von FI_5 zurückzukommen, erscheint die zweite Variante wesentlich geeigneter. In der Zwei-Eigenschafts-Darstellung lag FI_5 deshalb nicht auf der Effizienzkurve, weil für den speziellen Anlegertyp dieser Darstellung andere Finanzinstrumente besser auf die jeweilige steuerliche Situation abgestimmt waren. Für einen anderen Anlegertyp liegt FI_5 wieder auf der Effizienzkurve und wird bei Gleichverteilung der Anlegerpräferenzen auch nachgefragt. Insgesamt wird deutlich, dass bestimmte Finanzinstrumente für bestimmte Gruppen von Anlegern vorteilhaft sind, während andere Finanzinstrumente für diese Gruppe uninteressant erscheinen, weil diese speziell auf die Bedürfnisse einer anderen Gruppe von den Anbietern dieser Produkte zugeschnitten sind. Anders ausgedrückt: Anleger fragen entsprechend ihrer individuellen (bzw. dem Typ ihrer) steuerlichen Situation Eigenschaftsbündel nach, die genau auf eine bestimmte Verzerrung bzw. die gänzliche Vermeidung steuerbarer Einkünfte ausgerichtet sind oder, und hier kommen Erkenntnisse der Silber-Theorie zum Ausdruck, die steigende Opportunitätskosten auch bei den Anlegern vermeiden sollen. Finanzinstrumente, die auf den Unterschied zwischen zwei Besteuerungsregeln oder die vollständige Vermeidung der Besteuerung ausgerichtet sind,[99] könnten in diesem Sinne als steuerlich-hybride Finanzinstrumente bezeichnet werden. Demzufolge wäre beispielsweise ein die steuerlichen Unterschiede zwischen den §§ 20 und 23 EStG ausnutzendes Finanzinstrument ein § 20 EStG/ § 23 EStG-Hybrid.

Als Ergebnis der Analyse kann festgestellt werden, dass über die jeweiligen Erkenntnisse der Theorien von Silber und Lancaster hinaus sich diese unter besonderer Berücksichtigung steuerlicher Aspekte zu aussagekräftigen Erklärungsmustern ergänzen. Basierend darauf ist die Entstehung einer Vielzahl neuartiger Finanzinstrumente einer bestimmten Konfiguration unter angebots- und nachfrageorientierten Gesichtspunkten ebenso erklärbar, wie die Dauer des Weiterbestehens der jeweiligen Produkte am Markt.

---

99 Ähnlich für den internationalen Bereich Plambeck, Charles T./Rosenbloom, H. David/Ring, Diane M., Generalbericht, in: cahiers de droit fiscal international – 49th Congress of the International Fiscal Association – Cannes 1995: Tax aspects of derivative financial instruments, International Fiscal Association (Hrsg.), The Hague/London/Boston 1995, S. 735-779, hier: S. 774 und Duncan, James A., Generalbericht, in: cahiers de droit fiscal international – 54th Congress of the International Fiscal Association – München 2000: Tax treatment of hybrid financial instruments in cross-border transactions, International Fiscal Association (Hrsg.), The Hague/London/Boston 2000, S. 51-66, hier: S. 52.

2.3 Konstruktion hybrider Finanzinstrumente

2.3.1 Aufbau und Zusammensetzung derartiger Produkte

Hybride Finanzinstrumente, so komplex diese auf den ersten Blick auch erscheinen mögen, setzen sich entsprechend der Lancaster-Theorie aus einer bestimmten Zahl von Eigenschaften zusammen. Unabhängig vom äußerst breiten Spektrum der Erscheinungsformen hybrider Finanzinstrumente existieren am Markt wegen gesetzlicher Bestimmungen oder aus den Marktkräften heraus typische und einfach strukturierte Bündel von Eigenschaften bzw. Rechten. Diese elementaren Finanzinstrumente werden häufig als die Grundbausteine für kompliziertere Produkte verwendet, indem mehrere dieser zusammengefügt werden oder charakteristische Eigenschaften eines Grundbausteins geändert oder ergänzt werden. Letztlich ist ein auf diesem Weg entstandenes Finanzinstrument auch wieder ein Bündel von Eigenschaften.

Wenn hybride Finanzinstrumente wertbestimmende Eigenschaften von Instrumenten verschiedener Marktsegmente vereinigen,[100] wird deutlich, dass der Zwischenschritt mit der genaueren Betrachtung der elementaren Finanzinstrumente bzw. typischen Bausteine nur die Konsequenz dieser Sichtweise ist. Zudem bestehen gewisse Vorteile, weil von der weitgehend geklärten gesellschaftsrechtlichen, bilanziellen und steuerlichen Behandlung dieser Grundbausteine auf die der neuartigen Finanzinstrumente ganz oder teilweise geschlossen werden kann. Die nachfolgende Abbildung verdeutlicht den eben beschriebenen Aufbau hybrider Finanzinstrumente nach dem so genannten „Baukastenprinzip“[101].

Zu den Grundbausteinen gehören neben den auf dem Kassamarkt gehandelten Eigenkapital- und Fremdkapitaltiteln auch dem Terminmarkt zugehörige Vertragstypen. Dabei kann das breite Spektrum der Erscheinungsformen[102] derivati-

---

100 Vgl. Abschnitt 2.1.

101 Vgl. Tebroke, Hermann-Josef, Stichwort „Finanzinnovationen“, in: HWF, Gehrke, Wolfgang/Steiner, Manfred (Hrsg.), 3. Aufl., Stuttgart 2001, Sp. 811-825, hier: Sp. 813; ähnlich auch Sen, Bidyut, Hybrid securities, in: Financial engineering – A complete guide to financial innovation, Marshall, John F./Bansal, Vipul K. (Hrsg.), New York u.a. 1992, S. 475-492, hier: S. 476, der dies als "LEGO approach" bezeichnet.

102 Ebenfalls diese Einteilung bzw. die vier Bausteine anführend Plambeck, Charles T./Rosenbloom, H. David/Ring, Diane M., Generalbericht, in: cahiers de droit fiscal international – 49th Congress of the International Fiscal Association – Cannes 1995: Tax aspects of derivative financial instruments, International Fiscal Association (Hrsg.), The Hague/London/Boston 1995, S. 735-779, hier: S. 744; Pross, Achim C., Swap, Zins und Derivat: Finanzinnovationen im nationalen und interna-

Abbildung 4: Grundstruktur hybrider Finanzinstrumente

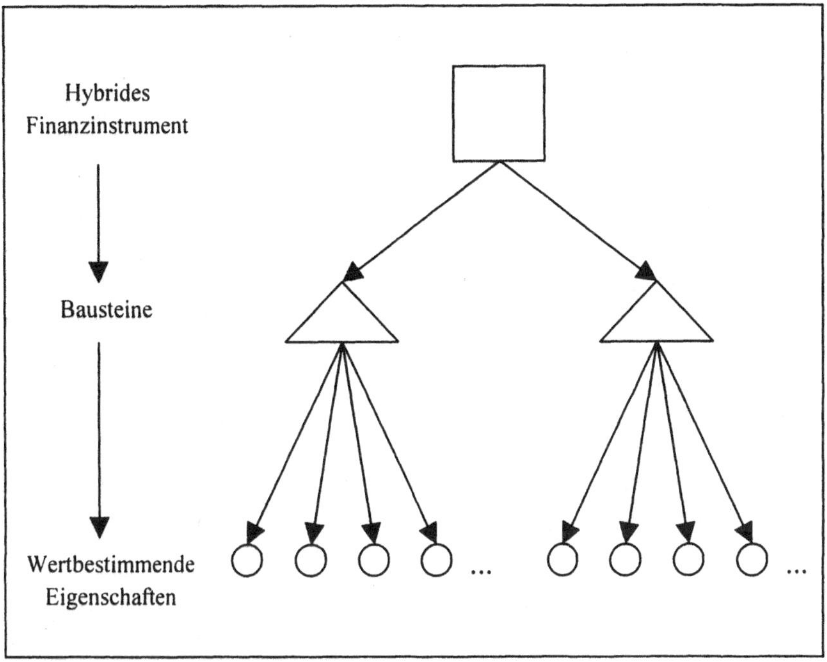

Quelle: Eigene Darstellung.

ver Instrumente vom Grundsatz her in beidseitig verpflichtende Verträge vom Typ Forward und einseitig verpflichtende Verträge vom Typ Option eingeteilt werden, so dass vier verschiedene Bausteine – Eigenkapital, Fremdkapital, Forward, Option – hybrider Finanzinstrumente existieren. Es geht an dieser Stelle um die elementaren Bausteine in Reinform, so dass Futures, die eine Weiterentwicklung von Forwardverträgen in standardisierter und handelbarer Form sind, sowie Swaps, bei denen es sich analytisch betrachtet um eine Serie von mehreren unbedingten Termingeschäften handelt,[103] ebenso einem Typ Grundbaustein zu-

tionalen Steuerrecht unter besonderer Berücksichtigung des Zinsbegriffes, Diss. Univ. München 1996, München 1998, S. 5 und Wilkens, Marco/Scholz, Hendrik/Völker, Jörg, Duplikation und Bewertung strukturierter Finanzprodukte – Callable Step-Up Bonds, in: Die Bank 1999, S. 262-268, hier: S. 263.

103 Vgl. Prahl, Reinhard/Naumann, Thomas K., Financial Instruments, in: Handbuch des Jahresabschlusses in Einzeldarstellungen, von Wysocki, Klaus/Schulze-Osterloh, Joachim (Hrsg.), Köln 2000, Abt. II/10, S. 1-161, hier: S. 58 und Hull,

geordnet werden können, wie Zinsbegrenzungsverträge (Caps, Collars und Floors), die einer Sonderform von Optionen bzw. Serien davon entsprechen.[104] Die jeweiligen typischen Eigenschaften dieser vier verschiedenen elementaren Bausteine hybrider Finanzinstrumente werden im Abschnitt 2.3.2 näher erläutert.

Der auf die Bedürfnisse der Emittenten und Anleger ausgerichtete Prozess der systematischen Separierung (Stripping/Unbundling) und/oder Neukombination (Replicating/Bundling) von Merkmalen einzelner Finanzinstrumente wird als Financial Engineering bezeichnet.[105] Hinsichtlich der Intensität der Zusammenfügung der durch die Bausteine repräsentierten Eigenschaftsbündel, die in der vorhergehenden Abbildung nicht näher spezifiziert wurde, bietet es sich an, zwischen dem Internal und dem External Financial Engineering zu unterscheiden.[106] Diese u.U. auch für Fragen der Besteuerung wichtige Abgrenzung verdeutlicht die nachfolgende Abbildung.

Internal Financial Engineering bedeutet, dass die verschiedenen Bausteine und darin enthaltenen Eigenschaften zu einem rechtlich einheitlichen Finanzinstrument verschmolzen werden. Als Ergebnis entsteht ein strukturiertes Produkt. Dem entgegen bleibt bei External Financial Engineering die rechtliche Selbständigkeit der Bausteine gewahrt und das hybride Finanzinstrument ergibt sich bei wirtschaftlicher Betrachtung auf Portfolioebene.[107] Im Ergebnis führt

---

John C., Optionen, Futures und andere Derivate, 4. Aufl., München/Wien 2001, S. 173.

104 Vgl. Prahl, Reinhard/Naumann, Thomas K., Financial Instruments, in: Handbuch des Jahresabschlusses in Einzeldarstellungen, von Wysocki, Klaus/Schulze-Osterloh, Joachim (Hrsg.), Köln 2000, Abt. II/10, S. 1-161, hier: S. 79 und Hull, John C., Optionen, Futures und andere Derivate, 4. Aufl., München/Wien 2001, S. 759-762.

105 Zu den verschiedenen Anwendungsfeldern und Techniken des Financial Engineering vgl. Marshall, John F./Bansal, Vipul K. (Hrsg.), Financial engineering – A complete guide to financial innovation, New York u.a. 1992; Zwirner, Thomas, Stichwort „Financial Engineering", in: HWF, Gehrke, Wolfgang/Steiner, Manfred (Hrsg.), 3. Aufl., Stuttgart 2001, Sp. 692-704 und Perridon, Louis/Steiner, Manfred, Finanzwirtschaft der Unternehmung, 12. Aufl., München 2003, S. 210-217.

106 Vgl. dazu Pross, Achim C., Swap, Zins und Derivat: Finanzinnovationen im nationalen und internationalen Steuerrecht unter besonderer Berücksichtigung des Zinsbegriffes, Diss. Univ. München 1996, München 1998, S. 129/130.

107 Ähnlich zu zerlegbaren Wertpapieren wie Optionsanleihen Wiese, Götz Tobias/Dammer, Thomas, Zusammengesetzte Finanzinstrumente der AG, in: DStR 1999, S. 867-876, hier: S. 869 und Häuselmann, Holger, Besteuerungsprobleme und Gestaltungsüberlegungen beim grenzüberschreitenden Einsatz von Finanzinnovationen im Banksektor, in: Handbuch der internationalen Steuerplanung, Grotherr, Siegfried (Hrsg.), Herne/Berlin 2000, S. 795-815, hier: S. 802, die diese als „unechte hybride" bzw. „unechte Compound" Instrumente bezeichnen.

Abbildung 5: Internal versus External Financial Engineering

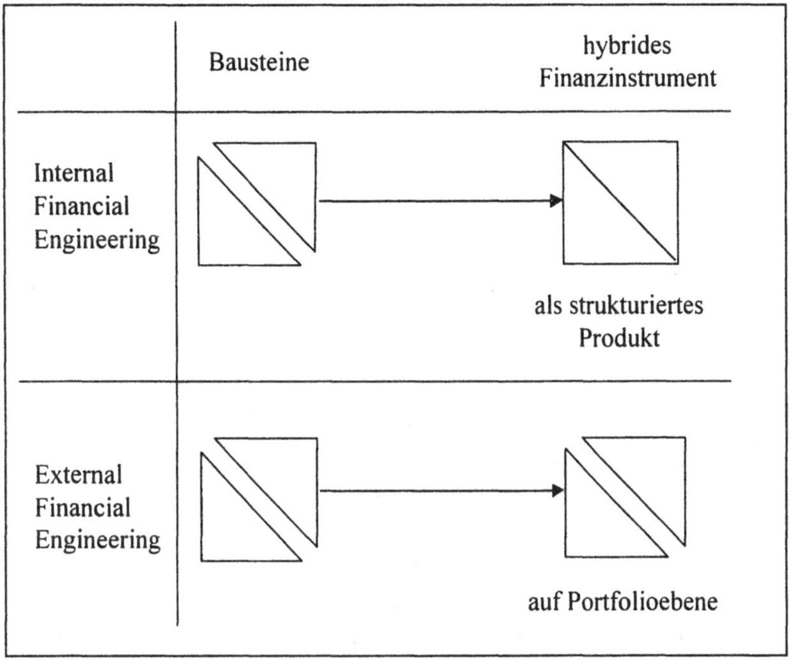

Quelle: Eigene Darstellung.

dies häufig zu synthetischen Positionen, die ebenfalls den Charakter eines hybriden Finanzinstruments aufweisen können. Auch hier werden – wie in den bisherigen Definitionen angeklungen – wertbestimmende Faktoren mehrerer Segmente kombiniert und es entsteht ein hybrides Finanzinstrument. Ganz oder teilweise synthetische Positionen können auch aus der Abwandlung von Eigenschaften eines elementaren Finanzinstruments entstehen, was noch einmal die Bedeutung der eigenschaftsgeprägten Sichtweise der Lancaster-Theorie unterstreicht. Der daraus resultierende Mischcharakter synthetischer Finanzinstrumente rechtfertigt – u.U. auch für steuerliche Zwecke – die Zuordnung zu hybriden Finanzinstrumenten.

2.3.2 Bausteine hybrider Finanzinstrumente und deren wertbestimmende innere Faktoren

2.3.2.1 Eigenkapital

Die Abgrenzung von Eigen- und Fremdkapital war und ist Gegenstand kontrovers geführter Diskussionen.[108] Das Spektrum reicht dabei von aus wirtschaftlicher Sicht unbefriedigenden zirkelhaften Erklärungsversuchen formeller Rechtsbegriffe über eine Aufzählung und Erläuterung möglicher Eigenkapitalfunktionen[109] bis zur Benennung idealtypischer Eigenschaften beider Finanzierungsarten,[110] wobei letztere Bandbreite zwischen den beiden Extrempolen „reines Eigenkapital" und „reines Fremdkapital" eine weitere Verfeinerung in vier Risikokapitalstufen erfahren hat.[111] Darüber hinaus existieren neo-institutionalistische Ansätze, die multiple Informations-, Anreiz- und Kontrollprobleme als Ausgangspunkt einer Abgrenzung aufgreifen.[112] Für die gebotene kompakte Beschreibung der charakteristischen Eigenschaften dieser beiden Bausteine hybrider Finanzinstrumente erscheint die eigenschaftsgeprägte Beschreibung der Extrempole am geeignetsten.

Eigenkapital in Reinform ist durch folgende charakteristische Merkmale gekennzeichnet:[113] (siehe Tabelle 1 folgende Seite)

Die in der Praxis existierenden Formen der Eigenkapitalfinanzierung durch bisherige oder neue eintretende Gesellschafter sind vielfältig. Die Ausgestaltung und Ausprägung obiger Eigenschaften sowie ergänzend hinzutretender Eigenschaften, wie z.B. Stückelung, Währung, Fungibilität, hängt entscheidend von der Rechtsform der Unternehmung und den relevanten Gesetzesvorschriften, die bin-

---

108 Vgl. zu einem Meinungsüberblick Schneider, Dieter, Investition, Finanzierung und Besteuerung, 7. Aufl., Wiesbaden 1992, S. 42-55.

109 Vgl. beispielhaft Matschke, Manfred Jürgen, Finanzierung der Unternehmung, Herne/Berlin 1991, S. 61-63.

110 Vgl. Schneider, Dieter, Investition, Finanzierung und Besteuerung, 7. Aufl., Wiesbaden 1992, S. 50; Drukarczyk, Jochen, Finanzierung, 9. Aufl., Stuttgart 2003, S. 261-264; Perridon, Louis/Steiner, Manfred, Finanzwirtschaft der Unternehmung, 12. Aufl., München 2003, S. 354 und Franke, Günter/Hax, Herbert, Finanzwirtschaft des Unternehmens und Kapitalmarkt, 5. Aufl., Berlin/Heidelberg/New York 2004, S. 31-53, deren Eigenschaften sich teilweise ergänzen bzw. überschneiden.

111 Vgl. Schneider, Dieter, Investition, Finanzierung und Besteuerung, 7. Aufl., Wiesbaden 1992, S. 51-64.

112 Vgl. m.w.N. Schmidt, Reinhard H./Terberger, Eva, Grundzüge der Investitions- und Finanzierungstheorie, 4. Aufl., Wiesbaden 1997, S. 409-450.

113 Vgl. die oben angeführte Literatur.

Tabelle 1: Eigenschaften von idealtypischem Eigenkapital

Eigenschaft	Ausprägung bei idealtypischem Eigenkapital
Überschussabhängigkeit im Fortführungsfall	ausschließliche Ergebnisabhängigkeit, buchmäßige Reduktion des Kapitalbestands bei Verlust
Art und Rang der Zahlungsansprüche im Liquidationsfall	Residualanspruch nach allen anderen vorrangigen Ansprüchen
Mitentscheidungs- und Informationsrechte	umfassende Mitentscheidungs- und Informationsrechte
Fristigkeit der Finanzierungsbeziehung	kein Rückzahlungszeitpunkt festgelegt – unbefristet

Quelle: Eigene Darstellung.

denden oder dispositiven Charakter haben können, sowie von der vertraglichen Gestaltung ab.[114]

Der Wert eines bestimmten Eigenkapitalengagements, beispielsweise eines OHG-Anteils, einer GmbH-Beteiligung oder eines Aktienpakets, kann mittels verschiedener Unternehmensbewertungsmethoden ermittelt werden. Neben Vergleichsverfahren und Multiplikatormethoden dienen hierzu die individuelle Grenzpreisermittlung auf Basis des Ertragswertverfahrens und die marktorientierten DCF-Verfahren, wobei grundsätzlich beide Verfahren zukünftige Zahlungsströme diskontieren, dies jedoch mit unterschiedlicher Berücksichtigung des Risikos.[115]

114 Vgl. Franke, Günter/Hax, Herbert, Finanzwirtschaft des Unternehmens und Kapitalmarkt, 5. Aufl., Berlin/Heidelberg/New York 2004, S. 32/33. Zu den Formen vgl. Perridon, Louis/Steiner, Manfred, Finanzwirtschaft der Unternehmung, 12. Aufl., München 2003, S. 357-384.

115 Vgl. zu den verschiedenen Methoden Krag, Joachim/Kasperzak, Rainer, Grundzüge der Unternehmensbewertung, München 2000 und Drukarczyk, Jochen, Unternehmensbewertung, 4. Aufl., München 2003.

2.3.2.2 Fremdkapital

Analog zum vorherigen Abschnitt ist Fremdkapital in Reinform durch folgende charakteristische Merkmale gekennzeichnet:[116]

Tabelle 2: Eigenschaften von idealtypischem Fremdkapital

Eigenschaft	Ausprägung bei idealtypischem Fremdkapital
Überschussabhängigkeit im Fortführungsfall	ausschließliche Ergebnisunabhängigkeit – fester Zinsanspruch, keine buchmäßige Reduktion des Kapitalbestands im Verlustfall
Art und Rang der Zahlungsansprüche im Liquidationsfall	Rückanspruch in nomineller Höhe der Kapitalüberlassung, vorrangig gegenüber Eigenkapital
Mitentscheidungs- und Informationsrechte	keine Mitentscheidungsrechte, eingeschränkte Informationsrechte
Fristigkeit der Finanzierungsbeziehung	Rückzahlungszeitpunkt und -modalitäten genau festgelegt – befristet

Quelle: Eigene Darstellung.

Die Ausgestaltung der Fremdkapitalverträge in der Praxis weist, bedingt durch meist geringere gesetzliche Anforderungen als im Bereich des Eigenkapitals, ein breites Spektrum auf. Dieses kann anhand unterschiedlicher Kriterien gegliedert werden, wie z.B. nach der Laufzeit (kurz-, mittel-, langfristig), der Verwendungsart (Investition, Betriebsmittel, Konsum), der Besicherung (Bürgschaft, Garantie, Verpfändung u.a.), der Art des Kreditgebers (Bank, Kapitalmarkt, Lieferant, Privatperson) oder der Währung (€, US-Dollar, Schweizer Franken u.a.).[117]

---

116 Vgl. Schneider, Dieter, Investition, Finanzierung und Besteuerung, 7. Aufl., Wiesbaden 1992, S. 50; Drukarczyk, Jochen, Finanzierung, 9. Aufl., Stuttgart 2003, S. 261-264; Perridon, Louis/Steiner, Manfred, Finanzwirtschaft der Unternehmung, 12. Aufl., München 2003, S. 354 und Franke, Günter/Hax, Herbert, Finanzwirtschaft des Unternehmens und Kapitalmarkt, 5. Aufl., Berlin/Heidelberg/New York 2004, S. 31-53, deren Eigenschaften sich teilweise ergänzen bzw. überschneiden.

117 Vgl. Perridon, Louis/Steiner, Manfred, Finanzwirtschaft der Unternehmung, 12. Aufl., München 2003, S. 384-445.

Die Bewertung festverzinslicher Anleihen[118] kann auf Basis der auch für andere Vermögensgegenstände üblichen Investitionsrechenverfahren, wie der internen Zinsfußmethode oder der Kapitalwertmethode,[119] erfolgen. Es sind insbesondere individuelle Bonitätsrisiken sowie allgemeine Zinsänderungsrisiken zu beachten. Hinsichtlich der Berechnung von Barwerten auf Basis der eine flache Zinsstrukturkurve voraussetzenden Kapitalwertmethode ist zudem die Möglichkeit einer Diskontierung mit Zerobondabzinsungsfaktoren in Betracht zu ziehen.

2.3.2.3 Forward

Finanzinstrumente des Terminmarkts unterscheiden sich von den Kassamarktinstrumenten Eigen- und Fremdkapital dadurch, dass der Wert der verschiedenen Ansprüche und Verpflichtungen der Vertragsparteien von einer zugrunde liegenden Bezugsgröße abgeleitet wird,[120] der Zeitpunkt vom Vertragabschluss von dem der vollständigen Vertragserfüllung zeitlich differiert[121] und bei relativ geringem Mitteleinsatz eine große Hebelwirkung erzielt werden kann.[122]

Als eine Grundform derivativer Finanzinstrumente gehören Forwardkontrakte zu den unbedingten und damit beidseitig verpflichtenden Termingeschäften. Ein Forward ist eine vertragliche Verpflichtung, zu einem bestimmten Zeitpunkt in der Zukunft eine genau spezifizierte Menge einer Bezugsgröße zu einem festgelegten Preis in einer bestimmten Währung zu kaufen oder zu verkaufen.[123]

---

118 Vgl. zur Anleihebewertung Steiner, Manfred/Bruns, Christoph, Wertpapiermanagement, 8. Aufl., Stuttgart 2002, S. 140-204.

119 Vgl. zu diesen Verfahren Wehrheim, Michael, Investitionscontrolling, 2. Aufl., Frankfurt am Main/München, S. 49-76.

120 Vgl. Hull, John C., Optionen, Futures und andere Derivate, 4. Aufl., München/Wien 2001, S. 1.

121 Vgl. Steiner, Manfred/Bruns, Christoph, Wertpapiermanagement, 8. Aufl., Stuttgart 2002, S. 453.

122 Vgl. Eller, Roland, Derivative Instrumente – Überblick, Strategien, Tendenzen, in: Handbuch derivativer Instrumente – Produkte, Strategien, Risikomanagement, Eller, Roland (Hrsg.), Stuttgart 1996, S. 3-38, hier: S. 10.

123 Vgl. Plambeck, Charles T./Rosenbloom, H. David/Ring, Diane M., Generalbericht, in: cahiers de droit fiscal international – 49th Congress of the International Fiscal Association – Cannes 1995: Tax aspects of derivative financial instruments, International Fiscal Association (Hrsg.), The Hague/London/Boston 1995, S. 735-779, hier: S. 744-746. Zur nachfolgenden allgemeinen Beschreibung von Forwards und Futures vgl. Hull, John C., Optionen, Futures und andere Derivate, 4. Aufl., München/Wien 2001, S. 1-6 und S. 70-124 und Steiner, Manfred/Bruns, Christoph, Wertpapiermanagement, 8. Aufl., Stuttgart 2002, S. 455-516.

Der zwischen beiden Parteien vereinbarte Lieferpreis der Bezugsgröße wird in der Regel so angesetzt, dass im Zeitpunkt vom Vertragsabschluss der Forward einen Wert von null hat und für das Eingehen einer Long-Position (Käufer) oder ShortPosition (Verkäufer) – außer Transaktionskosten – keine Zahlungen anfallen. Über die Forwardlaufzeit, deren Umfang ebenfalls wertbeeinflussend wirkt, auftretende Preisveränderungen der Bezugsgröße wirken entsprechend auf den Wert der vertraglichen Verpflichtungen für beide Parteien. Im Zeitpunkt der Abwicklung sind zwei Konstellationen denkbar: Entweder der Vertrag wird tatsächlich durch Lieferung der Bezugsgröße durch den Verkäufer und Zahlung des festgesetzten Preises durch den Käufer erfüllt, oder die Parteien haben sich auf einen Barausgleich (Cash Settlement) in Höhe der in Abhängigkeit vom tatsächlichen Preis der Bezugsgröße bei Fälligkeit jeweils entstandenen Verpflichtung geeinigt. Die hieraus möglichen finanziellen Auswirkungen sind in nachfolgender Abbildung veranschaulicht.

Abbildung 6: Payoff-Profil eines Forwards

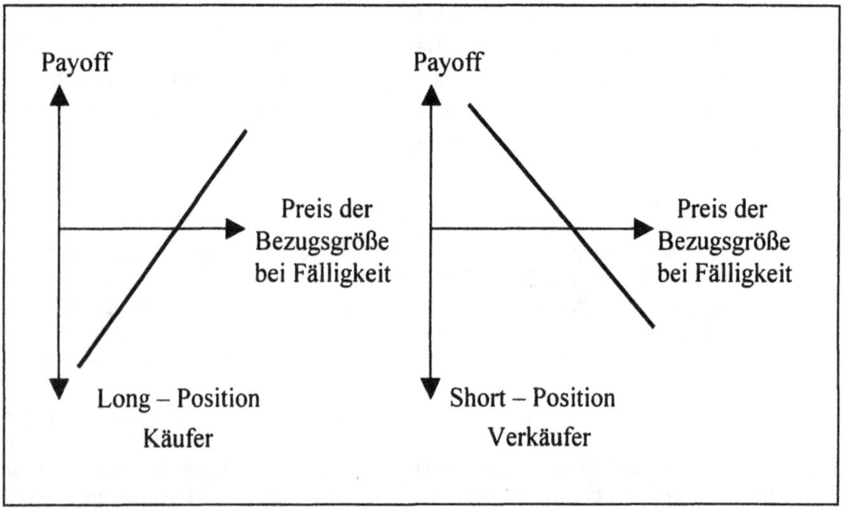

Quelle: In Anlehnung an Hull, John C., Optionen, Futures und andere Derivate, 4. Aufl., München/Wien 2001, S. 4.

Die Kontraktspezifika werden individuell zwischen den beteiligten Vertragspartnern ausgehandelt und der Forward OTC abgeschlossen. Dies erlaubt einerseits zwar eine genaue Anpassung an die jeweiligen Bedürfnisse, allerdings besteht ein u.U. erhebliches beidseitiges Kontrahentenrisiko und auch die Handelbarkeit ist stark eingeschränkt. Die zunehmende Nachfrage nach risikosteuernden Instrumenten und die genannten Nachteile haben dazu geführt, dass Forwards zu Futures weiterentwickelt wurden. Diese sind in standardisierter Form auf Futuremärkten handelbar und begrenzen zudem noch das Kontrahentenrisiko durch die Einschaltung einer Clearing-Stelle und damit verbundene Margin-Zahlungen. Futures sind im Gegensatz zu Forwards auf die Glattstellung durch ein Gegengeschäft ausgelegt.

Prinzipiell kann die Beziehung zwischen Terminkursen und Kassakursen auf Basis des Cost-of-carry-Ansatzes hergeleitet werden. Die Cost-of-carry ergeben sich aus den Finanzierungskosten abzüglich des Einkommens aus dem Kassainstrument.

2.3.2.4 Option

Als eine Form der Derivate sind Optionen den bedingten, d.h. den einseitig verpflichtenden Termingeschäften zuzuordnen. Eine Option stellt damit einen Vertrag dar, der eine Partei berechtigt, eine genau definierte Menge einer bestimmten Bezugsgröße zu einem vorher festgelegten Preis in der Zukunft zu kaufen oder zu verkaufen.[124] Ein weiteres Merkmal von Optionen – außer den genannten und der jeweiligen Währungseigenschaft – ist, dass neben dem individuellen außerbörslichen Abschluss dieser Geschäfte (OTC) diese in standardisierter Form z.B. an der EUREX gehandelt werden. Bei Optionsgeschäften ist zwischen Kaufoptionen (Calls) und Verkaufoptionen (Puts) zu differenzieren. Der Verkäufer (Short-Position bzw. Stillhalter) eines Puts oder Calls ist einseitig verpflichtet, ein bestimmtes Geschäft auf Verlangen des Käufers (Long-Position) der entsprechenden Option durchzuführen. Für die Chance von Wertentwicklungen innerhalb eines bestimmten Zeitraums (amerikanische Option) oder zu einem festgelegten Zeitpunkt (europäische Option) zu profitieren, zahlt der Käufer einer Option dem Verkäufer eine Optionsprämie.

---

124 Vgl. Plambeck, Charles T./Rosenbloom, H. David/Ring, Diane M., Generalbericht, in: cahiers de droit fiscal international – 49th Congress of the International Fiscal Association – Cannes 1995: Tax aspects of derivative financial instruments, International Fiscal Association (Hrsg.), The Hague/London/Boston 1995, S. 735-779, hier: S. 747. Ausführlich zu den verschiedenen Eigenschaften, Erscheinungsformen und Bewertungsmodellen Hull, John C., Optionen, Futures und andere Derivate, 4. Aufl., München/Wien 2001, S. 216-695 und Steiner, Manfred/Bruns, Christoph, Wertpapiermanagement, 8. Aufl., Stuttgart 2002, S. 317-451 und S. 516-575.

Die Gewinn- bzw. Verlustsituation für Käufer und Verkäufer von Optionen ist asymmetrisch verteilt. Während das Risiko des Optionskäufers auf den Verlust der Optionsprämie beschränkt ist, sind seine Gewinnchancen im Fall einer für ihn günstigen Wertentwicklung des Underlyings (z.B. Aktien, Zinsen, Indizes) theoretisch unbegrenzt. Der maximale Gewinn des Stillhalters hingegen ist auf die vereinnahmte Optionsprämie beschränkt. Die endgültige Vorteilhaftigkeit des Optionsgeschäfts für den Stillhalter wird wiederum vom Steigen oder Fallen des Underlyings während der Optionslaufzeit beeinflusst. Im Fall einer für diesen ungünstigen Kursentwicklung besteht die Verpflichtung das Underlying zu liefern (Call) bzw. anzukaufen (Put) oder einen Barausgleich zu leisten, so dass theoretisch ein unbegrenzter Verlust möglich ist. Bei an der EUREX gehandelten Optionen erfolgt häufig keine effektive Erfüllung mehr, sondern die Optionspositionen werden durch Gegengeschäfte glattgestellt. Folgende Übersicht fasst die Gewinn- und Verlustmöglichkeiten am Beispiel von Aktienoptionen zusammen.

Abbildung 7: Gewinn- und Verlustprofil von Optionen

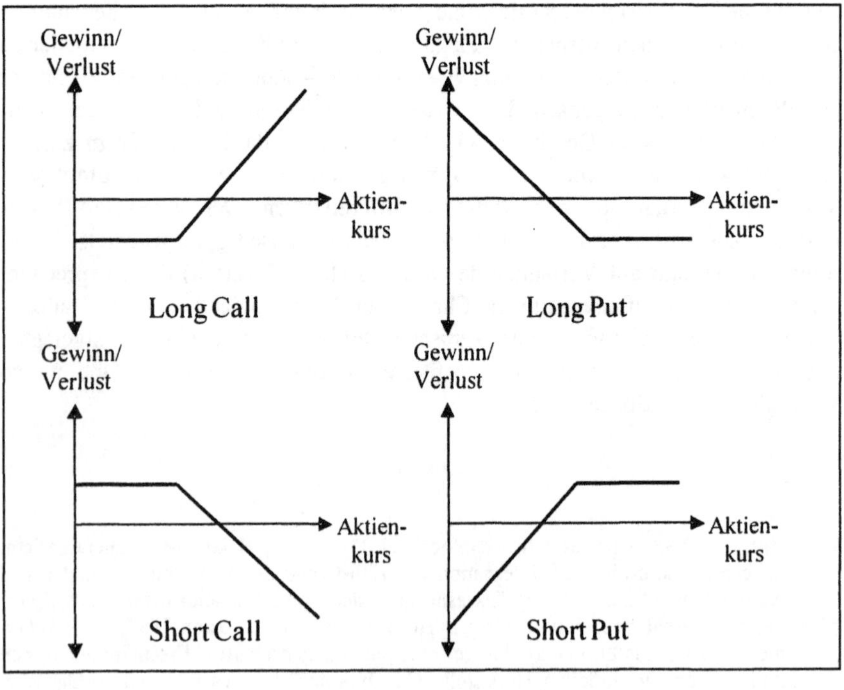

Quelle: Eigene Darstellung.

Der Preis einer Option besteht aus dem inneren Wert, der der Differenz zwischen aktuellem Kurs des Underlyings und Basispreis entspricht, sowie dem Zeitwert als Betrag zwischen Marktpreis der Option abzüglich innerer Wert. Optionen können damit out-of-the-money, at-the-money oder in-the-money sein. Wie hoch der Wert der einzelnen Komponenten und der Option insgesamt ist, hängt von folgenden Größen ab, deren isolierter Einfluss – jeweils ceteris paribus – am Beispiel eines Calls auf eine Aktie vereinfacht tabellarisch dargestellt werden soll.

Tabelle 3: Einflussgrößen auf den Wert einer Call-Option

Einflussgröße	**Auswirkung auf den Optionspreis**
Basispreis	Je niedriger der Basispreis im Vergleich zum aktuellen Aktienkurs gewählt wird, umso höher ist der Optionspreis und umgekehrt.
aktueller Aktienkurs	Ein steigender Aktienkurs führt zu einem steigenden Optionswert und umgekehrt.
Volatilität der Aktie	Je volatiler der Aktienkurs, umso höher der Optionspreis und umgekehrt.
Laufzeit der Option	Umso länger die Laufzeit bzw. die verbleibende Restlaufzeit einer Option, desto höher wird der Optionspreis liegen und umgekehrt.
Zinsniveau	Ein steigendes Zinsniveau korrespondiert mit einem steigenden Optionspreis und umgekehrt.
Dividendenzahlung	Bei einem nicht Dividenden geschützten Call hat eine höhere Dividende einen negativen Einfluss auf den Wert der Option und umgekehrt.

Quelle: In Anlehnung an Perridon, Louis/Steiner, Manfred, Finanzwirtschaft der Unternehmung, 12. Aufl., München 2003, S. 328/329.

Es existieren zur Optionsbewertung eine Vielzahl ökonometrischer Modelle und Gleichgewichtsmodelle, von denen das bekannteste und am meisten angewendete das vollständige Gleichgewichtsmodell von Black/Scholes[125] ist.

125 Vgl. Black, Fischer/Scholes, Myron, The pricing of options and corporate liabilities, in: Journal of Political Economy 1973, S. 637-654.

2.3.3 *Duplizierung von Finanzinstrumenten*

2.3.3.1 *Motive für eine Synthetisierung*

Neben der gezielten Spekulation und den Hedgingmöglichkeiten bestimmter Preisrisiken ist eines der Grundmotive derivativer Finanzinstrumente die Arbitrage.[126] Arbitrage bedeutet im Idealfall eine risikolose Transaktion, bei der ein Gewinn durch zeitnahes (zeitgleiches) Kaufen und Verkaufen wirtschaftlich identischer Produkte auf den verschiedenen Kassa- und Terminmärkten entsteht. Grundlage dieser Arbitrageprozesse und der Synthetisierung von Zahlungsströmen ist das Gesetz des einheitlichen Preises, gemäß dem ökonomisch identische Güter auch gleiche Preise aufweisen müssen;[127] folglich müssen ein Finanzinstrument und ein die gleichen Zahlungsströme aufweisendes Duplikationsportfolio auch den gleichen Wert haben. Inwieweit durch die Synthetisierung tatsächlich identische oder nur nahezu identische bzw. ähnliche Produkte nachgebildet werden können, hängt von Folgendem ab: Zum einen von der Individualität bzw. Standardisierung der Kapitalbeziehung, wobei individuell angepasste Finanzierungsverträge schwer oder gar nicht synthetisch herstellbar sind,[128] weil sich z.B. andere Kontraktpartner und somit auch andere Bonitätsrisiken gegenüberstehen. Damit in gewisser Weise zusammenhängend ist ferner der Anspruch an ein identisches Produkt und folglich die Frage, ob „nur" Zahlungsströme oder alle charakteristischen Eigenschaften nachgebildet werden sollen, wie z.B. die mit einer Aktie verbundenen Mitentscheidungsrechte.[129]

Wenn durch das Wirken der Arbitrageure Marktpreisunterschiede vom Grundsatz her nicht mehr bestehen würden, bleibt zu fragen, weshalb synthetische Positionen der vier Grundbausteine noch konstruiert werden. Mögliche Antworten darauf wären, dass einige Marktteilnehmer nur so bestimmte Short-Positionen erreichen, dass so eine theoretisch unbegrenzte Zahl von originären Instrumenten generierbar ist oder dadurch effizienter individuell angestrebte Risikopositionen entstehen. Ein für diese Untersuchung wichtigerer Ansatzpunkt kann auf Basis des integrativen Lösungsansatzes der Silber- und Lancaster-

---

126 Vgl. zu den verschiedenen Formen der Arbitrage Busse, Franz-Joseph, Grundlagen der betrieblichen Finanzwirtschaft, 5. Aufl., München/Wien 2003, S. 527/528.

127 Vgl. Steiner, Manfred/Bruns, Christoph, Wertpapiermanagement, 8. Aufl., Stuttgart 2002, S. 140.

128 Vgl. Perridon, Louis/Steiner, Manfred, Finanzwirtschaft der Unternehmung, 12. Aufl., München 2003, S. 216.

129 Vgl. Marshall, John F./Bansal, Vipul K., Arbitrage and synthetic instruments, in: Financial engineering – A complete guide to financial innovation, Marshall, John F./Bansal, Vipul K. (Hrsg.), New York u.a. 1992, S. 573-608, hier: S. 598-601.

Theorie unter besonderer Berücksichtigung steuerlicher Aspekte abgeleitet werden.[130] Dieser liegt in einer möglichen Ausnutzung von Unterschieden in der steuerlichen Behandlung der real existierenden und der synthetischen Position.

Durch welche Elemente die vier Bausteine synthetisch hergestellt und damit identische oder nahezu identische Positionen aufgebaut werden können, wird in den nächsten Abschnitten herausgearbeitet. Als Ausgangsbasis für die weitere Vorgehensweise sind die Payoff-Profile der Bausteine nochmals in der folgenden Abbildung zusammengefasst.

Abbildung 8: Payoff-Profile der Bausteine hybrider Finanzinstrumente

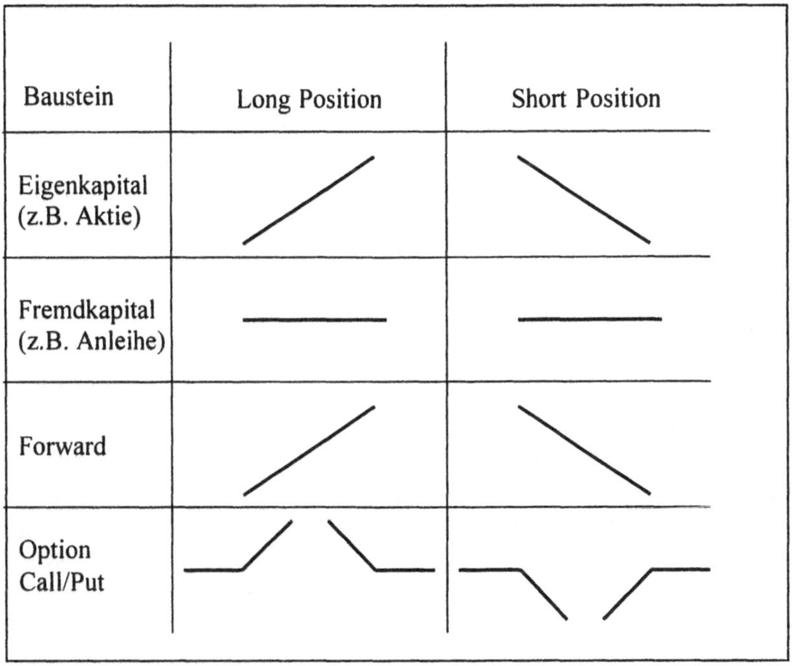

Quelle: Eigene Darstellung.

130 Vgl. Abschnitte 2.2.4 und 2.3.1. Hier ist insbesondere der Aspekt des External Financial Engineering mit der Wahrung der rechtlichen Selbständigkeit der Bausteine angesprochen.

2.3.3.2 Synthetisches Eigenkapital

Zwischen den Preisen von europäischen Call- und Put-Optionen der gleichen Serie sowie dem Underlying besteht auf effektiven Märkten eine bestimmte Beziehung – die Put-Call-Parität[131] –, die es ermöglicht, den Preis eines Puts aus dem Callpreis abzuleiten und umgekehrt. Es gilt:

$$Putpreis = Callpreis + Barwert\ des\ Basispreises - Aktienkurs\ in\ t_0$$

bzw. vereinfacht und umgestellt:

$$Aktie + Put = Zerobond + Call.$$ [132]

Auf Basis dieser Beziehung wird erkennbar, wie die vier Gleichungsbestandteile synthetisch nachzubilden sind. Aus den theoretisch vorstellbaren Kombinationsmöglichkeiten wird aber auch deutlich, dass über die hier behandelte Synthetisierung der Bausteine hinaus, jedes erdenkliche Chancen-Risiko-Profil hybrider Finanzinstrumente generierbar, aber auch auf mehreren Wegen duplizierbar ist.

Durch Umformung der Put-Call-Parität ergibt sich eine Long-Position in synthetischem Eigenkapital aus:

$$Aktie = Zerobond + Call - Put.$$

Zahlungsströme einer Aktie können somit durch die risikolose Anlage der Mittel in Höhe des abgezinsten Ausübungspreises der Optionen und gleichzeitigem Kauf eines Calls sowie Verkauf eines Puts auf diese Aktie mit jeweils gleichem Ausübungspreis und identischer Laufzeit repliziert werden. Abgesehen von der Finanzierungskomponente wird auch angeführt, dass durch einen Long Call und einen Short Put das Chancen-Risiko-Profil einer Long-Position mit geringe-

---

131 Vgl. zur Put-Call-Parität Pross, Achim C., Swap, Zins und Derivat: Finanzinnovationen im nationalen und internationalen Steuerrecht unter besonderer Berücksichtigung des Zinsbegriffes, Diss. Univ. München 1996, München 1998, S. 28-37; Hull, John C., Optionen, und andere Derivate, 4. Aufl., München/Wien 2001, S. 248-250 und Steiner, Manfred/Bruns, Christoph, Wertpapiermanagement, 8. Aufl., Stuttgart 2002, S. 345/346.

132 Das Vorzeichen „+“ steht für eine Long-Position, „-“ nachfolgend für eine Short-Position. Die Formel dient der einfachen Veranschaulichung der Synthetisierung und lässt deshalb z.B. Dividenden unberücksichtigt.

rem Kapitaleinsatz erreicht werden kann,[133] jedoch entspricht dies einem Forwardkauf.

Durch Umformung der Put-Call-Parität ergibt sich eine Short-Position in synthetischem Eigenkapital aus:

– Aktie = Put – Call – Zerobond.

Eine Short-Position in einer Aktie und damit ein Leerverkauf[134] ist durch den Kauf eines Puts und Verkauf eines Calls mit den gleichen Merkmalen sowie einer Kreditaufnahme erreichbar. Wiederum nur auf das Chancen-Risko-Profil der Aktie abgestellt, ist dieses durch einen Long Put und Short Call erreichbar.[135] Genau betrachtet, entspricht dies einem Forwardverkauf der Bezugsgröße.[136]

Über die Konstruktion von einem Total Return Swap[137] besteht eine weitere Möglichkeit, synthetisches Eigenkapital zu erzielen. Mit einem solchen beidseitig verpflichtenden Derivat transferiert eine Vertragspartei den gesamten wirtschaftlichen Erfolg eines bestimmten Referenzaktivums (z.B. einer Aktie) für einen bestimmten Zeitraum auf eine andere Vertragspartei. Der Sicherungsnehmer ist vertraglich verpflichtet, die gesamten Erträge und Wertsteigerungen des Referenzaktivums periodisch auf den Sicherungsgeber zu übertragen. Im Gegenzug zahlt

---

133 Vgl. Scharpf, Paul/Luz, Günther, Risikomanagement, Bilanzierung und Aufsicht von Finanzderivaten, 2. Aufl., Stuttgart 2000, S. 376 und Müller-Möhl, Ernst, Optionen und Futures, 5. Aufl., Stuttgart 2002, S. 124/125. Zum synthetischen Forward vgl. Abschnitt 2.3.3.4.

134 Vgl. zum Leerverkauf Hull, John C., Optionen, Futures und andere Derivate, 4. Aufl., München/Wien 2001, S. 74/75 und S. 79/80.

135 Vgl. Scharpf, Paul/Luz, Günther, Risikomanagement, Bilanzierung und Aufsicht von Finanzderivaten, 2. Aufl., Stuttgart 2000, S. 377/378 und Müller-Möhl, Ernst, Optionen und Futures, 5. Aufl., Stuttgart 2002, S. 125/126.

136 Vgl. zum synthetischen Forward Abschnitt 2.3.3.4.

137 Andere Bezeichnungen sind auch Total Rate of Return Swap, Equity Swap oder Asset Swap. Vgl. zur nachfolgenden Beschreibung dieses Instruments Pross, Achim C., Swap, Zins und Derivat: Finanzinnovationen im nationalen und internationalen Steuerrecht unter besonderer Berücksichtigung des Zinsbegriffes, Diss. Univ. München 1996, München 1998, S. 19-21; Prahl, Reinhard/Naumann, Thomas K., Financial Instruments, in: Handbuch des Jahresabschlusses in Einzeldarstellungen, von Wysocki, Klaus/Schulze-Osterloh, Joachim (Hrsg.), Köln 2000, Abt. II/10, S. 1-161, hier: S. 60 und Häuselmann, Holger/Wagner, Siegfried, Grenzen der Einbeziehung von Aktienderivaten in das Halbeinkünfteverfahren, in: BB 2002, S. 2170-2175, hier: S. 139/140. Vgl. zu praktischen Beispielen von Total Return Swaps Das, Satyajit, Structured products and hybrid securities, 2. Aufl., Singapur u.a. 2001, S. 561-579.

der Sicherungsgeber Zinsen für die fiktive Refinanzierung des Referenzaktivums und gleicht eingetretene Wertminderungen aus. Im wirtschaftlichen Ergebnis erhält der Sicherungsgeber aus dem Total Return Swap eine synthetische Long-Position im Referenzaktivum, während der Sicherungsnehmer – isoliert betrachtet – eine Short-Position im Underlying einnimmt. Diese wird allerdings bei Besitz des Referenzwerts wieder neutralisiert und stellt im Ergebnis eine risikolose fremdkapitalähnliche Finanzierung dar.

Im Vergleich zum idealtypischen Eigenkapitalbegriff ist festzustellen, dass die durch Zerobond-Call-Put-Kombinationen und einen Total Return Swap entstandenen Positionen nicht alle charakteristischen Merkmale aufweisen. So werden insbesondere die Mitentscheidungsrechte nicht übertragen, es ist ein u.U. anderes Bonitätsrisiko gegeben, und derartige Positionen weisen eine nur begrenzte Laufzeit auf. Synthetisches Eigenkapital und idealtypisches reales Eigenkapital sind folglich nur ähnlich, keinesfalls aber identisch.

2.3.3.3 Synthetisches Fremdkapital

Durch Umformung der Put-Call-Parität ergibt sich eine Long-Position in synthetischem Fremdkapital aus:

$$Zerobond = Aktie + Put - Call.$$

Die risikolose Anlage in einen Zerobond lässt sich durch einen Kauf der Aktie mit gleichzeitigem Erwerb eines entsprechenden Puts und Verkauf eines Calls synthetisch herstellen.

Durch Umformung der Put-Call-Parität ergibt sich eine Short-Position in synthetischem Fremdkapital aus:

$$- Zerobond = Call - Put - Aktie.$$

Eine Kreditaufnahme ist durch den Kauf eines entsprechenden Calls und Verkauf eines Puts mit gleichzeitigem Leerverkauf der Aktie replizierbar.

Optionen sind eine andere Möglichkeit, Fremdkapital ganz oder teilweise nachzubilden.[138] So führt beispielsweise die Kombination von Capped Warrants, dies sind Optionsscheine mit nach oben begrenztem Gewinn, zu fremdkapital-

138 Vgl. zu den Optionskombinationen Pross, Achim C., Swap, Zins und Derivat: Finanzinnovationen im nationalen und internationalen Steuerrecht unter besonderer Berücksichtigung des Zinsbegriffes, Diss. Univ. München 1996, München 1998, S. 138-142 und Steiner, Manfred/Bruns, Christoph, Wertpapiermanagement, 8. Aufl., Stuttgart 2002, S. 438/439.

ähnlichen Ansprüchen. Ebenso ist dies durch Range Warrants möglich, die meist ein Paket von Optionsscheinen auf Indizes sind. Insgesamt betrachtet, erhält der Erwerber, wenn der Kurs des Underlyings bei Fälligkeit sich in einer im Regelfall breit definierten Bandbreite befindet, das eingesetzte Kapital einschließlich einer Vergütung für die Überlassung zurück. Auch deep-in-the-money Optionen weisen in einem gewissen Umfang fremdkapitalähnliche Eigenschaften auf.

Synthetisches Fremdkapital ist ebenso wie synthetisches Eigenkapital über das Konstrukt von einem Total Return Swap zu erreichen. Der Unterschied besteht lediglich darin, dass das Referenzaktivum kein Eigenkapitaltitel, sondern ein Fremdkapitaltitel ist.[139]

Hinsichtlich der hier vorgestellten Formen synthetischen Fremdkapitals im Vergleich zu idealtypischem Fremdkapital ist zunächst anzumerken, dass die einzelnen Bausteine häufig gemäß dem Prinzip des External Financial Engineering weiterhin ihre rechtliche Selbständigkeit behalten.[140] Damit in gewisser Weise zusammenhängend ist eine Unterscheidung in symmetrische (zweiseitige) und asymmetrische (einseitige) synthetische Zinsinstrumente vorzunehmen,[141] die ebenso für mögliche Besteuerungsfolgen von Bedeutung sein kann. Ein symmetrisches Zinsinstrument ist gegeben, wenn die Position für beide Parteien eine Kapitalüberlassung für einen bestimmten Zeitraum darstellt. Folglich liegt ein asymmetrisches Zinsinstrument vor, wenn dies nur für einen Beteiligten zutrifft. Speziell der letztere Fall ist ein Beispiel dafür, dass synthetisches Fremdkapital erheblich von den Eigenschaften idealtypischen Fremdkapitals abweichen kann.

2.3.3.4 Synthetische Forwards

Durch Kombinationen von Call- und Put-Optionen kann ein unbedingtes Termingeschäft des Typs Forward synthetisch gebildet werden.[142] Einem solchen Kon-

---

139 Vgl. zum Total Return Swap die Darstellung in Abschnitt 2.3.3.2 sowie die dortige Literatur.

140 Vgl. Abschnitt 2.3.1.

141 Vgl. Pross, Achim C., Swap, Zins und Derivat: Finanzinnovationen im nationalen und internationalen Steuerrecht unter besonderer Berücksichtigung des Zinsbegriffes, Diss. Univ. München 1996, München 1998, S. 135 und S. 138-144.

142 Vgl. zu den folgenden Ausführungen Pross, Achim C., Swap, Zins und Derivat: Finanzinnovationen im nationalen und internationalen Steuerrecht unter besonderer Berücksichtigung des Zinsbegriffes, Diss. Univ. München 1996, München 1998, S. 37-39, Steiner, Manfred/Bruns, Christoph, Wertpapiermanagement, 8. Aufl., Stuttgart 2002, S. 528-529 und Eurex, Interest rate derivatives – Fixed income trading strategies, in: http://www.eurexchange.com/download/brochures/fixed income.pdf, abgerufen am 15.02.2004, S. 88-91.

strukt kommt insbesondere dann Bedeutung zu, wenn nur eingeschränkte Möglichkeiten des Leerverkaufs (z.B. einer Aktie) bestehen.

Eine synthetische Long-Position in einem Forward wird erzielt durch:

Forward = Call – Put.

Der Terminkauf einer Aktie kann durch gleichzeitigen Kauf eines Calls und Verkauf eines Puts mit jeweils identischen Merkmalen reproduziert werden.

Eine synthetische Short-Position in einem Forward wird erzielt durch:

– Forward = Put – Call.

Ein synthetischer Terminverkauf einer Aktie ist durch gleichzeitigen Kauf eines Puts und Verkauf eines Calls mit entsprechenden Merkmalen möglich.

2.3.3.5 Synthetische Optionen

Durch Umformung der Put-Call-Parität entsteht ein synthetischer Long Call aus:[143]

Call = Aktie + Put – Zerobond bzw. *Call = Forward + Put.*

Eine Long-Position in einem Call ist durch den Kauf der Aktie verbunden mit dem Kauf eines entsprechenden Puts und Kreditaufnahme replizierbar.

Durch Umformung der Put-Call-Parität entsteht ein synthetischer Short Call aus:

– Call = Zerobond – Aktie – Put bzw. *– Call = – Forward – Put*

Ein Short Call kann durch risikolose Mittelanlage verbunden mit einem Leerverkauf der Aktie und Verkauf eines entsprechenden Puts hergestellt werden.

Durch Umformung der Put-Call-Parität entsteht ein synthetischer Long Put aus:

Put = Zerobond + Call – Aktie bzw. *Put = Call – Forward.*

---

143 Vgl. Eurex, Interest rate derivatives – Fixed income trading strategies, in: http://www.eurexchange.com/download/brochures/fixed_income.pdf, abgerufen am 15.02.2004, S. 83-88.

Eine Long-Position in einem Put ist durch risikolose Mittelanlage verbunden mit dem Kauf eines entsprechenden Calls und Leerverkauf der Aktie erzielbar.

Durch Umformung der Put-Call-Parität entsteht ein synthetischer Short Put aus:

– *Put* = *Aktie* – *Zerobond* – *Call* bzw. – *Put* = *Forward* – *Call*.

Ein Short Put kann durch Kauf der Aktie, gleichzeitige Kreditaufnahme und Verkauf eines entsprechenden Calls repliziert werden.

2.4 Versuch einer Charakterisierung hybrider Finanzinstrumente aus wirtschaftlicher Sicht

2.4.1 Ableitung eines eigenen Begriffsverständnisses hybrider Finanzinstrumente

Aus der sprachlichen Auslegung entsprechend dem möglichen Wortsinn hybrider – gleichbedeutend mit „von zweierlei Herkunft" oder „zwitterhaft" – Finanzinstrumente – ein Bündel von Rechten und Pflichten – folgt, dass diese eine Mischform von Finanzinstrumenten und diesen innewohnenden Eigenschaften sind.[144]

Das Spektrum bisheriger Definitionsansätze hybrider Finanzinstrumente[145] hatte dieses grundsätzliche Verständnis auf zwei verschiedenen Wegen konkretisiert: Eine Gruppe von Autoren grenzt hybride Finanzinstrumente relativ eng ab und versteht darunter Mischformen von Instrumenten zur unmittelbaren Finanzierung, die Komponenten von klassischem Eigen- und Fremdkapital aufweisen. Der zweite Ansatz berücksichtigt die dynamischen Tendenzen im Bereich derivativer Finanzinstrumente und erweitert die Definition der ersten Gruppe. Dementsprechend vereinen hybride Finanzinstrumente wertbestimmende Eigenschaften von Instrumenten verschiedener Marktsegmente oder Teilmarktsegmente.

Die Analyse der Erklärungsansätze zur Entstehung und Weiterentwicklung innovativer Finanzinstrumente von Silber und Lancaster[146] führt im Ergebnis dazu, dass weitgehend das Verständnis des zweiten Definitionsansatzes bestätigt werden konnte. Der entwickelte integrative Ansatz beider Theorien unter beson-

144 Im Rahmen dieser Arbeit erfolgt eine Konzentration auf die Finanzierungsmärkte; mit Nichtfinanzierungsmärkten verbundene Instrumente werden nicht einbezogen.

145 Vgl. zu den bisherigen Definitionen Abschnitt 2.1.

146 Vgl. zu den Erklärungsansätzen Abschnitt 2.2.

derer Berücksichtigung steuerlicher Aspekte verdeutlicht zudem auch den Anreiz der gezielten Zusammenstellung bestimmter Eigenschaftsbündel, mit dem Ziel, die finanziellen Unterschiede verzerrend wirkender steuerlicher Vorschriften auszunutzen oder die steuerliche Belastung bzw. die betreffenden steuerlichen Regelungen ganz zu umgehen. Dementsprechend gäbe es spezielle steuerlich-hybride Finanzinstrumente. Über die Begründung der Entstehung innovativer hybrider Finanzinstrumente hinaus, konnte auch der zeitliche Horizont der Marktpräsenz einzelner Instrumente mit dieser Sichtweise sinnvoll erklärt werden.

Die Analyse des Prozesses der gezielten Konstruktion von Finanzinstrumenten[147] auf Basis der eigenschaftsgeprägten Sichtweise der Lancaster-Theorie hat gezeigt, dass die typischen elementaren Eigenschaftsbündel – Eigenkapital, Fremdkapital, Forward, Option – so kombiniert oder in ihren Eigenschaften verändert werden, dass wertbestimmende Eigenschaften verschiedener Marktsegmente in einem hybriden Finanzinstrument vereint werden. Die Intensität des Zusammenhangs dieser Eigenschaftsbündel ist unterschiedlich und reicht von rechtlich einheitlichen strukturierten Produkten bis zur losen Kombination einzelner Elemente auf Portfolioebene. Der letzte Aspekt ist für das Verständnis hybrider Finanzinstrumente von fundamentaler Bedeutung. In Verbindung damit sind die erzielten Erkenntnisse im Bereich der Duplizierung zu würdigen. Einfache oder auch komplexe Finanzinstrumente können auf mehreren Wegen synthetisch erzeugt werden. In der Regel werden lediglich unmittelbare Zahlungsströme und nicht alle prägenden Eigenschaften repliziert, so dass zu duplizierende und synthetische Instrumente lediglich ähnliche, aber nicht identische Eigenschaften aufweisen.

Für Zwecke dieser Untersuchung sollen hybride Finanzinstrumente als Instrumente charakterisiert werden, die aus steuerlichen oder anderen wirtschaftlichen Überlegungen heraus gezielt wertbestimmende Eigenschaften von Finanzinstrumenten verschiedener Marktsegmente bzw. Teilmarktsegmente in unterschiedlicher Intensität vereinen oder in einem gewissen Grad nachbilden.

Auch mit Blick auf den folgenden Abschnitt ist allerdings anzumerken, dass letztlich alle Abgrenzungs- und Systematisierungsversuche aufgrund der dynamischen Entwicklung der Märkte und wegen des Charakters hybrider Finanzinstrumente als eine Mischform sich in einem ständigen Wandel befinden und deshalb mit Unklarheiten behaftet sind.[148]

---

147 Vgl. zur Konstruktion hybrider Finanzinstrumente Abschnitt 2.3.

148 Ebenso Sen, Bidyut, Hybrid securities, in: Financial engineering – A complete guide to financial innovation, Marshall, John F./Bansal, Vipul K. (Hrsg.), New York u.a. 1992, S. 475-492, hier: S. 476.

2.4.2 Ansatz zur Systematisierung und Einordnung bestehender hybrider Finanzinstrumente

2.4.2.1 Untergliederung und Zuordnungsentscheidung

Basierend auf der Definition des Untersuchungsgegenstands im vorangegangenen Abschnitt kann eine Systematisierung der zahlreichen Erscheinungsformen hybrider Finanzinstrumente wie folgt veranschaulicht werden:

Abbildung 9: Systematisierung hybrider Finanzinstrumente

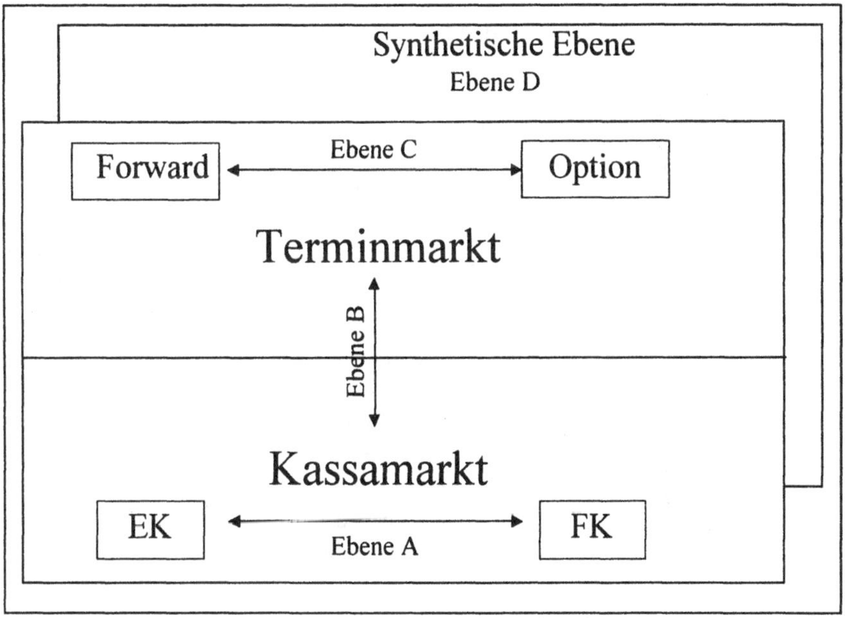

Quelle: Eigene Darstellung.

Es bestehen damit die folgenden vier verschiedenen Ebenen:

- Ebene A: Hybride Finanzinstrumente als Mischform von Elementen des Kassamarkts,
- Ebene B: Hybride Finanzinstrumente als Mischform von Elementen des Kassa- und Terminmarkts,
- Ebene C: Hybride Finanzinstrumente als Mischform von Elementen des Terminmarkts,
- Ebene D: Hybride Finanzinstrumente als Ergebnis synthetischer Herstellung.

Hybride Finanzinstrumente werden der Ebene A zugeordnet, wenn diese idealtypische Eigenschaften von Eigen- und Fremdkapital kombinieren. Inhaltlich sind damit Finanzinstrumente der Ebene A deckungsgleich bzw. eine Teilmenge der relativ engen Begriffsfassung bisheriger Definitionen.[149]

Eine Teilmenge ist dann gegeben, wenn das weiterentwickelte Verständnis mit der Unterscheidung von hybridem Eigenkapital und hybridem Fremdkapital zugrunde gelegt wird, das ein Zustandekommen durch bestimmte Umtauschrechte (Optionen) benennt.[150] In diesem Fall liegen in der hier vorgenommenen Systematisierung Finanzinstrumente der Ebene B vor, die wertbestimmende Elemente des Kassa- und Terminmarkts verbinden.

Ebene C beinhaltet Finanzinstrumente, die Eigenschaften der beiden typischen Vertragsformen des Terminmarkts kombinieren. Diese drei Ebenen zusammen entsprechen vom Grundsatz her dem inhaltlichen Umfang der vorgestellten bisherigen weiten Begriffsfassung.[151]

Detaillierte Aussagen über die Einordnung synthetischer Positionen liegen nach dem bisherigen weiten Verständnis kaum vor, wahrscheinlich würden diese bereits einer der drei genannten Ebenen zugeordnet. Im Rahmen des im vorangegangenen Abschnitt abgeleiteten Begriffsverständnisses bietet es sich an, für synthetische Instrumente Ebene D einzuführen. Ebene D ist in obiger Abbildung spiegelbildlich zu den anderen Grundbausteinen bzw. Ebenen angeordnet, weil Eigenschaftsbündel ganz oder teilweise dupliziert werden. Ebene D von den anderen Ebenen zu unterscheiden, fällt insbesondere bei Kombinationen von Terminmarktelementen und damit von Ebene C schwer. Zur Lösung derartiger Zuordnungsschwierigkeiten bietet es sich an, zunächst alle durch den Prozess des External Financial Engineering zustande gekommenen hybriden Finanzinstrumente in Ebene D einzuordnen. In diesem Sinne ist die Replizierung eines Forwardvertrags durch zwei rechtlich selbständige Optionen ein hybrides Finanzinstrument der Ebene D. Gleiches trifft für das Duplikationsportfolio eines rechtlich selbständigen Produkts zu, das ganz oder teilweise Eigen- und/oder Fremdkapitalkomponenten enthält. Darüber hinaus sollen alle Terminmarktinstrumente, die offensichtlich auf die Duplizierung von Eigen- oder Fremdkapitalelementen gerichtet sind, zur Ebene D zählen. Aus den bereits hier durch die Duplizierung von Finanzinstrumenten erkennbaren Besonderheiten werden wahrscheinlich auch unter steuerlichen Gesichtspunkten spezifische Problemstellungen resultieren, so dass eine separate Ebene für synthetische Instrumente sinnvoll erscheint.

---

149 Vgl. Abschnitt 2.1.
150 Vgl. Abschnitt 2.1.
151 Vgl. Abschnitt 2.1.

Die hier diskutierte Einordnungsproblematik in die verschiedenen Ebenen hat nachdrücklich den Mischcharakter hybrider Finanzinstrumente verdeutlicht. In dieser Hinsicht sind insbesondere synthetische Instrumente nochmals hervorzuheben, weil mit diesen eine zusätzliche Dimension bzw. neue Qualität „von Mischung" hinzugetreten ist. In den folgenden Abschnitten werden existierende hybride Finanzinstrumente beispielhaft in die verschiedenen Ebenen eingeordnet.

2.4.2.2 Ebene A: Hybride Finanzinstrumente als Mischform von Elementen des Kassamarkts

Hybride Finanzinstrumente der Ebene A sind:[152]

- Genussscheine,
- Vorzugsaktien,
- atypisch stille Beteiligungen,
- typisch stille Beteiligungen,
- partiarische Darlehen,
- Rangrücktrittsdarlehen,
- alle anderen Produkte, die ausschließlich wertbestimmende Eigenschaften von Eigen- und Fremdkapital in einem Finanzinstrument fest vereinen.

2.4.2.3 Ebene B: Hybride Finanzinstrumente als Mischform von Elementen des Kassa- und Terminmarkts

Hybride Finanzinstrumente der Ebene B sind:[153]

- Aktienanleihen,
- Umtauschanleihen,
- Wandelanleihen,

---

152 Vgl. zu den angeführten Produkten Jacob, Friedhelm, Nationalbericht Deutschland, in: cahiers de droit fiscal international – 54th Congress of the International Fiscal Association – München 2000: Tax treatment of hybrid financial instruments in cross-border transactions, International Fiscal Association (Hrsg.), The Hague/London/Boston 2000, S. 313-348, hier: S. 316/317, der auch Anleihen mit Optionsrechten aufführt, die allerdings in der hier entwickelten Systematisierung in Ebene B einzuordnen sind.

153 Vgl. zu den angeführten Produkten Tebroke, Hermann-Josef, Stichwort „Finanzinnovationen", in: HWF, Gehrke, Wolfgang/Steiner, Manfred (Hrsg.), 3. Aufl., Stuttgart 2001, Sp. 811-825, hier: Sp. 817-824; Lohr, Andreas, Kapitalanlage nach der Unternehmenssteuerreform (Steuersenkungsgesetz): Ein Leitfaden für Anleger und ihre Berater, München 2001, S. 134-170 und Harenberg, Friedrich E./Irmer, Gisbert, Die Besteuerung privater Kapitaleinkünfte, 3. Aufl., Herne/Berlin 2003, S. 369-493.

- Cheapest-to-Deliver-Zertifikate,
- Discount-Zertifikate,
- Index-Anleihen,
- Convertible Floating Rate Notes,
- Callable Bonds,
- Doppelwährungsanleihen,
- alle anderen Produkte, die wertbestimmende Eigenschaften von Elementen des Kassa- und Terminmarkts in einem Finanzinstrument fest vereinen.

2.4.2.4 Ebene C: Hybride Finanzinstrumente als Mischform von Elementen des Terminmarkts

Hybride Finanzinstrumente der Ebene C sind:[154]
- Capped Warrant,
- Swaptions,
- Futureoptionen,
- Callable Swaps,
- Putable Swaps,
- Forward Swaps,
- alle anderen Produkte, die wertbestimmende Eigenschaften verschiedener Bausteine bzw. Teilmarktsegmente des Terminmarkts in einem rechtlich einheitlichen Finanzinstrument verschmelzen.

2.4.2.5 Ebene D: Hybride Finanzinstrumente als Ergebnis synthetischer Herstellung

Hybride Finanzinstrumente der Ebene D sind:
- alle in Abschnitt 2.3.3.2 aufgeführten Möglichkeiten, den Baustein Eigenkapital zu duplizieren,
- alle in Abschnitt 2.3.3.3 aufgeführten Möglichkeiten, den Baustein Fremdkapital zu duplizieren,
- alle in Abschnitt 2.3.3.4 aufgeführten Möglichkeiten, den Baustein Forward zu duplizieren,
- alle in Abschnitt 2.3.3.5 aufgeführten Möglichkeiten, den Baustein Option zu duplizieren,

---

154 Vgl. zu den angeführten Produkten Hull, John C., Optionen, Futures und andere Derivate, 4. Aufl., München/Wien 2001, S. 203, S. 407-416 und S. 766-772 und Steiner, Manfred/Bruns, Christoph, Wertpapiermanagement, 8. Aufl., Stuttgart 2002, S. 581/582.

- alle anderen Terminmarktprodukte, die von der Konstruktion oder durch Abwandlung von Eigenschaften speziell auf die Duplizierung von Mischformen der Ebene A ausgerichtet sind (z.B. ein – theoretisch vorstellbarer – Total Return Swap auf einen Genussschein),
- alle Portfolios zur Duplikation strukturierter bzw. rechtlich einheitlicher Finanzinstrumente der Ebene B, wenn die rechtliche Selbständigkeit einzelner Bausteine gegeben ist (z.B. Aktienanleihe als Portfolio von Anleihe und Put),
- alle Portfolios zur Duplikation strukturierter bzw. rechtlich einheitlicher Produkte der Ebene C, wenn die rechtliche Selbständigkeit einzelner Bausteine gewahrt bleibt.

3. Referenzsystem einer sachgerechten Besteuerung zur Beurteilung der Erfassung hybrider Finanzinstrumente im nationalen und internationalen Steuerrecht

3.1 Steuersystematische Grundprinzipien und Anspruch an ein Referenzsystem

Um der Zielsetzung dieser Arbeit – die Besteuerung hybrider Finanzinstrumente darzustellen, zu analysieren und anschließend unter dem Aspekt einer sachgerechten und systematischen Besteuerung dieser Instrumente zu würdigen – gerecht zu werden, bedarf es eines steuerlichen Referenzsystems, eines theoretischen Leitbilds, an dessen grundlegenden Prinzipien sich gegenwärtige sowie zukünftige Steuersysteme orientieren sollten.

Mit möglichen Anforderungen an ein solches Referenzsystem beschäftigen sich im Wesentlichen drei wissenschaftliche Disziplinen:[155] Aus juristischer Sicht befasst sich die Steuerrechtswissenschaft mit Steuern als Teil der Gesamtrechtsordnung und untersucht die rechtliche Gestaltung des Verhältnisses zwischen dem steuererhebenden Staat und steuerpflichtigen Bürgern. Mit Blick auf die Beziehungen von Staat und Bürger sowie der Bürger untereinander versteht sich diese Disziplin als Steuergerechtigkeitswissenschaft. Finanzwissenschaft und Betriebswirtschaftliche Steuerlehre haben Steuern unter ökonomischen Gesichtspunkten als Erkenntnisobjekt: Die Finanzwissenschaft befasst sich neben den unternehmerischen Entscheidungseffekten der Besteuerung mit den Auswirkungen in anderen Bereichen, wie etwa den privaten Haushalten und dem Staat. Insofern hat die Finanzwissenschaft eine gesamtwirtschaftliche Perspektive, während die Betriebswirtschaftliche Steuerlehre vornehmlich eine unternehmensbezogene Perspektive aufweist. In der Betriebswirtschaftlichen Steuerlehre gibt es deswegen keine Theorie des Zweitbesten, sondern es wird zumeist auf Basis von First-Best-Szenarien argumentiert.

Rechtliche und ökonomische Kriterien bedingen einander. Steuerrecht hat ökonomische Grundsätze zu beachten, weil Steuerpflichtige im Regelfall nutzen- bzw. gewinnmaximierend wirtschaftliche Entscheidungen treffen. So wirkt z.B. eine Rechtsnorm, die ein bestimmtes missbräuchliches Verhalten mit einer Strafe von 1.000 € belegt, nur bis zu einem mit dem Missbrauch verbundenen Nutzen von kleiner 1.000 € verhaltenskonform, während bei darüber hinausgehenden Beträgen ein Missbrauch unter ökonomischen Gesichtspunkten lohnt. Die Ent-

155 Vgl. hierzu Lang, Joachim, in: Tipke/Lang, Steuerrecht, § 1 Rz. 34-51.

ökonomisierung des Steuerrechts hat wesentlich zur Entwicklung und einer zunehmenden Zahl von Anwendungsfällen der wirtschaftlichen Betrachtungsweise beigetragen.[156] Umgekehrt kann Ökonomie rechtliche Vorgaben nicht ignorieren, wie dies z.B. bei der entscheidungsfixen Kopfsteuer der Fall ist, die im streng ökonomischen Sinn äußerst effizient ist, jedoch für den Zweck als mögliches Lastenverteilungsprinzip der Besteuerung aus juristischer Sicht unter Gerechtigkeitsaspekten völlig ungeeignet ist.

Aus interdisziplinärer Sicht sollte ein steuerliches Referenzsystem an den folgenden fundamentalen Prinzipien ausgerichtet werden:[157]

- Neutralität,
- Gerechtigkeit,
- Flexibilität,
- Transparenz,
- Billigkeit.

Neutralität der Besteuerung verlangt, dass von Steuern möglichst geringe Folgen auf das Handeln einzelner Wirtschaftssubjekte ausgehen sollen, ausgenommen dort, wo marktliche Prozesse zu suboptimalen Ergebnissen führen und einer Korrektur durch steuerliche Lenkung bedürfen. Aus Sicht der Volkswirtschaft wird dadurch die optimale Allokation der Ressourcen nur in geringem Maße verzerrt, d.h. die Ressourcen werden über den auf wettbewerblich strukturierten Märkten wirkenden Einfluss der unsichtbaren Hand in ihre bestmögliche Verwendung gelenkt. Weil Steuern fast immer verzerren, ist entscheidend, eine verzerrungsminimale Besteuerung und damit zweitbeste Effizienz zu erzielen.

Eng damit verbunden ist der Grundsatz der Gerechtigkeit der Besteuerung, gemäß dem wesensmäßig gleiche Sachverhalte von Steuerpflichtigen auch steuerlich gleich behandelt werden (horizontale Gerechtigkeit), während verschiedene Sachverhalte zu ihrer Eigenart entsprechenden verschiedenen steuerlichen Konsequenzen führen (vertikale Gerechtigkeit).

---

156 In diesem Sinne Wagner, Franz W., Neutralität und Gleichmäßigkeit als ökonomische und rechtliche Kriterien steuerlicher Normkritik, in: StuW 1992, S. 2-13, hier: S. 12.

157 In der Literatur werden die genannten Prinzipien teilweise unterschiedlich voneinander abgegrenzt, zusammengefasst oder durch weitere ergänzt. Vgl. zu den verschiedenen Systematisierungen Smith, Adam, Der Wohlstand der Nationen – Eine Untersuchung seiner Natur und seiner Ursachen, Recktenwald, Horst-Claus (Hrsg.), 9. Aufl., München 2001, S. 703-705; Neumark, Fritz, Grundsätze gerechter und ökonomisch rationaler Steuerpolitik, Tübingen 1970, S. 45/46; Stiglitz, Joseph E./Schönfelder, Bruno, Finanzwissenschaft, 2. Aufl., München/Wien 1989, S. 408; Lang, Joachim, Entwurf eines Steuergesetzbuchs, Bonn 1993, S. 89-111 und Musgrave, Richard A./Musgrave Peggy B./Kullmer, Lore, Die öffentlichen Finanzen in Theorie und Praxis – Bd. 2, 5. Aufl., Tübingen 1993, S. 9/10.

Unter dem Postulat der Flexibilität der Besteuerung[158] ist die Anpassungsfähigkeit eines Steuersystems an veränderte ökonomische Rahmenbedingungen zu verstehen, die zur Stabilisierung des gesamtwirtschaftlichen Gleichgewichts beiträgt.

Ein Steuersystem hat ferner transparent[159] zu sein, so dass das Steuerrecht möglichst eine dem Steuerpflichtigen verständliche Sprache und einfache Struktur verwendet, die im Idealfall eine Berechnung der Steuerschuld durch den Steuerpflichtigen selbst ermöglicht. Transparenz fördernd ist ein weitgehender Verzicht auf Steuervergünstigungen oder andere Ausnahmetatbestände.

Weil mit jeder Besteuerung auch Kosten verbunden sind, die das Steueraufkommen mindern, ist die bereits von Adam Smith erkannte Billigkeit der Besteuerung[160] eine nicht zu vernachlässigende steuerpolitische Zielsetzung. Billigkeit bedeutet, dass die mit der Steuererhebung, -entrichtung, -planung, -gesetzgebung und -rechtsprechung verbundenen Kosten im Verhältnis zum jeweiligen Aufkommen nur einen möglichst geringen Anteil umfassen.

Aus der inhaltlichen Abgrenzung der genannten steuerlichen Fundamentalprinzipien wird deutlich, dass ein „gutes" Steuersystem nicht allen Anforderungen gleichzeitig in vollem Umfang gerecht werden kann. Die Zielkonflikte zwischen einzelnen Prinzipien sowie die Komplexität wirtschaftlichen Handelns in der Realität – namentlich unter Unsicherheit, auf unvollkommenen Märkten, bei individuellen Risikonutzenfunktionen der Wirtschaftssubjekte, im politischen Prozess – bedingen, dass die Umsetzung dieser Prinzipien in der Realität mit gewissen Kompromissen verbunden sein muss, deren Findung allerdings die Subsidiaritätsbeziehungen der Prinzipien untereinander zu beachten hat.

---

158 Weiterführend zu diesem Grundsatz Neumark, Fritz, Grundsätze gerechter und ökonomisch rationaler Steuerpolitik, Tübingen 1970, S. 283-311; Stiglitz, Joseph E./Schönfelder, Bruno, Finanzwissenschaft, 2. Aufl., München/Wien 1989, S. 413-416 und Lang, Joachim, Entwurf eines Steuergesetzbuchs, Bonn 1993, S. 102-104.

159 Weiterführend zu diesem Grundsatz Neumark, Fritz, Grundsätze gerechter und ökonomisch rationaler Steuerpolitik, Tübingen 1970, S. 342-357 und Lang, Joachim, Entwurf eines Steuergesetzbuchs, Bonn 1993, S. 105/106.

160 Weiterführend hierzu Smith, Adam, Der Wohlstand der Nationen – Eine Untersuchung seiner Natur und seiner Ursachen, Recktenwald, Horst-Claus (Hrsg.), 9. Aufl., München 2001, S. 704/705; Neumark, Fritz, Grundsätze gerechter und ökonomisch rationaler Steuerpolitik, Tübingen 1970, S. 368-378; Musgrave, Richard A./Musgrave Peggy B./Kullmer, Lore, Die öffentlichen Finanzen in Theorie und Praxis – Bd. 2, 5. Aufl., Tübingen 1993, S. 90-92 und Homburg, Stefan, Allgemeine Steuerlehre, 3. Aufl., München 2003, S. 60-63.

Als die beiden bedeutendsten Prinzipien[161] werden die Gerechtigkeit und die Neutralität der Besteuerung angesehen. Während die Steuerrechtswissenschaft eine gerechte Verteilung der Steuerlast auf die Bürger aus verfassungsrechtlicher und ethischer Sicht als oberste Maxime ansieht, betonen Ökonomen die Neutralität bzw. Effizienz der Besteuerung als normative Anforderung. Aus ökonomischer Sicht stellen neutrale, die einzelwirtschaftlichen Entscheidungen und damit aggregiert betrachtet, die Wohlfahrtsposition einer Volkswirtschaft minimal verzerrende Steuern eine Grundbedingung für ein „gutes" Steuersystem dar. „Das Steuerrecht unter den Vorrang der Effizienz zu stellen, heißt zugleich, einer ersten Stufe von Gerechtigkeit zu genügen; denn ein Wachstum des Kuchens Volkseinkommen erlaubt den Ärmsten mehr zu geben, ohne den anderen ihr Bisheriges zu nehmen."[162] Basierend auf den angeführten Argumenten sollten aus interdisziplinärer Sicht beide Fundamentalprinzipien als gleichrangig angesehen werden.[163]

Weltweit haben wirtschaftliche Verflechtungen mit grenzüberschreitendem Einsatz mobiler Produktionsfaktoren sowie Austausch von Waren und Dienstleistungen zwischen einzelnen Volkswirtschaften in den vergangenen Jahrzehnten stetig zugenommen.[164] Dies trifft insbesondere auf die mit geringen Transaktionskosten verbundene Mobilität des Faktors (Finanz-)Kapital zu.[165] Mit der Internationalität von Wirtschaftsbeziehungen gehen Herausforderungen auf dem Gebiet des internationalen Steuerrechts einher, die einer systematischen Lösung

161 Vgl. dazu Schneider, Dieter, Reform der Unternehmensbesteuerung aus betriebswirtschaftlicher Sicht, in: StuW 1989, S. 328-339, hier: S. 329; Lang, Joachim, Entwurf eines Steuergesetzbuchs, Bonn 1993, S. 93; Schwinger, Reiner, Konsum oder Einkommen als Bemessungsgrundlage direkter Steuern?, in: StuW 1994, S. 39-50, hier: S. 40 und Schreiber, Ulrich/Stellpflug, Thomas, Einkommen oder Konsum als Steuerbasis, in: WiSt 1999, S. 186-192, hier: S. 186.

162 Schneider, Dieter, Reform der Unternehmensbesteuerung aus betriebswirtschaftlicher Sicht, in: StuW 1989, S. 328-339, hier: S. 329. Dieses Argument auch anführend Schreiber, Ulrich, Notwendigkeit und Alternativen einer Reform der Besteuerung von Kapitaleinkommen, in: Aspekte der Unternehmensbesteuerung in Europa, Jacobs, Otto H./Spengel, Christian (Hrsg.), Baden-Baden 1996, S. 85-115, hier: S. 86.

163 In diesem Sinne auch Lang, Joachim, Entwurf eines Steuergesetzbuchs, Bonn 1993, S. 93-96, der beide Kriterien zusammenfasst und als oberste Maxime eines Steuersystems ansieht.

164 Zu den verschiedenen Statistiken zur Außenwirtschaft vgl. Deutsche Bundesbank, Monatsbericht Dezember 2003, S. 67-71.

165 Vgl. differenzierend zu den verschiedenen Formen von Kapital Feld, Lars P., Steuerwettbewerb und seine Auswirkungen auf Allokation und Distribution – Ein Überblick und eine empirische Analyse für die Schweiz, Diss. Univ. St. Gallen 1999, Tübingen 2000, S. 159.

unter Neutralitäts- und Gerechtigkeitsaspekten bedürfen. Nachfolgend werden deshalb die beiden bedeutendsten steuersystematischen Prinzipien jeweils inhaltlich für den nationalen und internationalen Bereich konkretisiert.

3.2 Neutralität der Besteuerung

3.2.1 Nationale Aspekte des Neutralitätspostulats

3.2.1.1 Notwendigkeit eines neutralen Steuersystems

Zu den Wirkungen der Besteuerung auf wirtschaftliches Verhalten sind grundsätzlich folgende Einstellungen denkbar:[166]

- Wirkungen eines Steuersystems werden ignoriert,
- bestimmte Wirkungen werden von einem Steuersystem gefordert,
- ein Steuersystem soll keine ungewollten Wirkungen entfalten.

Die Wirkungen der Besteuerung können aufgrund möglicher Liquiditäts- und Nutzeneinbußen in Bezug auf einzelne oder eine Gemeinschaft von Steuerpflichtigen nicht vollkommen gleichgültig sein. Ferner besteht Übereinstimmung, dass in einem begrenzten Bereich wie der Bereitstellung öffentlicher Güter (z.B. Umweltgüter), bei denen marktliche Prozesse zu suboptimalen Ergebnissen führen, es unter allokationspolitischen Gesichtspunkten einer Korrektur der Marktergebnisse bedarf. Wirtschaftliches Handeln wird in diesem Fall gezielt beeinflusst.[167] Voraussetzung dieser gezielten Korrektur ist die Kenntnis von Struktur und Höhe der nicht optimalen Allokation anhand eines neutralen Steuersystems als Beurteilungsmaßstab, da ansonsten von den lenkenden Eingriffen weitere Wohlfahrtseinbußen ausgehen können.[168] Damit ist bereits auf die dritte Einstellung über-

---

166 Vgl. Wagner, Franz W., Eine Einkommensteuer muß eine konsumorientierte Steuer sein, in: Einkommen versus Konsum – Ansatzpunkte zur Steuerreform, Smekal, Christian u.a. (Hrsg.), Heidelberg 1999, S. 15-35, hier: S. 23.

167 Vgl. zu diesem Thema Musgrave, Richard A./Musgrave Peggy B./Kullmer, Lore, Die öffentlichen Finanzen in Theorie und Praxis – Bd. 1, 6. Aufl., Tübingen 1994, S. 67-108; Zimmermann, Horst/Henke, Klaus-Dirk, Finanzwissenschaft – Eine Einführung in die Lehre von der öffentlichen Finanzwirtschaft, 8. Aufl., München 2001, S. 43-51, 443-467 und Blankart, Charles B., Öffentliche Finanzen in der Demokratie, 4. Aufl., München 2001, S. 55-82 und S. 505-528.

168 Vgl. Schwinger, Reiner, Einkommens- und konsumorientierte Steuersysteme – Wirkungen auf Investition, Finanzierung und Rechnungslegung, Diss. Univ. Tübingen 1991, Heidelberg 1992, S. 15 und Wagner, Franz W./Wissel, Harald, Entscheidungsneutralität der Besteuerung als Leitlinie einer Reform der Einkommensteuer, in: WiSt 1995, S. 65-70, hier: S. 67.

geleitet, nach der ein Steuersystem keine ungewollten Wirkungen entfalten soll. Hierfür bestehen überwiegend gesamtwirtschaftliche sowie daneben einzelwirtschaftliche Argumente.

Abbildung 10: Neutralität im Zwei-Güter-Modell

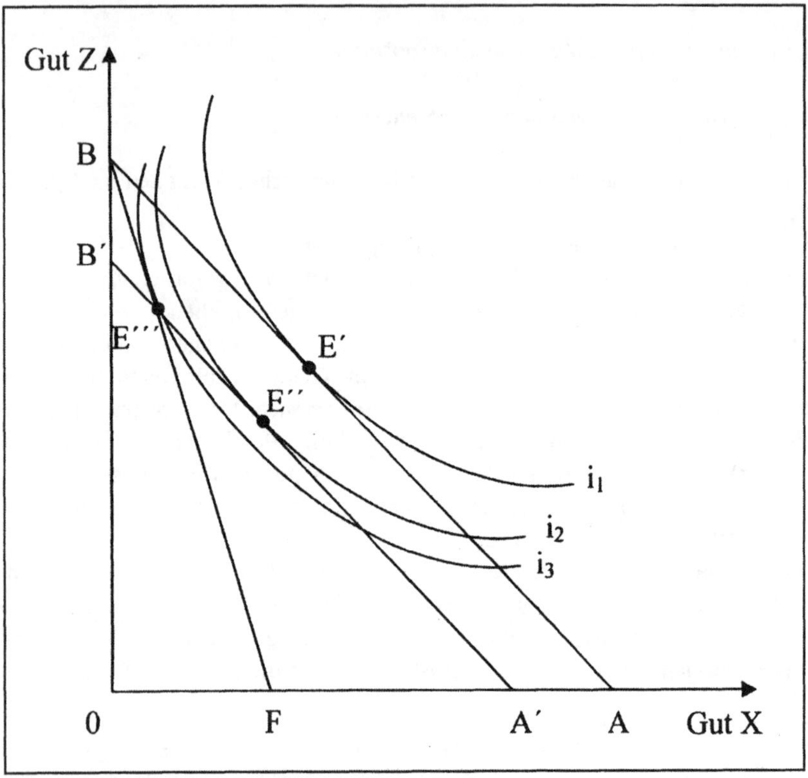

Quelle: Blankart, Charles B., Öffentliche Finanzen in der Demokratie, 4. Aufl., München 2001, S. 216.

Die normative Anforderung einer neutralen Besteuerung wird aus finanzwissenschaftlicher Perspektive häufig als Effizienzkriterium bezeichnet und überwiegend wohlfahrtstheoretisch begründet. Dies setzt zunächst die Befürwortung einer marktwirtschaftlichen Ordnung und damit der zentralen Grundwertung voraus, dass die Lenkung knapper Ressourcen über den freien Markt und folglich über den Koordinationsmechanismus Preissystem auf Basis der Eucken'schen Ordnungsprinzipien zu einem höheren ökonomischen Wohlstand für eine Volkswirtschaft als zentrale staatliche Lenkung führt. Der Einfluss der Besteuerung kann vereinfacht sowohl in einem Ein-Güter-Modell[169] als auch in einem Zwei-Güter-Modell illustriert werden, wobei letzteres den Vorteil aufweist, dass darin die grundsätzlich von einer Steuer ausgehenden verschiedenen Effekte – einkommens- und fallbezogen auch Substitutionseffekt – sichtbar werden.

In diesem Modell kann ein Konsument zwischen den beiden Gütern X und Z wählen, deren Preisverhältnis als konstant unterstellt wird und der Grenzrate der Transformation in der Volkswirtschaft entspricht. Ohne Besteuerung ist entsprechend seiner Konsumpräferenz und innerhalb des gegebenen Budgets das Güterbündel E′ nutzenmaximal. Durch die Einführung einer beide Güter gleich belastenden allgemeinen Konsumsteuer oder einer Pauschalsteuer entsteht eine finanzielle Belastung, die das verfügbare Budget verringert. Dies entspricht dem Einkommenseffekt einer jeden Steuer, der sich in einer Parallelverschiebung der Budgetlinie von AB auf A′B′ ausdrückt und zu einer Verringerung des Nutzenniveaus von i_1 auf i_2 führt. Wird das gleiche Steueraufkommen stattdessen durch eine selektive Besteuerung nur eines Gutes (hier X) angestrebt und liegt keine vollständige Komplementarität zwischen beiden Gütern vor, kommt es über den Einkommenseffekt hinaus zu Anpassungshandlungen des Steuerpflichtigen, der das steuerbedingt verteuerte Gut X durch das steuerlich unbelastete Gut Z teilweise substituiert. Dies drückt sich in einer Drehung der Budgetgeraden auf BF und der Wahl des Güterbündels E‴ aus. Im Vergleich zum Nutzenniveau i_2 bei der allgemeinen Konsumsteuer oder Pauschalsteuer sinkt durch die selektive Besteuerung das Nutzenniveau des Konsumenten auf i_3.

Zusammenfassend ausgedrückt, ist eine Steuer neutral, die keinen direkten Substitutionseffekt auslöst.[170] Die Neutralitätseigenschaft ist aus wohlfahrtstheoretischer Sicht eine begründete Anforderung an ein optimales Steuersystem.

Die Betriebswirtschaftslehre konkretisiert das Neutralitätsprinzip in Bezug auf den einzelnen Entscheidungsträger. Eine entscheidungsneutrale Besteuerung ist aus dieser Sicht gegeben, wenn es nicht zu einer Änderung der Rangfolge bei mehreren Handlungsalternativen infolge der Besteuerung kommt bzw. die Vorteilhaftigkeit mit und ohne Steuereinfluss weiter besteht. Neutralität in diesem Sinne bildet zunächst den Nullpunkt für die theoretische Analyse von Steuerwir-

---

169 Vgl. zur wohlfahrtstheoretischen Begründung einer neutralen Besteuerung im Ein-Güter-Modell Homburg, Stefan, Allgemeine Steuerlehre, 3. Aufl., München 2003, S. 160-163 und Blankart, Charles B., Öffentliche Finanzen in der Demokratie, 4. Aufl., München 2001, S. 210-214.

170 Vgl. Sinn, Hans-Werner, Kapitaleinkommensbesteuerung – Eine Analyse der intertemporalen, internationalen und intersektoralen Allokationswirkungen, Tübingen 1985, S. 5.

kungen durch die Betriebswirtschaftliche Steuerlehre.[171] Den Charakter einer normativen Anforderung erlangt die Steuerneutralität überwiegend mit Verweis auf die finanzwissenschaftliche Forderung nach effizienter Allokation. Eine spezifisch betriebswirtschaftliche Begründung ist der Ansatz zur Minimierung von Steuerplanungskosten.[172] Danach versucht der Steuerpflichtige in einem aneutralen Steuersystem seine Zahllast durch Ausweichgestaltungen zu verringern, solange die damit verbundenen Steuerplanungs- und Steuerdeklarationskosten abgedeckt werden. Ist dem Steuerpflichtigen ex ante bekannt, dass vom Steuersystem kein Einfluss auf wirtschaftliche Entscheidungen ausgeht, sind Steuerplanung und damit verbundene Kosten bei rationalem Verhalten unnötig.

3.2.1.2 Formen betriebswirtschaftlicher Neutralitätspostulate

Entscheidungsneutralität der Besteuerung kann in Bezug auf eine Vielzahl verschiedener wirtschaftlicher Entscheidungen als Forderung angesehen werden.[173] Zu den wichtigsten ökonomischen Entscheidungen, die durch die Besteuerung nicht beeinflusst werden sollen, zählen:

- Investitionsentscheidungen,
- Finanzierungsentscheidungen,
- Entscheidungen bezüglich Sparen und Konsum.

Die Beurteilung der Vorteilhaftigkeit von Entscheidungen bedarf einer theoretischen Fundierung, die im Regelfall auf Basis der Kapitalwertmethode vorgenommen wird.[174] Ohne Berücksichtigung der Besteuerung ist der Kapitalwert einer endlichen Reihe mit Zahlungen unterschiedlicher Höhe definiert als:

171 Vgl. Elschen, Rainer/Hüchtebrock, Michael, Steuerneutralität in Finanzwissenschaft und Betriebswirtschaftslehre – Diskrepanzen und Konsequenzen, in: FA 1983, S. 253-280, hier: S. 255 und Schneider, Dieter, Investition, Finanzierung und Besteuerung, 7. Aufl., Wiesbaden 1992, S. 202.

172 Vgl. Wagner, Franz W., Die zeitliche Erfassung steuerlicher Leistungsfähigkeit, in: Zeitaspekte in betriebswirtschaftlicher Theorie und Praxis, Hax, Herbert u.a. (Hrsg.), Stuttgart 1989, S. 261-277, hier: S. 263-266.

173 Zu einem Überblick der verschiedenen Bereiche von Entscheidungsneutralität Elschen, Rainer/Hüchtebrock, Michael, Steuerneutralität in Finanzwissenschaft und Betriebswirtschaftslehre – Diskrepanzen und Konsequenzen, in: FA 1983, S. 253-280, hier: S. 257-263.

174 Vgl. zur Kapitalwertmethode Wehrheim, Michael, Investitionscontrolling, 2. Aufl., Frankfurt am Main/München, S. 51-69.

$$K_0 = \sum_{t=1}^{n} \frac{e_t - a_t}{(1+i)^t} - a_0$$

3.2.1.2.1 Investitionsneutralität

Eine Besteuerung ist investitionsneutral bzw. intersektoral neutral, wenn die Rangfolge aus mehreren dem Unternehmen zur Verfügung stehenden Investitionsalternativen durch den Einfluss von Steuern nicht geändert wird (Rangfolgeerhalt) und eine Investition mit einem Kapitalwert von null vor Steuern auch nach Steuern indifferent ist (Vorzeichenerhalt bzw. Erhalt des Investitionsumfangs).[175] Rangfolgeerhalt und Vorzeichenerhalt können dann jeweils wie folgt ausgedrückt werden:[176]

$$K_{0A} > K_{0B} \rightarrow K_{0A}^{s} > K_{0B}^{s} \text{ und } K_0 = 0 \rightarrow K_0^{s} = 0.$$

Diese Anforderungen sind unwidersprochen dann erfüllt, wenn Identität der Kapitalwerte vor und nach Steuern gegeben ist. In diesem Fall liegt Niveauinvarianz vor und es gilt:

$$K_0 = K_0^{s}.$$

Niveauinvarianz stellt eine hinreichende, aber keine notwendige Bedingung für Neutralität dar. Investitionsneutralität liegt ebenfalls vor, wenn die Einflussgrößen bei einem Steuersatz von $0 \leq s \leq 1$ zu einer proportionalen Veränderung der jeweiligen Kapitalwerte führen.

$$K_{0A} > K_{0B} \rightarrow (1-s) \times K_{0A} > (1-s) \times K_{0B}.$$

175 Grundlegend zum Einfluss der Besteuerung auf Investitionsentscheidungen Mellwig, Winfried, Investition und Besteuerung, Wiesbaden 1985 und Wehrheim, Michael, Liquiditäts- bzw. Rentabilitätseffekte aufgrund der Inanspruchnahme steuerlicher Finanzierungshilfen, in: ZfB 1997, S. 151-178.

176 Vgl. Schwinger, Reiner, Einkommens- und konsumorientierte Steuersysteme – Wirkungen auf Investition, Finanzierung und Rechnungslegung, Diss. Univ. Tübingen 1991, Heidelberg 1992, S. 24/25.; Wagner, Franz W./Wissel, Harald, Entscheidungsneutralität der Besteuerung als Leitlinie einer Reform der Einkommensteuer, in: WiSt 1995, S. 65-70, hier: S. 67 und Homburg, Stefan, Allgemeine Steuerlehre, 3. Aufl., München 2003, S. 334.

Abhängig von der individuellen Bewertungssituation sind über Niveauinvarianz und proportionaler Kapitalwertänderung hinaus Konstellationen vorstellbar, in denen Rangfolge und Vorzeichen erhalten bleiben können, aber nicht zwingend müssen. Dieser Fall ist gegeben, wenn die Vorteilhaftigkeitskriterien der Investitionsprojekte durch Steuern zwar unterschiedlich tangiert werden, es jedoch zum Beispiel nur zu einer Verringerung der Kapitalwertdifferenz zwischen erstbester und zweitbester Alternative kommt.

3.2.1.2.2 Finanzierungsneutralität

Eine Besteuerung ist finanzierungsneutral bzw. intersektoral neutral, wenn unternehmerische Entscheidungen über die Finanzierungsstruktur, d.h. den Einsatz verschiedener Formen von Eigen- und Fremdfinanzierung sowie der Selbstfinanzierung, nicht durch die Besteuerung verzerrt werden. Finanzierung unterscheidet sich von Investition aus zahlungsstromorientierter Sicht nur das umgekehrte Vorzeichen der ersten Zahlung,[177] so dass die grundsätzlichen Ausführungen zur Investitionsneutralität analog anwendbar sind. Zusätzlich ist jedoch zu beachten, dass beide an einer Finanzierung beteiligten Marktteilnehmer effektiv nach dem Korrespondenz- und Syntheseprinzip zu besteuern sind.[178]

3.2.1.2.3 Intertemporale Neutralität

Eine Besteuerung ist neutral in Bezug auf die Entscheidung zwischen Konsum und Sparen, wenn die individuelle Präferenz eines Steuerpflichtigen für sofortigen oder zukünftigen Konsum nicht steuerbedingt beeinträchtigt wird. Ein Steuersystem, das die Umformung von Gegenwarts- in Zukunftskonsum durch Ersparnisbildung nicht verzerrt, wird folglich als intertemporal neutral bezeichnet.[179] Die folgende Abbildung verdeutlicht diese Zusammenhänge exemplarisch am Beispiel zweier unterschiedlicher Steuern.

---

177 Vgl. Schneider, Dieter, Investition, Finanzierung und Besteuerung, 7. Aufl., Wiesbaden 1992, S. 21.

178 Vgl. Homburg, Stefan, Allgemeine Steuerlehre, 3. Aufl., München 2003, S. 347; in diesem Sinne auch Wagner, Franz W./Wenger, Ekkehard, Theoretische Konzeptionen und legislative Transformation eines marktwirtschaftlichen Steuersystems in der Republik Kroatien, in: Regulierung und Unternehmenspolitik: Methoden und Ergebnisse der betriebswirtschaftlichen Rechtsanalyse, Sadowski, Dieter u.a. (Hrsg.), Wiesbaden 1996, S. 399-415, hier: S. 408.

179 Vgl. Wagner, Franz W./Wenger, Ekkehard, Theoretische Konzeptionen und legislative Transformation eines marktwirtschaftlichen Steuersystems in der Republik Kroatien, in: Regulierung und Unternehmenspolitik: Methoden und Ergebnisse der

Abbildung 11: Besteuerung von Gegenwarts- und Zukunftskonsum

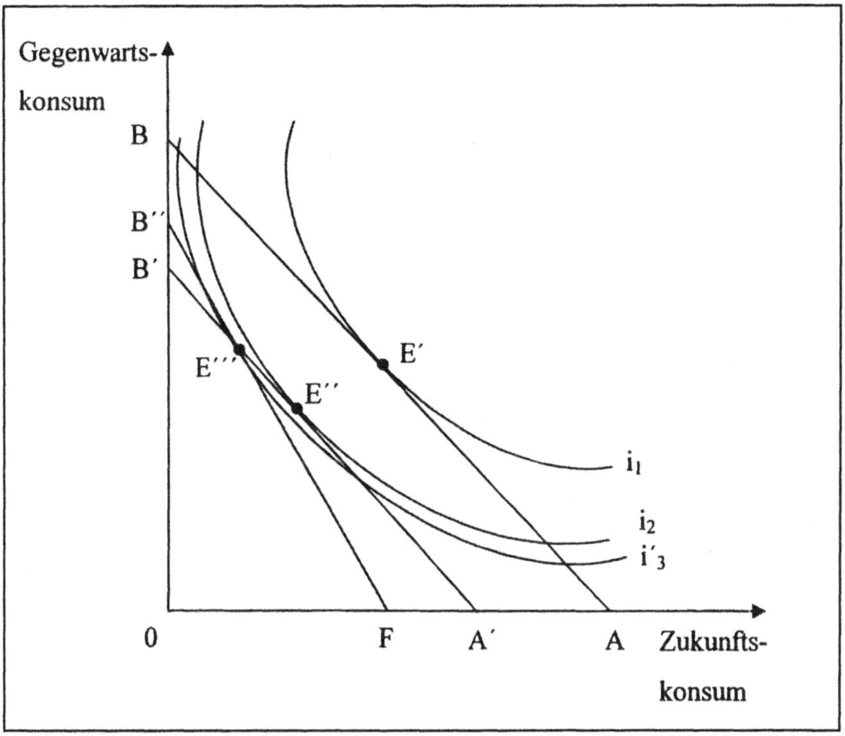

Quelle: Blankart, Charles B., Öffentliche Finanzen in der Demokratie, 4. Aufl., München 2001, S. 218.

In diesem Modell maximiert ein Wirtschaftssubjekt seinen individuellen Nutzen, indem es entsprechend seiner Präferenzen seinen Konsum auf zwei Perioden aufteilt. Ohne Besteuerung wird der Konsum entsprechend dem Punkt E' gewählt, und das Nutzenniveau i_1 erreicht. Bei Einführung einer allgemeinen Konsumsteuer oder einer Einkommensteuer, die Zinsen steuerfrei lässt, ergibt sich lediglich ein Einkommenseffekt der Besteuerung, der sich in Parallelverschiebung der Strecke AB auf A' B'ausdrückt und nicht zu einer Verzerrung der Relation zwischen heutigem und zukünftigem Konsum führt. Anders jedoch, wenn stattdessen eine Einkommensteuer einschließlich Zinsbesteuerung vorgenommen

betriebswirtschaftlichen Rechtsanalyse, Sadowski, Dieter u.a. (Hrsg.), Wiesbaden 1996, S. 399-415, hier: S. 408.

wird. Diese führt zu einer selektiven Besteuerung des Zukunftskonsums, weil nicht nur der Konsum der zweiten Periode belastet wird, sondern auch der Ertrag aus der Ersparnis einer Besteuerung unterliegt. Diese Benachteiligung des Sparens gegenüber heutigem Konsum drückt sich einer Drehung der Budgetgeraden auf B''F aus und stellt den Substitutionseffekt dar. Wohlfahrtstheoretisch betrachtet, sinkt bei gleichem Steueraufkommen durch eine intertemporal aneutral wirkende Besteuerung das erreichte Nutzenniveau von i_2 auf i'_3.

3.2.1.3 Modelle einer entscheidungsneutralen Besteuerung

Aus systematischer Sicht kann es eine entscheidungsneutrale Besteuerung in zwei verschiedenen Formen geben:[180]

- als entscheidungsfixe Besteuerung und
- als Zielgrößenbesteuerung.

Nach dem ersten Ansatz hängt die Besteuerung von keiner der wählbaren Handlungsalternativen ab, so dass umgekehrt auch die Wahlentscheidung des Steuerpflichtigen unabhängig von der Besteuerung ist. Eine solche Steuer, z.B. in Form einer Kopfsteuer, hat Ähnlichkeit mit nicht entscheidungsrelevanten fixen Kosten. Unter Gerechtigkeitsaspekten ist eine derartige Steuer trotz ihrer erstrebenswerten Neutralitätseigenschaft[181] schwierig umsetzbar, so dass nur eine Zielgrößenbesteuerung in Frage kommt.

Die Zielgrößenbesteuerung erfasst und besteuert die Zielbeiträge der verschiedenen Handlungsalternativen, mit der Folge, dass eine derartige Steuer nur umgangen werden kann, wenn auf das Ziel selbst verzichtet wird und der Entscheidungsträger sich selbst schädigt. Eine vollständige Zielbesteuerung hätte neben der in monetären Größen ausgedrückten Zielerreichung auch die nichtmonetäre Zielerreichung zu umfassen. Deren Umfang ist allerdings schwierig zu objektivieren und noch schwieriger umzuverteilen, so dass eine Beschränkung

180 Vgl. Elschen, Rainer, Entscheidungsneutralität, Allokationseffizienz und Besteuerung nach der Leistungsfähigkeit, in: StuW 1991, S. 99-115, hier: S. 104/105 und Wagner, Franz W./Schwinger, Reiner, Der Einfluß einer Cash-flow-Steuer auf Finanzierung und Rechnungslegung, in: Konsumorientierte Neuordnung des Steuersystems, Rose, Manfred (Hrsg.), Berlin u.a. 1991, S. 495-521, hier: S. 496.

181 Zustimmend z.B. Stiglitz, Joseph E./Schönfelder, Bruno, Finanzwissenschaft, 2. Aufl., München/Wien 1989, S. 410 und Feld, Lars P., Steuerwettbewerb und seine Auswirkungen auf Allokation und Distribution – Ein Überblick und eine empirische Analyse für die Schweiz, Diss. Univ. St. Gallen 1999, Tübingen 2000, S. 34; differenzierend zur Neutralität einer Kopfsteuer Homburg, Stefan, Allgemeine Steuerlehre, 3. Aufl., München 2003, S. 103-106, der unter Inzidenzgesichtspunkten auf verzerrende Wirkungen bei freiwilligen Transfers und bei Marktmacht verweist.

auf die steuerliche Erfassung finanzieller Zielrealisation begründet ist.[182] Eine entscheidungsneutrale Zielgrößenbesteuerung kann theoretisch durch drei alternative Konzepte verwirklicht werden:

- Besteuerung des ökonomischen Gewinns,
- Cash-Flow-Besteuerung,
- zinsbereinigte Einkommensteuer.

Der ökonomische Gewinn stellt die periodische Verzinsung auf den Ertragswert einer Unternehmung oder bestimmten Einkunftsquelle dar[183] und ist damit der Betrag, der ohne Schmälerung des Ertragswertes entnommen werden kann. Bei einer so genannten Johannson-Samuelson-Steuer[184] auf den ökonomischen Gewinn heben sich die steuerbedingte Verminderung der periodisierten Zahlungsüberschüsse und die entgegengesetzt wirkende Verringerung des Diskontierungsfaktors auf. Die Rangfolge alternativer Investitions- und Finanzierungsentscheidungen vor und nach Steuern bleibt erhalten. Eine ökonomische Gewinnsteuer ist im Ergebnis intersektoral neutral auch im Fall nicht konstanter Steuersätze. Durch die explizit dem Konzept zugrundeliegende Besteuerung der Verzinsung wird intertemporale Neutralität verfehlt.[185]

Eine Cash-Flow-Steuer – z.B. in Form der Brown-Steuer – setzt am „Pfad betriebswirtschaftlicher Tugend"[186] an und besteuert ermittlungstechnisch leicht feststellbare Zahlungsgrößen. Die strikte Orientierung an Ein- und Auszahlungen führt zur Sofortabschreibung des Investitionsobjekts und damit zur Steuererstattung in der Periode Null. Finanztransaktionen bleiben steuerfrei, so dass spätere Zahlungsüberschüsse mit einem „steuerfreien" Kalkulationszins diskontiert wer-

---

182 Vgl. Wagner, Franz W., Neutralität und Gleichmäßigkeit als ökonomische und rechtliche Kriterien steuerlicher Normkritik, in: StuW 1992, S. 2-13, hier: S. 5.

183 Vgl. Wenger, Ekkehard, Warum die Finanzwissenschaft bei der Suche nach einer theoretischen Basis für die Einkommensteuer erfolglos bleiben mußte, in: Einkommen versus Konsum – Ansatzpunkte zur Steuerreform, Smekal, Christian u.a. (Hrsg.), Heidelberg 1999, S. 37-63, hier: S. 41

184 Vgl. mit weiteren Nachweisen Homburg, Stefan, Allgemeine Steuerlehre, 3. Aufl., München 2003, S. 337-339.

185 Vgl. zur Neutralität der Steuer auf den ökonomischen Gewinn Wagner, Franz W./Schwinger, Reiner, Der Einfluß einer Cash-flow-Steuer auf Finanzierung und Rechnungslegung, in: Konsumorientierte Neuordnung des Steuersystems, Rose, Manfred (Hrsg.), Berlin u.a. 1991, S. 495-521, hier: S. 496/497 und Jacobs, Otto H., Ist die zinskorrigierte Besteuerung ein Ansatz zur Harmonisierung der Unternehmensbesteuerung in Europa?, in: Aussensteuerrecht, Doppelbesteuerungsabkommen und EU-Recht im Spannungsverhältnis: Festschrift für Helmut Debatin zum 70. Geburtstag, Burmester, Gabriele/Endres, Dieter (Hrsg.), München 1997, S. 207-233, hier: S. 216/217.

186 Schneider, Dieter, Investition, Finanzierung und Besteuerung, 7. Aufl., Wiesbaden 1992, S. 712.

den. Dadurch vermindern sich die Kapitalwerte verschiedener Alternativen um einen konstanten Faktor, der Rangfolgeerhalt und damit intersektorale Neutralität sichert, allerdings nur bei konstantem Steuersatz. Darüber hinaus sichert eine Cash-Flow-Steuer durch die Steuerfreistellung von Zinsen die Gleichbehandlung von heutigem und zukünftigem Konsum, ist also intertemporal neutral.[187]

Das Konzept der Zinsbereinigung basiert auf dem Theorem von Lücke und führt zu gleichen Ergebnissen hinsichtlich intersektoraler und intertemporaler Neutralität wie die Cash-Flow-Steuer. Ausgangspunkt für die Ermittlung der Bemessungsgrundlage ist bei Unternehmen der Vermögensvergleich. Im Unterschied zum ökonomischen Gewinn werden davon noch Schutzzinsen für das ausgewiesene Eigenkapital abgezogen. Bei nicht unternehmerisch tätigen natürlichen Personen werden Kapitaleinkünfte auf privater Ebene ebenfalls in Höhe eines bestimmten Schutzzinses von der Besteuerung ausgenommen oder es kann vereinfacht auf die Besteuerung von Kapitalanlagen verzichtet werden.[188]

Im Ergebnis bestehen hinsichtlich der verschiedenen Neutralitätsaspekte Vorteile für die beiden konsumorientierten Einkommensteuermodelle. Cash-Flow-Steuer und zinsbereinigte Einkommensteuer sind innerhalb der Prämissen des Modells intersektoral und auch intertemporal neutral. Dem entgegen sichert eine Steuer auf den ökonomischen Gewinn lediglich intersektorale Neutralität, während Entscheidungen über investive oder konsumtive Verwendung steuerbedingt verzerrt werden. Das folgende Beispiel illustriert noch einmal die Unterschiede im Bereich der intertemporalen Neutralität, wobei die rechte Spalte mit traditioneller kapitalorientierter Einkommensteuer der ökonomischen Gewinnsteuer entspricht. Zins- und sparbereinigte Einkommensteuer führen im Beispiel

---

187 Vgl. zu den verschiedenen Cash-Flow-Konzepten und deren Neutralitätseigenschaften Swoboda, Peter, Cash-Flow-Steuern und Finanzierungsneutralität, in: Konsumorientierte Neuordnung des Steuersystems, Rose, Manfred (Hrsg.), Berlin u.a. 1991, S. 473-489; Wagner, Franz W./Schwinger, Reiner, Der Einfluß einer Cash-flow-Steuer auf Finanzierung und Rechnungslegung, in: Konsumorientierte Neuordnung des Steuersystems, Rose, Manfred (Hrsg.), Berlin u.a. 1991, S. 495-521 und Homburg, Stefan, Allgemeine Steuerlehre, 3. Aufl., München 2003, S. 341-343.

188 Vgl. zur Neutralität der zinsbereinigten Einkommensteuer Wagner, Franz W./ Wissel, Harald, Entscheidungsneutralität der Besteuerung als Leitlinie einer Reform der Einkommensteuer, in: WiSt 1995, S. 69/70 und Jacobs, Otto H., Ist die zinskorrigierte Besteuerung ein Ansatz zur Harmonisierung der Unternehmensbesteuerung in Europa?, in: Außensteuerrecht, Doppelbesteuerungsabkommen und EU-Recht im Spannungsverhältnis: Festschrift für Helmut Debatin zum 70. Geburtstag, Burmester, Gabriele/Endres, Dieter (Hrsg.), München 1997, S. 207-233, hier: S. 220-222.

zu einer Steuerlast von 30%, während die traditionelle Besteuerung mit 64,72% verzerrend wirkt.

Tabelle 4: Intertemporale Allokation am Beispiel der Entwicklung eines Sparguthabens

Alter	ohne Steuern	zinsbereinigte Einkommensteuer*		sparbereinigte Einkommensteuer		traditionelle Einkommensteuer	
	Spargut-haben in €	**Spargut-haben in €**	**Steuer-last in %**	**Spargut-haben in €**	**Steuer-last in %**	**Spargut-haben in €**	**Steuer-last in %**
25	10.000	7.000	30	10.000	0	7.000	30,00
26	10.600	7.420	30	10.600	0	7.294	31,19
27	11.236	7.865	30	11.236	0	7.600	32,36
28	11.910	8.337	30	11.910	0	7.920	33,51
29	12.625	8.837	30	12.625	0	8.252	34,63
30	13.382	9.368	30	13.382	0	8.599	35,74
...	...	...	...	...	...	...	...
...	...	...	...	...	...	...	...
60	76.861	53.803	30	76.861	0	29.544	61,56
61	81.473	57.031	30	81.473	0	30.785	62,21
62	86.361	60.453	30	86.361	0	32.078	62,86
63	91.543	64.080	30	91.543	0	33.425	63,49
64	97.035	67.925	30	97.035	0	34.829	64,11
65	102.857	72.000	30	102.857 -30.857	30	36.292	64,72
	102.857	**72.000**	**30**	**72.000**	**30**	**36.292**	**64,72**

**Ohne Lohnsteuer*

Quelle: In Anlehnung an Rose, Manfred, Einführung marktorientierter Einkommensteuersysteme in osteuropäischen Reformstaaten, in: Einkommen versus Konsum – Ansatzpunkte zur Steuerreform, Smekal, Christian u.a. (Hrsg.), Heidelberg 1999, S. 167-215, hier S. 174.

Das angestrebte Ideal dieser unter restriktiven Annahmen erreichbaren entscheidungsneutralen Besteuerung ist in der Realität selbst im nationalen Kontext nicht vollständig umsetzbar. Dennoch sind die Erkenntnisse der Konzepte einer Cash-Flow-Besteuerung oder Zinsbereinigung hinsichtlich der intersektoralen und intertemporalen Neutralität unverzichtbar: „Auch Näherungslösungen kommen nicht ohne Leitbilder aus, wenn es darum geht, die Reformrichtung festzulegen.“[189] Anstehende nationale Steuerrechtsänderungen sollten unter diesem Blickwinkel dem Ideal schrittweise angenähert werden.

3.2.2 Internationale Aspekte des Neutralitätspostulats

3.2.2.1 Anforderungen an internationale Steuerneutralität

Beim grenzüberschreitenden Einsatz von Produktionsfaktoren sind mindestens zwei Staaten mit im Regelfall verschiedenen innerstaatlichen Steuersystemen (z.B. unterschiedliche Ermittlungsmethoden, Bemessungsgrundlagen und Tarife) beteiligt. Unter Berücksichtigung dessen könnte der grobe Rahmen einer neutralen Besteuerung auf internationaler Ebene wie folgt definiert werden: „Neutral ist eine internationale Besteuerung, wenn sie nicht höher ausfällt als im Staat mit dem höheren Steuerniveau und nicht niedriger als im Staat mit dem niedrigeren Steuerniveau. Damit wird eine Spannweite aufgezeigt, die durch die wirtschaftspolitische Souveränität der beteiligten Staaten vorgegeben ist.“[190] Daraus ergibt sich gleichzeitig, wann auf den ersten Blick Aneutralität vorliegt: Zum einen, wenn eine Minderbesteuerung (u.U. weiße Einkünfte) verglichen mit dem Niedrigsteuerland besteht und umgekehrt, wenn eine Höher- bzw. Doppelbelastung der Einkünfte im Vergleich zum Hochsteuerland vorliegt.

Für eine Konkretisierung obiger Definition kann auf die Ausführungen im nationalen Kontext zurückgegriffen werden. Nationale Neutralitätsbedingungen und alternative Besteuerungsmodelle zur Umsetzung dieser bilden den zwingend notwendigen Ausgangspunkt für die Integration in internationales Steuerrecht. Internationale Steuerneutralität liegt aus Sicht der Finanzwissenschaft vor, wenn die grenzüberschreitende optimale Faktorallokation zwischen den Staaten bzw. weltweit nicht steuerbedingt gestört wird. In diesem Fall liegt weltwirtschaftliche Effizienz vor. Bei betriebswirtschaftlicher Interpretation kommt es darauf an,

189 Wagner, Franz W., Die Integration einer Abgeltungssteuer in das Steuersystem – Ökonomische Analyse der Kapitaleinkommensbesteuerung in Deutschland und der EU, in: DB 1999, S. 1520-1528, hier: S. 1522.

190 Mössner, Jörg Manfred, Die Methoden zur Vermeidung der Doppelbesteuerung – Vorzüge, Nachteile, aktuelle Probleme, in: Grundfragen des internationalen Steuerrechts, Vogel, Klaus (Hrsg.), Köln 1985, S. 135-169, hier: S.138.

dass wirtschaftliche Entscheidungen hinsichtlich weltweiter Investition, Finanzierung oder Konsumierung nicht durch Steuerwirkungen verzerrt werden.

3.2.2.2 Modelle einer entscheidungsneutralen Besteuerung auf internationaler Ebene

Für die weitere Vorgehensweise bietet es sich an zwischen Kapitalexportneutralität und Kapitalimportneutralität zu unterscheiden.[191]

Inländische Steuerpflichtige können ihr Kapital im Inland oder im Ausland investieren. Von Kapitalexportneutralität wird dann gesprochen, wenn die Entscheidung des Investors über den Investitionsort nicht durch die Besteuerung beeinflusst wird. Dieses Konzept setzt an inländischen steuerlichen Wertungen an und wendet auf alle Kapitalerträge den gleichen Steuersatz an. Steuerpflichtige orientieren sich unter dieser Bedingung an den Bruttoertragsraten in- und ausländischer Investitionen.

Die Kapitalimportneutralität beurteilt die Faktorbewegungen nicht aus Sicht des Kapitalursprungslandes, sondern aus Sicht des Landes, in dem das Kapital investiert wurde. Steuerliche Neutralität ist dann gegeben, wenn Kapitaleinkommen unabhängig vom Herkunftsland der Investoren im Importstaat gleich besteuert werden. Steuerpflichtige orientieren sich unter dieser Bedingung an den Nettoertragsraten in- und ausländischer Investitionen.

Nachfolgend werden die bereits im nationalen Bereich vorgestellten grundsätzlichen Modelle entscheidungsneutraler Besteuerung auf ihre grenzüberschreitende Anwendbarkeit geprüft.

Wenn das Welteinkommensprinzip zur Anwendung gelangt, sichert eine Besteuerung des ökonomischen Gewinns oder eines in traditioneller Weise ermittelten Reinvermögenszugangs Kapitalexportneutralität, während Konsumentscheidungen verzerrt werden. Die Konsumineffizienz lässt sich bei Anwendung des Territorialprinzips vermeiden. Dieses Prinzip führt zu Kapitalimportneutralität und damit zu einer Verzerrung intersektoraler Entscheidungen.

Durch die Sofortabschreibung bei Cash-Flow-Steuern und den Abzug von Schutzzinsen im Konzept der zinsbereinigten Einkommensteuer kommt es weit-

---

191 Vgl. dazu Gandenberger, Otto, Kapitalexportneutralität versus Kapitalimportneutralität – Allokative Überlegungen zu einer Grundfrage der internationalen Besteuerung, Aufsätze zur Wirtschaftspolitik Nr. 7, Forschungsinstitut für Wirtschaftspolitik an der Universität Mainz (Hrsg.), Mainz 1984, S. 1/2; Jacobs, Otto H., Internationale Unternehmensbesteuerung – Deutsche Investitionen im Ausland – Ausländische Investitionen im Inland, 5. Aufl., München 2002, S. 19/20 und Homburg, Stefan, Allgemeine Steuerlehre, 3. Aufl., München 2003, S. 278-284.

gehend weder zu intersektoralen – Kapitalexportneutralität ist gesichert – noch zu intertemporalen Verzerrungen.

3.3 Gerechtigkeit der Besteuerung

3.3.1 Nationale Aspekte einer gerechten Besteuerung

3.3.1.1 Gleichmäßigkeit der Besteuerung

Ausgehend von den Gerechtigkeitserwägungen des GG erlangt der allgemeine Gleichheitssatz maßgebliche Bedeutung für ein gerechtes Steuersystem.[192] Art. 3 Abs. 1 GG gebietet Gleichheit vor dem Gesetz aus der abgeleitet werden kann, dass wirtschaftlich gleiche Sachverhalte steuerlich gleich (horizontale Gerechtigkeit) und ungleiche Sachverhalte ihrer Eigenart entsprechend verschieden (vertikale Gerechtigkeit) zu behandeln sind.[193] Die Beurteilung, in welchen Fällen Gleich- oder Ungleichheit von Individuen oder Gruppen vorliegt, ist schwierig und darf nicht willkürlich erfolgen.[194] Vielmehr ist ein sachgerechtes Prinzip zur Abgrenzung erforderlich, da ohne ein solches kein Maßstab für die Anwendung des Gleichheitssatzes zur Verfügung steht. Als logische Folge des Gleichheitssatzes bedarf die einmal getroffene Entscheidung für ein bestimmtes Prinzip der konsequenten und folgerichtigen Umsetzung.[195]

Für die Erfüllung öffentlicher Aufgaben benötigt der Staat finanzielle Mittel. Zu einer gerechten Verteilung der Steuerlast auf die Steuerpflichtigen existieren grundsätzlich drei verschiedene Lastenverteilungsprinzipien:[196]

---

192 Vgl. Lang, Joachim, in: Tipke/Lang, Steuerrecht, § 4 Rz. 70.

193 Vgl. Tipke, Klaus, Die Steuerrechtsordnung, Bd. 1: Wissenschaftsorganisatorische, systematische und grundrechtlich-rechtsstaatliche Grundlagen, 2. Aufl., Köln 2000, S. 295 mit detaillierten Nachweisen zur Rechtsprechung des BVerfG; Frenz, Walter, Unternehmenssteuerkonzeptionen im Lichte des Eigentumsgrundrechts und des Leistungsfähigkeitsprinzips, in: StuW 1997, S. 116-130, hier: S. 125.

194 Vgl. Lang, Joachim, in: Tipke/Lang, Steuerrecht, § 4 Rz. 3.

195 Vgl. Ohmer, Michael, Die Grundlagen der Einkommensteuer: Gerechtigkeit und Effizienz, Diss. Univ. Mannheim 1996, Frankfurt am Main u.a. 1997, S. 32.

196 Vgl. grundlegend zu den verschiedenen Lastenverteilungsprinzipien Tipke, Klaus, Die Steuerrechtsordnung, Bd. 1: Wissenschaftsorganisatorische, systematische und grundrechtlich-rechtsstaatliche Grundlagen, 2. Aufl., Köln 2000, S. 473-524 und Kraft, Cornelia, Steuergerechtigkeit und Gewinnermittlung – Eine vergleichende Analyse des deutschen und US-amerikanischen Steuerrechts, Diss. Univ. Mannheim 1990, Wiesbaden 1991, S. 7-12.

- Kopfsteuerprinzip,
- Äquivalenzprinzip und
- Leistungsfähigkeitsprinzip.

Beim Kopfsteuerprinzip[197] wird zur Deckung des staatlichen Finanzbedarfs eine pro Kopf gleich hohe Steuer erhoben, die unabhängig von individuellen Merkmalen des Einzelnen zu entrichten ist. Eine Nichtberücksichtigung von persönlicher Einkommens- und Vermögenssituation, die u.U. mit einer steuerlichen Belastung des Existenzminimums einhergeht, verstößt gegen Mindestanforderungen sozialer Steuergerechtigkeit.[198] Auch die Eigenschaften hoher Transparenz, geringer Vollzugskosten sowie die im Regelfall wirtschaftliche Entscheidungen nicht verzerrende Wirkung können wenig an der Tatsache ändern, dass diese Form der Lastenverteilung heute allgemein vertretenen Gerechtigkeitsvorstellungen widerspricht und infolgedessen als nicht durchsetzbar anzusehen ist.[199]

Das Äquivalenzprinzip ist eine Steuerrechtfertigungs- und Steuerlastverteilungsregel. Dies wird aus finanzwissenschaftlicher Sicht als wesentlicher Vorteil gegenüber anderen Prinzipien angesehen, da neben der Einnahmen- simultan auch die Ausgabenseite des öffentlichen Sektors festgelegt wird und dadurch eine restriktive Regulierungsregel für den Staat besteht.[200] Eine Lastverteilung nach dem Äquivalenzprinzip setzt die Abgaben nach dem Wert der empfangenen staatlichen Leistungen fest. Im Unterschied zu Gebühren, die Kosten für die individuell zurechenbare Inanspruchnahme von Staatsleistungen abdecken sollen, erlangt dieses Prinzip dort Bedeutung, wo der Sondernutzen staatlicher Leistun-

---

197 Das Kopfsteuerprinzip wird zum Teil auch als Pauschsteuerprinzip bezeichnet bzw. diesem als Unterprinzip zugeordnet. Pauschalsteuern knüpfen an vom Steuerpflichtigen nicht beeinflussbare Charakteristika (z.B. Alter, Geschlecht) an, die eine Vermeidung der Steuerzahlung im Regelfall unmöglich machen. Vgl. dazu Kraft, Cornelia, Steuergerechtigkeit und Gewinnermittlung – Eine vergleichende Analyse des deutschen und US-amerikanischen Steuerrechts, Diss. Univ. Mannheim 1990, Wiesbaden 1991, S. 7/8.

198 Vgl. Lang, Joachim, in: Tipke/Lang, Steuerrecht, § 4 Rz. 86. Es wird damit unmittelbar ersichtlich, dass eine alleinige Kopfsteuer zur Finanzierung der gesamten staatlichen Ausgaben nicht gerecht ist.

199 Vgl. Zimmermann, Horst/Henke, Klaus-Dirk, Finanzwissenschaft – Eine Einführung in die Lehre von der öffentlichen Finanzwirtschaft, 8. Aufl., München 2001, S. 110/111; ebenso Tipke, Klaus, Die Steuerrechtsordnung, Bd. 1: Wissenschaftsorganisatorische, systematische und grundrechtlich-rechtsstaatliche Grundlagen, 2. Aufl., Köln 2000, S. 474/475, der als Beispiel die Einführung einer Kopfsteuer in Großbritannien 1990 aufführt, die nach massiven Bevölkerungsprotesten umgehend wieder abgeschafft wurde.

200 Vgl. Blankart, Charles B., Öffentliche Finanzen in der Demokratie, 4. Aufl., München 2001, S. 187.

gen direkt einer Personengruppe zugerechnet werden kann.[201] Bei bestimmten Umweltsteuern, bei denen ein besonderer Nutzen oder Schaden abgegolten werden soll, ist eine mit dem Äquivalenzgedanken gerechtfertigte steuerliche Belastung möglich.[202] Problematisch hingegen ist die Aufstellung einer Zurechnungsthese. Die Feststellung, wer in welchem Umfang öffentliche Güter nutzt und folglich Steuern zu zahlen hat, wird in der Realität aufgrund der Eigenschaften reiner öffentlicher Güter – Nichtausschließbarkeit und Nichtrivalität im Konsum – nur schwierig durchführbar sein. Zurechnungs- und Quantifizierungsprobleme sind ursächlich dafür, dass eine alleinige Steuerlastverteilung nach dem Äquivalenzprinzip mit Gerechtigkeitsaspekten nur begrenzt vereinbar ist.[203]

Neben dem Konzept der Kopfsteuer und dem Äquivalenzprinzip hat sich bereits Ende des 18.Jahrhunderts[204] zunehmend die Erkenntnis durchgesetzt, dass sich eine gerechte Steuerlastverteilung am Leistungsfähigkeitsprinzip orientieren sollte. Eine Besteuerung nach der Leistungsfähigkeit knüpft am Ergebnis wirtschaftlichen Handelns einzelner Steuerpflichtiger an. Es ist unabhängig von der tatsächlichen Inanspruchnahme vom Staat angebotener Leistungen und vermeidet Zurechnungs- und Bewertungsprobleme des Äquivalenzprinzips.[205] Im Sinne einer horizontalen Gerechtigkeit – oft auch als Grundsatz gleichmäßiger Besteuerung nach der Leistungsfähigkeit bezeichnet – sollen wirtschaftlich gleiche Sachverhalte auch zu gleichen steuerlichen Lasten führen. Hierbei geht es im

---

201 Sogenannte Gruppenäquivalenz im Unterschied zur Individualäquivalenz. Vgl. dazu Tipke, Klaus, Die Steuerrechtsordnung, Bd. 1: Wissenschaftsorganisatorische, systematische und grundrechtlich-rechtsstaatliche Grundlagen, 2. Aufl., Köln 2000, S. 476 und Kraft, Cornelia, Steuergerechtigkeit und Gewinnermittlung – Eine vergleichende Analyse des deutschen und US-amerikanischen Steuerrechts, Diss. Univ. Mannheim 1990, Wiesbaden 1991, S. 10.

202 Vgl. Weber-Grellet, Heinrich, Steuern im modernen Verfassungsstaat – Funktionen, Prinzipien und Strukturen des Steuerstaats und des Steuerrechts, Habil. Univ. Münster 2001, Köln 2001, S. 173/174.

203 Ebenso Zimmermann, Horst/Henke, Klaus-Dirk, Finanzwissenschaft – Eine Einführung in die Lehre von der öffentlichen Finanzwirtschaft, 8. Aufl., München 2001, S. 105/106; Tipke, Klaus, Die Steuerrechtsordnung, Bd. 1: Wissenschaftsorganisatorische, systematische und grundrechtlich-rechtsstaatliche Grundlagen, 2. Aufl., Köln 2000, S. 479; a.A. Blankart, Charles B., Öffentliche Finanzen in der Demokratie, 4. Aufl., München 2001, S. 194/195.

204 Bereits aus der ersten Steuermaxime von Adam Smith mit der Forderung nach Steuergleichheit lässt sich das Leistungsfähigkeitsprinzip als fundamentaler Lastenverteilungsmaßstab ableiten. Vgl. Lang, Joachim, in: Tipke/Lang, Steuerrecht, § 4 Rz. 82.

205 Vgl. Tipke, Klaus, Die Steuerrechtsordnung, Bd. 1: Wissenschaftsorganisatorische, systematische und grundrechtlich-rechtsstaatliche Grundlagen, 2. Aufl., Köln 2000, S. 479.

Wesentlichen um die Lösung des Problems, geeignete Indikatoren wirtschaftlicher Leistungsfähigkeit als solches und deren Umfang zu determinieren. Von der horizontalen ist der Aspekt vertikaler Steuergerechtigkeit strikt zu trennen, bei dem im Mittelpunkt steht, wie unterschiedliche wirtschaftliche Leistungsfähigkeit zu besteuern ist.[206] Die genaue Intensität der Umverteilung – namentlich die Gestaltung des (progressiven) Tarifverlaufs[207] – kann aus wissenschaftlicher Sicht weder mit noch ohne Leistungsfähigkeitsprinzip widerspruchsfrei bestimmt werden,[208] sondern ist vielmehr Ausdruck sozialstaatlich gerechter Besteuerung, deren Konkretisierung dem demokratisch legitimierten Gesetzgeber zukommt.[209] Bezogen auf den Untersuchungsgegenstand dieser Arbeit erscheint eine spezifische Auseinandersetzung mit Fragen vertikaler Steuergerechtigkeit von untergeordneter Bedeutung, so dass eine Konzentration auf den Aspekt horizontaler Gerechtigkeit erfolgt. In dem beschriebenen Verständnis ist das Leistungsfähigkeitsprinzip heute als Fundamentalprinzip gerechter Besteuerung im Bereich der Fiskalzwecknormen allgemein anerkannt[210] und bildet den unverzichtbaren Vergleichsmaßstab für die Gleichheit der Besteuerung. Bei Ausnahmen bzw. Durchbrechungen des Leistungsfähigkeitsprinzips, wie z.B. im Bereich von Sozialzwecknormen oder aus Praktikabilitätsgründen vorgenommenen Typisierungen, unterliegt der Gesetzgeber einem besonderen Rechtfertigungszwang. Der rechtfertigende Grund muss von höherem Gemeinwohlinteresse sein.[211]

Kritiker[212] werfen dem Leistungsfähigkeitsprinzip häufig beliebige Interpretierbarkeit und damit fehlende Konkretisierung bzw. Inhaltslosigkeit vor. Die auf

---

206 Vgl. Homburg, Stefan, Allgemeine Steuerlehre, 3. Aufl., München 2003, S. 228.

207 Vgl. zu den verschiedenen Tarifverläufen Homburg, Stefan, Allgemien Steuerlehre, 3. Aufl., München 2003, S. 68-91 und Wehrheim, Michael, Einkommensteuer und Steuerwirkungslehre, 2. Aufl., Wiesbaden 2004, S. 5/6.

208 Vgl. zu den überwiegend opfertheoretisch angelegten Bestimmungskonzepten Zimmermann, Horst/Henke, Klaus-Dirk, Finanzwissenschaft – Eine Einführung in die Lehre von der öffentlichen Finanzwirtschaft, 8. Aufl., München 2001, S. 114-123; Homburg, Stefan, Allgemeine Steuerlehre, 3. Aufl., München 2003, S. 232-240 und Blankart, Charles B., Öffentliche Finanzen in der Demokratie, 4. Aufl., München 2001, S. 184-186.

209 Vgl. Lang, Joachim, in: Tipke/Lang, Steuerrecht, § 4 Rz. 84 und § 8 Rz. 8, der auf den Wandel des Leistungsfähigkeitsprinzips von einem umverteilungspolitischen zu einem den grundrechtlichen Schutz des Steuerpflichtigen gegenüber dem Staat konkretisierenden Rechtsprinzips verweist.

210 Vgl. m.w.N. Lang, Joachim, in: Tipke/Lang, Steuerrecht, § 4 Rz. 83.

211 Vgl. Tipke, Klaus, Die Steuerrechtsordnung, Bd. 1: Wissenschaftsorganisatorische, systematische und grundrechtlich-rechtsstaatliche Grundlagen, 2. Aufl., Köln 2000, S. 524/525.

212 Vgl. exemplarisch Wagner Franz W., Neutralität und Gleichmäßigkeit als ökonomische und rechtliche Kriterien steuerlicher Normkritik, in: StuW 1992, S. 2-13;

nicht genau bestimmbare Umverteilungsintensität (vertikale Gerechtigkeit) abstellende Kritik wurde bereits mit Verweis auf die sozialstaatliche Gerechtigkeitskomponente als nicht spezifisches Problem des Leistungsfähigkeitsprinzips identifiziert. Zur Umsetzung dieses allgemeinen Prinzips bedarf es in der Tat auch einer inhaltlichen Konkretisierung und Auseinandersetzung mit der Frage, woran sich steuerliche Leistungsfähigkeit messen lässt.

Als grundlegende Indikatoren steuerlicher Leistungsfähigkeit kommen die Größen Einkommen, Vermögen (als gespeichertes Einkommen) und Konsum (als Einkommensverwendung) in Betracht. Aufgrund der logischen wechselseitigen Verbundenheit dieser drei Größen belastet die Besteuerung eines Indikators direkt oder indirekt auch die anderen Indikatoren, die Auswahl des Leistungsfähigkeitsindikators beeinflusst damit den Zeitpunkt des Steuerzugriffs.[213] Ein möglichst früher Zugriff entspricht dem Konzept der kapitalorientierten Besteuerung, während ein späterer Zugriff eine konsumorientierte Besteuerung darstellt.[214]

Abbildung 12: Einwirkung von Steuern auf die Leistungsfähigkeitsindikatoren

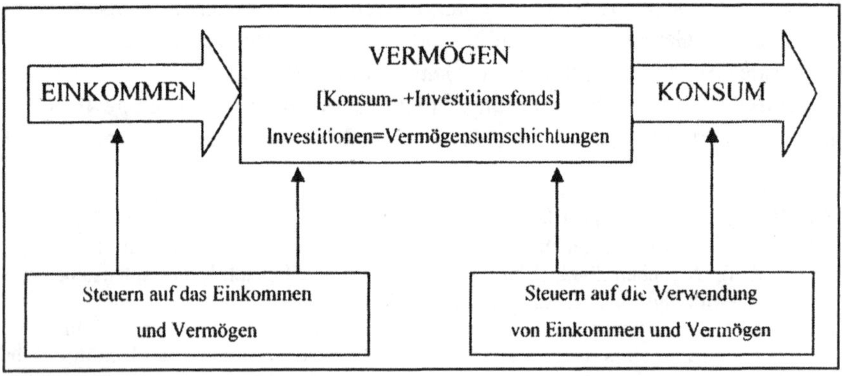

Quelle: In Anlehnung an Lang, Joachim, in: Tipke/Lang, Steuerrecht, § 4 Rz. 95.

Schneider, Dieter, Grundzüge der Unternehmensbesteuerung, 6. Aufl., Wiesbaden 1994, S. 24 und Blankart, Charles B., Öffentliche Finanzen in der Demokratie, 4. Aufl., München 2001, S. 186.

213 Vgl. Lang, Joachim, in: Tipke/Lang, Steuerrecht, § 4 Rz. 96/97.

214 Vgl. zu den unterschiedlichen Wirkungen einer kapitalorientierten und konsumorientierten Besteuerung Lang, Joachim, in: Tipke/Lang, Steuerrecht, § 4 Rz. 96/97.

Ob eine kapital- oder konsumorientierte Besteuerung Gerechtigkeitsaspekten besser entspricht, war und ist stark umstritten. Befürworter[215] einer kapitalorientierten Besteuerung sehen im periodisierten Reinvermögenszugang bei unterschiedsloser Behandlung aller Einkunftsarten und unter Beachtung des Nettoprinzips den idealen Leistungsfähigkeitsindikator. Grundsätzlich kann der Besteuerung nur solches Einkommen unterliegen, über das der Steuerpflichtige auch verfügen kann. Das bedeutet, dass der Besteuerung nur Reineinkünfte unterliegen dürfen. Folglich müssen Teile des Einkommens, die zur Erzielung von Einkünften zwangsläufig verausgabt werden oder die dem Steuerpflichtigen erst gar nicht zufließen, von der Besteuerung nach der Leistungsfähigkeit ausgenommen werden. Insoweit wird vom objektiven Nettoprinzip gesprochen. Dem objektiven Gedanken des Leistungsfähigkeitsprinzips folgend, ergibt sich für entstandene Verluste[216] die eindeutige Formel, dass diese im Sinne einer Minderung der Leistungsfähigkeit ebenfalls zu berücksichtigen sind.

Befürworter[217] einer konsumorientierten Besteuerung berücksichtigen, dass das Finalziel wirtschaftlichen Handelns primär nicht im Mittelerwerb an sich besteht, sondern in der Mittelverwendung – dem Konsum. Jede Steuerzahlung stellt ein Konsumopfer dar.[218] Konsumleistungsfähigkeit lässt sich theoretisch auf verschiedenen Wegen besteuern. Einerseits indirekt über eine Umsatzsteuer, andererseits direkt über eine aufgrund ihrer Mängel inzwischen verworfenen Ausgabensteuer oder einer konsumorientierten Einkommensteuer. Letztere führt im Ergebnis zu einer überperiodisch gleichmäßigen Besteuerung der Steuerpflichtigen in dem erwirtschaftetes Einkommen der Besteuerung einmal und nur einmal unterworfen wird.[219] Daraus folgt eine Aufhebung der Diskriminierung von Kapi-

215 Vgl. exemplarisch Homburg, Stefan, Allgemeine Steuerlehre, 3. Aufl., München 2003, S. 222-228.

216 Die jeweils einen Abfluss an Leistungsfähigkeit signalisieren.

217 Vgl. Rose, Manfred, Plädoyer für ein konsumbasiertes Steuersystem, in: Konsumorientierte Neuordnung des Steuersystems, Rose, Manfred (Hrsg.), Berlin u.a. 1991, S. 7-34; Wenger, Ekkehard, Traditionelle versus zinsbereinigte Einkommens- und Gewinnbesteuerung: Vom Sammelsurium zum System, in: Standpunkte zur aktuellen Steuerreform, Rose, Manfred (Hrsg.), Heidelberg, 1997, S. 115-140 und Wagner, Franz W., Eine Einkommensteuer muß eine konsumorientierte Steuer sein, in: Einkommen versus Konsum – Ansatzpunkte zur Steuerreform, Smekal, Christian u.a. (Hrsg.), Heidelberg 1999, S. 15-35.

218 Vgl. Rose, Manfred, Plädoyer für ein konsumbasiertes Steuersystem, in: Konsumorientierte Neuordnung des Steuersystems, Rose, Manfred (Hrsg.), Berlin u.a. 1991, S. 7-34, hier: S. 14.

219 In dem in Tabelle 4 dargestellten Beispiel führt die traditionelle Besteuerung zu einer finalen Belastung gesparter Einkommensteile von rund 65%, die eine schwer zu rechtfertigende Ungleichbehandlung von Steuerpflichtigen mit zeitlich gleicher und zeitlich schwankender Leistungsfähigkeit impliziert.

taleinkünften, die im Wege einer Cash-Flow-Besteuerung oder einer zinsbereinigten Bemessungsgrundlage herbeigeführt werden kann.

Im Rahmen der geltenden Einkommensteuer enthält die an der „Leistungsfähigkeit" orientierte Besteuerung überwiegend kapitalorientierte, aber auch konsumorientierte Bestandteile. Es ist zudem die Rede vom Niedergang oder der Chaotisierung des Einkommensteuerrechts. Das EStG ist geprägt vom Dualismus von Reinvermögenszugangstheorie und Quellentheorie, einem Chaos hinsichtlich der unterschiedlichen Besteuerung der Altersvorsorge und im Bereich investierter Einkommen, ferner überfrachtet mit Lenkungs- und Umverteilungsnormen, die zu ungleichen Belastungswirkungen wirtschaftlich gleicher Sachverhalte führen.

Es bedarf zur Herstellung einer intertemporal gleichmäßigen Besteuerung wirtschaftlicher Leistungsfähigkeit einer systematischen Neuausrichtung der Einkommensteuer. Die Einführung eines zinsbereinigten Steuersystems in Kroatien[220] oder der umfassende Entwurf eines Steuergesetzbuches von Lang[221] könnten hierfür den geeigneten Orientierungsmaßstab bieten. Die teilweise diskutierte Einführung einer dualen Einkommensteuer oder einer Abgeltungssteuer auf Kapitaleinkünfte stellt dagegen einen Kompromiss dar, weil diese auch weiterhin auf Vorstellungen eines traditionellen Einkommensteuersystems basieren[222] und durch die niedrigeren Steuersätze auf Kapitaleinkommen lediglich eine teilweise Abmilderung einer ungleichmäßigen überperiodischen Besteuerung erfolgt.

3.3.1.2 Gesetzmäßigkeit der Besteuerung

Nach dem Prinzip „keine Steuer ohne Gesetz"[223] beinhaltet die Verpflichtung zu einer der Gesetzmäßigkeit der Besteuerung folgende Aspekte:[224]

---

220 Vgl. Wagner, Franz W./Wenger, Ekkehard, Theoretische Konzeptionen und legislative Transformation eines marktwirtschaftlichen Steuersystems in der Republik Kroatien, in: Regulierung und Unternehmenspolitik: Methoden und Ergebnisse der betriebswirtschaftlichen Rechtsanalyse, Sadowski, Dieter u.a. (Hrsg.), Wiesbaden 1996, S. 399-415.

221 Vgl. Lang, Joachim: Entwurf eines Steuergesetzbuchs, Bonn 1993.

222 Vgl. zur dualen Einkommensteuer bzw. Abgeltungsteuer Wissenschaftlicher Beirat des Bundesministeriums der Finanzen, Reform der internationalen Kapitaleinkommensbesteuerung, Bundesministerium der Finanzen (Hrsg.), Bonn 1999, S. 82-86; speziell i.V.m. einer Steueramnestie Feld, Lars P., Rückführung von Fluchtkapital als Voraussetzung für den fiskalischen Erfolg einer Abgeltungssteuer?, in: Veranlagung – Abgeltung – Steuerfreiheit: Besteuerung von Kapitalerträgen im Rechtsstaat, Schick, Gerhard (Hrsg.), Berlin 2003, S. 43-53.

223 Vgl. Birk, Dieter, Gleichheit und Gesetzesmäßigkeit der Besteuerung, in: StuW 1989, S. 212-218, hier: S. 212.

224 Vgl. zu den folgenden Ausführungen Lang, Joachim, in: Tipke/Lang, Steuerrecht, § 4 Rz. 150-193.

- Vorbehalt des Gesetzes,
- Tatbestandsmäßigkeit der Besteuerung und den
- Vorrang des Gesetzes.

Der Gesetzesvorbehalt beinhaltet zum einen, dass der Gesetzgeber an die verfassungsrechtliche Wertordnung gebunden (Rechtsstaatsprinzip gemäß Art. 20 Abs. 3 GG) ist und zum anderen bestimmt das Volk über seine Vertreter im Parlament über die Steuererhebung (Parlamentsvorbehalt gemäß Art. 28 Abs. 1 GG).

Eng mit dem Gesetzesvorbehalt verknüpft ist das Prinzip der Tatbestandsmäßigkeit der Besteuerung, nach dem Steueransprüche nur durch die Erfüllung des festgelegten Tatbestandes entstehen.[225]

Entsprechend dem Vorrang des Gesetzes dürfen Rechtsverordnungen und Verwaltungsakte nicht gegen bestehende Gesetze verstoßen. Ebenso folgt aus diesem Grundsatz, dass nicht nur ein Abweichen vom Gesetz verboten ist, sondern auch die gleichmäßige Vollziehung bestehender Gesetze geboten ist (Rechtsanwendungsgleichheit des Verwaltungshandelns).[226]

3.3.2 Internationale Aspekte einer gerechten Besteuerung

3.3.2.1 Individuelle Gerechtigkeit

Zur Erreichung individueller Gerechtigkeit auf internationaler Ebene ist neben den im nationalen Bereich aufgeführten Aspekten zu berücksichtigen, dass grenzüberschreitende wirtschaftliche Beziehungen im Regelfall zu Ergebnissen und Zahlungsströmen führen, die mindestens zwei nationale Steuersysteme tangieren. Aus diesem Grund wird nachfolgend zunächst der Anspruch an individuelle Steuergerechtigkeit aus internationaler Sicht konkretisiert, um anschließend eine diesem Postulat nahe kommende Kombination von den verschiedenen Anknüpfungspunkten der Besteuerung und den Möglichkeiten zur Sicherung der Einmalbesteuerung herauszuarbeiten.

Übertragen auf grenzüberschreitende Sachverhalte bedeutet das bereits für den nationalen Bereich vorgestellte Prinzip der horizontalen Steuergerechtigkeit, dass bei internationalem Engagement von Steuerpflichtigen unter gleichen Verhältnissen erzielte Einkünfte auch gleiche steuerliche Folgen hervorrufen sollen. Um eine dem Gleichheitssatz verpflichtete grenzüberschreitende Besteuerung zu

225 Vgl. Kruse, Heinrich Wilhelm, Lehrbuch des Steuerrechts, Bd. 1: Allgemeiner Teil, München 1991, S. 54.

226 Vgl. Birk, Dieter, Gleichheit und Gesetzesmäßigkeit der Besteuerung, in: StuW 1989, S. 212-218, hier: S. 212/213.

konkretisieren, kommt es entscheidend auf den Blickwinkel an, welche Gruppen von Steuerpflichtigen jeweils betrachtet werden. Hierzu haben sich zwei theoretische Konzepte gebildet:[227]

- absolutes Gleichheitspostulat,
- relatives Gleichheitspostulat.

Nach dem ersten Konzept werden inländische Steuerpflichtige gleichbehandelt, unabhängig davon, ob die Einkünfte inländischer oder ausländischer Herkunft sind und unter welchen Bedingungen diese erzielt werden. Bei diesem in absoluter Form verstandenen Gleichheitssatz führen gleich hohe Einkünfte, egal ob diese nur aus dem Inland oder Ausland oder teilweise aus Inland und Ausland stammen, zu gleicher Steuerlast. Wegen der Belastungsgleichheit mit inländischen Steuern wird von der nationalen Betrachtungsweise des Gleichheitssatzes gesprochen.

Nach dem zweiten Konzept fordert der Gleichheitssatz, dass Steuerpflichtige gleichbehandelt werden sollen, die Einkünfte unter gleichartigen wirtschaftlichen Bedingungen erzielt haben. Bezieher inländischer Einkünfte haben diese unter inländischen Rahmenbedingungen erwirtschaftet und wurden entsprechend des inländischen Steuersystems belastet. Steuerpflichtige mit Auslandseinkünften haben diese unter ausländischen Rahmenbedingungen erzielt und folglich unter ausländischen Gesichtspunkten besteuert. Gleichbehandlung baut damit auf einer internationalen Betrachtungsweise auf. Diese Interpretation des Gleichheitssatzes kann als Besteuerung nach dem relativen Gleichheitspostulat bezeichnet werden.

Für beide Konzepte können Vor- und Nachteile gefunden werden, so dass eine dem Gleichheitssatz verpflichtete Besteuerung nach der Leistungsfähigkeit in grenzüberschreitenden Beziehungen Aspekte der absoluten und auch der relativen Auffassung integrieren sollte.[228]

---

227 Ähnlich Musgrave, Richard A., Fiscal Systems, New Haven u.a. 1969, S. 244-246; Jacobs, Otto H., Internationale Unternehmensbesteuerung – Deutsche Investitionen im Ausland – Ausländische Investitionen im Inland, 5. Aufl., München 2002, S. 20-23; in die gleiche Richtung argumentierend Vogel, Klaus, Die Besteuerung von Auslandseinkünften – Prinzipien und Praxis –, in: Grundfragen des internationalen Steuerrechts, Vogel, Klaus (Hrsg.), Köln 1985, S. 3-31, hier: S. 26.

228 Vgl. Musgrave, Richard A./Musgrave Peggy B., Inter-nation equity, in: Modern Fiscal Issues, Essays in Honor of Carl S. Shoup, Bird, R.M./Head, J. G. (Hrsg.), Toronto 1972, S. 63-85, hier: S. 68ff.; Vogel, Klaus, Die Besteuerung von Auslandseinkünften – Prinzipien und Praxis –, in: Grundfragen des internationalen Steuerrechts, Vogel, Klaus (Hrsg.), Köln 1985, S. 3-31, hier: S. 26 und Haun, Jürgen, Hybride Finanzierungsinstrumente im deutschen und US-amerikanischen Steuerrecht – Eine Analyse ihres grenzüberschreitenden Einsatzes aus steuersystematischer und ökonomischer Sicht, Diss. Univ. Mannheim 1996, Frankfurt am Main u.a. 1996, S. 39.

Ein methodisch anderer Weg zur Konkretisierung individueller Gerechtigkeit ergibt sich, wenn unterstellt wird, dass die nationalen Steuerrechtsordnungen der beteiligten Staaten identisch sind.[229] Basierend auf dieser Fiktion können ausschließlich die Kombinationen von persönlicher und sachlicher Steuerpflicht sowie den verschiedenen kollisionsauflösenden Methoden der Doppelbesteuerungsabkommen als Ursache einer Ungleichbehandlung in Frage kommen. Eine die Gleichbehandlung sichernde Konstellation ist als Mindestanforderung für eine gerechte individuelle Besteuerung auf internationaler Ebene anzusehen und wird als schwaches Leistungsfähigkeitsprinzip bezeichnet. Unter dieser Annahme werden nachfolgend die verschiedenen Prinzipien untersucht.

Das Territorialprinzip als Anknüpfungspunkt der sachlichen Steuerpflicht verstößt im Fall progressiver Steuertarife gegen das schwache Leistungsfähigkeitsprinzip, weil sich infolge des Ländersplittings eine niedrigere Gesamtsteuerbelastung ergibt. Ein derartiger Effekt könnte durch eine Freistellung mit Progressionsvorbehalt verhindert werden, jedoch wenden in der Abkommenspraxis nur die Wohnsitzstaaten diese Methode an. Alternativ dazu bleibt das schwache Leistungsfähigkeitsprinzip bei einer alleinigen am Welteinkommensprinzip orientierten Besteuerung eines Staates gewahrt. Um die jeweilige Vorteilhaftigkeit der verschiedenen Anknüpfungspunkte für die persönliche Steuerpflicht zu beurteilen, kann äquivalenztheoretisch am Beispiel eines Hoch- und Niedrigsteuerlandes argumentiert werden. Das Land mit einem hohen Steuerniveau offeriert im Regelfall seinen Bürgern öffentliche Güter wie z.B. Verkehrsinfrastruktur, Bildung, soziale Sicherheit in größerem Umfang oder auch besserer Qualität, als dies ein Niedrigsteuerland kann. Ein im Hochsteuerland Wohnender mit zusätzlichen Kapitaleinkünften aus dem Niedrigsteuerland nutzt die angebotenen staatlichen Leistungen im Wohnsitzstaat und sollte deshalb an der Finanzierung dieser in gleichem Umfang beteiligt sein, wie ein ausschließlich im Inland agierender Steuerpflichtiger. Nicht ganz so eindeutig liegt der Fall, wenn das ausländische Engagement mit einer erheblichen unternehmerischen Bindung oder einer nichtselbständigen Betätigung verbunden ist. Ein im Hochsteuerland wohnender, aber im Niedrigsteuerland arbeitender Bürger nutzt öffentliche Güter beider Staaten, so dass auch das Quellenprinzip angebracht wäre. Insgesamt sprechen für eine individuell gerechte Besteuerung gute Gründe für eine Orientierung am Welteinkommensprinzip und am Wohnsitzprinzip, wobei in Einzelfällen statt letzterem auch Quellen- bzw. Nationalitätsprinzip gerecht wirken können.[230]

---

229 Vgl. zu der folgenden Argumentation Homburg, Stefan, Allgemeine Steuerlehre, 3. Aufl., München 2003, S. 264-268.

230 So vom Grundsatz auch Reding, Kurt/Müller, Walter, Einführung in die Allgemeine Steuerlehre, München 1999, S. 464/465 und Jacobs, Otto H., Internationale Unter-

3.3.2.2 Gerechte Verteilung des Steueraufkommens zwischen den Staaten

Neben einer gerechten individuellen Lastenverteilung zwischen den Steuerpflichtigen erfordert das Prinzip internationaler Steuergerechtigkeit eine angemessene Verteilung der Bemessungsgrundlagen auf die beteiligten Staaten.[231] Zur Beurteilung dieser Aufgabe stellen sich zwei Fragen: Wovon sollte die zwischenstaatliche Verteilung abhängen und welche Methoden zur Vermeidung von Doppelbesteuerung stellen die als optimal identifizierte Verteilung sicher?

Zur Frage, ob ein Steueranspruch eines Staates gerechtfertigt ist und welchen Umfang dieser umfassen sollte, wird häufig mit dem Äquivalenzprinzip und dem Vergleich gesamtwirtschaftlicher Vorteile argumentiert.[232] Nach einer Aufteilung von Bemessungsgrundlagen entsprechend des Äquivalenzprinzips stehen jedem Staat anteilig die Einkünfte zu, die durch die Bereitstellung öffentlicher Güter maßgeblich beeinflusst wurden. Werden tendenziell öffentliche Güter in großem Umfang durch einen Staat bereitgestellt und für die Einkommensentstehung im Bereich einer unternehmerischen Tätigkeit – z.B. in Form einer Betriebsstätte im Ausland – intensiv genutzt, steht dem betreffenden Staat ein höherer Anteil am Steueraufkommen zu. So einfach und begründet derartige Schlussfolgerungen auch erscheinen mögen, werden dennoch die im nationalen Kontext bereits geäußerten Bedenken zum Äquivalenzprinzip als Lastenverteilungsmaßstab bestätigt. Die praktische Bestimmung von Kosten und Nutzen öffentlicher Güter ist im Detail zweifelsfrei nicht möglich. Als ein weiterer Ansatz zur Verwirklichung einer gerechten zwischenstaatlichen Verteilung kann ein Vergleich gesamtwirtschaftlicher Vorteile herangezogen werden. Produktionsfaktoren werden aus theoretischer Sicht grenzüberschreitend nur dann eingesetzt, wenn daraus ein wirtschaftlicher Vorteil im Vergleich zur inländischen Verwendung entsteht. An diesem gesamtwirtschaftlichen Vorteil – auch als „national rental" bezeichnet – soll sich die Verteilung zwischen den Staaten orientieren.[233] Grundvoraussetzung der aus dem gesamtwirtschaftlichen Vorteil abgeleiteten Bestimmung der Steueransprüche ist die Quantifizierbarkeit. Im Ergebnis liefern beide Überlegungen ei-

---

nehmensbesteuerung – Deutsche Investitionen im Ausland – Ausländische Investitionen im Inland, 5. Aufl., München 2002, S. 305/306.

231 Vgl. Homburg, Stefan, Allgemeine Steuerlehre, 3. Aufl., München 2003, S. 259.

232 Vgl. zu den folgenden Ausführungen Musgrave, Richard A., Fiscal Systems, New Haven u.a. 1969, S. 246-248 und Haun, Jürgen, Hybride Finanzierungsinstrumente im deutschen und US-amerikanischen Steuerrecht – Eine Analyse ihres grenzüberschreitenden Einsatzes aus steuersystematischer und ökonomischer Sicht, Diss. Univ. Mannheim 1996, Frankfurt am Main u.a. 1996, S. 39-41.

233 Vgl. zu einem umfassenden Beispiel Musgrave, Richard A./Musgrave Peggy B., Inter-nation equity, in: Modern Fiscal Issues, Essays in Honor of Carl S. Shoup, Bird, R.M./Head, J. G. (Hrsg.), Toronto 1972, S. 63-85, hier: S. 68ff.

nen gewissen Rahmen für eine gerechte Aufteilungsfrage, wobei die Argumentation auf Basis des Äquivalenzprinzips häufiger zum Ansatz kommt.

Ist die Verteilungsfrage grundsätzlich geklärt, bleibt die Aufgabe, eine Methode zur Umsetzung des gefundenen Ergebnisses zu finden.[234] Wenn äquivalenz-theoretisch begründet das Steuergut entweder ausschließlich dem Wohnsitzstaat, zur Hälfte oder in einer anderen beliebigen Verteilung dem Quellen- und Wohnsitzstaat zustehen soll, wird deutlich, dass derart verschiedene Aufteilungen wesentlich besser mit der Anrechnungsmethode als mit der Freistellungsmethode erreicht werden können. Letztere führt lediglich dann zu einer gewissen anteiligen Verteilung, wenn diese mit Progressionsvorbehalt ausgestaltet ist.

3.3.3 Exkurs: Methode der wirtschaftlichen Betrachtungsweise im Steuerrecht

3.3.3.1 Wirtschaftliche Betrachtungsweise im Spannungsfeld zwischen Gleichmäßigkeit und Gesetzmäßigkeit der Besteuerung

Das Verhältnis von Steuerrecht und Zivilrecht ist seit jeher Gegenstand kontrovers geführter Diskussionen.[235] Die vertretenen Positionen reichen dabei vom Extrem einer weitgehenden Abhängigkeit des Steuerrechts vom Zivilrecht im Sinne einer einheitlichen Rechtsordnung bis zum Standpunkt, dass eine weitestgehende Eigenständigkeit des Steuerrechts besteht. Die grundlegende Problemstellung lässt sich wie folgt veranschaulichen: Steuergesetze knüpfen an wirtschaftliche Ergebnisse von realen Vorgängen und Zuständen, die ihrerseits weitgehend vom Zivilrecht gestaltet werden.[236] Bei der Formulierung von steuergesetzlichen Tatbeständen greift das Steuerrecht auf Zivilrechtsbegriffe, wie natürliche Person, juristische Person, OHG, KG, zurück oder knüpft an bestimmte zivilrechtliche Rechtsgeschäfte, wie Kaufvertrag, Auflassung, Schenkung, an.[237] Für die Interpretation einer bestimmten Rechtsnorm bzw. einer Beurteilung des Sachverhalts ergibt sich jetzt die Frage, ob die zivilrechtlich geprägte Bedeutung

---

234 Vgl. zu dieser Thematik Homburg, Stefan, Allgemeine Steuerlehre, 3. Aufl., München 2003, S. 268-270.

235 Vgl. Döllerer, Georg, Die Maßgeblichkeit des Zivilrechts für das Ertragsteuerrecht in der neueren Rechtsprechung des Bundesfinanzhofs, in: JbFSt 1986/87, S. 37-54, hier: S. 37/38 und Grimm, Claus, Das Steuerrecht im Spannungsfeld zwischen wirtschaftlicher Betrachtungsweise und Zivilrecht, in: DStZ/A 1978, S. 283-290, hier: S. 285.

236 Vgl. Lang, Joachim, in: Tipke/Lang, Steuerrecht, § 1 Rz. 17.

237 Vgl. Tipke, Klaus, Die Steuerrechtsordnung, Bd. 3: Föderative Steuerverteilung, Rechtsanwendung und Rechtsschutz, Gestalter der Rechtsordnung, Köln 1993, S. 1284/1285.

ohne weiteres auf den Bereich des Steuerrechts übertragen werden kann oder ob nicht der besondere Charakter, der Sinn und Zweck der Steuergesetze mit in die Betrachtung einfließen sollen. In der rechtswissenschaftlichen Lehre hat sich weitgehend durchgesetzt, dem Zweck (Telos) von Gesetzen vorrangige Geltung bei der Sinnermittlung einzuräumen.[238]

Der Wortlaut einer „wirtschaftlichen" Betrachtungsweise legt ferner die Vermutung nahe, es könne sich um eine betriebswirtschaftliche Methode handeln. Sicherlich ist es auf den ersten Blick richtig, dass bei der Anknüpfung an wirtschaftliche Vorgänge und Zustände betriebswirtschaftliche Anschauungen eine wichtige Rolle spielen können. Ein verallgemeinerbarer Einfluss von betriebswirtschaftlichen Begriffsbildungen auf die Interpretation von Steuergesetzen besteht jedoch nicht.[239] Allerdings kann dies der Fall sein, wenn sich der Betriebswirtschaft entnommene Anschauungen zu allgemein akzeptierten Rechtsansichten verdichtet haben und diese sich über längere Zeit in der Praxis durchsetzen konnten, wie dies speziell bei der Entwicklung von Bewertungsgrundsätzen für ganze Unternehmen oder Unternehmensteile der Fall ist.[240]

---

238 Vgl. Beisse, Heinrich, Die wirtschaftliche Betrachtungsweise bei der Auslegung der Steuergesetze in der neueren deutschen Rechtsprechung, in: StuW 1981, S. 1-14, hier: S. 2; Eibelshäuser, Manfred, Wirtschaftliche Betrachtungsweise im Steuerrecht – Herkunft und Bedeutung, in: DStR 2002, S. 1426-1432, hier: S. 1429; mit weiteren Nachweisen Thies, Angelika, Rückstellungen als Problem der wirtschaftlichen Betrachtungsweise, Diss. Univ. München 1996, Frankfurt am Main u.a. 1996, S. 16/17; kritisch Kruse, Heinrich Wilhelm, Ende oder neuer Anfang der wirtschaftlichen Betrachtungsweise? Anmerkungen zur Rechtsprechung des Bundesfinanzhofes, in: JbFSt 1975/76, S. 35-51, hier: S. 42/43, der eine alleinige Beschränkung auf die teleologische Auslegung für nicht zielführend ansieht.

239 Vgl. Döllerer, Georg, Gedanken zur "Bilanz im Rechtssinne", in: JbFSt 1979/80, S. 195-208, hier: S. 203; Beisse, Heinrich, Handelsbilanzrecht in der Rechtsprechung des Bundesfinanzhofs, in: BB 1980, S. 637-646, hier: S. 644; a.A. Schneider, Dieter, Bilanzrechtsprechung und wirtschaftliche Betrachtungsweise, in: BB 1980, S. 1225-1232, hier: S. 1225 sowie Urbas, Helmut, Die wirtschaftliche Betrachtungsweise im Steuerrecht, Frankfurt am Main u.a. 1987, S. 40, der die betriebswirtschaftliche Sicht als den zentralen Kernbereich der wirtschaftlichen Betrachtungsweise ansieht und folgert, dass die betriebswirtschaftliche Betrachtung „den weit überwiegenden Teil der Aspekte und Erkenntnisse" für die wirtschaftliche Betrachtungsweise liefert.

240 Vgl. Beisse, Heinrich, Handelsbilanzrecht in der Rechtsprechung des Bundesfinanzhofs, in: BB 1980, S. 637-646, hier: S. 644 und Groh, Manfred, Die wirtschaftliche Betätigung im rechtlichen Sinne, in: StuW 1989, S. 227-231, hier: S. 228. Zur Bedeutung der Betriebswirtschaftslehre für die wirtschaftliche Betrachtungsweise siehe weiterhin Böcking, Hans-Joachim, Betriebswirtschaftslehre und wirtschaftliche Betrachtungsweise im Bilanzrecht, in: Handelsbilanzen und Steuerbilanzen: Festschrift zum 70. Geburtstag von Prof. Dr. h.c. Heinrich Beisse,

Somit kann die wirtschaftliche Betrachtungsweise, im Gegensatz zu einer rein formalrechtlichen oder rein betriebswirtschaftlichen Betrachtungsweise, als eine sich am wirtschaftlichen Normzweck orientierende Methode der teleologischen Interpretation verstanden werden.[241]

Entsprechend dem Fundamentalprinzip einer an der Leistungsfähigkeit orientierten gleichmäßigen Besteuerung der Steuersubjekte wollen Steuergesetze mit ihren Tatbestandsbeschreibungen die „wirklichen“ wirtschaftlichen Vorgänge und Zustände erfassen und nicht reine Formalgestaltungen.[242] Das aus dem in Art. 3 Abs. 1 GG kodifizierten Gleichheitssatz abgeleitete Gleichmäßigkeitsprinzip gebietet, dass wirtschaftlich gleiche Sachverhalte steuerlich gleich (horizontale Gerechtigkeit) und wirtschaftlich ungleiche Sachverhalte ihrer Eigenart entsprechend steuerlich verschieden (vertikale Gerechtigkeit) zu behandeln sind.[243] Die Beurteilung, in welchen Fällen Gleichheit oder Ungleichheit vorliegt, ist unter dem Blickwinkel einer wirtschaftlichen Betrachtungsweise vorzunehmen.[244] Zusammenfassend ausgedrückt dient die wirtschaftliche Betrachtungsweise damit einer gleichmäßigen Erfassung wirtschaftlicher Leistungsfähigkeit.

Auf der anderen Seite verlangt der Grundsatz der Tatbestandsmäßigkeit der Besteuerung, dass ein Gesetz einen Tatbestand klar und präzise formuliert ent-

---

Budde, Wolfgang Dieter u.a. (Hrsg.), Düsseldorf 1997, S. 85-103, der an den Beispielen Aktivierungsfähigkeit von Dividendenforderungen und Saldierungsproblematik bei Drohverlustrückstellungen den Einfluss aufzeigt.

241 Vgl. Groh, Manfred, Die wirtschaftliche Betätigung im rechtlichen Sinne, in: StuW 1989, S. 227-231, hier: S. 229/230; Moxter, Adolf, Zur wirtschaftlichen Betrachtungsweise im Bilanzsteuerrecht, in: StuW 1989, S. 232-241, hier: S. 232 und Tipke, Klaus, Die Steuerrechtsordnung, Bd. 3: Föderative Steuerverteilung, Rechtsanwendung und Rechtsschutz, Gestalter der Rechtsordnung, Köln 1993, S. 1284.

242 Vgl. Beisse, Heinrich, Die wirtschaftliche Betrachtungsweise bei der Auslegung der Steuergesetze in der neueren deutschen Rechtsprechung, in: StuW 1981, S. 1-14, hier: S. 3. Siehe hierzu auch Herzog, Roman, Leitlinien und Entwicklungstendenzen der Rechtsprechung des Bundesverfassungsgerichts in Steuerfragen, in: StbJb 1985/86, S. 27-45, hier: S. 44, der die Frage, „ob der Gleichheitsgrundsatz nun eigentlich die rechtliche oder die tatsächliche Gleichbehandlung der Bürger verlangt“, eindeutig zugunsten einer tatsächlichen Gleichbehandlung beantwortet.

243 Vgl. Frenz, Walter, Unternehmensteuerkonzeptionen im Lichte des Eigentumsgrundrechts und des Leistungsfähigkeitsprinzips, in: StuW 1997, S. 116-130, hier: S. 125 und Döllerer, Georg, Die Maßgeblichkeit des Zivilrechts für das Ertragsteuerrecht in der neueren Rechtsprechung des Bundesfinanzhofs, in: JbFSt 1986/87, S. 37-54, hier: S. 54.

244 Siehe hierzu Döllerer, Georg, Die Maßgeblichkeit des Zivilrechts für das Ertragsteuerrecht in der neueren Rechtsprechung des Bundesfinanzhofs, in: JbFSt 1986/87, S. 37-54, hier: S. 54, der zutreffend darauf hinweist, eine Verallgemeinerung des Grundsatzes einer Gleichbehandlung wirtschaftlich vergleichbarer Sachverhalte zu vermeiden.

halten muss, an den die Besteuerung anknüpft. § 3 Abs. 1 S. 1 AO bestimmt wörtlich: „Steuern sind Geldleistungen, ... bei denen der Tatbestand zutrifft, an den das Gesetz die Leistungspflicht knüpft ...“. Der Grundsatz der Tatbestandsmäßigkeit dient damit der Rechtssicherheit, von dem Anwender des Steuerrechts in besonders starkem Maße abhängig sind.[245] Durch diese notwendige Einschränkung einer sonst mit Willkür behafteten Gesetzesanwendung ist es den Steuerpflichtigen möglich, sich auf die im Gesetz fixierten Tatbestände zu verlassen, d.h. Planungssicherheit zu erlangen und ihre eigenen wirtschaftlichen Verhältnisse dementsprechend einzurichten.[246]

Im Ergebnis steht die wirtschaftliche Betrachtungsweise im Steuerrecht im Spannungsfeld zwischen Gleichmäßigkeit der Besteuerung einerseits und einer der Rechtssicherheit dienenden Tatbestandsmäßigkeit der Besteuerung andererseits.[247] Vor diesem Hintergrund ist es zunächst hilfreich, die Entwicklung der wirtschaftlichen Betrachtungsweise in der Vergangenheit darzustellen.

3.3.3.2 Historische Entwicklungsphasen

Die eigentlichen Wurzeln der wirtschaftlichen Betrachtungsweise liegen im Privatrecht und den Entwicklungsstadien der Rechtslehre.[248] In dem für diese Arbeit maßgeblichen Bereich des Steuerrechts ist die historische Entwicklung im Wesentlichen durch drei verschiedene Phasen gekennzeichnet, die „vielleicht eine innere Gesetzmäßigkeit im Sinne des dialektischen Dreischnitts von These, Antithese und Synthese erkennen“[249] lassen.

Die erste Phase im Zeitraum von 1918 bis etwa 1955 kann als Blütezeit der wirtschaftlichen Betrachtungsweise bezeichnet werden. Vor dem Hintergrund der Finanznot Deutschlands nach dem 1. Weltkrieg war es Enno Becker, der mit der Schaffung von § 4 RAO den Grundstein für eine wirtschaftliche Interpretation maßgeblich beeinflusste. § 4 RAO bestimmte: „Bei der Auslegung der Steuerge-

245 Vgl. Döllerer, Georg, Die Maßgeblichkeit des Zivilrechts für das Ertragsteuerrecht in der neueren Rechtsprechung des Bundesfinanzhofs, in: JbFSt 1986/87, S. 37-54, hier: S. 54.

246 Vgl. Urbas, Helmut, Die wirtschaftliche Betrachtungsweise im Steuerrecht, Frankfurt am Main u.a. 1987, S. 197.

247 Vgl. Möller, Christian, Die wirtschaftliche Betrachtungsweise im Privatrecht: dargestellt an den Kapitalaufbringungs- und -erhaltungsvorschriften im Recht der GmbH, Diss. Univ. Bayreuth 1995/1996, Berlin 1997, S. 71.

248 Mit weiteren Nachweisen Urbas, Helmut, Die wirtschaftliche Betrachtungsweise im Steuerrecht, Frankfurt am Main u.a. 1987, S. 114-125.

249 Beisse, Heinrich, Die wirtschaftliche Betrachtungsweise bei der Auslegung der Steuergesetze in der neueren deutschen Rechtsprechung, in: StuW 1981, S. 1-14, hier: S. 4.

setze sind ihr Zweck, ihre wirtschaftliche Bedeutung und die Entwicklung der Verhältnisse zu berücksichtigen."[250] Eine derartige Regelung, verstanden als ein „allgemeines Korrektiv"[251], sollte dazu dienen, „die Lebenswirklichkeit", „den wahren wirtschaftlichen Inhalt"[252] zu besteuern. Später im Jahre 1934 wurde § 4 RAO inhaltlich durch § 1 StAnpG übernommen und um die wirtschaftliche Beurteilung von Tatbeständen im Sinne von Sachverhalten erweitert.[253] Wie hat diese nun gesetzlich kodifizierte wirtschaftliche Betrachtungsweise die Gesetzesanwendung und Rechtsprechung während dieser Zeit beeinflusst? Sicherlich ist es bei dieser Einschätzung wichtig, dass nicht der historische Bezug außer Acht gelassen werden darf. Der Grundgedanke einer über die formalistische Interpretation hinausgehenden wirtschaftlichen Auslegung der Steuergesetze und damit verbundene Leistungen auf dem Gebiet beispielsweise von Umwandlung oder Organschaft[254] sind ebenso zu beachten, wie die Tatsache, dass im Steuerrecht eine einheitliche methodische Ausrichtung herrschte, während in anderen Bereichen des öffentlichen Rechts eine Methodenkrise bestand.[255] Auf der anderen Seite trat ein, was Kritiker befürchtet hatten: Individuelle Besonderheiten einer rechtlichen Gestaltung wurden zunehmend einseitig zu Lasten der Steuerpflichtigen[256] durch die Gerichte im Sinne einer Typisierung von Steuerfällen ersetzt.[257] Sachverhalte wurden nicht auf Basis der gewählten Rechtsbeziehung,

250 Tipke, Klaus, Die Steuerrechtsordnung, Bd. 3: Föderative Steuerverteilung, Rechtsanwendung und Rechtsschutz, Gestalter der Rechtsordnung, Köln 1993, S. 1285.

251 Enno Becker, zitiert aus Tipke, Klaus, Die Steuerrechtsordnung, Bd. 3: Föderative Steuerverteilung, Rechtsanwendung und Rechtsschutz, Gestalter der Rechtsordnung, Köln 1993, S. 1286.

252 Beide Begriffe stammen von Enno Becker, zitiert aus Tipke, Klaus, Die Steuerrechtsordnung, Bd. 3: Föderative Steuerverteilung, Rechtsanwendung und Rechtsschutz, Gestalter der Rechtsordnung, Köln 1993, S. 1287.

253 Die Beurteilung von Tatbeständen war in § 1 Abs. 3 StAnpG enthalten. Vgl. dazu Grimm, Claus, Das Steuerrecht im Spannungsfeld zwischen wirtschaftlicher Betrachtungsweise und Zivilrecht, in: DStZ/A 1978, S. 283-290, hier: S. 284.

254 Vgl. Groh, Manfred, Die wirtschaftliche Betätigung im rechtlichen Sinne, in: StuW 1989, S. 227-231, hier: S. 229/230.

255 Vgl. Beisse, Heinrich, Die wirtschaftliche Betrachtungsweise bei der Auslegung der Steuergesetze in der neueren deutschen Rechtsprechung, in: StuW 1981, S. 1-14, hier: S. 4.

256 Vgl. kritisch Kruse, Heinrich Wilhelm, Ende oder neuer Anfang der wirtschaftlichen Betrachtungsweise? Anmerkungen zur Rechtsprechung des Bundesfinanzhofes, in: JbFSt 1975/76, S. 35-51, hier: S. 36, der auf die fehlende Anwendung derselben Betrachtungsweise zugunsten der Steuerpflichtigen verweist.

257 Mit weiteren Nachweisen zum Streit um die Typisierung Urbas, Helmut, Die wirtschaftliche Betrachtungsweise im Steuerrecht, Frankfurt am Main u.a. 1987, S. 130-133.

sondern nach einer aus Sicht der Allgemeinheit als typisch anzusehenden Gestaltung des zugrunde liegenden Sachverhalts besteuert.[258] Nach dem 2. Weltkrieg setzte zunächst der OFH und dann der BFH die vom RFH geprägte Rechtsprechung zur wirtschaftlichen Betrachtungsweise fort.[259] Als klassische Beispiele einer Umdeutung bzw. Verrückung von Sachverhalten sind das so genannte „Pfennig-Urteil" des RFH[260] sowie der erdachte, aber dennoch die Problemstellung genau treffende Fall eines Katzenhalters, der zur Hundesteuer herangezogen wird, zu nennen.[261] Den Entscheidungen zu unterschiedlichsten Sachverhalten während der Blütezeit dieser Methode ist gemeinsam, dass mit Hinweis auf die wirtschaftliche Betrachtungsweise Sachverhalte umqualifiziert oder schlichtweg fingiert wurden, ohne klar aufzuzeigen, was unter dieser Methode zu verstehen ist und wo die Grenzen einer wirtschaftlichen Auslegung und Sachverhaltswürdigung liegen.

Aufbauend auf den Erfahrungen, dass „eine vom Gesetz und seinem Zweck losgelöste, freischwebende wirtschaftliche Sachverhaltsbeurteilung in die Irre führt"[262], setzte etwa Mitte der fünfziger Jahre eine Gegenbewegung ein. Diese zweite Phase in der Entwicklung der wirtschaftlichen Betrachtungsweise reichte bis 1965 und brachte einen klaren Vorrang des Zivilrechts gegenüber dem

---

258 Vgl. Möller, Christian, Die wirtschaftliche Betrachtungsweise im Privatrecht: dargestellt an den Kapitalaufbringungs- und -erhaltungsvorschriften im Recht der GmbH, Diss. Univ. Bayreuth 1995/1996, Berlin 1997, S. 69/70.

259 Vgl. Urbas, Helmut, Die wirtschaftliche Betrachtungsweise im Steuerrecht, Frankfurt am Main u.a. 1987, S. 135/136.

260 Mit weiteren Nachweisen zu diesem und ähnlich gelagerten Urteilen siehe Urbas, Helmut, Die wirtschaftliche Betrachtungsweise im Steuerrecht, Frankfurt am Main u.a. 1987, S. 199-202. Im „Pfennig-Urteil" ging es um eine Arbeitgeberin, die das Gehalt eines bei ihr beschäftigten Prokuristen auf 499,99 Reichsmark herabsetzte, damit dieser in die geringere Stufe der Ehestandsbeihilfe (kleiner 500,00 Reichsmark) fällt. Der RFH wertete die Herabsetzung des monatlichen Arbeitslohns um einen Pfennig als wirtschaftlich bedeutungslos und stufte dies mit Verweis auf § 1 StAnpG als steuerlich unbeachtlich ein. Folglich sei die Ehestandsbeihilfe auf der Grundlage von 500,00 Reichsmark zu berechnen.

261 Brandt, Hans-Jürgen, Die „Beurteilung von Tatbeständen" im Steuerrecht nach § 1 Abs. 3 des Steueranpassungsgesetzes, Diss. Univ. Hamburg 1967, Hamburg 1967, S. 145. Eine Behörde schickte einem Katzenhalter einen Hundesteuerbescheid, mit der Begründung, dass der Aufwand für die Katzenhaltung mindestens so hoch sei wie bei Halten eines Zwergpinschers, für den volle Hundesteuer entrichtet werden muss. Ferner wäre durch das Halten einer Katze ebenso wie bei der Hundehaltung der Kontakt zur animalischen Natur und einer Demonstration der Tierliebe möglich, mit der Folge, dass die Katzenhaltung der Hundehaltung wirtschaftlich gleich stehe.

262 Tipke, Klaus, Die Steuerrechtsordnung, Bd. 3: Föderative Steuerverteilung, Rechtsanwendung und Rechtsschutz, Gestalter der Rechtsordnung, Köln 1993, S. 1288.

Steuerrecht zum Ausdruck. Mit Thesen wie „Primat des Zivilrechts" oder „Steuerrecht als Folgerecht des Zivilrechts" wurde einer umfassenden wirtschaftlichen Betrachtungsweise eine Absage erteilt. Der Vorrang der Rechtssicherheit gegenüber einer gleichmäßigen Besteuerung wurde zum einen dadurch erreicht, dass aus dem Zivilrecht stammende Begriffe auch für Zwecke der Besteuerung in ihrem zivilrechtlichen Sinne zu verstehen waren. Zum anderen wurden verstärkt die individuell gewählten zivilrechtlichen Gestaltungen der Besteuerung zugrunde gelegt.[263]

Mit der Erkenntnis, dass auch eine rein „zivilrechtshörige Auslegung der Steuergesetze"[264] nicht zu richtigen Ergebnissen führt, begann etwa 1965 erneut eine Trendwende, die bis heute andauert. Diese dritte Phase in der Entwicklung kennzeichnet die wirtschaftliche Betrachtungsweise als eine rechtliche, d.h. als eine am wirtschaftlichen Normzweck orientierende Methode der teleologischen Interpretation. Grundsätzlich steht die wirtschaftlich geprägte Auslegung von Steuergesetzen sowie deren Anwendung auf die Sachverhaltsbeurteilung auch in dieser Phase im Spannungsfeld von Gleichmäßigkeit und Tatbestandsmäßigkeit der Besteuerung. Während in den vorangegangenen Entwicklungsphasen jeweils zu einem der Extrempunkte – freischwebende versus zivilrechtsnahe Interpretation – aus den genannten Gründen tendiert wurde, hatte die wirtschaftliche Betrachtungsweise speziell im Vergleich zur Blütezeit eine neue Qualität erlangt.[265] Dies ist überwiegend[266] Larenz[267] mit seiner Weiterentwicklung der juristischen Methodenlehre zu verdanken, die die Rechtsprechung des BFH in der Folgezeit maßgeblich beeinflusst hat. Damit war der so wichtige Grundstein für eine klarere Grenzziehung im Sinne einer Sanktionierung der Methode gelegt, der nun eine Synthese zwischen einer der Gleichmäßigkeit dienenden wirtschaftlichen Betrachtungsweise und der Rechtssicherheit der Besteuerung ermöglichte. Zum einen beinhaltete die Larenz'sche Methodenlehre ein klar strukturiertes Instrumentarium der Rechtsfindung. Zunächst erweiterte er die bis dahin praktizierte

263 Vgl. Beisse, Heinrich, Die wirtschaftliche Betrachtungsweise bei der Auslegung der Steuergesetze in der neueren deutschen Rechtsprechung, in: StuW 1981, S. 1-14, hier: S. 5; ebenso Lang, Joachim, in: Tipke/Lang, Steuerrecht, § 5 Rz. 67.

264 Vgl. Lang, Joachim, in: Tipke/Lang, Steuerrecht, § 5 Rz. 68.

265 Vgl. Urbas, Helmut, Die wirtschaftliche Betrachtungsweise im Steuerrecht, Frankfurt am Main u.a. 1987, S. 150.

266 Beisse, Heinrich, Die wirtschaftliche Betrachtungsweise bei der Auslegung der Steuergesetze in der neueren deutschen Rechtsprechung, in: StuW 1981, S. 1-14, hier: S. 5, nennt als weitere Gründe den Einfluss der Rechtsprechung des Bundesverfassungsgerichts sowie die Funktion der wirtschaftlichen Betrachtungsweise in anderen Rechtsgebieten.

267 Larenz, Karl, Methodenlehre der Rechtswissenschaft, 6. Aufl., Berlin u.a. 1991, dessen Werk in 1. Aufl. 1960 erschien.

Grenze vom bloßen Wortlaut als Auslegungsrahmen durch die erweiterte Formel des „möglichen Wortsinns“[268]. Weiterhin entwickelte Larenz Methoden zur Ausfüllung offener und verdeckter Regelungslücken. In der Folge übernahm der BFH sowohl das Kriterium vom möglichen Wortsinn als auch die Methodik bezüglich der Lückenfüllung.[269] Als zweiten wichtigen Grund für den Einfluss auf die weitere Entwicklung des Steuerrechts zeichnete die Larenz´sche Methodenlehre eine Betonung der Gesetzesteleologie als Auslegungsmittel aus. Somit war es möglich, „die wirtschaftliche Betrachtungsweise des Steuerrechts, die schon fast suspekt geworden war, als Anwendungsform der allgemeinen Methodenlehre der Rechtswissenschaft zu begreifen und auf dieser Ebene den erstrebten Anschluss an die anderen Teile der Rechtsordnung zu finden.“[270] Die neue AO von 1977 setzte das Steueranpassungsgesetz und somit auch die gesetzliche Kodifizierung der wirtschaftlichen Betrachtungsweise in § 1 StAnpG außer Kraft. Der Gesetzgeber begründete diesen Schritt damit, dass es sich hierbei um eine inzwischen gesicherte Auslegungsregel des Steuerrechts handelt.[271] Allerdings blieben mit den §§ 39 – 42 AO Fälle der wirtschaftlichen Betrachtungsweise weiter gesetzlich geregelt.

Als Ergebnis der historischen Untersuchung dieser Methode ist festzustellen, dass die wirtschaftliche Betrachtungsweise im Zeitablauf eine bewegte Entwicklung mit all den dargestellten Nachteilen und Ungerechtigkeiten hinter sich hat. Seit etwa 1965 ist ihre Anwendung vor dem Hintergrund der Larenz´schen Methodenlehre transparenter, willkürfreier und demzufolge gedanklich nachvollziehbar geworden. Damit ist ein Punkt erreicht, der sowohl die Eigengesetzlichkeiten der steuerrechtlichen Materie angemessen berücksichtigt, ohne dabei die Tatbestandsmäßigkeit der Besteuerung zu verletzen.

268 Larenz, Karl, Methodenlehre der Rechtswissenschaft, 6. Aufl., Berlin u.a. 1991, S. 322, 343.

269 Vgl. Urbas, Helmut, Die wirtschaftliche Betrachtungsweise im Steuerrecht, Frankfurt am Main u.a. 1987, S. 150/151.

270 Beisse, Heinrich, Die wirtschaftliche Betrachtungsweise bei der Auslegung der Steuergesetze in der neueren deutschen Rechtsprechung, in: StuW 1981, S. 1-14, hier: S. 7.

271 Vgl. m.w.N. zur Begründung und einem Überblick zum Stand der damaligen Diskussion Möller, Christian, Die wirtschaftliche Betrachtungsweise im Privatrecht: dargestellt an den Kapitalaufbringungs- und -erhaltungsvorschriften im Recht der GmbH, Diss. Univ. Bayreuth 1995/1996, Berlin 1997, S. 72.

3.3.3.3 Aufgabe der wirtschaftlichen Betrachtungsweise im Steuerrecht

3.3.3.3.1 Grundlegende Vorbemerkungen zur Gesetzesinterpretation und Rechtsanwendung steuerlicher Vorschriften

Im Regelfall besteht ein vollständiger Rechtssatz aus einem Tatbestand und einer Rechtsfolge.[272] Bei Anwendung des Rechtssatzes wird geprüft, „ob ein konkreter Lebenssachverhalt unter den abstrakten Gesetzestatbestand der Rechtsnorm ... passt".[273] Nun kann es aber so sein, dass die vom Gesetzgeber in Worte gefasste steuerliche Tatbestandsbeschreibung mehr oder minder präzise formuliert ist oder zivilrechtliche Rechtsbegriffe verwendet wurden. Ferner ist es möglich, dass die Einführung der Norm lange Zeit zurückliegt und die Lebenswirklichkeit sich inzwischen verändert bzw. weiterentwickelt hat. Es wird deutlich, jede in Worte gefasste Aussage, mit Ausnahme von Zahlbegriffen, ist mehr oder weniger unbestimmt und folglich setzt die Zuordnung eines Sachverhaltes unter den Tatbestand stets dessen Auslegung voraus.[274] Damit das Ziel der Auslegung erreicht wird, muss zunächst der Zweck[275] des Gesetzes ermittelt werden, um „vom gefundenen Zweck her auf den Sinn zu schließen".[276] Andere Methoden der Sinnermittlung, wie eine Orientierung am Wortlaut, der Historie oder der systematischen Stellung der Norm im Rechtssystem, sind Komponenten zur Feststellung

272 Vgl. Larenz, Karl, Methodenlehre der Rechtswissenschaft, 6. Aufl., Berlin u.a. 1991, S. 251.

273 Tipke, Klaus, Die Steuerrechtsordnung, Bd. 3: Föderative Steuerverteilung, Rechtsanwendung und Rechtsschutz, Gestalter der Rechtsordnung, Köln 1993, S. 1233.

274 Vgl. Röhl, Klaus F., Allgemeine Rechtslehre: Ein Lehrbuch, 2. Aufl., Köln u.a. 2001, S. 592.

275 Die Methode der teleologischen Gesetzesauslegung ist eng mit der auf Rudolf von Jhering zurückgehenden Interessenjurisprudenz verbunden. Siehe zu weiteren Nachweisen Grimm, Claus, Das Steuerrecht im Spannungsfeld zwischen wirtschaftlicher Betrachtungsweise und Zivilrecht, in: DStZ/A 1978, S. 283-290, hier: S. 283.

276 Tipke, Klaus, Die Steuerrechtsordnung, Bd. 3: Föderative Steuerverteilung, Rechtsanwendung und Rechtsschutz, Gestalter der Rechtsordnung, Köln 1993, S. 1240/ 1241.

des Gesetzeszwecks als dem wichtigsten Auslegungsmerkmal.[277] Gesetzesauslegung ist damit notwendig zweckorientiert – teleologisch.[278]

Was ist der Zweck im Steuerrecht? Es lassen sich drei Gruppen von Normen unterscheiden: Fiskalzwecknormen, Sozialzwecknormen (speziell Lenkungsnormen) und Vereinfachungszwecknormen.[279] Relativ unbestritten ist, dass Lenkungsnormen, wie der Name bereits nahe legt, einen bestimmten Lenkungszweck verfolgen. Fiskalzwecknormen erfüllen zwei Aufgaben: Primär liegt es nah, darin die klassische Funktion der Einnahmeerzielung der öffentlichen Hand zur Erfüllung öffentlicher Aufgaben zu erblicken. Der zweite Zweck von Fiskalzwecknormen, neben der das Verhältnis von Staat – Bürger prägenden Einnahmeerzielung, ist es, die Gesamtsteuerlast sachgerecht auf die Bürger zu verteilen, d.h. das Verhältnis Bürger – Bürger bei der Besteuerung unter Gerechtigkeitsaspekten zu wahren. Welcher von beiden ist nun der bei der Auslegung von Steuergesetzen zu berücksichtigende Zweck? Wenn die Einnahmeerzielung der maßgebende Zweck wäre, müsste aus Sicht der öffentlichen Hand Fiskalzwecknormen im Sinne „in dubio pro fisco“ ausgelegt werden. Dem entgegen ist es im Interesse der Steuerpflichtigen, möglichst wenig Steuern zu zahlen. Die Beseitigung dieses Interessenkonflikts ist Sache des Gesetzgebers und kann keine Rolle im Rahmen der Gesetzesanwendung spielen.[280] Ferner wäre es mit einer fiskalzweckorientierten Auslegung nicht möglich zu erklären, weshalb eine einzelne steuerliche Rechtsnorm so und nicht anders formuliert bzw. ausgestaltet wurde.[281] Damit wird deutlich, dass die gerechte Verteilung der Steuerlast auf die Bürger den sachgerechten Maßstab bei der Auslegung der Steuergesetze dar-

277 Vgl. Groh, Manfred, Die wirtschaftliche Betätigung im rechtlichen Sinne, in: StuW 1989, S. 227-231, hier: S. 230 und Tipke, Klaus, Die Steuerrechtsordnung, Bd. 3: Föderative Steuerverteilung, Rechtsanwendung und Rechtsschutz, Gestalter der Rechtsordnung, Köln 1993, S. 1241.

278 Vgl. Beisse, Heinrich, Die wirtschaftliche Betrachtungsweise bei der Auslegung der Steuergesetze in der neueren deutschen Rechtsprechung, in: StuW 1981, S. 1-14, hier: S. 2.

279 Vgl. Tipke, Klaus, Die Steuerrechtsordnung, Bd. 3: Föderative Steuerverteilung, Rechtsanwendung und Rechtsschutz, Gestalter der Rechtsordnung, Köln 1993, S. 1258.

280 Vgl. BVerfG-Beschluss vom 27.12.1991 2-BvR-72/90, in: StuW 1992, S. 186-190, hier: S. 186 und Tipke, Klaus, Die Steuerrechtsordnung, Bd. 3: Föderative Steuerverteilung, Rechtsanwendung und Rechtsschutz, Gestalter der Rechtsordnung, Köln 1993, S. 1262.

281 Vgl. Tipke, Klaus, Die Steuerrechtsordnung, Bd. 3: Föderative Steuerverteilung, Rechtsanwendung und Rechtsschutz, Gestalter der Rechtsordnung, Köln 1993, S. 1259, mit Hinweis auf Klaus Vogel.

stellt.[282] Zwecke von Vereinfachungszwecknormen sind für die Auslegung grundsätzlich nicht maßgebend; sie unterstützen die praktikable Anwendung der anderen Normen.[283]

Die wirtschaftliche Betrachtungsweise, verstanden als ein Instrument zu einer dem Gesetzeszweck entsprechenden Erfassung wirtschaftlicher Vorgänge und Zustände, bezieht sich zum einen auf die Rechtsfindung und zum anderen auf die Rechtsanwendung.[284] Gegenstand der Rechtsfindung sind Gesetzesauslegung und die Rechtsfortbildung. Um ein Gesetz anwenden zu können, hat zweifellos auch eine Beurteilung des praktischen Sachverhaltes zu erfolgen. Aus diesem Grund ist im Folgenden eine getrennte Behandlung der wirtschaftlichen Betrachtungsweise in den Bereichen Rechtsfindung und Sachverhaltswürdigung angebracht.

3.3.3.3.2 Methode der Rechtsfindung

Im Sinne einer der Rechtssicherheit und damit der Gesetzmäßigkeit der Besteuerung verpflichteten Interpretationstechnik muss die wirtschaftliche Betrachtungsweise nachvollziehbar sein. Hierzu bietet sich die von Larenz entwickelte Methodenlehre an. Aus diesem Grund wird nachfolgend versucht, die wirtschaftliche Betrachtungsweise in die Stufen der Rechtsfindung im Bereich der Auslegung, der Ausfüllung offener Gesetzeslücken, der Gesetzesberichtigung durch teleologische Reduktion und in die Bildung von Rechtsinstituten einzuordnen.

Hauptproblem jeder Auslegung[285] ist das eingangs erwähnte Spannungsfeld von gleichmäßiger Erfassung der Leistungsfähigkeit und Rechtssicherheit der Besteuerung. Die wirtschaftliche Betrachtungsweise darf nicht dazu benutzt werden, eine den Grundsatz der Tatbestandsmäßigkeit übersteigende Rechtsfindung,

---

282 Es ist allerdings zu beachten, dass der Gesetzgeber bei der Umsetzung des generellen Prinzips einer gleichmäßigen an der wirtschaftlichen Leistungsfähigkeit orientierten Besteuerung auf die Einzelnormen einen gewissen Spielraum hat. Damit wird deutlich, dass es bei der Auslegung nicht nur um einen generellen Zweck geht, sondern das einer einzelnen Norm ein bestimmter Zweck zugrunde liegt. Siehe dazu Urbas, Helmut, Die wirtschaftliche Betrachtungsweise im Steuerrecht, Frankfurt am Main u.a. 1987, S. 85/86.

283 Vgl. Tipke, Klaus, Die Steuerrechtsordnung, Bd. 3: Föderative Steuerverteilung, Rechtsanwendung und Rechtsschutz, Gestalter der Rechtsordnung, Köln 1993, S. 1268/1269.

284 Vgl. Beisse, Heinrich, Die wirtschaftliche Betrachtungsweise bei der Auslegung der Steuergesetze in der neueren deutschen Rechtsprechung, in: StuW 1981, S. 1-14, hier: S. 1/2.

285 Unter Auslegung im weiteren Sinne wird der gesamte Bereich der Rechtsfindung verstanden. In Abgrenzung dazu, umfasst eine Auslegung im engeren Sinne den möglichen Wortsinn als solchen.

im Sinne einer Verschärfung des gesetzlichen Eingrifftatbestandes, zu legitimieren.[286]

„Gesetzesauslegung ist Auslegung eines sprachlichen Textes."[287] Die Auslegung beginnt mit einem Versuch, die Bedeutung eines Ausdrucks oder einer Wortverbindung in einem Gesetz feststellbar zu machen, d.h. nach den Regeln der Grammatik und des allgemeinen Sprachgebrauchs.[288] Worte können unterschiedliche Bedeutungen haben. Grenze der Auslegung bildet der nach gewöhnlichem Sprachverständnis äußerste oder gerade noch mögliche Sinn, der mögliche Wortsinn.[289]

Aus Gründen der Tradition, Notwendigkeit oder Zweckmäßigkeit verwendet der Gesetzgeber bei der Formulierung steuergesetzlicher Tatbestände auch aus dem Zivilrecht entnommene Begriffe.[290] Die im Rahmen der steuerlichen Tatbestands- und Rechtsfolgeformulierung verwendeten Begriffe lassen sich unterteilen in:[291]

- Steuerrechtliche Wirtschaftsbegriffe: Zu dieser Kategorie gehören Begriffe, die sich das Steuerrecht zweckentsprechend erst selbst geschaffen bzw. umgeformt hat, wie z.B. Betriebsvermögen, Einlage, Entnahme, Wirtschaftsgut oder verdeckte Gewinnausschüttung. Diese steuerrechtlichen Wirtschaftsbegriffe unterliegen ohne Zweifel einer wirtschaftlichen Betrachtungsweise.
- Zivilrechtliche Begriffe mit abweichendem Inhalt im Steuerrecht: Ein in einem Steuergesetz verwendeter zivilrechtlicher Begriff gleichen Wortlauts kann entsprechend der Verschiedenartigkeit der betreffenden Normzwecke der Gesetze bzw. sogar innerhalb ein- und desselben Gesetzes unterschiedlich

---

286 Vgl. Beisse, Heinrich, Die wirtschaftliche Betrachtungsweise bei der Auslegung der Steuergesetze in der neueren deutschen Rechtsprechung, in: StuW 1981, S. 1-14, hier: S. 7.

287 Tipke, Klaus, Die Steuerrechtsordnung, Bd. 3: Föderative Steuerverteilung, Rechtsanwendung und Rechtsschutz, Gestalter der Rechtsordnung, Köln 1993, S. 1271.

288 Vgl. Gruber, Thomas, Der Bilanzansatz in der neueren BFH–Rechtsprechung, Diss. Univ. Saarbrücken 1990, Stuttgart 1991, S. 10.

289 Vgl. Larenz, Karl, Methodenlehre der Rechtswissenschaft, 6. Aufl., Berlin u.a. 1991, S. 343 und Tipke, Klaus, Die Steuerrechtsordnung, Bd. 3: Föderative Steuerverteilung, Rechtsanwendung und Rechtsschutz, Gestalter der Rechtsordnung, Köln 1993, S. 1271/1272. Tipke führt Beispiele jenseits der Grenzen des möglichen Wortsinns an: Der Begriff „Arbeitnehmer" ist z.B. auch unter steuerlichen Gesichtspunkten nicht als „Arbeitgeber" zu verstehen.

290 Vgl. Tipke, Klaus, Die Steuerrechtsordnung, Bd. 3: Föderative Steuerverteilung, Rechtsanwendung und Rechtsschutz, Gestalter der Rechtsordnung, Köln 1993, S. 1284/1285.

291 Vgl. Beisse, Heinrich, Die wirtschaftliche Betrachtungsweise bei der Auslegung der Steuergesetze in der neueren deutschen Rechtsprechung, in: StuW 1981, S. 1-14, hier: S. 8.

auszulegen sein. In diesem Zusammenhang tritt die so genannte „Relativität der Rechtsbegriffe“[292] deutlich hervor. Damit ist bei einem von steuergesetzlichen Zwecken abweichenden zivilrechtlichen Begriffsinhalt eine wirtschaftliche Interpretation geboten, die sich am möglichen Wortsinn als Grenze der Auslegung zu orientieren hat. Im Gegensatz dazu würde eine rein zivilrechtliche Auslegung gegen den Grundsatz der Gleichmäßigkeit der Besteuerung verstoßen und zu einer nicht gerechtfertigten Ungleichbehandlung im Verhältnis Bürger – Bürger führen. Ein Beispiel ist die Gleichbehandlung von Mitunternehmern und Einzelunternehmern im Bereich der Einkommensteuer. Der zivilrechtliche Gesellschafterbegriff weicht vom Mitunternehmerbegriff ab. Mitunternehmer ist derjenige, der Mitunternehmerrisiko trägt und Mitunternehmerinitiative ausüben kann, wobei jedoch die beiden Merkmale im Einzelfall unterschiedlich stark ausgeprägt sein können. Damit braucht im Ausnahmefall ein Mitunternehmer keine zivilrechtliche Gesellschafterstellung; eine wirtschaftlich vergleichbare Stellung reicht aus.[293]

- Zivilrechtliche Begriffe mit gleichem Inhalt im Steuerrecht: Die Übernahme eines zivilrechtlichen Begriffsinhalts bei der Auslegung von steuerlichen Rechtsnormen ergibt sich dann, wenn die betreffenden Normzwecke der Gesetze übereinstimmen, d.h. der zivilrechtliche Inhalt mit Sinn und Zweck der betreffenden steuerlichen Regelung übereinstimmt. Beispiele sind die Begriffe OHG oder KG. Damit wird erkennbar, dass auch in dieser Begriffskategorie eine wirtschaftliche Betrachtungsweise im Sinne einer teleologischen Auslegung zur Anwendung kommt. Richtig ist daher nicht die Ansicht „Maßgeblichkeit zivilrechtlicher Bedeutung von Rechtsbegriffen auch für das Steuerrecht, wenn keine abweichenden steuerlichen Zwecke erkennbar sind“, sondern die umgekehrte Formulierung: „Auslegung an einer eigenständigen steuerrechtlichen Begriffsbildung unter Anwendung der wirtschaftlichen Betrachtungsweise“.[294]

---

292 Vgl. Beisse, Heinrich, Die wirtschaftliche Betrachtungsweise bei der Auslegung der Steuergesetze in der neueren deutschen Rechtsprechung, in: StuW 1981, S. 1-14, hier: S. 2; ähnlich Larenz, Karl, Methodenlehre der Rechtswissenschaft, 6. Aufl., Berlin u.a. 1991, S. 482-486, der von „funktionsbestimmten Rechtsbegriffen“ spricht.

293 Vgl. H 138 Abs. 1 EStR.

294 In diesem Sinne wohl auch Lang, Joachim, in: Tipke/Lang, Steuerrecht, § 5 Rz. 70; kritisch Meincke mit Anmerkungen zum BVerfG-Beschluss vom 27.12.1991 2-BvR-72/90, in: StuW 1992, S. 186-190, hier: S. 190, der dazu auffordert, den Wortlaut zivilrechtlich vorgeprägter Begriffe bei der Auslegung stärker zu berücksichtigen.

Von der eben diskutierten Auslegung im Rahmen des möglichen Wortsinns ist die darüber hinausgehende Ausfüllung offener Gesetzeslücken durch Rechtsfortbildung bzw. Rechtsschöpfung streng zu trennen.[295] Die Auffassung, dass „das Gesetz mehr Lücken als Worte enthalte“[296], verdeutlicht die Notwendigkeit einer richterlichen Rechtsschöpfung auf der einen Seite, zeigt aber auch die Gefahr einer nur dem Gesetzgeber vorbehaltenen Erweiterung des Gesetzes.[297]

Eine Regelungslücke liegt vor, wenn der Gesetzgeber bewusst oder unbewusst bei der Formulierung des Gesetzestextes die zugrunde liegende Regelungsabsicht, den verfolgten Plan oder Zweck, nicht bzw. nur teilweise abdeckt.[298] Offene Gesetzeslücken lassen sich im Wege der Analogie schließen. Unter Analogie ist „die Übertragung der für einen Tatbestand (A) oder für mehrere, untereinander ähnliche Tatbestände im Gesetz gegebenen Regel auf einen vom Gesetz nicht geregelten, ihm ‚ähnlichen' Tatbestand (B)“[299] zu verstehen. Es ist umstritten, ob das Steuerrecht überhaupt analogiefähig ist. In Abhängigkeit welcher Auffassung zu folgen ist, ergibt sich der Umfang einer Rechtsfortbildung durch Analogie:

- Lückenfüllung durch Analogie nicht möglich – Position der Analogiegegner,
- „zweischneidige Lückenfüllung“ durch symmetrisch wirkende Rechtsschöpfung oder
- Lückenfüllung durch Analogie generell möglich – Position der Analogiebefürworter.

Gegner[300] einer mit Hilfe der wirtschaftlichen Betrachtungsweise analogen Rechtsanwendung sehen darin eine mit der Rechtssicherheit nicht vereinbare

---

295 Vgl. Urbas, Helmut, Die wirtschaftliche Betrachtungsweise im Steuerrecht, Frankfurt am Main u.a. 1987, S. 178/179.

296 Vgl. Röhl, Klaus F., Allgemeine Rechtslehre: Ein Lehrbuch, 2. Aufl., Köln u.a. 2001, S. 592.

297 Vgl. Lang, Joachim, in: Tipke/Lang, Steuerrecht, § 4 Rz. 184. Lang unterscheidet zwischen zulässigen „Ausbau“ des Gesetzes im Sinne erlaubter Rechtsschöpfung und unzulässigem „Anbau“ im Verständnis einer Erweiterung des Gesetzes.

298 Vgl. Tipke, Klaus, Die Steuerrechtsordnung, Bd. 3: Föderative Steuerverteilung, Rechtsanwendung und Rechtsschutz, Gestalter der Rechtsordnung, Köln 1993, S. 1297.

299 Larenz, Karl, Methodenlehre der Rechtswissenschaft, 6. Aufl., Berlin u.a. 1991, S. 381.

300 Vgl. Kruse, Heinrich Wilhelm, Lehrbuch des Steuerrechts, Bd. 1: Allgemeiner Teil, München 1991, S. 60-62; wohl ebenso Gassner, Wolfgang, Das allgemeine und besondere Umgehungsproblem im Steuerrecht, in: Festschrift für Heinrich Wilhelm Kruse zum 70. Geburtstag, Drenseck, Walter/Seer, Roman (Hrsg.), Köln 2001, S. 183-190, hier: S. 184. Zu den Argumentationen weiterer Analogiegegner m.w.N. vgl. Kruse, Heinrich Wilhelm/Drüen, Klaus-Dieter, in: Tipke/Kruse, § 4 AO, Rz. 360-363.

Schaffung oder Erweiterung steuerlicher Tatbestände. Analogie dürfe nicht steuerverschärfend wirken; jedoch wird überwiegend Analogie zur Lückenfüllung mit steuerentlastender Wirkung für möglich gehalten.

Zwischen den gegensätzlichen Polen von Ablehnung und Zustimmung hinsichtlich einer analogen Rechtsfortbildung existiert die Position einer „zweischneidigen Lückenfüllung“[301]. „Zweischneidige Lückenfüllung“ bedeutet eine Ergänzung einer bestehenden gesetzlichen Regelung durch ein Subsystem komplementärer Rechtssätze, die bezogen auf den Sachverhalt sowohl zugunsten als auch zuungunsten des Steuerpflichtigen wirken bzw. theoretisch wirken können.

Befürworter[302] der Analogiefähigkeit des Steuerrechts argumentieren mit dem Demokratieprinzip. Durch Lückenausfüllung im Wege der Analogie würde der unvollkommen ausgedrückte Wille des demokratischen Gesetzgebers zum Ausdruck gebracht, d.h. ein Rechtsanwender handelt „nachbessernd“ im Sinne der Intention des Gesetzgebers. Ferner wird das einseitig auf Steuer verschärfende Tatbestände abstellende Analogieverbot kritisiert, so dass entweder die Analogiefähigkeit sowohl für Steuer begünstigend wirkende als auch für Steuer verschärfend wirkende Tatbestände einheitlich befürwortet oder abgelehnt werden müsste.

Wenn der Auffassung einer „zweischneidigen“ oder generellen Lückenausfüllung durch Analogie gefolgt wird, muss der gefundene, die Lücke ausfüllende Rechtssatz sich „organisch“[303] in das Rechtsganze einfügen. Diese Integration ist Aufgabe der wirtschaftlichen Betrachtungsweise. Dabei ist zu beachten, dass eine Rechtsschöpfung, die eine Erweiterung des Gesetzes und damit rechtsfreien Raum darstellt, nicht mit der Gesetzmäßigkeit der Besteuerung vereinbar ist.[304]

---

301 Vgl. Beisse, Heinrich, Die wirtschaftliche Betrachtungsweise bei der Auslegung der Steuergesetze in der neueren deutschen Rechtsprechung, in: StuW 1981, S. 1-14, hier: S. 9.

302 Vgl. m.w.N. Tipke, Klaus, Die Steuerrechtsordnung, Bd. 3: Föderative Steuerverteilung, Rechtsanwendung und Rechtsschutz, Gestalter der Rechtsordnung, Köln 1993, S. 1296-1305 und Lang, Joachim, in: Tipke/Lang, Steuerrecht, § 4 Rz. 189.

303 Vgl. Beisse, Heinrich, Die wirtschaftliche Betrachtungsweise bei der Auslegung der Steuergesetze in der neueren deutschen Rechtsprechung, in: StuW 1981, S. 1-14, hier: S. 9.

304 Vgl. Urbas, Helmut, Die wirtschaftliche Betrachtungsweise im Steuerrecht, Frankfurt am Main u.a. 1987, S. 181-185; ebenso Tipke, Klaus, Die Steuerrechtsordnung, Bd. 3: Föderative Steuerverteilung, Rechtsanwendung und Rechtsschutz, Gestalter der Rechtsordnung, Köln 1993, S. 1304/1305, der Kritik an der von Larenz (Larenz, Karl, Methodenlehre der Rechtswissenschaft, 6. Aufl., Berlin u.a. 1991, S. 413-429) für zulässig erachteten gesetzesübersteigenden Rechtsfortbildung übt.

In Abgrenzung zu offenen Lücken liegt eine verdeckte Lücke vor, „wenn das Gesetz zwar eine auch auf Fälle solcher Art anwendbare Regel enthält, diese aber ihrem Sinn und Zweck nach hier nicht passt, weil sie die für die Wertung gerade dieser Fälle relevante Besonderheit derselben außer acht lässt.“[305] Dem Gesetz fehlt damit eine Einschränkung. Die Ausfüllung dieser verdeckten Lücke erfolgt durch „teleologische Reduktion“, d.h. die Gesetzesfassung ist durch eine Einschränkung auf den Gesetzeszweck innewohnenden Sinns zurückzuführen.[306] Die durch die teleologische Reduktion entstandene Lücke ist gegebenenfalls auch durch Analogie zu schließen.[307]

Ähnlich wie im Bereich der Ausfüllung offener Lücken durch Analogie, treffen sowohl bei Gesetzesberichtigung durch teleologische Reduktion die Argumentationen der Befürworter und Gegner einer Analogiefähigkeit des Steuerrechts als auch der „zweischneidigen“ Lückenfüllung sinngemäß zu. Das bedeutet, „Analogiegegner“ halten eine einseitige teleologische Reduktion nur bei für den Steuerpflichtigen steuerlich günstig wirkenden Tatbeständen für richtig, während nach Auffassung der Befürworter die teleologische Reduktion zur Schließung verdeckter Lücken grundsätzlich belastend oder begünstigend für den Steuerpflichtigen wirken kann. Bei „zweischneidiger Lückenfüllung“ hat teleologische Reduktion symmetrisch zu wirken. Auch im Bereich verdeckter Lücken ist es Aufgabe der wirtschaftlichen Betrachtungsweise, die Gesetzeseinschränkung so vorzunehmen, dass sich ein wirtschaftlich vernünftiger Gesetzessinn ergibt.[308]

Die Auslegung i.e.S. bis zum möglichen Wortsinn als Auslegungsgrenze sowie die Ausfüllung offener und verdeckter Regelungslücken haben zur Bildung ganzer Rechtsinstitute im Steuerrecht geführt. Kern dieser Rechtsinstitute ist ein wirtschaftlicher Typusbegriff, um den sich „im Laufe der Zeit in kasuistischer Weise weitere Normen und Grundsätze“[309] gebildet haben. Beispiele für Typen-

305 Larenz, Karl, Methodenlehre der Rechtswissenschaft, 6. Aufl., Berlin u.a. 1991, S. 377.

306 Vgl. Beisse, Heinrich, Die wirtschaftliche Betrachtungsweise bei der Auslegung der Steuergesetze in der neueren deutschen Rechtsprechung, in: StuW 1981, S. 1-14, hier: S. 9.

307 Vgl. Lang, Joachim, in: Tipke/Lang, Steuerrecht, § 5 Rz. 75.

308 Vgl. Beisse, Heinrich, Die wirtschaftliche Betrachtungsweise bei der Auslegung der Steuergesetze in der neueren deutschen Rechtsprechung, in: StuW 1981, S. 1-14, hier: S. 10.

309 Vgl. Beisse, Heinrich, Die wirtschaftliche Betrachtungsweise bei der Auslegung der Steuergesetze in der neueren deutschen Rechtsprechung, in: StuW 1981, S. 1-14, hier: S. 10.

begriffe sind[310]: „Unternehmer“, „Mitunternehmer“, „private Vermögensverwaltung“, „wirtschaftliche Einheit“ oder „Liebhaberei“.

Ein Typus[311] ist nicht in strengem Sinne definiert. Typusbegriffe sind offen und lassen sich durch eine bestimmte Zahl charakteristischer Merkmale beschreiben; diese brauchen jedoch im Einzelfall nicht alle vorliegen bzw. können von untergeordneter Bedeutung sein. Je nach Fallsituation kann eine Einzelerscheinung einem Typus mehr oder weniger zugeordnet werden. Es kommt damit zu Abstufungen bzw. Übergangsformen.

Die Zuordnung eines bestimmten Sachverhalts zu einem Typusbegriff unter Berücksichtigung aller prägenden Merkmale und damit einer Wertung entsprechend dem Gesamtbild der Verhältnisse stellt eines der Hauptanwendungsfelder der wirtschaftlichen Betrachtungsweise dar.[312]

3.3.3.3.3 Methode zur Beurteilung von Sachverhalten

Die klare Trennung der beiden Bereiche Rechtsfindung und Sachverhaltsbeurteilung ist nicht immer eindeutig und in der Literatur sehr umstritten.[313] Sicher-

---

310 Vgl. hierzu Tipke, Klaus, Die Steuerrechtsordnung, Bd. 3: Föderative Steuerverteilung, Rechtsanwendung und Rechtsschutz, Gestalter der Rechtsordnung, Köln 1993, S. 1236 und Weber-Grellet, Heinrich, Der Typus des Typus, in: Handelsbilanzen und Steuerbilanzen: Festschrift zum 70. Geburtstag von Prof. Dr. h.c. Heinrich Beisse, Budde, Wolfgang Dieter u.a. (Hrsg.), Düsseldorf 1997, S. 551-569, hier: S. 564-566.

311 Vgl. zu den verschiedenen Typusarten Larenz, Karl, Methodenlehre der Rechtswissenschaft, 6. Aufl., Berlin u.a. 1991, S. 461-464 und Weber-Grellet, Heinrich, Der Typus des Typus, in: Handelsbilanzen und Steuerbilanzen: Festschrift zum 70. Geburtstag von Prof. Dr. h.c. Heinrich Beisse, Budde, Wolfgang Dieter u.a. (Hrsg.), Düsseldorf 1997, S. 551-569, hier: S. 551-553.

312 Vgl. Beisse, Heinrich, Die wirtschaftliche Betrachtungsweise bei der Auslegung der Steuergesetze in der neueren deutschen Rechtsprechung, in: StuW 1981, S. 1-14, hier: S. 10; in diesem Sinne wohl auch Tipke, Klaus, Die Steuerrechtsordnung, Bd. 3: Föderative Steuerverteilung, Rechtsanwendung und Rechtsschutz, Gestalter der Rechtsordnung, Köln 1993, S. 1235/1236; kritisch Weber-Grellet, Heinrich, Der Typus des Typus, in: Handelsbilanzen und Steuerbilanzen: Festschrift zum 70. Geburtstag von Prof. Dr. h.c. Heinrich Beisse, Budde, Wolfgang Dieter u.a. (Hrsg.), Düsseldorf 1997, S. 551-569, hier: S. 568/569 und Mössner, Jörg Manfred, Typusbegriffe im Steuerrecht, in: Festschrift für Heinrich Wilhelm Kruse zum 70. Geburtstag, Drenseck, Walter/Seer, Roman (Hrsg.), Köln 2001, S. 161-181, hier: S. 181, die mit Blick auf die relative Unbestimmtheit des Typus die Gefahr einer Beliebigkeit und Aufweichung von Gesetzesbegriffen anmahnen.

313 Zu einem Überblick hinsichtlich der verschiedenen Auffassungen, siehe Thies, Angelika, Rückstellungen als Problem der wirtschaftlichen Betrachtungsweise, Diss. Univ. München 1996, Frankfurt am Main u.a. 1996, S. 12-16.

lich ist es richtig, dass hier eine wechselseitige Beziehung besteht, indem Rechtsnormen mit zu beurteilenden Sachverhalten schrittweise in einem methodischen Vorgang verglichen werden und die Prüfung, ob ein Sachverhalt zur Norm passt oder umgekehrt „zwei Seiten ein und derselben Medaille darstellen".[314] Auf der anderen Seite sollte nicht verkannt werden, dass bei Vorliegen eines umfassenden wirtschaftlichen Sachverhalts zu Beginn der Rechtsanwendung zunächst unklar ist, welche Rechtsnorm tatsächlich relevant ist, weil aus einem bestimmten Lebenssachverhalt erst die für einen Subsumtionsvorgang wichtigen Teile identifiziert werden müssen.[315] Dies geschieht in einem gedanklichen Prozess des ständigen Vergleichens von Sachverhalt und Rechtsnorm, „in dessen Verlauf ‚der Rohsachverhalt' zum endgültigen Sachverhalt (als Aussage), der Normtext (gleichsam der Rohzustand der Norm) zu der für die Beurteilung dieses Sachverhalts hinreichend konkretisierten Norm umgeformt wird."[316] Relevanter Sachverhalt und relevante Rechtsnorm schälen sich in diesem Vorgang förmlich heraus.

Diese Vorgehensweise kann bei missbräuchlichen rechtlichen Gestaltungen zum Zwecke der Steuerumgehung auf Probleme stoßen. Hier versucht der Steuerpflichtige zwar den wirtschaftlichen Effekt zu erzielen, den das Steuergesetz eigentlich erfassen wollte, wählt jedoch zu dessen Erreichung einen unangemessenen Weg. Aus Gründen einer gleichmäßigen Erfassung wirtschaftlicher Leistungsfähigkeit[317] bestimmt § 42 AO, dass durch Missbrauch von Gestaltungsmöglichkeiten des Rechts ein Steuergesetz nicht umgangen werden kann

314 Vgl. Tipke, Klaus, Die Steuerrechtsordnung, Bd. 3: Föderative Steuerverteilung, Rechtsanwendung und Rechtsschutz, Gestalter der Rechtsordnung, Köln 1993, S. 1294. Tipke spricht sich gegen eine vom Gesetz losgelöste Sachverhaltsbeurteilung aus und erblickt darin indirekt die Gefahr einer freischwebenden wirtschaftlichen Betrachtungsweise. Ebenfalls eher kritisch zur klaren Trennung von Rechtsauslegung und Rechtsanwendung Grimm, Claus: Das Steuerrecht im Spannungsfeld zwischen wirtschaftlicher Betrachtungsweise und Zivilrecht, in: DStZ/A 1978, S. 283-290, hier: S. 289/290.

315 Vgl. Kruse, Heinrich Wilhelm, Ende oder neuer Anfang der wirtschaftlichen Betrachtungsweise? Anmerkungen zur Rechtsprechung des Bundesfinanzhofes, in: JbFSt 1975/76, S. 35-51, hier: S. 38/39; ebenso Urbas, Helmut, Die wirtschaftliche Betrachtungsweise im Steuerrecht, Frankfurt am Main u.a. 1987, S. 103/104, die von der Notwendigkeit einer „eigenständigen" Sachverhaltsbeurteilung überzeugt sind. In diesem Sinne wohl auch Groh, Manfred, Die wirtschaftliche Betätigung im rechtlichen Sinne, in: StuW 1989, S. 227-231, hier: S. 228.

316 Larenz, Karl, Methodenlehre der Rechtswissenschaft, 6. Aufl., Berlin u.a. 1991, S. 281.

317 Vgl. Tipke, Klaus, Die Steuerrechtsordnung, Bd. 3: Föderative Steuerverteilung, Rechtsanwendung und Rechtsschutz, Gestalter der Rechtsordnung, Köln 1993, S. 1325.

und fingiert unter Berücksichtigung von Sinn und Zweck des Steuergesetzes einen den wirtschaftlichen Vorgängen angemessenen Sachverhalt.[318]

Grundsatz bleibt, dass eine Qualifikation des Sachverhalts auch bei Anwendung der wirtschaftlichen Betrachtungsweise stets im Hinblick auf Sinn und Zweck der Rechtsnorm zu geschehen hat[319] und nicht als eine Zurichtung bzw. Umqualifizierung des Sachverhalts verstanden werden darf. Eine den empirischen Sachverhalt durch einen als idealtypisch anzusehenden Sachverhalt ersetzende typisierende Betrachtungsweise (nicht zu verwechseln mit dem Typus) hat keine Berührungspunkte mit der wirtschaftlichen Betrachtungsweise.[320]

3.3.3.4 Grenzen der wirtschaftlichen Betrachtungsweise

Der einleitende historische Rückblick hat gezeigt, dass es einer klaren und methodisch nachvollziehbaren Rechtsfindung und Sachverhaltsbeurteilung bedarf, um die Fehler einer freischwebenden wirtschaftlichen Betrachtungsweise wie etwa in deren Blütezeit zu vermeiden. Grenze der Auslegung ist der mögliche Wortsinn. Rechtsfindung im Bereich offener bzw. verdeckter Regelungslücken geht über die Auslegung und damit den möglichen Wortsinn des Gesetzes hinaus. Hier ist strikt zwischen erlaubter Rechtsfindung einerseits und dem Bereich rechtsfreier Räume andererseits zu trennen. Eine wirtschaftliche Betrachtungsweise darf nicht dazu veranlassen, diese Grenze zu überschreiten.

Ferner setzt auch die Besteuerung vom Grundsatz her an zivilrechtlichen Gestaltungen an, d.h. es besteht kein Vorrang, sondern nur eine „Vorherigkeit der Anwendung des Zivilrechts gegenüber dem Steuerrecht“[321]. Mit Hilfe der wirtschaftlichen Betrachtungsweise hat die Sachverhaltsbeurteilung vom Gesetz aus gesteuert zu erfolgen. Eine freischwebende Sachverhaltsumdeutung bzw. Grenzverrückung steuerlicher Tatbestände ist nicht möglich. Allerdings besteht eine Ausnahme bei missbräuchlichen Gestaltungen im Sinne von § 42 AO. Hier dient die wirtschaftliche Betrachtungsweise einer gleichmäßigen Erfassung steuerlicher

---

318 Vgl. Kruse, Heinrich Wilhelm, Steuerumgehung zwischen Steuervermeidung und Steuerhinterziehung, in: StbJb 1978/1979, S. 443-460, hier: S. 457 und Rose, Gerd/Glorius-Rose, Cornelia, Missbrauchsrechtsprechung des BFH in Bewegung, in: DB 2000, S. 1633-1638, hier: S. 1637.

319 Vgl. Kruse, Heinrich Wilhelm/Drüen, Klaus-Dieter, in: Tipke/Kruse, § 4 AO, Rz. 209.

320 Vgl. Weber-Grellet, Heinrich, Der Typus des Typus, in: Handelsbilanzen und Steuerbilanzen: Festschrift zum 70. Geburtstag von Prof. Dr. h.c. Heinrich Beisse, Budde, Wolfgang Dieter u.a. (Hrsg.), Düsseldorf 1997, S. 551-569, hier: S. 567.

321 Kirchhof, Paul, Steuerumgehung und Auslegungsmethoden, in: StuW 1983, S. 173-183, hier: S. 181.

Leistungsfähigkeit, mit der Folge einer zulässigen Möglichkeit einer Art „Umqualifizierung" zivilrechtlicher Gestaltungen im Steuerrecht.

Wirtschaftliche Betrachtungsweise, verstanden als eine sich am wirtschaftlichen Normzweck orientierende Methode der teleologischen Auslegung, dient einer dem Gleichheitssatz verpflichteten Besteuerung nach der Leistungsfähigkeit, ohne den Grundsatz der Rechtssicherheit zu verletzen. Steuertatbestände zu bestimmen, bleibt einzig dem Gesetzgeber vorbehalten.

3.3.3.5 Steuergesetzliche Vorschriften der wirtschaftlichen Betrachtungsweise in Bezug auf hybride Finanzinstrumente

Die wirtschaftliche Betrachtungsweise ist an mehreren Stellen gesetzlich kodifiziert. Aus der Perspektive einer der Gleichmäßigkeit und Rechtssicherheit verpflichteten Besteuerung hybrider Finanzinstrumente sind speziell die Regelungen zum wirtschaftlichen Eigentum gemäß § 39 AO und zum Missbrauch rechtlicher Gestaltungsmöglichkeiten von besonderer Bedeutung. Eine intensivere Auseinandersetzung mit dem wirtschaftlichen Eigentum ist geboten, weil es aufgrund der zum Teil hohen Komplexität der verschiedenen Erscheinungsformen hybrider Finanzinstrumente schwierig ist zu entscheiden, wem das Wirtschaftsgut für steuerliche Zwecke zugeordnet werden soll und welches der maßgebende Übertragungs- bzw. Zurechnungszeitpunkt ist. Letztgenannter Aspekt wird im Zusammenhang mit Transaktionen überaus wichtig sein, die unter Verwendung von bedingten oder unbedingten Elementen des Terminmarktes strukturiert worden. Für eine grundlegende Analyse von Zweck, tatbestandlichen Voraussetzungen und Rechtsfolgen von § 42 AO spricht, dass bei – unter der Prämisse steuerlicher Optimierung[322] – gestalteten Instrumenten bzw. Transaktionen rechtliche Form und wirtschaftlicher Gehalt abweichen. Damit wird sich häufig an der Grenze zwischen erlaubter legaler Steuervermeidung und missbräuchlicher Steuerumgehung – die einer Korrektur bedarf – bewegt.

3.3.3.5.1 Wirtschaftliche Zurechnung – § 39 AO

Während im Privatrecht primär die Sicherung des privaten Rechtsfriedens im Mittelpunkt steht, will das Steuerrecht vor allem Indikatoren wirtschaftlicher Leistungsfähigkeit finden und berücksichtigen.[323] Aus diesem Grund spezifiziert

---

322 Vgl. hierzu die theoretische Argumentation in Abschnitt 2.2.4.

323 Vgl. Tipke, Klaus, Die Steuerrechtsordnung, Bd. 3: Föderative Steuerverteilung, Rechtsanwendung und Rechtsschutz, Gestalter der Rechtsordnung, Köln 1993, S. 1353.

§ 39 AO als eine Erscheinungsform der wirtschaftlichen Betrachtungsweise im Steuerrecht die Zurechnung von Wirtschaftsgütern.

Im Regelfall stimmen bürgerlich-rechtlicher und wirtschaftlicher Eigentümer überein, so dass für Zwecke der steuerrechtlichen Zuordnungsentscheidung der privatrechtlichen gemäß § 39 Abs. 1 AO gefolgt werden kann. Abweichend von dieser Grundregel erfolgt nach § 39 Abs. 2 AO eine Zurechnung von Wirtschaftsgütern beim wirtschaftlichen Eigentümer, wenn ein anderer als der bürgerlich-rechtliche Eigentümer die Eigentümerposition innehat. In Anlehnung an das Leasing-Urteil des BFH[324] ist wirtschaftlicher Eigentümer nach § 39 Abs. 2 Nr. 1 S. 1 AO derjenige, der den zivilrechtlichen Eigentümer für die gewöhnliche Nutzungsdauer von der Einwirkung auf das Wirtschaftsgut wirtschaftlich ausschließen kann. Diese Beurteilung ist bezogen auf den jeweiligen Einzelfall nach dem Gesamtbild der Verhältnisse vorzunehmen[325] und kann regelmäßig dann als erfüllt angesehen werden, wenn dem zivilrechtlichen Eigentümer überhaupt kein oder nur ein aus wirtschaftlicher Sicht bedeutungsloser Herausgabeanspruch zusteht.[326] Hierfür ist es notwendig, dass die getroffenen Vereinbarungen nicht nur eindeutig und bindend sind, sondern auch tatsächlich vollzogen wurden.[327] Im Ergebnis kann ein bestimmtes Wirtschaftsgut, das einer Person wirtschaftlich zugerechnet wurde, nicht zeitgleich anderen Personen wirtschaftlich zugerechnet werden.[328]

Neben dieser allgemeinen Umschreibung des wirtschaftlichen Eigentums bestehen nach der Rechtsprechung des BFH[329] spezielle Kriterien im Bereich der

---

324 BFH vom 26.01.1970 IV-R-144/66, in: BStBl. II 1970, S. 264. Vgl. zur Entwicklung des Begriffs des wirtschaftlichen Eigentums Kruse, Heinrich Wilhelm, Lehrbuch des Steuerrechts, Bd. 1: Allgemeiner Teil, München 1991, S. 133/134 sowie Fischer, Peter, Das wirtschaftliche Eigentum, in: NWB Fach 2, 1991, S. 5623-5632, hier: S. 5623.

325 Vgl. Fischer, Peter, Das wirtschaftliche Eigentum, in: NWB Fach 2, 1991, S. 5623-5632, hier: S. 5627/5628.

326 Vgl. BFH vom 22.08.1984 I-R-198/80, in: BStBl. II 1985, S. 126; BFH vom 20.09.1989 X-R-140/87, in: BStBl. II 1990, S. 368; Klein/Brockmeyer, AO § 39 Rz. 10-14.

327 Vgl. m.w.N. Kruse, Heinrich Wilhelm in: Tipke/Kruse, § 39 AO, Rz. 24-26.

328 Vgl. m.w.N. Fischer, Peter, in Hübschmann/Hepp/Spitaler § 39 AO Rz. 38. Von dieser Vermeidung der Doppelbilanzierung ist die anteilige Zurechnung eines Wirtschaftsgutes auf mehrere Personen zu unterscheiden.

329 BFH vom 30.05.1984 I-R-146/81, in: BStBl. II 1984, S. 825; BFH vom 10.03.1988 IV-R-226/85, in: BStBl. II 1988, S. 832; ebenso FG Münster vom 18.11.1999 1-K-4685/96-E, in: EFG 2000, S. 374. Zur möglichen Differenzierung der Kriterien in Abhängigkeit von Aktien oder GmbH-Anteilen siehe Tschesche, Frank, Die Übertragung wirtschaftlichen Eigentums an Anteilen von Kapitalgesellschaften, in: WPg 2002, S. 965-972, hier: S. 966/967.

Zurechnung von Anteilen an Kapitalgesellschaften, die einen elementaren Baustein hybrider Finanzinstrumente darstellen.[330] Der Übergang des wirtschaftlichen Eigentums an den Anteilen tritt hiernach ein, wenn:

- der Erwerber aufgrund eines Rechtsgeschäftes eine rechtlich geschützte, auf den Erwerb des Anteilsrechtes gerichtete Position erworben hat, die ihm gegen seinen Willen nicht mehr entzogen werden kann,
- die mit den Anteilen verbundenen wesentlichen Rechte übertragen wurden
- und die mit den Anteilen verbundenen Kurschancen und -risiken übergingen.

Maßgebend für die Zuordnung der Anteile ist ebenfalls das Gesamtbild der Verhältnisse, so dass nicht alle Kriterien in vollem Umfang erfüllt sein müssen.[331]

Eine rechtlich geschützte und damit unentziehbare Position an Gesellschaftsanteilen kann in Anlehnung an die zivilrechtliche Anwartschaft definiert werden.[332] Diese entsteht immer dann, „wenn von dem mehraktigen Enstehungstatbestand eines Rechts schon so viele Erfordernisse erfüllt sind, dass von einer gesicherten Rechtsposition des Erwerbers gesprochen werden kann, die der an der Entstehung des Rechts Beteiligte nicht mehr einseitig zu zerstören vermag.“[333] Bestehende schuldrechtliche Übertragungsverpflichtungen ändern im Regelfall nichts daran, dass eine rechtlich geschützte Position vorliegt und Verfügungen tatsächlich durchgeführt werden können.[334] Im so genannten Dividenden-Stripping-Urteil sah der BFH[335] auch bei taggleichen An- und Verkaufsgeschäften sowie bei eingegangenen Rückkaufverpflichtungen den Übergang des wirtschaftlichen Eigentums als erfüllt an, weil der Erwerber der Anteile diese an Dritte weiterveräußern, im Eigenbestand belassen oder in sonstiger Weise nutzen konnte. Termingeschäfte zeichnen sich durch ein Auseinanderfallen von schuldrechtlichem Vertragsabschluss und dinglicher Erfüllung zu einem zukünftigen

---

330 Vgl. Abschnitt 2.3.1.

331 Vgl. BFH vom 15.12.1999 I-R-29/97, in: BStBl. II 2000, S. 527.

332 Vgl. Tschesche, Frank, Die Übertragung wirtschaftlichen Eigentums an Anteilen von Kapitalgesellschaften, in: WPg 2002, S. 965-972, hier: S. 967.

333 FG München-Urteil vom 24.06.1999 13-K-3521/97, in: DStRE 2000, S. 18 m.w.N.

334 Vgl. Berg, Hans-Georg, Wirtschaftliches Eigentum als ein wichtiger Terminus bei strukturierten Finanzierungen, in: Münchner Forum der Internationalen Besteuerung – "Grenzüberschreitende strukturierte Finanzierung", München 27.06.2000, Vortragsunterlage, Köln 2001, S. 1-25, hier: S. 19; ähnlich auch BFH vom 15.12.1999 I-R-29/97, in: BStBl. II 2000, S. 527.

335 BFH vom 15.12.1999 I-R-29/97, in: BStBl. II 2000, S. 527; dieses Argument befürwortend Unfried, Alexander, Besteuerung des Dividenden-Stripping nach der neueren Rechtsprechung des BFH, in: DStR 2000, S. 993-999, hier: S. 996/997.

Zeitpunkt aus.[336] Der Übergang des wirtschaftlichen Eigentums findet weder im Zeitpunkt des Vertragsabschlusses noch während der Laufzeit statt. Der Veräußerer kann über die entsprechenden Anteile innerhalb des genannten Zeitraums frei verfügen, so dass regelmäßig rechtliches und wirtschaftliches Eigentum erst im Zeitpunkt[337] der Erfüllung des Termingeschäfts auf den Erwerber übergehen. Ähnlich verhält es sich bei der Einräumung von Optionsrechten. Bis zum Zeitpunkt der Ausübung der einseitig bestehenden Rechte führen einzelne Call-Optionen des Erwerbers oder Put-Optionen des Veräußerers ohne ergänzende Vereinbarungen nicht zur freien Verfügbarkeit der betreffenden Anteile aus Sicht des Erwerbers und damit nicht zum Eigentumsübergang aus wirtschaftlicher Sicht.[338] Vom Grundsatz her trifft das auch bei wechselseitig eingeräumten Optionsrechten zu, die bei gleichen Ausübungsterminen und -preisen wirtschaftlich einem Termingeschäft vergleichbar sind, mit der Folge, dass die bereits beim Termingeschäft beschriebenen Zurechnungskonsequenzen eintreten sollten.[339] Die Rechtslage ist je nach Ausgestaltung der Bedingungen im Einzelfall unsicherer im Hinblick auf eine rechtlich geschützte Erwerbsposition zu beurteilen.[340]

---

336 Vgl. Seibt, Christoph H., Unternehmenskauf und -verkauf nach dem Steuersenkungsgesetz, in: DStR 2000, S. 2061-2076, hier: S. 2065 und Haun, Jürgen/Winkler, Hartmut, Vertragsgestaltungen zur Verlagerung des Zeitpunktes der Besteuerung bei Anteilsveräußerungen, in: DStR 2001, S. 1195-1200, hier: S. 1196.

337 Vgl. Mick, Marcus, Steuersenkungsgesetz: Gefährdung der Steuerfreiheit von Veräußerungsgewinnen nach § 8b Abs. 2 und 4 KStG n. F. bei bestimmten Formen des Wertpapierhandels, in: DB 2000, S. 1682-1683, hier: S. 1682; ähnlich Haun, Jürgen/Winkler, Hartmut, Vertragsgestaltungen zur Verlagerung des Zeitpunktes der Besteuerung bei Anteilsveräußerungen, in: DStR 2001, S. 1195-1200, hier: S.1196. Auf vorzeitigen Übergang des wirtschaftlichen Eigentums bei Terminverkauf entschied BFH vom 10.03.1988, IV-R-226/85, in: BStBl. II 1988, S. 832. Im betreffenden Sachverhalt wurden jedoch wesentliche mit den Anteilen verbundene Gesellschaftsrechte aus wirtschaftlicher Sicht mit übertragen, so dass nach dem Gesamtbild der Verhältnisse das wirtschaftliche Eigentum an den Anteilen überging.

338 Vgl. Rödder, Thomas/Schumacher, Andreas, Unternehmenssteuerreform 2001: Wesentliche Änderungen des Steuersenkungsgesetzes gegenüber dem Regierungsentwurf und Regeln zu seiner erstmaligen Anwendung, in: DStR 2000, S. 1453-1460, hier: S. 1457 und Haun, Jürgen/Winkler, Hartmut, Vertragsgestaltungen zur Verlagerung des Zeitpunktes der Besteuerung bei Anteilsveräußerungen, in: DStR 2001, S. 1195-1200, hier: S. 1197/1198.

339 Unterschiedliche subjektive Wertvorstellungen können u.U. (speziell bei nicht börsennotierten Anteilen) dazu führen, dass es nicht zur Ausübung einer von beiden Optionen kommt.

340 Vgl. m.w.N. Haun, Jürgen/Winkler, Hartmut, Vertragsgestaltungen zur Verlagerung des Zeitpunktes der Besteuerung bei Anteilsveräußerungen, in: DStR 2001, S. 1195-1200, hier: S. 1197/1198; Rödder, Thomas/Wochinger, Peter, Veräußerungen von Kapitalgesellschaftsanteilen durch Kapitalgesellschaften – Gestaltungs-

Wirtschaftliches Eigentum an Gesellschaftsanteilen setzt ferner die Ausübung von durch Gesetz oder Satzung vorgegebenen Mitgliedschaftsrechten voraus. Hierzu gehören typischerweise das Recht auf Gewinnbeteiligung bzw. das Dividendenbezugsrecht, das Stimmrecht bei Gesellschafterbeschlüssen, das Recht auf Anteil am Liquidationserlös und sonstige Verwaltungsrechte.[341] Entscheidend ist, dass ein Mitgliedschaftsrecht noch eine gewisse wirtschaftliche Bedeutung besitzt. Für den Fall der Übertragung von GmbH-Anteilen hat der BFH[342] deshalb entschieden, dass rechtsförmlich den Altgesellschaftern befristet verbliebene Stimmrechte mit eingeschränktem inhaltlichen Umfang keine weitergehende wirtschaftliche Bedeutung besitzen und dem Übergang des wirtschaftlichen Eigentums auf die Erwerber nicht entgegenstehen. Wirtschaftliche Bedeutung hat ein Recht weiterhin nur dann, wenn der Stimmrechtsinhaber dieses auch im eigenen wirtschaftlichen Interesse ausüben kann und nicht an eine interessenkonforme Stimmabgabe zugunsten oder auf Weisung Dritter gebunden ist.[343]

Wertsteigerungspotential und Wertminderungsrisiko an den Anteilen werden vom BFH[344] und in überwiegenden Teilen der Literatur[345] als eine wichtige Vor-

---

überlegungen im Hinblick auf § 8b Abs. 2 KStG, in: FR 2001, S. 1253-1270, hier: S. 1261/1262 und Tschesche, Frank, Die Übertragung wirtschaftlichen Eigentums an Anteilen von Kapitalgesellschaften, in: WPg 2002, S. 965-972, hier: S. 970.

341 Vgl. Berg, Hans-Georg, Wirtschaftliches Eigentum als ein wichtiger Terminus bei strukturierten Finanzierungen, in: Münchner Forum der Internationalen Besteuerung – "Grenzüberschreitende strukturierte Finanzierung", München 27.06.2000, Vortragsunterlage, Köln 2001, S. 1-25, hier: S. 20 und Tschesche, Frank, Die Übertragung wirtschaftlichen Eigentums an Anteilen von Kapitalgesellschaften, in: WPg 2002, S. 965-972, hier: S. 971 mit weiteren Nachweisen zur Rechtsprechung.

342 Vgl. BFH vom 10.03.1988 IV-R-226/85, in: BStBl. II 1988, S. 832.

343 Vgl. BFH vom 16.05.1989 VIII-R 196/84, in: BStBl. II 1989, S. 877; BFH vom 27.09.1989 VIII-R-193/83, in: BStBl. II 1989, S. 414.

344 BFH vom 30.05.1984 I-R-146/81, in: BStBl. II 1984, S. 825; BFH vom 10.03.1988 IV-R-226/85, in: BStBl. II 1988, S. 832; BFH vom 15.12.1999 I-R-29/97, in: BStBl. II 2000, S. 527.

345 Vgl. Klein/Brockmeyer, AO § 39 Rz. 26; Haun, Jürgen/Winkler, Hartmut, Vertragsgestaltungen zur Verlagerung des Zeitpunktes der Besteuerung bei Anteilsveräußerungen, in: DStR 2001, S. 1195-1200, hier: S. 1196; Rödder, Thomas/Wochinger, Peter, Veräußerungen von Kapitalgesellschaftsanteilen durch Kapitalgesellschaften – Gestaltungsüberlegungen im Hinblick auf § 8b Abs. 2 KStG, in: FR 2001, S. 1253-1270, hier: S. 1261; Tschesche, Frank, Die Übertragung wirtschaftlichen Eigentums an Anteilen von Kapitalgesellschaften, in: WPg 2002, S. 965-972, hier: S. 966/967, 972; Rund, Thomas, Zeitliche Verlagerung der Besteuerung von Anteilsveräußerungen i.S.d. § 17 EStG in das Halbeinkünfteverfahren – Hinweise zur Vertragsgestaltung bei vorzeitigem Vertragsschluß, in: GmbHR 2001, S. 96-100, hier: S. 97 und Schmid, Hubert/Mühlhäuser, Felix, Wirtschaftliches Eigentum

aussetzung für den Übergang des wirtschaftlichen Eigentums angesehen. Gegen die allgemein vorherrschende Auffassung, Kursrisiken und -chancen als ein Tatbestandsmerkmal des wirtschaftlichen Eigentums anzusehen, wird indes angeführt, dass das wirtschaftliche Risiko nicht Ursache der tatsächlichen Herrschaft über die betreffenden Gesellschaftsanteile ist, sondern allenfalls eine Folge der bestehenden Einwirkungsmöglichkeiten darstellt und aus diesem Grund nur als Indiz für das wirtschaftliche Eigentum eingestuft werden sollte.[346]

In der Praxis wird vielfach versucht, Veräußerungsstrukturen zu konzipieren, die eine wirtschaftliche und damit für steuerliche Zwecke relevante Übertragung von Gesellschaftsanteilen auf einen früheren Zeitpunkt vorziehen oder auf einen späteren Zeitpunkt hinausschieben. Dies könnte beispielsweise mit dem Ziel geschehen, durch Gesetzesänderungen sich ergebende Vorteile auszunutzen[347] oder steuerliche Behaltefristen[348] einzuhalten. Eine sofortige Übertragung des wirtschaftlichen Eigentums ermöglichen beispielsweise Formen der Wertpapierleihe und des unechten Wertpapierpensionsgeschäftes.[349] Umgekehrt werden häufig

---

und Gewinnrealisierung bei der Wertpapierleihe, in: BB 2001, S. 2609-2618, hier: S. 2611/2612.

346 Vgl. zu dieser Argumentation Berg, Hans-Georg, Wirtschaftliches Eigentum als ein wichtiger Terminus bei strukturierten Finanzierungen, in: Münchner Forum der Internationalen Besteuerung – "Grenzüberschreitende strukturierte Finanzierung", München 27.06.2000, Vortragsunterlage, Köln 2001, S. 1-25, hier: S. 21/22; ähnlich auch Rödder, Thomas/Wochinger, Peter, Veräußerungen von Kapitalgesellschaftsanteilen durch Kapitalgesellschaften – Gestaltungsüberlegungen im Hinblick auf § 8b Abs. 2 KStG, in: FR 2001, S. 1253-1270, hier: S. 1263, die die Chancen und Risiken möglicher Wertänderungen explizit zu den gesellschaftsrechtlichen „Königsrechten" zählen; ebenso Seibt, Christoph H., Unternehmenskauf und -verkauf nach dem Steuersenkungsgesetz, in: DStR 2000, S. 2061-2076, hier: S. 2065. Entsprechend dem Urteil des RFH vom 17.09.1931 A-1016/30, in: RStBl. III 1931, S. 868 hat das Kursrisiko „mit dem wirtschaftlichen Eigentum nicht das mindeste zu tun, da es auch jemandem zur Last fallen kann, der unzweifelhaft nicht wirtschaftlicher Eigentümer ist".

347 Wäre bei einer Regelung wie § 8b Abs. 2 KStG in der jetzigen Fassung der Fall. Aus theoretischer Sicht könnte einerseits der Übergang des wirtschaftlichen Eigentums bis zur Einführung einer steuerfreien Veräußerung von Kapitalgesellschaftsanteilen hinausgeschoben werden; andererseits würden im Falle einer möglichen Abschaffung von § 8b Abs. 2 KStG Gestaltungen mit frühzeitigem Übergang des wirtschaftlichen Eigentums konstruiert.

348 Ein typisches Beispiel, das die Rechtsprechung vielfach beschäftigt hat, waren die Fristen bei Spekulationsgeschäften/privaten Veräußerungsgeschäften gemäß § 23 Abs. 1 S. 1 Nr. 1, 2 EStG.

349 Ausführlich zu Wertpapierleihe und Wertpapierpensionsgeschäften Häuselmann, Holger, Wertpapierdarlehen in der Steuerbilanz, in: DB 2000, S. 495-497; Häuselmann, Holger, Repo-Geschäfte in der Steuerbilanz, in: BB 2000, S. 1287-1293; Schmid, Hubert/Mühlhäuser, Felix, Wirtschaftliches Eigentum und Gewinnrealisie-

Termingeschäfte oder Optionsrechte vereinbart, um die steuerlich relevante Übertragung zeitlich zu verschieben. Der intensive Gebrauch zivilrechtlicher Gestaltungsmöglichkeiten bei der Strukturierung derartiger Transaktionen kann an der Schwelle zum Gestaltungsmissbrauch angesiedelt sein, so dass neben der Frage der Zurechnung des wirtschaftlichen Eigentums auch die Anwendungsmöglichkeit der Missbrauchsvorschrift von § 42 AO von Bedeutung sein kann.[350]

3.3.3.5.2 Gestaltungsmissbrauch – § 42 AO

Anknüpfungspunkt für die Besteuerung sind regelmäßig auf zivilrechtlicher Basis gestaltete Vorgänge bzw. Rechtsgeschäfte. Diese auf der Privatautonomie der Bürger beruhende Gestaltungsfreiheit ist vom Grundsatz her auch steuerlich anzuerkennen, denn prinzipiell dürfen Steuerpflichtige im Sinne einer legalen Steuervermeidung eine Gestaltung ihrer Verhältnisse mit dem Ziel wählen, möglichst wenig Steuern zu zahlen.[351] Auf Steuerreduzierung oder gänzliche Steuervermeidung ausgerichtete rechtliche Gestaltungen sind vom Grundsatz aus betrachtet weder verboten noch rechtsmissbräuchlich.[352]

Der Zweck der Vorschrift des § 42 AO besteht in einer Verhinderung von missbräuchlichen Sachverhaltsgestaltungen, die ausschließlich das Ziel haben, durch unangemessene rechtliche Strukturen dem Sinn und Zweck entsprechende steuerliche Rechtsfolgen zu umgehen. Ansonsten würden wirtschaftlich gleiche Sachverhalte ohne die Anwendung von § 42 AO steuerlich verschieden behandelt, da die methodischen Mittel der teleologischen Auslegung entsprechend dem möglichen Wortsinn und die Rechtsfortbildung durch Lückenfüllung mittels

---

rung bei der Wertpapierleihe, in: BB 2001, S. 2609-2618 und Mühlhäuser, Felix/Stoll, Heiko, Besteuerung von Wertpapierdarlehns- und Wertpapierpensionsgeschäften, in: DStR 2002, S. 1597-1602.

350 Vgl. beispielhaft die verschiedenen Gestaltungsmodelle zum Dividenden-Stripping, die regelmäßig Gerichte sowohl hinsichtlich des wirtschaftlichen Eigentums als auch unter dem Gesichtspunkt Missbrauch rechtlicher Gestaltungsmöglichkeiten beschäftigt haben; hierzu m.w.N. Unfried, Alexander, Besteuerung des Dividenden-Stripping nach der neueren Rechtsprechung des BFH, in: DStR 2000, S. 993-999.

351 So bereits BFH vom 29.11.1982 GrS-1/81, in: BStBl. 1983 II, S. 272 sowie BFH vom 21.11.1991 V-R-20/87, in: BStBl. II 1992, S. 446.

352 Vgl. Schaumburg, Harald, Gestaltungsmißbrauch bei grenzüberschreitenden Geschäftsbeziehungen, in: Der Fachanwalt für Steuerrecht im Rechtswesen: gleichzeitig ein Beitrag zur Gestaltungs- und Durchsetzungsberatung; Festschrift 50 Jahre Arbeitsgemeinschaft der Fachanwälte für Steuerrecht e.V. und 50 Jahre Steuerrechtliche Arbeitstagung, Herne u.a. 1999, S. 467-484, hier: S. 467.

Analogie[353] nicht ausreichen, um den Grundsatz der Gleichmäßigkeit der Besteuerung sicherzustellen. Damit impliziert § 42 AO, ähnlich wie die Analogie, eine Schließung von Gesetzeslücken, ohne eine Ermächtigung zum Betreten rechtsfreier Räume zu beinhalten.[354] Die Folgen einer Anwendung von § 42 AO sind, dass der Steueranspruch so entsteht, wie er bei einer als angemessen geltenden Gestaltung eingetreten wäre.[355] Damit wird für Besteuerungszwecke der gewählte rechtliche Weg durch einen „fiktiven" Sachverhalt ersetzt.

Wann ist eine rechtliche Gestaltung missbräuchlich bzw. wie lässt sich eine freischwebende Sachverhaltsbeurteilung vermeiden? Ob eine legale Steuervermeidung oder missbräuchliche Steuerumgehung vorliegt, ist unter Anwendung der wirtschaftlichen Betrachtungsweise entsprechend der Gesamtwürdigung des

---

353 Zum Verhältnis von Lückenausfüllung durch Analogie und dem Anwendungsbereich des § 42 AO vgl. Lang, Joachim, in: Tipke/Lang, Steuerrecht, § 5 Rz. 96 und Kruse, Heinrich Wilhelm/Drüen, Klaus-Dieter in: Tipke/Kruse, § 42 AO, Rz. 8-10.

354 Vgl. Tipke, Klaus, Die Steuerrechtsordnung, Bd. 3: Föderative Steuerverteilung, Rechtsanwendung und Rechtsschutz, Gestalter der Rechtsordnung, Köln 1993, S. 1329. Während die Lückenfüllung durch Analogie den Gesetzestatbestand fingiert (der empirische Sachverhalt wird unter einen fingierten, dem gesetzlichen Tatbestand „ähnlichen" Gesetzestatbestand subsumiert), wird zur Verhinderung von Steuerumgehungen durch § 42 AO ein den wirtschaftlichen Vorgängen angemessener Sachverhalt fingiert und unter den gesetzlichen Tatbestand subsumiert. Beide Techniken führen dazu, dass der durch den Gesetzeswortlaut unvollständig ausgedrückte Sinn und Zweck des Gesetzes erreicht wird. Siehe dazu Kruse, Heinrich Wilhelm, Steuerumgehung zwischen Steuervermeidung und Steuerhinterziehung, in: StbJb 1978/1979, S. 443-460, hier: S. 457 und Kirchhof, Paul, Steuerumgehung und Auslegungsmethoden, in: StuW 1983, S. 173-183, hier: S. 175.

355 Vgl. § 42 Abs. 1 S. 2 AO. Damit stellt sich grundsätzlich das Problem, welche Gestaltung für Zwecke der Besteuerung durch § 42 AO fingiert wird, wenn mehrere Gestaltungen als angemessen anzusehen sind. Kruse (vgl. Kruse, Heinrich Wilhelm, Lehrbuch des Steuerrechts, Bd. 1: Allgemeiner Teil, München 1991, S. 149/150) und Schaumburg (vgl. Schaumburg, Harald, Gestaltungsmißbrauch bei grenzüberschreitenden Geschäftsbeziehungen, in: Der Fachanwalt für Steuerrecht im Rechtswesen: gleichzeitig ein Beitrag zur Gestaltungs- und Durchsetzungsberatung; Festschrift 50 Jahre Arbeitsgemeinschaft der Fachanwälte für Steuerrecht e.V. und 50 Jahre Steuerrechtliche Arbeitstagung, Herne u.a. 1999, S. 467-484, hier: S. 469) ist zuzustimmen, dass nur die den Steuerpflichtigen am wenigsten belastende Gestaltung in Frage kommt, weil der Steuerpflichtige bereits durch die Wahl einer unangemessenen Gestaltung seine Steuerersparnisabsicht zum Ausdruck gebracht hat.

Sachverhalts zu beurteilen.[356] Nach ständiger Rechtsprechung des BFH[357] müssen folgende Tatbestandsvoraussetzungen für die Anwendbarkeit von § 42 Abs. 1 AO kumulativ erfüllt sein:

- Die gewählte rechtliche Gestaltung ist unangemessen,
- soll der Steuerminderung dienen und
- lässt sich durch wirtschaftliche oder sonstige beachtliche Gründe nicht rechtfertigen.

Teilweise wird als eine weitere Tatbestandsvoraussetzung angesehen, dass der Steuerpflichtige zweckgerichtet in Missbrauchsabsicht gehandelt haben muss.[358]

Unangemessen ist eine Rechtsgestaltung, wenn vor dem Hintergrund der angestrebten wirtschaftlichen Zielsetzung verständige Parteien den wirtschaftlichen Sachverhalt nicht in der gewählten Weise strukturiert hätten.[359] Im Regelfall ist der einfachste rechtliche Weg zur Erreichung des wirtschaftlichen Ziels auch als der angemessene Weg anzusehen, so dass unangemessene Gestaltungen häufig kompliziert, schwerfällig, unökonomisch, gekünstelt, undurchsichtig oder zum Teil überflüssig sind.[360] Räumt die steuerrechtliche Regelung jedoch explizit

---

356 Vgl. Beisse, Heinrich, Die wirtschaftliche Betrachtungsweise bei der Auslegung der Steuergesetze in der neueren deutschen Rechtsprechung, in: StuW 1981, S. 1-14, hier: S. 12.

357 Vgl. BFH vom 13.12.1983 VIII-R-173/83, in: BStBl. II 1984, S. 428; BFH vom 18.10.1990 IV-R-36/90, in: BStBl. II 1991, S. 205; BFH vom 27.07.1999 VIII-R-36/98, in: BStBl. II 1999, S. 769; kritisch zu diesen Voraussetzungen Klein/Brockmeyer, AO § 42 Rz. 13/14 und Fischer, Peter, Die Umgehung des Steuergesetzes – Zu den Bedingungen einer Bewahrung der Steuerrechtsordnung "aus eigener Kraft" –, in: DB 1996, S. 644-653, hier: S. 647.

358 Vgl. BFH vom 17.06.1998 X-R-68/95, in: BStBl. II 1998, S. 667; mit weiteren Nachweisen Rose, Gerd/Glorius-Rose, Cornelia, Mißbrauchsrechtsprechung des BFH in Bewegung, in: DB 2000, S. 1633-1638, hier: S. 1636/1637 sowie Tipke, Klaus, Die Steuerrechtsordnung, Bd. 3: Föderative Steuerverteilung, Rechtsanwendung und Rechtsschutz, Gestalter der Rechtsordnung, Köln 1993, S. 1341/1342; a.A. Fischer, Peter, Die Umgehung des Steuergesetzes – Zu den Bedingungen einer Bewahrung der Steuerrechtsordnung "aus eigener Kraft" –, in: DB 1996, S. 644-653, hier: S. 645; ebenso Weber-Grellet, Heinrich, Steuern im modernen Verfassungsstaat – Funktionen, Prinzipien und Strukturen des Steuerstaats und des Steuerrechts, Habil. Univ. Münster 2001, Köln 2001, S. 224.

359 Vgl. BFH vom 18.10.1990 IV-R-36/90, in: BStBl. II 1991, S. 205; ebenso BFH vom 17.01.1991 IV-R-132/85, in: BStBl. II 1991, S. 607.

360 Vgl. Tipke, Klaus, Die Steuerrechtsordnung, Bd. 3: Föderative Steuerverteilung, Rechtsanwendung und Rechtsschutz, Gestalter der Rechtsordnung, Köln 1993, S. 1337.

mehrere Gestaltungsmöglichkeiten ein und wählt der Steuerpflichtige den für seine Verhältnisse günstigsten Weg aus, kommt § 42 AO nicht zur Anwendung.[361]

Eine rechtliche Gestaltung darf nicht allein aus steuerlichen Gründen gewählt worden sein. Die Tatbestandsvoraussetzung ist erfüllt, wenn auf dem tatsächlich gewählten Weg eine niedrigere Steuer entsteht, als dies bei einem dem wirtschaftlichen Vorgang angemessenen Weg der Fall gewesen wäre. Umgekehrt liegt keine Steuerumgehung vor, wenn durch die gewählte Gestaltung eine höhere Steuer entsteht.[362] Eine Minderung der Steuerpflicht durch Steuerumgehung kann erfolgen durch Tatbestandsvermeidung oder Tatbestandserschleichung[363] als Grundfälle sowie durch Hinausschieben von Entstehung bzw. Fälligkeit eines Steueranspruchs.[364] Tatbestandsvermeidung liegt vor, wenn bewusst bestimmte Tatbestandsvoraussetzungen mit ungünstigen Rechtsfolgen durch den Steuerpflichtigen vermieden werden. Bei der Tatbestandserschleichung versucht der Steuerpflichtige gezielt tatbestandliche Voraussetzungen einer begünstigenden Rechtsvorschrift (z.B. Subventionen, Steuervergünstigungen) herbeizuführen.[365]

Neben dem Ziel der Steuerersparnis müssen beachtliche außersteuerliche Gründe für die gewählte Rechtsgestaltung sprechen. So ist beispielsweise bei der Zwischenschaltung ausländischer Basisgesellschaften zu prüfen, ob es sich um eine reine Briefkastenfirma allein zum Zweck der Steuerersparnis handelt oder ob nicht eine eigene wirtschaftliche Tätigkeit in gewissem Umfang vorhanden ist. In diesem Zusammenhang ist das BFH-Urteil vom 20.03.2002[366] hervorzuheben. Der BFH entschied, dass auch Gesellschaften mit engem bzw. eingeschränktem

361 Vgl. Klein/Brockmeyer, AO § 42 Rz. 2, 17.

362 Vgl. Fischer, Peter, in Hübschmann/Hepp/Spitaler § 42 AO Rz. 101; ebenso Birk, Dieter: Steuerrecht, 5. Aufl., Heidelberg 2002, S. 101.

363 Vgl. zur Tatbestandsvermeidung und -erschleichung Kruse, Heinrich Wilhelm, Steuerumgehung zwischen Steuervermeidung und Steuerhinterziehung, in: StbJb 1978/1979, S. 443-460, hier: S. 454/455.

364 Vgl. BFH vom 18.12.1991 XI-R-40/89, in: BStBl. II 1992, S. 486 und Klein/Brockmeyer, AO § 42 Rz. 4.

365 Vgl. Lang, Joachim, in: Tipke/Lang, Steuerrecht, § 5 Rz. 95. Gestaltungsmissbrauch im Sinne des § 42 AO stellt folglich auch die Verwirklichung begünstigender Vorschriften durch unangemessene rechtliche Gestaltungen dar, siehe hierzu BFH vom 27.07.1999 VIII-R-36/98, in: BStBl. II 1999, S. 769.

366 BFH vom 20.03.2002 I-R-63/99, mit Anmerkungen von Peter Fischer, in: FR 2002, S. 1077-1082. Vgl. zur Rechtsprechung hinsichtlich der Anwendbarkeit von § 42 AO auf Finanzierungsgesellschaften Höpper, Horst-Dieter, Deutsche steuerliche Mißbrauchsvorschriften und das Gemeinschaftsrecht – § 42 AO und § 50d Abs. 1a EStG aus EG-rechtlicher Sicht –, in: Steuerrecht und europäische Integration: Festschrift für Albert J. Rädler zum 65. Geburtstag, Breuninger, Gottfried E. u.a. (Hrsg.), München 1999, S. 305-341, hier: S. 308-332.

Unternehmensgegenstand – im vorliegenden Fall die Einschaltung einer Finanzierungsgesellschaft – steuerlich anzuerkennen sind.

4. Die Besteuerung hybrider Finanzinstrumente im deutschen Steuerrecht

4.1 Ausgangspunkt: Besteuerung einzelner Bausteine hybrider Finanzinstrumente

4.1.1 Eigenkapital

4.1.1.1 Steuerliche Konsequenzen im Privatvermögen

Bei Einkünften eines unbeschränkt Einkommensteuerpflichtigen aus der Beteiligung an Kapitalgesellschaften[367] ist zwischen laufenden Einkünften und denen aus der Veräußerung der Beteiligung zu unterscheiden, wobei vom Grundsatz das Zufluss-Abfluss-Prinzip des § 11 EStG Gültigkeit besitzt und der Überschuss der Einnahmen über die Werbungskosten zu ermitteln ist.

Entsprechend dem Halbeinkünfteverfahren[368] sind unter § 20 Abs. 1 Nr. 1 EStG zu subsumierende Gewinnausschüttungen einer Kapitalgesellschaft und andere vergleichbare Einnahmen nur zur Hälfte steuerpflichtig, § 3 Nr. 40d EStG. Damit in wirtschaftlichem Zusammenhang stehende Ausgaben können gemäß § 3c Abs. 2 EStG nur zur Hälfte als Werbungskosten abgesetzt werden. Neben dem Abzug einer Werbungskostenpauschale von 51 €/102 € gemäß § 9a S. 1 Nr. 2 EStG bleiben Einkünfte aus Kapitalvermögen steuerfrei, wenn diese den Sparerfreibetrag von 1370 €/2740 € gemäß § 20 Abs. 4 EStG nicht übersteigen. Diese Einkünfte können sowohl horizontal mit anderen Einkünften aus Kapitalvermögen als auch mit anderen Einkunftsarten vertikal verrechnet werden, jedoch sind die intertemporalen Verlustausgleichsmöglichkeiten des § 10d EStG durch aktuelle Gesetzgebung im Bereich der Verrechnung von Verlustvorträgen einge-

---

367 Aufgrund der Komplexität einer Darstellung der vielfältigen Beteiligungsmöglichkeiten an anderen Gesellschaftsformen wird sich an dieser Stelle auf die Beteiligung an einer Kapitalgesellschaft konzentriert. Ebenfalls ist anzumerken, dass die Ausführungen auch in den folgenden Abschnitten auf die wesentlichen Besteuerungsfragen der Fälle Privatanleger – Kapitalgesellschaft bzw. Kapitalgesellschaft – Kapitalgesellschaft eingegrenzt werden.

368 Vgl. dazu mit einem Berechnungsbeispiel für eine natürliche Person als Anteilseigner Wehrheim, Michael, Grundzüge der Unternehmensbesteuerung, München 2002, S. 26/27.

schränkt worden.[369] Für Gewinnausschüttungen wird im Regelfall eine Kapitalertragsteuer in Höhe von 20% auf Ebene der Körperschaft einbehalten, §§ 43 Abs. 1 S. 1 Nr. 1 und 43a Abs. 1 Nr. 1 EStG, die auf die persönliche Einkommensteuerschuld – resultierend aus dem progressiven Steuertarif des § 32a EStG (Spitzensteuersatz 2005 von 42%) – des Anteilseigners angerechnet wird, § 36 Abs. 2 S. 2 EStG.

Erfolgt die Veräußerung der Anteile innerhalb der Frist von einem Jahr, liegt ein privates Veräußerungsgeschäft nach § 23 Abs. 1 S. 1 Nr. 2 EStG vor, das zu den sonstigen Einkünften zählt, § 22 Nr. 2 EStG. Es kommt zur Anwendung des Halbeinkünfteverfahrens, so dass der Gewinn oder Verlust aus einem privaten Veräußerungsgeschäft nur zur Hälfte steuerpflichtig ist, §§ 3 Nr. 40j und 3c Abs. 2 EStG. Unterschreitet der Gesamtgewinn aus privaten Veräußerungsgeschäften die Freigrenze des § 23 Abs. 3 S. 6 EStG von 512 €, bleibt dieser steuerfrei. Die inner- und interperiodische Verrechnung entstandener Verluste ist auf Gewinne aus gleichartigen Geschäften beschränkt, § 23 Abs. 3 S. 8 und 9 EStG.

Werden die Anteile an einer Kapitalgesellschaft außerhalb der Jahresfrist veräußert[370] und lag innerhalb der letzten fünf Jahre eine Beteiligungshöhe von mindestens 1% vor, gehören diese Veräußerungsgewinne bzw. -verluste zu den Einkünften aus Gewerbebetrieb, § 17 Abs. 1 EStG. Das Halbeinkünfteverfahren wird angewendet, so dass die Veräußerung einer „wesentlichen" Beteiligung nur zur Hälfte steuerpflichtig ist, §§ 3 Nr. 40c und § 3c Abs. 2 EStG. Neben der Anwendung der Freibetragsregelung nach § 17 Abs. 3 EStG ist insbesondere die Verlustentstehung zu beachten. Im Unterschied zur Voraussetzung der Gewinnentstehung muss der Steuerpflichtige während der gesamten letzten fünf Jahre wesentlich beteiligt gewesen sein, damit ein entstandener Veräußerungsverlust berücksichtigungsfähig ist, § 17 Abs. 2 S. 4 b EStG. Dieser Verlust ist inner- und interperiodisch mit Gewinnen bzw. Überschüssen anderer Einkunftsarten verrechenbar.

4.1.1.2 Steuerliche Konsequenzen im Betriebsvermögen

Zur Darstellung der Besteuerungsfolgen im Betriebsvermögen – an dieser Stelle und in den folgenden Abschnitten – wird die Perspektive einer finanzielle Mittel

369 Vgl. zu den aktuellen Änderungen der Verlustverrechnung Rödder, Thomas/Schumacher, Andreas, Ertragsteuerliche Änderungen für Unternehmen zum Jahreswechsel 2003/2004 – Die wesentlichen Veränderungen der verabschiedeten Gesetze gegenüber den Regierungsentwürfen, in: DStR 2004, S. 207-210, hier: S. 207/208.

370 Gemäß § 23 Abs. 2 S. 2 EStG ist § 17 EStG nicht anzuwenden, wenn die Voraussetzungen für ein privates Veräußerungsgeschäft nach § 23 Abs. 1 S. 1 Nr. 2 EStG erfüllt sind.

aufnehmenden und einer finanzielle Mittel anlegenden unbeschränkt körperschaftsteuerpflichtigen und gewerbesteuerpflichtigen Kapitalgesellschaft unterschieden. Diese ermitteln ihren Gewinn periodengerecht nach handelsrechtlichen Ansatz- und Bewertungsgrundsätzen, die über das in § 5 Abs. 1 EStG kodifizierte Maßgeblichkeitsprinzip auch auf die Steuerbilanz durchschlagen, es sei denn, spezielle steuerliche Regelungen stehen dem entgegen.

Aus einer Beteiligung an einer Kapitalgesellschaft erhaltene Dividenden bleiben gemäß § 8b Abs. 1 KStG bei der Ermittlung des Einkommens außer Ansatz. Diese sind nach neuer Rechtslage – wirtschaftlich betrachtet – nur zu 95% steuerfrei, weil nach § 8b Abs. 5 KStG 5% des Gewinns als nichtabzugsfähige Betriebsausgaben gelten.[371] Diese Regelungen schlagen über § 7 GewStG auch auf die Gewerbesteuer durch, jedoch werden so genannte Streubesitzdividenden, die aus einer Beteiligung von weniger als 10% stammen, über § 8 Nr. 5 GewStG wieder dem Gewinn aus Gewerbebetrieb hinzugerechnet. Hinsichtlich des Zeitpunkts der Aktivierung eines Dividendenanspruchs ist es nach Rechtsprechung des BFH wohl herrschende Meinung, dass eine phasengleiche Dividendenaktivierung im Regelfall steuerlich nicht zulässig ist.[372] Wird eine Beteiligung an einer anderen Kapitalgesellschaft veräußert, ist ein daraus resultierender Veräußerungsgewinn durch das Zusammenwirken von § 8b Abs. 2 und 3 KStG im wirtschaftlichen Ergebnis wiederum zu 95% steuerfrei.[373] Zu einer gleichen Belastung kommt es bei der Gewerbesteuer. Die von den Dividenden einbehaltene Kapitalertragsteuer ist anrechenbar, § 31 KStG i.V.m. § 36 Abs. 2 Nr. 2 EStG.[374]

Nimmt eine Kapitalgesellschaft von alten oder neuen Anteilseignern finanzielle Mittel zur Erweiterung der Eigenkapitalbasis im Wege der verschiedenen

---

371 Vgl. zur neuen Rechtslage bei Dividendenbezug Rödder, Thomas/Schumacher, Andreas, Erster Überblick über die geplanten Steuerverschärfungen und -entlastungen für Unternehmen zum Jahreswechsel 2003/2004, in: DStR 2003, S. 1725-1736, hier: S. 1726/1727.

372 Vgl. BFH vom 07.08.2000 GrS-2/99, in: BStBl. II 2000, S. 632; zum Meinungsspektrum Blümich/Schreiber, § 5 EStG Rz. 491-493 und Schmidt/Weber-Grellet, § 5 EStG Rz. 270.

373 Vgl. zur neuen Rechtslage mit einem Berechnungsbeispiel Dötsch, Ewald/Pung, Alexandra, Die Neuerungen bei der Körperschaftsteuer und bei der Gewerbesteuer durch das Steuergesetzgebungspaket vom Dezember 2003 – Teil II: Die Änderungen insbes. bei der Verlustnutzung und bei § 8b KStG, in: DB 2004, S. 151-156, hier: S. 153-155.

374 Vgl. dazu mit einem Berechnungsbeispiel auf Ebene der ausschüttenden und erhaltenden Kapitalgesellschaft Scheffler, Wolfram, Besteuerung von Unternehmen Bd. I: Ertrag-, Substanz- und Verkehrsteuern, 6. Aufl., Heidelberg 2003, S. 176/177.

Formen einer Kapitalerhöhung[375] auf, verläuft dies – abgesehen von den Eigenkapitalbeschaffungskosten, für die gemäß § 248 Abs. 1 HGB ein Bilanzierungsverbot besteht und die damit aufwandswirksam auch für steuerliche Zwecke zu verbuchen sind – vom Grundsatz erfolgsneutral. Der durch vollständigen Betriebsvermögensvergleich ermittelte Gewinn kann nicht um die im theoretischen Konzept der zinsbereinigten Einkommensteuer vorgesehene Eigenkapitalschutzverzinsung gekürzt werden.[376] Der Gewinn unterliegt mit einigen Modifikationen der Gewerbesteuer, die von ihrer eigenen Bemessungsgrundlage und bei der Körperschaftsteuer abzugsfähig ist, sowie der Körperschaftsteuer, mit dem derzeit gültigen proportionalen Körperschaftsteuersatz von 25% – unabhängig davon, ob Gewinne ausgeschüttet oder thesauriert werden, § 23 Abs. 1 KStG. Insgesamt beläuft sich die ertragsteuerliche Belastung abhängig vom Hebesatz auf ungefähr 40%.[377] Die Belastung mit Körperschaftsteuer auf Ebene der ausschüttenden Körperschaft ist definitiv. Bei Ausschüttungen ist im Regelfall Kapitalertragsteuer einzubehalten in Höhe von 20 %, §§ 43 Abs. 1 S. 1 Nr. 1 i.V.m. 43a Abs. 1 Nr. 1 EStG.

4.1.2 Fremdkapital

4.1.2.1 Steuerliche Konsequenzen im Privatvermögen

Typisches Fremdkapital ist eine festverzinsliche Anleihe, anhand derer die Besteuerungsfolgen der laufenden Einkünfte und bei Veräußerung aufgezeigt werden sollen. Typisch für die Besteuerung privaten Vermögens ist das Quellenprinzip, entsprechend dem lediglich die Früchte einer Quelle, nicht aber die Wertänderungen des Vermögensstamms zu versteuern sind.[378]

---

375 Vgl. zu den verschiedenen Arten von Kapitalerhöhungen einer AG Perridon, Louis/Steiner, Manfred, Finanzwirtschaft der Unternehmung, 12. Aufl., München 2003, S. 372-379.

376 Vgl. hierzu Abschnitt 3.2.1.3.

377 Vgl. zur formelmäßigen Ableitung der Steuerbelastung und damit auch zur Ermittlung der Steuerbelastung für verschiedene Hebesätze Scheffler, Wolfram, Besteuerung von Unternehmen Bd. I: Ertrag-, Substanz- und Verkehrsteuern, 6. Aufl., Heidelberg 2003, S. 260-264.

378 Damit wird offensichtlich, dass die in Abschnitt 4.1.1.1 beschriebene Besteuerung der Veräußerung von Anteilen an Kapitalgesellschaften gemäß §§ 17 und 23 EStG diesem Grundsatz widerspricht; vgl. zur Unterscheidung von Quellen- und Reinvermögenszugangstheorie Lang, Joachim, in: Tipke/Lang, Steuerrecht, § 9 Rz. 50/51 und Wehrheim, Michael, Einkommensteuer und Steuerwirkungslehre, 2. Aufl., Wiesbaden 2004, S. 7/8.

Laufende Zinserträge aus der Anleihe sind beim Privatanleger als Einkünfte aus Kapitalvermögen gemäß § 20 Abs. 1 Nr. 7 EStG im Jahr des Zuflusses zu versteuern. Für Zinseinnahmen, die für einen Zeitraum des Vorjahres gezahlt werden, aber erst zu Beginn des neuen Kalenderjahres zufließen, ist die Regelung des § 11 Abs. 1 EStG zu beachten, gemäß der regelmäßig wiederkehrende Einnahmen dem Jahr zugeordnet werden, zu dem diese wirtschaftlich gehören.[379] Die an anderer Stelle genannten Regelungen zum Werbungskostenpauschbetrag, zum Sparerfreibetrag und zur Verlustverrechnung gelten sinngemäß.[380] Zinserträge sind dann in vollem Umfang steuerpflichtig, das Halbeinkünfteverfahren ist nicht anzuwenden. Von Zinserträgen wird eine als Zinsabschlag bezeichnete Kapitalertragsteuer von im Regelfall 30% einbehalten – §§ 43 Abs. 1 S. 1 Nr. 7 i.V.m. 43a Abs. 1 Nr. 3 EStG, die auf die persönliche Einkommensteuer anrechenbar ist, § 36 Abs. 2 S. 2 EStG. Wird eine Anleihe mit Stückzinsen erworben, können diese als negative Einnahmen nach § 20 Abs. 2 S. 1 Nr. 3 EStG angesetzt werden.

Aus einer Veräußerung einer festverzinslichen Anleihe erzielte Kursgewinne und -verluste fallen nicht in den Anwendungsbereich des § 20 EStG und sind nur steuerpflichtig gemäß §§ 22 Nr. 2 i.V.m. 23 Abs. 1 S. 1 Nr. 2 EStG, wenn zwischen Anschaffung und Veräußerung weniger als ein Jahr und damit ein privates Veräußerungsgeschäft vorliegt.[381] Stückzinsen gehören beim Veräußerer zu steuerpflichtigen Einnahmen nach § 20 Abs. 2 S. 1 Nr. 3 EStG.

4.1.2.2 Steuerliche Konsequenzen im Betriebsvermögen

Legt eine Kapitalgesellschaft finanzielle Mittel in Form einer festverzinslichen Anleihe an, sind die laufenden Zinseinnahmen periodengerecht als Betriebseinnahmen anzusetzen. Wenn noch keine Fälligkeit der Zinsansprüche gegeben ist, sind diese folglich als Forderungen zu aktivieren.[382] Zinseinnahmen in diesem Sinne unterliegen damit periodengerecht in vollem Umfang der Körperschaft- und Gewerbesteuer. Eine Ausnahme kann sich durch die Regelung des § 8a KStG zur Gesellschafterfremdfinanzierung ergeben, die die einen Safe Haven von 1,5:1 übersteigende Fremdkapitalüberlassung bzw. die erhaltenen Zinsen – ohne Drittvergleichsführung – in eine verdeckte Gewinnausschüttung umwan-

---

379 In H 116 EStR ist ein Zeitraum von zehn Tagen als Zeitraum für wiederkehrende Einnahmen und Ausgaben genannt.

380 Vgl. Abschnitt 4.1.1.1 mit der Beschreibung der Besteuerung von Gewinnausschüttungen.

381 Vgl. Abschnitt 4.1.1.1 zur Besteuerung von privaten Veräußerungsgeschäften.

382 Vgl. Scharpf, Paul/Luz, Günther, Risikomanagement, Bilanzierung und Aufsicht von Finanzderivaten, 2. Aufl., Stuttgart 2000, S. 261.

deln. Eine verdeckte Gewinnausschüttung nach § 8 Abs. 3 KStG ist nach überwiegender Auffassung einer verdeckten Gewinnausschüttung nach § 8a KStG vorrangig.[383] Eine verdeckte Gewinnausschüttung ist beim Geber des Fremdkapitals nach § 8b Abs. 1 KStG steuerfrei, wobei wieder das Abzugsverbot von 5% des § 8b Abs. 5 KStG zu beachten ist. Die Regelungen schlagen ebenfalls auf die Gewerbesteuer durch. Wird eine festverzinsliche Anleihe veräußert, ist der Unterschied zwischen dem Veräußerungspreis und dem Buchwert sowie den Veräußerungskosten in voller Höhe körperschaft- und gewerbesteuerpflichtig.

Nimmt eine Kapitalgesellschaft finanzielle Mittel in Form einer festverzinslichen Anleihe auf, sind die laufenden Zinsaufwendungen periodengerecht als Betriebsausgaben anzusetzen und mindern den körperschaftsteuerlichen Gewinn. Im Rahmen der Gewerbesteuer ist die hälftige Hinzurechnung von Dauerschuldzinsen gemäß § 8 Nr. 1 GewStG zu beachten, so dass Zinsen im Ergebnis nur zur Hälfte Steuer mindernd wirken. Auch aus Sicht einer Fremdkapital empfangenden Kapitalgesellschaft sind u.U. die Rechtsfolgen des § 8a KStG zu beachten. Auf dieser Ebene führt die Umqualifikation der Zinszahlungen in eine verdeckte Gewinnausschüttung dazu, dass diese den körperschaftsteuerlichen Gewinn nicht mindern dürfen und wieder dem Einkommen nach § 8 Abs. 3 S. 2 KStG hinzugerechnet werden. Die Rechtsfolgen des § 8a KStG schlagen auf die Gewerbesteuer durch, weil die Kürzungsvorschrift des § 9 Nr. 10 GewStG gestrichen wurde.

4.1.3 Forward

4.1.3.1 Steuerliche Konsequenzen im Privatvermögen

Im Folgenden wird die Besteuerung unbedingter Termingeschäfte im Privatvermögen erläutert, wobei neben den Konsequenzen für typische Forwardverträge auch Besonderheiten standardisierter Futures mit erwähnt werden sollen.[384]

---

383 Vgl. dazu und zur neuen Rechtslage in Bezug auf § 8a KStG Rödder, Thomas/Schumacher, Andreas, Erster Überblick über die geplanten Steuerverschärfungen und -entlastungen für Unternehmen zum Jahreswechsel 2003/2004, in: DStR 2003, S. 1725-1736, hier: S. 1729-1732 und Dötsch, Ewald/Pung, Alexandra, Die Neuerungen bei der Körperschaftsteuer und bei der Gewerbesteuer durch das Steuergesetzgebungspaket vom Dezember 2003 – Teil I: Die Änderungen insbes. des § 8a KStG, in: DB 2004, S. 91-100.

384 Vgl. zur nachfolgenden Darstellung BMF vom 27.11.2001 IV-C3-S 2256-265/01, in: BStBl. I 2001, S. 986; Harenberg, Friedrich E./Irmer, Gisbert, Die Besteuerung privater Kapitaleinkünfte, 3. Aufl., Herne/Berlin 2003, S. 358-359 und Hoereth, Ulrike/Zipfel, Lars, Die steuerliche Behandlung von Finanzderivaten, in: http://

Ausschließlich auf Differenzausgleich gerichtete Termingeschäfte unterliegen nach § 23 Abs. 1 S. 1 Nr. 4 EStG der Besteuerung als privates Veräußerungsgeschäft, wenn zwischen Abschluss des Terminkontrakts und dem Zeitpunkt der Fälligkeit weniger als ein Jahr liegt. Der aus der Summe der während dieser Zeit geflossenen Zahlungen ermittelte Differenzausgleich kann für Long- oder Short-Positionen einen steuerpflichtigen Gewinn oder Verlust darstellen. Außerhalb der Jahresfrist erzielte Gewinne und Verluste steuerlich sind irrelevant.

Kommt es zur Lieferung des Basiswerts, stellen die auf den Forwardvertrag geleisteten Zahlungen des Käufers Anschaffungskosten für den Basiswert dar. Wird dieser innerhalb eines Jahres veräußert, liegen steuerpflichtige Einkünfte im Sinne des § 23 Abs. 1 S. 1 Nr. 2 EStG vor. Muss derjenige, der eine Short-Position hat, den Basiswert erst noch beschaffen, ist ein privates Veräußerungsgeschäft gemäß § 23 Abs. 1 S. 1 Nr. 3 EStG gegeben.

Über diese auch für Futures gültige Besteuerung hinaus kommt es bei diesen standardisierten Formen eines Forwards im Regelfall zu einem glattstellenden Gegengeschäft. Durch diese Glattstellung ist der Tatbestand eines privaten Veräußerungsgeschäfts im Sinne von § 23 Abs. 1 S. 1 Nr. 4 EStG erfüllt und der Gewinn oder Verlust aus diesem ergibt sich aus der Differenz aller während der Laufzeit geleisteten und empfangenen Zahlungen.

4.1.3.2 Steuerliche Konsequenzen im Betriebsvermögen

Forwardverträge sind schwebende Geschäfte für die der Einzelbewertungsgrundsatz gilt. Bei Forwards werden vom Grundsatz im Zeitpunkt des Erwerbs und über die Laufzeit keine Zahlungen durch die Parteien geleistet.[385] Da für die gegenseitigen Ansprüche und Verpflichtungen aus einem Forward im Zeitpunkt des Abschlusses die Ausgeglichenheitsvermutung gilt, sind diese zunächst bilanzunwirksam. Im Rahmen der Folgebewertung ist jedoch am Bilanzstichtag zu prüfen,

---

www.ey.com/global/download.nsf/Germany/STH Die steuerliche Behandlung von Finanzderivaten/$file/DIE STEUERLICHE BEHANDLUNG VON FINANZDERIVATEN.pdf, abgerufen am 12.06.2003.

385 Vgl. zur Bilanzierung von Forwards und Futures IDW-Bankenfachausschuß, Stellungnahme BFA 2/1993: Bilanzierung und Prüfung von Financial Futures und Forward Rate Aggreements, in: WPg 1993, S. 517/518; Mauritz, Peter, Konzepte der Bilanzierung und Besteuerung derivativer Finanzinstrumente, Diss. Univ. Köln 1996, Wiesbaden 1997, S. 250-255; Prahl, Reinhard/Naumann, Thomas K., Financial Instruments, in: Handbuch des Jahresabschlusses in Einzeldarstellungen, von Wysocki, Klaus/Schulze-Osterloh, Joachim (Hrsg.), Köln 2000, Abt. II/10, S. 1-161, hier: S. 51-58 und Schwitters, Jürgen/Bogajewskaja, Janina, B730 Bilanzierung von derivativen Finanzinstrumenten, in: Beck'sches Handbuch der Rechnungslegung Bd. 2, Castan, Edgar u.a. (Hrsg.), München 2002, S. 21/22.

ob sich aus dem Vergleich von abgeschlossenem Terminkurs und für die Restlaufzeit des Forward gültigen Terminkurses ein positiver oder negativer Betrag ergibt. Gemäß dem Realisationsprinzip in § 252 Abs. 1 Nr. 4 HGB dürfen unrealisierte Wertsteigerungen nicht erfolgswirksam berücksichtigt werden, während für Verpflichtungsüberschüsse handelsrechtlich zwingend infolge des Imparitätsprinzips eine Drohverlustrückstellung gemäß § 249 Abs. 1 HGB zu bilden ist. Diese ist in der Steuerbilanz seit Einführung von § 5a Abs. 4a EStG nicht mehr zulässig, so dass es insoweit zu keiner Aufwandswirksamkeit kommt.

Werden die zugrunde liegenden Wertpapiere geliefert, resultiert für den Verkäufer ein Gewinn oder Verlust aus der Gegenüberstellung des erhaltenen Betrags und dem Buchwert der gelieferten Wertpapiere, der in diesem Zeitpunkt erfolgswirksam zu erfassen ist. Der Käufer nimmt die Wertpapiere mit Anschaffungskosten in Höhe des hingegebenen Betrags in seine Bilanz auf. Werden Forwards vor Fälligkeit durch Aufhebungsverträge glattgestellt, sind die betreffenden Zahlungen erfolgswirksam zu erfassen. Wenn aus den Forwards negative Erfolgsbeiträge resultieren, ist die Verlustverrechnungsbeschränkung bei betrieblichen Termingeschäften gemäß § 15 Abs. 4 S. 3-5 EStG zu beachten.[386] Diese schränkt, sofern es sich nicht um Hedginggeschäfte oder von Instituten des Finanzsektors durchgeführte Geschäfte handelt, die Verrechenbarkeit entstandener Verluste auf gleichartige Geschäfte ein, so dass lediglich Verluste und Gewinne aus Termingeschäften miteinander inner- und interperiodisch verrechnet werden dürfen.

Bei standardisierten Futures ergeben sich im Vergleich zu Forwards einige Besonderheiten hauptsächlich in Bezug auf die zu Beginn und während der Kontraktlaufzeit zu erbringenden Sicherheitsleistungen, die als Margins bezeichnet werden.[387] Um das Erfüllungsrisiko auszuschließen, muss zunächst eine Initial Margin geleistet werden, die im Fall eines Bareinschusses als sonstiger Vermögensgegenstand zu aktivieren ist. Aufgrund der Preisschwankungen der Kontrakte sind darüber hinaus Variation Margins zu leisten bzw. werden erhalten. Diese werden als sonstige Vermögensgegenstände bzw. sonstige Verbindlichkeiten ebenfalls erfolgsneutral behandelt. Bei Glattstellung werden die bisher aufgelaufenen Kursgewinne und -verluste in voller Höhe erfolgswirksam.

386 Vgl. zur Verlustverrechnung des § 15 Abs. 4 S. 3-5 EStG Schmittmann, Peter/Weppler, Axel, Voraussetzungen der Verlustausgleichsbeschränkung bei Termingeschäften im Betriebsvermögen, in: DStR 2001, S. 1783-1788 und Tibo, Frank, Die Besteuerung von Termingeschäften im Betriebsvermögen gemäß § 15 Abs. 4 EStG, in: DB 2001, S. 2369-2372.

387 Vgl. zum Marginsystem an der Eurex Steiner, Manfred/Bruns, Christoph, Wertpapiermanagement, 8. Aufl., Stuttgart 2002, S. 457/458.

4.1.4 Option

4.1.4.1 Steuerliche Konsequenzen im Privatvermögen

Nachfolgend soll die steuerliche Behandlung der vier verschiedenen Grundpositionen – Long Call, Long Put, Short Call, Short Put – für Aktienoptionen im Privatvermögen für die Fälle von Ausübung, Veräußerung, Glattstellung, Cash Settlement und Verfall dargestellt werden.[388]

Für einen Long Call gezahlte Optionsprämien sind die Anschaffungskosten für das Wirtschaftsgut Optionsrecht; Provisionen und andere Transaktionskosten zählen im Regelfall zu den Anschaffungsnebenkosten. Wird die Option ausgeübt und kommt es zur Lieferung des Basiswerts, sollten die Anschaffungskosten der Option zu den Anschaffungskosten des Basiswerts zählen. Dessen Veräußerung innerhalb eines Jahres stellt ein privates Veräußerungsgeschäft nach § 23 Abs. 1 S. 1 Nr. 2 EStG dar. Gleiches gilt, wenn eine Option selbst innerhalb eines Jahres veräußert wird. Die Glattstellung eines Long Call durch ein Gegengeschäft derselben Serie mit Closing-Vermerk ist innerhalb eines Jahres nach herrschender Meinung ebenfalls als privates Veräußerungsgeschäft nach § 23 Abs. 1 S. 1 Nr. 2 EStG steuerpflichtig.[389] Wird eine Option durch Cash Settlement innerhalb eines Jahres beendet, liegt ein privates Veräußerungsgeschäft nach § 23 Abs. 1 S. 1 Nr. 4 EStG vor. Verfällt die Option, ist strittig, ob die gezahlte Optionsprämie steuerlich zu beachten ist,[390] so dass eine Veräußerung kurz vor Verfall einen Werbungskostenabzug der Optionsprämie ermöglichen könnte.

---

388 Vgl. zur nachfolgenden Darstellung BMF vom 27.11.2001 IV-C3-S 2256-265/01, in: BStBl. I 2001, S. 986; Harenberg, Friedrich E./Irmer, Gisbert, Die Besteuerung privater Kapitaleinkünfte, 3. Aufl., Herne/Berlin 2003, S. 354-358; Heuermann, Bernd, EUREX II: Besteuerung von Optionsgeschäften an Terminbörsen – Zugleich Anmerkung zum BFH-Urteil vom 29.6.2004 IX R 26/03, in: DB 2004, S. 1848-1852 und Hoereth, Ulrike/Zipfel, Lars, Die steuerliche Behandlung von Finanzderivaten, in: http://www.ey.com/global/download.nsf/ Germany/STH_Die steuerliche Behandlung von Finanzderivaten/$file/DIE STEUERLICHE BEHANDLUNG VON FINANZDERI-VATEN.pdf, abgerufen am 12.06.2003.

389 Der BFH hat in jüngst ergangenen Urteilen, vgl. BFH vom 24.06.2003 IX-R-2/02, mit Anmerkungen von Friedrich E. Harenberg, in: FR 2003, S. 1137-1140 und BFH vom 29.06.2004 IX-R-26/03, in: DB 2004, S. 1862-1864, die Glattstellung als eine Art Rückveräußerung des Wirtschaftsguts angesehen, so dass für Eurex-Optionen § 23 Abs. 1 S. 1 Nr. 4 EStG nicht mehr anwendbar sein dürfte; zustimmend Heuermann, Bernd, EUREX II: Besteuerung von Optionsgeschäften an Terminbörsen – Zugleich Anmerkung zum BFH-Urteil vom 29.6.2004 IX R 26/03, in: DB 2004, S. 1848-1852, hier: S. 1849.

390 Dem Werbungskostenabzug zustimmend z.B. Geurts, Matthias, Besteuerung von Finanzderivaten im Privatvermögen – Anmerkungen zum BMF-Schreiben vom

Wird ein Long Put erworben, gelten die Ausführungen zu Anschaffungskosten, Veräußerung, Glattstellung, Cash Settlement und Verfall beim Long Call entsprechend. Die Ausübung einer Verkaufsoption führt zu einem privaten Veräußerungsgeschäft nach § 23 Abs. 1 S. 1 Nr. 2 EStG, wenn die angedienten Wertpapiere innerhalb eines Jahres vor Optionsausübung durch den Optionsnehmer angeschafft wurden. Optionsprämie und Nebenkosten sollten als Werbungskosten gelten und können vom Veräußerungsgewinn abgezogen werden.

Die durch das Schreiben eines Calls erhaltene Optionsprämie stellt nach herrschender Meinung ein Entgelt für eine sonstige Leistung im Sinne des § 22 Nr. 3 EStG dar,[391] für die ein anderer Verlustverrechnungskreis besteht als für Gewinne und Verluste aus privaten Veräußerungsgeschäften. Diese Optionsprämie wäre demnach unabhängig von möglichen noch folgenden Veräußerungsgeschäften zu sehen und könnte folglich auch nicht als Werbungskosten abgezogen werden. Muss der Stillhalter bei Ausübung den Basiswert liefern, kann hinsichtlich des Basiswerts ein privates Veräußerungsgeschäft nach § 23 Abs. 1 S. 1 Nr. 2 EStG vorliegen, wenn die Aktien innerhalb eines Jahres vor Ausübung der Call-Option erworben wurden. Hat der Stillhalter den Basiswert erst noch zu beschaffen, ist durch § 23 Abs. 1 S. 1 Nr. 3 EStG ein privates Veräußerungsgeschäft erfüllt. Entstehen beim Ausführungsgeschäft dagegen Verluste, sollen diese steuerlich unbeachtlich bleiben.[392] Stellt der Stillhalter die verkaufte Kaufoption durch ein Gegengeschäft glatt, kann die hierfür gezahlte Optionsprämie einschließlich Nebenkosten von den Einkünften im Sinne des § 22 Nr. 3 EStG als Werbungskosten abgezogen werden.

Die für einen Short Call beschriebenen steuerlichen Konsequenzen gelten sinngemäß auch für die Besteuerung von einem Short Put.

27.11.2001, in: DB 2002, S. 110-114, hier: S. 113; Schmidt/Heinicke, § 23 EStG Rz. 33; ablehnend z.B. BMF vom 27.11.2001 IV-C3-S 2256-265/01, in: BStBl. I 2001, S. 986, Rz. 18 und 23.

391 Vgl. hierzu BFH vom 28.11.1990 XR-197/87, in: BStBl. 1991 II, S. 300 und BFH vom 29.06.2004 IX-R-26/03, in: DB 2004, S. 1862-1864; zum Spektrum anderer Lösungsansätze Heuermann, Bernd, EUREX II: Besteuerung von Optionsgeschäften an Terminbörsen – Zugleich Anmerkung zum BFH-Urteil vom 29.6.2004 IX R 26/03, in: DB 2004, S. 1848-1852, hier: S. 1849-1851 und Zellner, Florian, Die steuerliche Behandlung von Stillhalterprämien bei Investmentfonds nach dem InvStG, in: DB 2004, S. 1522-1524, hier: S. 1522/1523.

392 Kritisch dazu Harenberg, Friedrich E./Irmer, Gisbert, Die Besteuerung privater Kapitaleinkünfte, 3. Aufl., Herne/Berlin 2003, S. 356/357.

4.1.4.2 Steuerliche Konsequenzen im Betriebsvermögen

Der Käufer einer Option erwirbt mit dieser ein Recht, das als nicht abnutzbarer immaterieller Vermögensgegenstand/Wirtschaftsgut angesehen wird und zwingend zu aktivieren ist.[393] Die Anschaffungskosten dieses regelmäßig im Umlaufvermögen auszuweisenden Rechts entsprechen der gezahlten Optionsprämie zuzüglich Transaktionskosten, wobei letztere aus Vereinfachungsgründen auch sofort aufwandswirksam erfasst werden können. An den folgenden Bilanzstichtagen ist das Optionsrecht mit dem u.U. niedrigeren Teilwert gemäß § 6 Abs. 1 Nr. 2 EStG im Fall einer dauerhaften Wertminderung zu bewerten und dementsprechend abzuschreiben. Wird eine Kaufoption ausgeübt, bildet der Basispreis einschließlich der Optionsprämie die Anschaffungskosten für die neuen Wertpapiere, so dass der Anschaffungsvorgang erfolgsneutral verläuft. Verfällt eine gekaufte Option, ist der Buchwert der Optionsprämie aufwandswirksam auszubuchen. Erfolgt ein Verkauf oder eine Glattstellung der Kaufoption, entsteht ein Aufwand oder Ertrag in Höhe des Saldos von Buchwert des Optionsrechts und erhaltenem Betrag. Für eine Verkaufsoption gelten diese Grundsätze sinngemäß. Wird eine Verkaufsoption ausgeübt und liefert der Optionskäufer den Basiswert, so werden zur Bestimmung des Veräußerungsgewinns der Buchwert des Optionsrechts sowie des Underlyings gegen gerechnet.

Weitaus strittiger ist die steuerliche Behandlung der Verkäuferseite von Optionen und hier insbesondere die zeitliche Erfolgswirksamkeit der vereinnahmten Stillhalterprämien sowie die Abbildung eines diese übersteigenden Risikos.[394] Die Finanzverwaltung vertrat mit dem Hinweis auf ein zur steuerlichen Behandlung von Optionsprämien im Privatvermögen ergangenes Urteil[395] lange Zeit die

393 Vgl. zur Bilanzierung von Optionsgeschäften IDW-Bankenfachausschuß, Stellungnahme 2/1995: Bilanzierung von Optionsgeschäften, in: WPg 1995, S. 421/422; Windmöller, Rolf/Breker, Norbert, Bilanzierung von Optionsgeschäften, in: WPg 1995, S. 389-401 und Prahl, Reinhard/Naumann, Thomas K., Financial Instruments, in: Handbuch des Jahresabschlusses in Einzeldarstellungen, von Wysocki, Klaus/Schulze-Osterloh, Joachim (Hrsg.), Köln 2000, Abt. II/10, S. 1-161, hier: S. 70-79.

394 Vgl. m.w.N. zu einem Überblick über das Meinungsspektrum und zur folgenden Darstellung Herzig, Norbert/Briesemeister, Simone, Steuerbilanzielle Abbildung von Optionsgeschäften beim Stillhalter – Zugleich Urteilsanmerkung zu FG München vom 28.11.2000 7 K 2035/98 sowie FG Hamburg vom 6.12.2001 VI 227/99, in: DB 2002, S. 1570-1579; Menger, Jörg/Schmitt, Bernd, Taxation of option premiums: conflicting decisions in German tax courts, in: Journal of international taxation 8/2002, S. 30-34 und Wehrheim, Michael/Krause, Haiko, Steuerbilanzielle Erfassung erhaltener Optionsprämien vor und nach dem BFH-Urteil vom 18.12.2002, in: BB 2003, S. 1552-1556, hier: S. 1552-1554.

395 Vgl. BFH vom 28.11.1990 XR-197/87, in: BStBl. 1991 II, S. 300.

Auffassung, dass Stillhalterprämien gemäß dem Sofortvereinnahmungsgrundsatz bereits bei Zufluss im Betriebsvermögen erfolgswirksam sein sollten. Ein über die Verpflichtung des Stillhalters hinausgehendes Risiko sei durch eine in der Steuerbilanz nicht mehr zulässige Drohverlustrückstellung abzubilden. Dem entgegen argumentierten weite Teile des Schrifttums sowie das FG Hamburg[396], dass eine Erfolgsrealisation erst bei Glattstellung, Ausübung oder Verfall sachgerecht sei. Am 18.12.2002 entschied der BFH,[397] dass vereinnahmte Optionsprämien im Betriebsvermögen als sonstige Verbindlichkeit zu passivieren sind. Im vorliegenden Fall hatte der BFH nicht über einen Risikoüberhang zu entscheiden; das Urteil konsequent zu Ende gedacht, sollte ein die Optionsprämie übersteigendes Risiko am Bilanzstichtag – berechnet nach der Glattstellungsmethode – als Teilwerterhöhung der bereits passivierten sonstigen Verbindlichkeit steuerbilanziell abgebildet werden.[398] Die Finanzverwaltung[399] reagierte auf das Urteil, indem zwar die Passivierung der Prämie anerkannt wird, jedoch ein diese übersteigendes Risiko weiterhin als steuerlich nicht berücksichtigungsfähige Drohverlustrückstellung abgebildet werden soll. In Abhängigkeit davon, welche Art der Optionsprämienbehandlung und Berücksichtigung des Risikoüberhangs zum Bilanzstichtag bestanden hat bzw. mit gewisser Unsicherheit auch weiter besteht, resultieren erhebliche steuerliche Belastungsunterschiede.[400]

Wenn aus Optionsgeschäften negative Erfolgsbeiträge resultieren, ist die Verlustverrechnungsbeschränkung bei betrieblichen Termingeschäften gemäß § 15 Abs. 4 S. 3-5 EStG zu beachten. Umstritten ist hier insbesondere, ob – entgegen dem eigentlichen Wortlaut der Regelung – auch Optionsgeschäfte erfasst werden, die auf physische Lieferung von z.B. Aktien gerichtet sind.[401]

---

396 Vgl. FG Hamburg vom 06.12.2001 VI-227/99, in: EFG 2002, S. 559.

397 Vgl. BFH vom 18.12.2002 I R-17/02, in: BStBl. II 2004, S. 126.

398 Vgl. Wehrheim, Michael/Krause, Haiko, Steuerbilanzielle Erfassung erhaltener Optionsprämien vor und nach dem BFH-Urteil vom 18.12.2002, in: BB 2003, S. 1552-1556, hier: S. 1555.

399 Vgl. BMF vom 12.01.2004 IV A 6-S 2133-17/03, in: BStBl. I 2004, S. 192; mit kritischen Anmerkungen Hoffmann, Wolf-Dieter, Teil-Nichtanwendungserlass zur Optionsprämienbilanzierung – Anmerkung zum BMF-Schreiben vom 12.1.2004 IV A 6-S 2133-17/03, DStR 2004, 228, in: DStR 2004, S. 625-627.

400 Vgl. dazu die Beispiele bei Kombinationen von unterschiedlicher Prämienbehandlung (Sofortvereinnahmung, periodengerechter Berücksichtigung der Prämie) und möglicher Abbildung des Risikoüberhangs (Drohverlustrückstellung, Verbindlichkeit/Verbindlichkeitsrückstellung) Prätzler, Robert C., Überlegungen zur steuerlichen Behandlung vereinnahmter Optionsprämien im Betriebsvermögen – Zugleich Anmerkung zum Urteil des FG München vom 28.11.2000, 7 K 2035/98, in: DStR 2001, S. 927-931.

401 Vgl. zu einem Meinungsüberblick zur Anwendbarkeit der Verlustverrechnungsbeschränkung auf Optionen, die eine physische Lieferung vorsehen, Schmidt/Schmidt,

4.2 Besteuerung ausgewählter hybrider Finanzinstrumente

4.2.1 Ebene A: Hybride Finanzinstrumente als Mischform von Elementen des Kassamarkts – Beispiel Genussschein

4.2.1.1 Wirtschaftliche Charakterisierung

Die Analyse der Besteuerung eines hybriden Finanzinstruments der Ebene A erfolgt anhand eines Genussscheins, der eine klassische Mischform von Eigen- und Fremdkapitaleigenschaften in einem rechtlich einheitlichen Produkt darstellt. Der Genussschein wurde gewählt, weil aufgrund der geringen Standardisierung bzw. der flexiblen Ausgestaltungsmöglichkeiten dieses Finanzinstruments jedwede Form der Abstufung idealtypischer Eigenkapitaleigenschaften bis hin zum Fremdkapital vertraglich vereinbart werden kann. Die in den letzten Jahren verstärkt zu beobachtenden Genussscheine mit zusätzlichen Wandel- bzw. Optionsrechten werden nicht behandelt.[402] Zudem wären diese entsprechend der hier vorgenommenen Systematisierung als ein hybrides Finanzinstrument der Ebene B einzustufen.

Allgemein sind Genussrechte Vermögensrechte aller Art, die zwischen den Unternehmen und den Genussrechtsinhabern auf schuldrechtlicher Basis vereinbart werden.[403] Der hier im Mittelpunkt stehende Finanzierungsgenussschein ist eine in einem Wertpapier verbriefte Form eines Genussrechts, die handelbar und damit börsenfähig ist sowie als Inhaber-, Order- oder Namenspapier ausgestaltet sein kann. Genussscheine können prinzipiell von allen Unternehmen begeben werden, wobei meist Banken als Emittenten zu beobachten sind.[404] Ursache dafür ist die aufsichtsrechtliche Anerkennung des Genussscheinkapitals als zum Eigenkapital zählendes, so genanntes Ergänzungskapital bei Kreditinstituten, wenn die in § 10 Abs. 5 KWG[405] aufgeführten Bedingungen erfüllt sind. Bei Aktiengesell-

---

§ 15 EStG Rz. 902. Die überwiegende Meinung im Schrifttum lehnt die Anwendung ab, vgl. z.B. Tibo, Frank, Die Besteuerung von Termingeschäften im Betriebsvermögen gemäß § 15 Abs. 4 EStG, in: DB 2001, S. 2369-2372, hier: S. 2370 und Häuselmann, Holger/Wagner, Siegfried, Grenzen der Einbeziehung von Aktienderivaten in das Halbeinkünfteverfahren, in: BB 2002, S. 2170-2175, hier: S. 2170.

402 Vgl. zu Wandel- und Optionsgenussscheinen Steiner, Manfred/Bruns, Christoph, Wertpapiermanagement, 8. Aufl., Stuttgart 2002, S. 444-446.

403 Vgl. Hirte, Heribert, Stichwort „Genussscheine", in: HWF, Gehrke, Wolfgang/ Steiner, Manfred (Hrsg.), 3. Aufl., Stuttgart 2001, Sp. 967-975, hier: Sp. 967/968.

404 Vgl. Steiner, Manfred/Bruns, Christoph, Wertpapiermanagement, 8. Aufl., Stuttgart 2002, S. 443.

405 Siehe: Gesetz über das Kreditwesen, in der Fassung der Bekanntmachung vom 09.09.1998, veröffentlicht in: BGBl. I 1998, S. 2776, in: Wirtschaftsgesetze, Stand:

schaften bedarf nach § 221 Abs. 3 AktG[406] die Ausgabe von Genussscheinen eines regelmäßig mit Dreiviertelmehrheit gefassten Hauptversammlungsbeschlusses des bei der Beschlussfassung vertretenen Grundkapitals. Gemäß § 221 Abs. 4 AktG steht dabei den Aktionären ein Bezugsrecht zu, dass in bestimmten Fällen jedoch ausgeschlossen werden kann. Als Genussscheinanleger treten private und auch betriebliche Investoren auf.

Die Ausgestaltung der Genussscheinbedingungen ist äußerst flexibel und unterliegt keinen unmittelbaren gesetzlichen Vorgaben.[407] So kann die Erfolgsbeteiligung als fester Prozentsatz des Nennbetrags, der auch an das Erwirtschaften eines bestimmten Mindestgewinns des Unternehmens geknüpft sein kann, oder als variabler Prozentsatz des Nennbetrags, der beispielsweise von der Höhe des Jahresüberschusses abhängig ist, ausgestaltet sein. Ebenso sind Mischformen der beiden genannten Grundtypen möglich. Frei gestaltbar ist auch der Anspruch auf Rückzahlung. So kann der Genussschein am laufenden Verlust und auch am Verlust bei Liquidation oder Insolvenz jeweils ganz, teilweise oder gar nicht teilnehmen. Genussscheine können mit befristeter oder unbefristeter Laufzeit ausgegeben werden. Darüber hinaus kann in den Genussscheinbedingungen ein ordentliches und/oder außerordentliches Kündigungsrecht für die beiden Vertragsparteien aufgenommen werden. Genussscheine gewähren im Regelfall keine mitgliedschaftlichen Rechte wie Stimmrecht oder Teilnahme an der Hauptversammlung, jedoch werden häufig bestimmte Kontroll- und Informationsrechte vertraglich eingeräumt.

In Abhängigkeit der konkreten Vertragsgestaltung kann ein Genussschein damit eher typische Eigenkapital- oder Fremdkapitaleigenschaften beinhalten, so dass sich die Frage der handelsbilanziellen Behandlung stellt. Entsprechend einer

---

01.03.2004, München 2004. § 10 Abs. 5 KWG enthält folgende Bedingungen: volle Verlustteilnahme, nachrangige Befriedigung, Laufzeit mindestens fünf Jahre, Rückzahlungsanspruch frühestens in zwei Jahren fällig, verlustbedingter Rückzahlungsanspruch kann nicht durch nach mehr als vier Jahren anfallende Gewinne wieder aufgefüllt werden, Hinweis in Schriftform auf bestimmte Details.

406 Siehe: Aktiengesetz vom 06.09.1965, veröffentlicht in: BGBl. I 1965, S. 1089, in: Wirtschaftsgesetze, Stand: 01.03.2004, München 2004.

407 Vgl. zu den Ausgestaltungsformen von Genussscheinen Hirte, Heribert, Stichwort „Genussscheine", in: HWF, Gehrke, Wolfgang/Steiner, Manfred (Hrsg.), 3. Aufl., Stuttgart 2001, Sp. 967-975, hier: Sp. 971/972; Hoereth, Ulrike/Zipfel, Lars, Genussscheine als Alternative zu Aktien, in: http://www.ey.com/global/download.nsf/Germany/STH_GENUSS SCHEINE/$ file/ GENUSSSCHEINE.pdf, abgerufen am 12.06.2003, S. 2/3 und Epple, Matthias/Jurowsky, Rainer/Schäfer, Thomas, Private Kapitalanlagen – Steuerfolgen und Steuergestaltungen, Stuttgart 2004, S. 210/211.

Stellungnahme des IDW[408] wird die schuldrechtlich begründete Kapitalüberlassung in Form eines Genussscheins als Eigenkapital eingestuft, wenn folgende Kriterien kumulativ erfüllt sind:

- Nachrangigkeit des Genussrechtskapitals – im Insolvenz- oder Liquidationsfall kann ein Rückzahlungsanspruch des Genussscheininhabers erst nach Befriedigung aller anderen Gläubiger geltend gemacht werden.
- Erfolgsabhängigkeit der Vergütung und Verlustteilnahme bis zur vollen Höhe – entspricht einem Gläubigerschutzmechanismus, der in seinem Wirken dem für Kapitalgesellschaften gesetzlich kodifizierten System von Ausschüttungssperrvorschriften und Regeln zur Verlustverrechnung ähnelt. Eine erfolgsabhängige Vergütung ist gegeben, wenn diese aus nicht besonders gegen Ausschüttungen geschützten Eigenkapitalbestandteilen geleistet werden. Das Genussscheinkapital muss spätestens im Zeitpunkt seiner Rückzahlung gegebenenfalls in vollem Umfang an den aufgelaufenen Verlusten teilnehmen.
- Langfristigkeit der Kapitalüberlassung – die Rückzahlungs- bzw. Rückforderungsmöglichkeit einer der beiden Vertragsparteien darf erst nach einem längerfristigen Zeitraum möglich sein. Eine konkrete Mindestdauer enthält die Stellungnahme nicht,[409] jedoch werden in der Literatur Zeiträume von 5 – 25 Jahren genannt.[410]

Für Emittenten und Investoren besteht insgesamt eine Vielzahl unterschiedlicher Zielsetzungen, die mit Genussscheinen erreicht werden können:[411] Neben der handels- und aufsichtsrechtlich möglichen Einordnung als Eigenkapital, der flexiblen Ausgestaltung der Genussscheinbedingungen an die Bedürfnisse der

---

408 Vgl. IDW-Hauptfachausschuß, Stellungnahme HFA 1/1994: Zur Behandlung von Genußrechten im Jahresabschluß von Kapitalgesellschaften, in: WPg 1994, S. 419-423, hier: S. 420; zur teilweise kritischen Auseinandersetzung dazu in der Literatur Emmerich, Gerhard/Naumann, Klaus-Peter, Zur Behandlung von Genußrechten im Jahresabschluß von Kapitalgesellschaften, in: WPg 1994, S. 677-689; Müller, Thomas/Reinke, Rüdiger, Behandlung von Genußrechten im Jahresabschluß – Eine kritische Bestandsaufnahme, in: WPg 1995, S. 569-576; Wengel, Torsten, Die handelsrechtliche Eigen- und Fremdkapitalqualität von Genussrechtskapital, in: DStR 2001, S. 1316-1324.

409 Kritisch Groh, Manfred, Genußrechtskapital und Maßgeblichkeitsgrundsatz, in: BB 1995, S. 659-660, hier: S. 559: „Über die Dauer von 'längerfristig' darf gerätselt werden."

410 Vgl. m.w.N. zum Stand der Diskussion Wengel, Torsten, Die handelsrechtliche Eigen- und Fremdkapitalqualität von Genussrechtskapital, in: DStR 2001, S. 1316-1324, hier: S. 1319-1321.

411 Vgl. zur Vorteilhaftigkeit von Genussscheinen Hoereth, Ulrike/Zipfel, Lars, Genussscheine als Alternative zu Aktien, in: http://www.ey.com/global/download.nsf/Germany/ STH_GENUSSSCHEINE/$file/GENUSSSCHEINE.pdf, abgerufen am 12.06.2003, S. 3-5.

emittierenden Gesellschaft und der potenziellen Genussscheininhaber sowie der Ausgabe als Mitarbeiterbeteiligung am Unternehmenserfolg kann insbesondere die nachfolgend behandelte steuerliche Vorteilhaftigkeit maßgebend sein. Allerdings ist aus Anlegersicht ebenfalls zu beachten, dass aufgrund der nachrangigen Stellung größere Bonitätsanforderungen an den Emittenten zu stellen sind und das mit der fehlenden Standardisierung höhere Informationskosten bzw. auch eine geringere Marktliquidität einhergehen können.[412]

Die steuerlichen Konsequenzen werden im Folgenden nicht an einem konkreten Beispiel[413] untersucht, sondern Gegenstand sind zwei grundsätzliche Genussscheintypen, für die die Besteuerung jeweils aus Sicht eines privaten und betrieblichen Investors sowie des betrieblichen Emittenten abgeleitet werden sollen.

4.2.1.2 Steuerliche Konsequenzen im Privatvermögen

Hinsichtlich der steuerlichen Behandlung von Genussscheinen sind grundsätzlich zwei verschiedene Produktvarianten zu unterscheiden:[414]

- Genussscheine, die ein Recht am Gewinn und Liquidationserlös einer Kapitalgesellschaft beinhalten – so genannte beteiligungsähnliche Genussscheine,
- andere Genussscheine, die regelmäßig nur ein Recht am Gewinn einer Kapitalgesellschaft vorsehen – so genannte obligationsähnliche Genussscheine.[415]

Einnahmen aus beteiligungsähnlichen Genussscheinen zählen im Zuflusszeitpunkt bei einem privaten Investor zu den Einkünften aus Kapitalvermögen nach § 20 Abs. 1 Nr. 1 EStG. Auf diese ist das Halbeinkünfteverfahren gemäß § 3 Nr. 40d EStG anzuwenden, wobei damit in wirtschaftlichem Zusammenhang stehende Werbungskosten nur zur Hälfte gemäß § 3c Abs. 2 EStG abgesetzt werden können. Trotz der Flat-Notierung und der Möglichkeit von Zinszahlungen in unterschiedlicher Höhe, die zusammen für eine Einstufung von Genussscheinen als so genannte Finanzinnovationen sprechen würden, erfolgt gemäß § 20 Abs. 2 Nr. 4 S. 5 EStG keine Veräußerungsgewinnbesteuerung, so dass durch eine Ver-

---

412 Vgl. Steiner, Manfred/Bruns, Christoph, Wertpapiermanagement, 8. Aufl., Stuttgart 2002, S. 444.

413 Vgl. zu einem Überblick der in der Praxis bestehenden Genussscheinbedingungen mit Beispielen Drukarczyk, Jochen, Finanzierung, 9. Aufl., Stuttgart 2003, S. 311-315.

414 Vgl. hierzu z.B. Widmayer, Gerhard, Genussrechte als Instrument für grenzüberschreitende Finanzierungen, in: IStR 2001, S. 337-343, hier: S. 339 und Epple, Matthias/Jurowsky, Rainer/Schäfer, Thomas, Private Kapitalanlagen – Steuerfolgen und Steuergestaltungen, Stuttgart 2004, S. 211.

415 Die Mehrzahl der in Deutschland am Markt gehandelten Genussscheine weist obligationsähnlichen Charakter auf, vgl. Steiner, Manfred/Bruns, Christoph, Wertpapiermanagement, 8. Aufl., Stuttgart 2002, S. 443.

äußerung unmittelbar vor dem Ausschüttungstermin eine Besteuerung der bis zu diesem Zeitpunkt aufgelaufenen Erträge im Rahmen der Einkünfte aus Kapitalvermögen vermeidbar ist. Der Flat-Handel und die Versteuerung des Veräußerungsgewinns des Genussscheins nur innerhalb der Jahresfrist haben in Verbindung mit dem Zufluss-Abfluss-Prinzip dazu geführt, dass zudem Ausweichgestaltungen mit Zinszahlungen in Zeitabständen von größer als einem Jahr entwickelt wurden.[416] Eine Ausnahme der Steuerfreiheit kann einzelfallabhängig dann bestehen, wenn unmittelbar nach Ausschüttungstermin ein Rückkauf erfolgt und ein Missbrauch von rechtlichen Gestaltungsmöglichkeiten nach § 42 AO angenommen wird.[417] Erfolgt die Veräußerung allerdings innerhalb der Jahresfrist, findet § 23 Abs. 1 S. 1 Nr. 2 EStG Anwendung. Liegen die Voraussetzungen für ein privates Veräußerungsgeschäft nicht vor und bestand innerhalb der letzten fünf Jahre eine Beteiligungshöhe von mindestens 1%, so zählen Gewinne oder Verluste aus der Veräußerung eines Genussscheins zu den Einkünften aus Gewerbebetrieb gemäß § 17 EStG. Entsprechend dem Sinn und Zweck dieser Vorschrift fallen unter § 17 Abs. 1 S. 3 EStG nur Genussscheine, die ein anteiliges Recht auf den Liquidationserlös gewähren.[418] Insgesamt ist die steuerliche Behandlung beteiligungsähnlicher Genussscheine im Privatvermögen mit denen eines direkten Aktienengagements vergleichbar.

Die Bezüge aus einem obligationsähnlichen Genussschein zählen im Zuflusszeitpunkt nach herrschender Meinung[419] und im Umkehrschluss zum Wortlaut von § 20 Abs. 1 Nr. 1 EStG zu den steuerpflichtigen Einnahmen gemäß § 20 Abs. 1 Nr. 7 EStG. Diese Gleichsetzung mit Zinsen aus sonstigen Kapitalforderungen führt zur Nichtanwendung des Halbeinkünfteverfahrens. Die Ausführungen im vorhergehenden Absatz zur Veräußerungsgewinnbesteuerung nach § 20 Abs. 2 Nr. 4 S. 5 EStG und § 23 Abs. 1 S. 1 Nr. 2 EStG gelten analog.

---

416 Vgl. Epple, Matthias/Jurowsky, Rainer/Schäfer, Thomas, Private Kapitalanlagen – Steuerfolgen und Steuergestaltungen, Stuttgart 2004, S. 213/214.

417 Vgl. Harenberg, Friedrich E./Irmer, Gisbert, Die Besteuerung privater Kapitaleinkünfte, 3. Aufl., Herne/Berlin 2003, S. 441 und Epple, Matthias/Jurowsky, Rainer/Schäfer, Thomas, Private Kapitalanlagen – Steuerfolgen und Steuergestaltungen, Stuttgart 2004, S. 214.

418 Vgl. Blümich/Ebling, § 17 EStG Rz. 71 und Schmidt/Weber-Grellet, § 17 EStG Rz. 22. In diesem Sinne kann auch das Urteil des BFH vom 19.01.1994 I-R-67/92, in: BStBl. II 1996, S. 77 interpretiert werden.

419 Vgl. Hoereth, Ulrike/Zipfel, Lars, Genussscheine als Alternative zu Aktien, in: http://www.ey.com/global/download.nsf/Germany/STH_GENUSSSCHEINE/$file/GENUSSSCHEINE.pdf, abgerufen am 12.06.2003, S. 6; Harenberg, Friedrich E./Irmer, Gisbert, Die Besteuerung privater Kapitaleinkünfte, 3. Aufl., Herne/Berlin 2003, S. 186/187 und S. 440/441 und Blümich/Stuhrmann, § 20 EStG Rz. 130.

4.2.1.3 Steuerliche Konsequenzen im Betriebsvermögen

Nachfolgend werden die steuerlichen Folgen der beiden grundsätzlichen und im vorigen Abschnitt beschriebenen Genussscheintypen – beteiligungsähnlich und obligationsähnlich – jeweils aus der Sicht eines betrieblichen Anlegers und Emittenten dargestellt.

Die steuerliche Behandlung der Vergütungen für sowie der Veräußerung von beteiligungsähnlichen Genussscheinen, die den Gewinn der Kapitalgesellschaft nicht gemindert haben, erfolgt beim betrieblichen Genussscheininhaber in Form einer Kapitalgesellschaft in analoger Weise, wie bei Dividenden bzw. der Aktienveräußerung.[420] Im wirtschaftlichen Ergebnis sind die Vergütungen bzw. Veräußerungsgewinne durch das Zusammenwirken von § 8b Abs. 1 und 5 KStG bzw. § 8b Abs. 2 und 3 KStG zu 95% körperschaftsteuerfrei; ein im Regelfall gleiches Ergebnis tritt bei der Gewerbesteuer ein.[421]

Entsprechend werden die Vergütungen sowie die Veräußerung von obligationsähnlichen Genussscheinen, deren Vergütungen den Gewinn der Kapitalgesellschaft im Umkehrschluss zu § 8 Abs. 3 S. 2 KStG gemindert haben, beim betrieblichen Investor in Form einer Kapitalgesellschaft steuerlich wie Zinsen bzw. die Veräußerung von gewöhnlichen Anleihen behandelt. Zinseinnahmen sowie Gewinne aus der Veräußerung unterliegen in vollem Umfang periodengerecht der Körperschaft- und Gewerbesteuer.[422] Im Zusammenhang mit einem obligationsähnlichen Genussschein hatte jüngst der BFH[423] über die Auslegung von „periodengerecht" zu entscheiden. Nach Auffassung der Richter kann die Rechtsprechung zur phasengleichen Aktivierung von Dividendenansprüchen[424] nicht auf den Zeitpunkt der Aktivierung von Zinsansprüchen aus einem Genussschein übertragen werden. Während Dividendenansprüche regelmäßig erst nach Ausschüttungsbeschluss zu aktivieren sind, sollen vor dem Bilanzstichtag entstandene Ansprüche auf Zinszahlung aus dem Genussschein grundsätzlich zeitanteilig und damit zeitlich früher zu aktivieren sein. Ursächlich dafür ist, dass auf die zivilrechtliche Entstehung der Zinsansprüche und den voraus gegangenen Zeitraum der Kapitalüberlassung abgestellt wird. Auf die Fälligkeit der Ansprüche am Bilanzstichtag kommt es nicht an, auch ein möglicher Entfall der Zinsvergütung wird als unbeachtlich eingestuft. Über die allgemeine Zustimmung mit den Urteilsgrundsätzen hinaus wird im Schrifttum der Gestaltungsaspekt des Einsatzes

---

420 Vgl. Blümich/Menck, § 8b KStG Rz. 33-36, 45.

421 Vgl. hierzu Abschnitt 4.1.1.2.

422 Vgl. hierzu Abschnitt 4.1.2.2.

423 Vgl. BFH vom 18.12.2002 I-R-11/02, mit Anmerkungen von Christoph Watrin, in: BB 2003, S. 841-843.

424 Vgl. BFH vom 07.08.2000 GrS-2/99, in: BStBl. II 2000, S. 632.

des hybriden Finanzierungsinstruments Genussschein hinsichtlich des gewünschten Bilanzierungszeitpunkts als Ergebnis des Urteils betont.[425]

Ausschüttungen auf beteiligungsähnliche Genussscheine, die kumulativ eine Teilnahme am Liquidationserlös und Gewinn ermöglichen, können auf Ebene des Emittenten nicht als Betriebsausgaben nach § 8 Abs. 3 S. 2 KStG abgezogen werden und mindern folglich das körperschaftsteuerliche Einkommen nicht. Die Vergütungen auf beteiligungsähnliche Genussscheine werden im Ergebnis der steuerlichen Behandlung von Ausschüttungen auf Anteilsrechte gleichgestellt,[426] so dass die Vergütungen auf Ebene der ausschüttenden Kapitalgesellschaft einer definitiven Körperschaftsteuer von 25% plus 5,5% Solidaritätszuschlag unterliegen. Da die Vergütungen auf beteiligungsähnliche Genussscheine im Gewerbeertrag enthalten sind, unterliegen diese in vollem Umfang der Gewerbesteuer.[427]

Wenn es sich um einen obligationsähnlichen Genussschein handelt, mindern im Umkehrschluss zu § 8 Abs. 3 S. 2 KStG die Vergütungen als Betriebsausgaben das körperschaftsteuerliche Einkommen des Emittenten. Die Gleichstellung mit Fremdkapitalzinsen führt allerdings dazu, dass grundsätzlich auch die Hinzurechnungsvorschrift des § 8 Nr. 1 GewStG für Entgelte auf Dauerschulden anwendbar ist. Folglich sind die Vergütungen zur Hälfte als Dauerschuldzinsen dem Gewerbeertrag hinzuzurechnen.[428]

Sowohl bei beteiligungs- als auch bei obligationsähnlichen Genussscheinen kann sich die Problematik des § 8a KStG stellen, wenn der Genussscheininhaber gleichzeitig wesentlich an der emittierenden Kapitalgesellschaft beteiligt, eine nahe stehende Person oder ein Dritter mit Rückgriffsrecht ist. In diesen Fällen können Vergütungen für Fremdkapital, die die Freigrenze von 250.000 € übersteigen, als verdeckte Gewinnausschüttung qualifiziert werden. Im Zusammenhang mit § 8a KStG stellen sich in Bezug auf Genussscheine prinzipiell drei Fragen:[429] Kann bestimmtes Genussscheinkapital als Eigenkapital im Sinne von § 8a Abs. 2 KStG eingestuft werden? In welchem Umfang gilt Genussscheinkapital als Fremdkapital für Zwecke des § 8a KStG? Stellen die Vergütungen für den Ge-

---

425 Vgl. BFH vom 18.12.2002 I-R-11/02, mit Anmerkungen von Christoph Watrin, in: BB 2003, S. 841-843, hier: S. 843.

426 Vgl. Widmayer, Gerhard, Genussrechte als Instrument für grenzüberschreitende Finanzierungen, in: IStR 2001, S. 337-343, hier: S. 339.

427 Insbesondere ist deshalb die hälftige Hinzurechnung als Dauerschuldzinsen gemäß § 8 Nr. 1 GewStG nicht anwendbar, vgl. Blümich/Hofmeister, § 8 GewStG Rz. 61.

428 Vgl. Hoereth, Ulrike/Zipfel, Lars, Genussscheine als Alternative zu Aktien, in: http://www.ey.com/global/download.nsf/Germany/STH_GENUSSSCHEINE/$file/GENUSSSCHEINE.pdf, abgerufen am 12.06.2003, S. 10.

429 Vgl. Widmayer, Gerhard, Genussrechte als Instrument für grenzüberschreitende Finanzierungen, in: IStR 2001, S. 337-343, hier: S. 340.

nussschein „nicht in einem Bruchteil des Kapitals bemessene Vergütungen" gemäß § 8a Abs. 1 S. 1 Nr. 1 KStG dar oder handelt es sich um eine „in einem Bruchteil des Kapitals bemessene Vergütung" gemäß § 8a Abs. 1 S. 1 Nr. 2 KStG?

Die Finanzverwaltung[430] legt den Eigenkapitalbegriff des § 8a Abs. 2 S. 2 KStG eng am Wortlaut aus, so dass Genussscheinkapital – auch bei möglicher handelsrechtlicher Einstufung als Eigenkapital – nicht zum Eigenkapital im Sinne von § 8a KStG zählen würde. Das Ausmaß einer möglichen anderweitigen Gesellschafterfremdfinanzierung würde damit nicht erhöht. Der Fremdkapitalbegriff ist in § 8a KStG nicht weiter definiert. Nach Auffassung der Finanzverwaltung[431] sind alle passivierungspflichtigen Kapitalzuführungen in Geld Fremdkapital, wenn diese nach steuerrechtlichen Grundsätzen nicht zum Eigenkapital gehören. Damit zählen alle obligationsähnlichen Genussscheine als Fremdkapital im Sinne des § 8a KStG.[432] Vergütungen für diese sind nach Meinung der Finanzverwaltung[433] regelmäßig nicht in einem Bruchteil des Kapitals bemessene Vergütungen[434] gemäß § 8a Abs. 1 S. 1 Nr. 1 KStG, so dass die Safe Haven-Regelung von 1,5:1, die Drittvergleichsmöglichkeit und die Ausnahme bei bestimmten Bankgeschäften des § 8a Abs. 1 S. 1 Nr. 2 KStG nicht anwendbar wären. Insgesamt führt der Genussschein aufgrund seines Mischcharakters zu erheblichen Einordnungsproblemen im Zusammenhang mit der Regelung zur Gesellschafterfremdfinanzierung.

---

430 Vgl. BMF vom 15.12.1994 IV B 7-S 2742a-63/94, in: BStBl. I 1995, S. 25, Rz. 28.

431 Vgl. BMF vom 15.12.1994 IV B 7-S 2742a-63/94, in: BStBl. I 1995, S. 25, Rz. 44.

432 Die Auffassung der Finanzverwaltung ist äußerst widersprüchlich, weil beteiligungsähnliche Genussscheine weder zum Eigen- noch zum Fremdkapital im Sinne des § 8a KStG gehören würden. Vgl. m.w.N. zur Diskussion und möglichen Lösungsvorschlägen Prinz, Ulrich, Gestaltungsmöglichkeiten und -grenzen bei § 8a KStG, in: FR 1994, S. 622-635, hier: S. 629 und Widmayer, Gerhard, Genussrechte als Instrument für grenzüberschreitende Finanzierungen, in: IStR 2001, S. 337-343, hier: S. 340.

433 Vgl. BMF vom 15.12.1994 IV B 7-S 2742a-63/94, in: BStBl. I 1995, S. 25, Rz. 53; kritisch Widmayer, Gerhard, Genussrechte als Instrument für grenzüberschreitende Finanzierungen, in: IStR 2001, S. 337-343, hier: S. 340/341.

434 Vgl. zur Abgrenzung von nicht in einem Bruchteil des Kapitals bemessenen Vergütungen und in einem Bruchteil des Kapitals bemessenen Vergütungen Prinz, Ulrich, Gestaltungsmöglichkeiten und -grenzen bei § 8a KStG, in: FR 1994, S. 622-635, hier: S. 630; Janssen, Bernhard, Abgrenzung zwischen gewinnabhängig und gewinnunabhängig verzinsten Darlehen bei § 8a KStG, in: FR 1997, S. 333-336.

4.2.2 Ebene B: Hybride Finanzinstrumente als Mischform von Elementen des Kassa- und Terminmarkts – Beispiel Aktienanleihe

4.2.2.1 Wirtschaftliche Charakterisierung

Die Besteuerung eines hybriden Finanzinstruments der Ebene B soll am Beispiel einer Aktienanleihe[435] aufgezeigt werden, weil diese wertbestimmende Elemente des Kassa- und Terminmarkts in einem rechtlich einheitlichen Geschäft/strukturierten Produkt vereint und diese Anlage- bzw. Finanzierungsform in Zeiten eines niedrigen Zinsniveaus sowohl für private als auch für betriebliche Investoren ein attraktives Chancen-Risiko-Profil bietet. An den Kapitalmärkten wird dieses Finanzinstrument entsprechend intensiv angeboten und nachgefragt.

Aktienanleihen[436] sind im Regelfall festverzinsliche Schuldverschreibungen mit einer Laufzeit von bis zu zwei Jahren. Im Vergleich zu herkömmlichen Schuldverschreibungen gewährt dieses Finanzinstrument dem Anleger einen über dem Marktzins liegenden Zinskupons. Dieser ist dadurch bedingt, weil der Emittent am Ende der Laufzeit das Wahlrecht hat, die Anleihe zum Nominalbetrag oder durch Lieferung einer genau spezifizierten Zahl von Aktien eines in den Emissionsbedingungen festgelegten Unternehmens zu tilgen. Die Art der Tilgung wirkt sich nicht auf die Höhe des Zinskupons aus. Die wichtigsten Ausstattungsmerkmale einer Aktienanleihe sind demnach: Kurs, Nennwert und Stückelung, Underlying, Andienung, Wandlungsverhältnis, Strike, Laufzeit sowie der Kupon.

Der Anleger verbindet mit dem Erwerb einer Aktienanleihe eine leicht steigende oder seitwärts bewegende Kursentwicklung der zugrunde liegenden Aktien. Das Gewinnpotenzial ist dabei auf den hohen Zins bei Tilgung zum Nominalbetrag beschränkt, während bei Wertlosigkeit der angedienten Aktien am Ende der Laufzeit ein theoretischer Verlust in Höhe der Differenz von Nominalbetrag und erhaltenen Zinsen möglich ist.

Das folgende theoretische Beispiel soll das Chancen-Risiko-Profil einer Aktienanleihe auf die A-AG verdeutlichen: Nennwert: 5.000 €, Laufzeit: 01.01.2004 bis 31.12.2005, Zinskupon: 15%, jährlich am 31.12., Rückzahlung: am Laufzeit-

---

435 Andere Bezeichnungen für eine Aktienanleihe sind z.B. Anleihe mit Aktienandienungsrecht, Cash-or-Share Bond, Equity-Linked-Bond, Hochzinsanleihe oder Reverse Convertible.

436 Vgl. zur nachfolgenden Produktbeschreibung und zu anderen Variationen von Aktienanleihen, wie Doppelaktienanleihen, Basket-Anleihen oder Aktienanleihen, die mit Knock-In- bzw. Knock-Out-Optionen verknüpft sind Beike, Rolf, Aktien-Anleihen – Eine Einführung in Strukturierte Finanzprodukte, Stuttgart 2000, S. 22-148 und Steiner, Manfred/Bruns, Christoph, Wertpapiermanagement, 8. Aufl., Stuttgart 2002, S. 180-183.

ende zum Nominalbetrag oder durch Lieferung von 100 Aktien der A-AG – Basispreis der Aktie der A-AG damit 50 €, Verkaufskurs: 100%. In Abhängigkeit vom Kurs der A-AG am 31.12.2005 ist die Gewinn- und Verlustsituation ohne Steuern für einen Anleger in nachfolgender Tabelle zusammengefasst. Dabei reicht das Spektrum von einem endwertigen Maximalverlust von -3.975 € bis zu einem endwertigen Maximalgewinn in Höhe von 1.025 €.

Tabelle 5: Gewinn-Verlust-Profil einer Aktienanleihe aus Anlegersicht

Kurs der A-AG am 31.12.2005 in €	**Fall 1** 0,00	**Fall 2** 20,00	**Fall 3** 39,75	**Fall 4** 45,00	**Fall 5** 60,00
Investition am 01.01.2004 in €	-5.000,00	-5.000,00	-5.000,00	-5.000,00	-5.000,00
Zinszahlung am 31.12.2004 in €	750,00	750,00	750,00	750,00	750,00
Zinszahlung am 31.12.2005 in €	750,00	750,00	750,00	750,00	750,00
Rückzahlung am 31.12.2005 in	Aktien	Aktien	Aktien	Aktien	Nominalwert der Anleihe
Rückzahlungsbetrag am 31.12.2005 in €	0,00	2.000,00	3.975,00	4.500,00	5.000,00
Endwert in € bei risikolosem Zins von 5%	-3.975,00	-1.975,00	0,00	525,00	1.025,00

Quelle: Eigene Berechnungen.[437]

Finanztheoretisch betrachtet, besteht die Grundform einer Aktienanleihe aus den Bausteinen Fremdkapitalelement und Optionselement in Form einer Verkaufsoption. Der aus Anlegersicht hohe Zinskupon ergibt sich aus dem regulären Marktzins und der impliziten Optionsprämie für den Verkauf einer Put-Option mit einer der Anleihe entsprechenden Laufzeit der betreffenden Aktie als Underlying und einem in den Emissionsbedingungen genannten Basiskurs.[438]

437 Es wird ein für beide Perioden gleicher Soll- und Habenzinssatz unterstellt.

438 Vgl. zur Duplikation von Aktienanleihen Wilkens, Marco/Scholz, Hendrik/Völker, Jörg, Duplikation und Bewertung strukturierter Finanzprodukte – Callable Step-Up Bonds, in: Die Bank 1999, S. 262-268 und Serfling, Klaus/Pape, Ulrich, Financial Engineering am Beispiel von Aktienanleihen, in: FB 2000, S. 388-393.

Für obige Aktienanleihe, bei der hinsichtlich des Emittenten keine Bonitätsbedenken bestehen sollen und deshalb eine Abzinsung zum risikolosen Zinsfuß von 5% plausibel erscheint, ergibt sich folgender rechnerischer Kurswert für eine zweijährige Anleihe mit Nominalverzinsung von 15% und 100% Rückzahlung:[439]

$$Kurswert_0 = \frac{750€}{1{,}05} + \frac{750€ + 5.000€}{1{,}05^2} = 5.929{,}71€.$$

Aus dem fairen Preis dieser Anleihe kann die Optionsprämie für den Put abgeleitet werden, die der Differenz zwischen dem Kurswert der Anleihe ohne Optionsrecht und dem Emissionspreis der Aktienanleihe entspricht. Die Optionsprämie für den Put beläuft sich folglich auf 929,71 €. Die Tabelle auf der nächsten Seite veranschaulicht die Zahlungsströme der Aktienanleihe und die Zusammensetzung des Duplikationsportfolios für die verschiedenen Fälle des vorhergehenden Beispiels.

4.2.2.2 Steuerliche Konsequenzen im Privatvermögen

Aktienanleihen sind für Zwecke der Besteuerung im Privatvermögen nach herrschender Meinung als einheitliches Produkt zu behandeln und nicht in ihre Bestandteile zu zerlegen, weil die geltende Rechtslage hierfür keine Grundlage enthält.[440] Hinsichtlich der steuerlichen Behandlung von Einlöse- und Veräußerungsgewinnen existieren divergierende Auffassungen zwischen der Finanzverwaltung[441] und Teilen des Schrifttums[442].

---

439 Vgl. zu diesem Vorgehen Serfling, Klaus/Pape, Ulrich, Financial Engineering am Beispiel von Aktienanleihen, in: FB 2000, S. 388-393, hier: S. 389 und speziell für die Anleihe Steiner, Manfred/Bruns, Christoph, Wertpapiermanagement, 8. Aufl., Stuttgart 2002, S. 140-148.

440 Vgl. zu einem Überblick Dreyer, Gerhard/Herrmann, Harald, Besteuerung von Aktien-, Wandel- und Umtauschanleihen nach dem BMF-Schreiben vom 2.3.2001, in: FR 2001, S. 722-726 und Hoereth, Ulrike/Zipfel, Lars, Die Besteuerung von Aktienanleihen, in: http:// www.ey.com/global/download.nsf/Germany/STH Die Besteuerung von Aktienanleihen/$file/DIE BESTEUERUNG VON AKTIENANLEIHEN.pdf, abgerufen am 12.06.2003.

441 Vgl. BMF vom 02.03.2001 IV C 1-S 2252-56/01, in: BStBl. I 2001, S. 206 und BMF vom 25.10.2004 IV C 3-S 2256-238/04, in: DB 2004, S. 2393-2399, Rz. 11/12.

442 Vgl. z.B. Harenberg, Friedrich E./Irmer, Gisbert, Die Besteuerung privater Kapitaleinkünfte, 3. Aufl., Herne/Berlin 2003, S. 381-384.

Tabelle 6: Aktienanleihe und Duplikationsportfolio aus Anlegersicht

	Zahlungsströme in €		t_0	t_1	t_2	Endwert
Fall 1	Aktienanleihe		-5.000,00	750,00	750,00	-3.975,00
	Duplikations-portfolio	Zerobond II	-5.215,42	0,00	5.750,00	
		Zerobond I	-714,29	750,00	0,00	
		Short Put	929,71	0,00	-5.000,00	
		gesamt	-5.000,00	750,00	750,00	-3.975,00
Fall 2	Aktienanleihe		-5.000,00	750,00	2.750,00	-1.975,00
	Duplikations-portfolio	Zerobond II	-5.215,42	0,00	5.750,00	
		Zerobond I	-714,29	750,00	0,00	
		Short Put	929,71	0,00	-3.000,00	
		gesamt	-5.000,00	750,00	2.750,00	-1.975,00
Fall 3	Aktienanleihe		-5.000,00	750,00	4.725,00	0,00
	Duplikations-portfolio	Zerobond II	-5.215,42	0,00	5.750,00	
		Zerobond I	-714,29	750,00	0,00	
		Short Put	929,71	0,00	-1.025,00	
		gesamt	-5.000,00	750,00	4.725,00	0,00
Fall 4	Aktienanleihe		-5.000,00	750,00	5.250,00	525,00
	Duplikations-portfolio	Zerobond II	-5.215,42	0,00	5.750,00	
		Zerobond I	-714,29	750,00	0,00	
		Short Put	929,71	0,00	-500,00	
		gesamt	-5.000,00	750,00	5.250,00	525,00
Fall 5	Aktienanleihe		-5.000,00	750,00	5.750,00	1.025,00
	Duplikations-portfolio	Zerobond II	-5.215,42	0,00	5.750,00	
		Zerobond I	-714,29	750,00	0,00	
		Short Put	929,71	0,00	0,00	
		gesamt	-5.000,00	750,00	5.750,00	1.025,00

Quelle: Eigene Berechnungen.[443]

443 Die Zahlungsströme einer Aktienanleihe und des Duplikationsportfolios aus Emittentensicht entsprechen den in der Tabelle angegebenen Werten mit umgekehrten Vorzeichen.

Laufende Zinserträge einer Aktienanleihe sind im Zeitpunkt des Zuflusses als steuerpflichtiger Kapitalertrag nach § 20 Abs. 1 Nr. 7 EStG zu erfassen, weil ein Ertrag für die Kapitalüberlassung zugesagt wird. Dies gilt für Ersterwerber, Durchhalter und Zwischenerwerber, wobei vereinnahmte Stückzinsen beim Veräußerer nach § 20 Abs. 2 S. 1 Nr. 3 EStG steuerpflichtig sind, während erwerbende private Anleger vergütete Stückzinsen im Zahlungsjahr als negative Einnahmen aus Kapitalvermögen anzusetzen haben.

Im Fall der Einlösung der Aktienanleihe durch den Ersterwerber entstandene Verluste führen ebenso wie ein möglicher Einlösungsgewinn durch einen Folgeerwerber oder Zwischenveräußerungsgewinne nach Auffassung der Finanzverwaltung zur Besteuerung nach der so genannten Marktrendite gemäß §§ 20 Abs. 2 S. 1 Nr. 4c i.V.m. 20 Abs. 2 S. 1 Nr. 4 S. 2 EStG. Mit dieser Besteuerung als so genannte Finanzinnovation würden im Gegensatz zur Systematik des § 20 EStG neben Erträgen aus der Überlassung von Kapital auch Wertänderungen des Vermögensstamms erfasst, die sonst allenfalls unter den tatbestandlichen Voraussetzungen der §§ 17 und 23 EStG der Besteuerung unterliegen. Die Auffassung der Finanzverwaltung in diesem Bereich wird teilweise als nicht systemgerecht und verfassungsrechtlich bedenklich eingeschätzt.[444] Dies kann zwar für Ersterwerber wegen der Berücksichtigungsfähigkeit entstandener Einlösungsverluste zu steuerlichen Vorteilen führen, jedoch werden umgekehrt auch Gewinne aus der Zwischenveräußerung steuerlich erfasst und ähnliche Anleihearten wie die Umtauschanleihe unterliegen einer umfassenden Besteuerung eingetretener Wertsteigerungen. Werden bei Einlösung die zugrunde liegenden Aktien geliefert,[445] beginnt mit diesem Zeitpunkt die einjährige Frist für private Veräußerungsgeschäfte hinsichtlich der Aktien zu laufen. Ob als Anschaffungskosten der gelieferten Aktien der Börsenwert im Zeitpunkt der Lieferung/Fälligkeit oder der Wert der Anleihe bei Emission angesetzt werden soll, ist umstritten, jedoch geht die überwiegende Meinung im Schrifttum von ersterem Wert aus, was angesichts der aus

---

444 Vgl. Dreyer, Gerhard/Herrmann, Harald, Besteuerung von Aktien-, Wandel- und Umtauschanleihen nach dem BMF-Schreiben vom 2.3.2001, in: FR 2001, S. 722-726, hier: S. 724/725. Es ist jedoch anzumerken, dass bei vielen Finanzinnovationen eine Trennung von eindeutig der Vermögens- oder der Ertragsebene zuordenbaren Wertänderungen kaum möglich ist, vgl. hierzu den Vergleich von Aktienanleihe versus Argentinienbonds bei Schmitt, Bernd/Krause, Haiko, Argentinienbonds keine Finanzinnovation? – Anmerkungen zum BMF-Schreiben vom 14.7.2004, DStR 2004, 1339, in: DStR 2004, S. 2042-2045, hier: S. 2044/2045.

445 Vgl. zur Veräußerungsbesteuerung der erhaltenen Aktien Delp, Udo A., Besteuerungsregeln der Aktienanleihen im Privatvermögen, in: BB 2001, S. 1438-1442, hier: S. 1441/1442.

Sicht der Finanzverwaltung möglichen Gewinn- und Verlusterfassung von Einlösungs- und Veräußerungsergebnissen folgerichtig wäre.[446]

In den im Beispiel[447] unterstellten Fällen eines Durchhalters stellen die Zinserträge von jeweils 750 € in 2004 und 2005 steuerpflichtige Einnahmen aus Kapitalvermögen im Sinne des § 20 Abs. 1 Nr. 7 EStG dar. In den Fällen 1-4 kommt es zu berücksichtigungsfähigen Einlösungsverlusten von 5.000 € (Fall 1), 3.000 € (Fall 2), 1.025 € (Fall 3) und 500 € (Fall 4), die steuerlich mit anderen positiven Einnahmen aus Kapitalvermögen sowie mit anderen Einkunftsarten inner- und interperiodisch verrechnet werden können. Zu beachten ist hierbei die in § 10d Abs. 2 EStG eingeführte Begrenzung der Verrechenbarkeit von Verlustvorträgen. Die gelieferten Aktien gelten mit den fallspezifischen Kurswerten am 31.12.2005 als angeschafft und würden bei Verkauf innerhalb eines Jahres ein privates Veräußerungsgeschäft nach § 23 Abs. 1 S. 1 Nr. 2 EStG darstellen.

Die bisher dargestellten steuerlichen Konsequenzen einer Aktienanleihe im Privatvermögen basieren auf der herrschenden Meinung, dass eine einheitliche Behandlung für steuerliche Zwecke vorzunehmen ist. Nachfolgend wird die steuerliche Belastung verdeutlicht, die sich ergeben würde, wenn entweder die Aktienanleihe in ihre Bestandteile aufzuspalten ist oder die einzelnen Bausteine getrennt erworben worden wären.

Die Zinsen des Zerobonds I[448] in Höhe von 35,71 € sind steuerpflichtige Einnahmen aus Kapitalvermögen im Sinne von § 20 Abs. 1 Nr. 7 EStG für das Jahr 2004. Gleiches gilt für Zinsen von 534,58 € aus Zerobond II im Jahr 2005. Die 2004 vereinnahmte Stillhalterprämie von 929,71 € aus dem Verkauf der Put-Option stellt ein Entgelt für eine sonstige Leistung gemäß § 22 Nr. 3 EStG dar.

Für Fall 5 mit Tilgung zum Nominalbetrag folgt, dass insgesamt bei einheitlicher und auch getrennter Behandlung der Aktienanleihe 1.500 € steuerpflichtige Einnahmen entstehen. Diese sind jedoch auf unterschiedliche Einkunftsarten (bei einheitlich: Einkünfte im Sinne des § 20 EStG, bei getrennt: Einkünfte im Sinne der §§ 20 und 22 EStG) verteilt und zudem bestehen zeitliche Verschiebungen (bei einheitlich: 2004 und 2005 jeweils 750 €, bei getrennt: 2004 965,42 € und 2005 534,58 €). Daraus können verschiedene Steuerwirkungen resultieren, die

446 Vgl. zu einem Meinungsüberblick Dreyer, Gerhard/Herrmann, Harald, Die Besteuerung von Aktien-, Wandel- und Umtauschanleihen, in: BB 2001, S. 705-710, hier: S. 708 und Eisele, Florian/Sohns, Bettina, Besteuerung von Aktienanleihen im Privatvermögen – Eine ökonomische Analyse der reformierten Besteuerung, in: WiSt 2002, S. 554-559, hier: S. 558/559.

447 Vgl. Beispiel in Abschnitt 4.2.2.1.

448 Vgl. Beispiel in Abschnitt 4.2.2.1.

z.B. mit Freibeträgen/Freigrenzen, Verlustverrechnungsregeln, Zinsnachteilen durch frühere Besteuerung oder Progressionseffekten zusammen hängen.

Im Gegensatz dazu sind die steuerlichen Belastungsunterschiede von einheitlicher und getrennter Behandlung einer Aktienanleihe in den Fällen 1-4 wesentlich größer. Während bei einheitlicher Betrachtung aufgrund des gesunkenen Aktienkurses ein steuerlich berücksichtigungsfähiger Einlösungsverlust in unterschiedlicher Höhe entsteht, ist dieser bei getrennter Behandlung nicht zu berücksichtigen.

Das Ergebnis für den Durchhalterfall lautet damit wie folgt: Insgesamt ist das hybride Finanzinstrument Aktienanleihe als strukturiertes Produkt unter steuerlichen Gesichtspunkten im Privatvermögen regelmäßig vorteilhafter, als der getrennte Erwerb einzelner Bausteine und Zusammenstellung des hybriden Finanzinstruments auf Portfolioebene. Insofern kann die Entstehung und das Weiterbestehen dieses Finanzinstruments gut auf Basis des integrativen Ansatzes der Theorien von Silber und Lancaster unter besonderer Berücksichtigung steuerlicher Aspekte erklärt werden.

4.2.2.3 Steuerliche Konsequenzen im Betriebsvermögen

Im Folgenden werden die steuerbilanziellen Folgen einer Aktienanleihe aus Sicht eines betrieblichen Anlegers und aus der Perspektive des Emittenten dargestellt.[449]

Auf Erwerberseite handelt es sich bei einer gekauften Aktienanleihe nach bisher herrschender Meinung[450] um einen einzigen und einheitlich zu bilanzierenden Vermögensgegenstand bzw. Wirtschaftsgut, das als vermögenswerter Vorteil die Kriterien[451] einmalige Ausgabe, entgeltlicher Erwerb, Greifbarkeit und selbständige Bewertbarkeit erfüllt und deshalb zwingend gemäß § 246 Abs. 1 HGB zu

449 Es wird jeweils ein mit dem Kalenderjahr übereinstimmendes Wirtschaftsjahr unterstellt.

450 Vgl. z.B. Scherrer, Gerhard, Bilanzielle Behandlung von Schuldverschreibungen mit Emittentenwahlrecht, in: DStR 1999, S. 1205-1208, hier: S. 1207; Schumacher, Andreas, Die Besteuerung von Compound Instruments beim Privatanleger am Beispiel von Reverse Convertibles – Zugleich Anmerkung zum BMF-Schreiben vom 7.10.1999, DStR 1999, 2032, in: DStR 2000, S. 416-418, hier: S. 416 und Häuselmann, Holger/Wagner, Siegfried, Steuerbilanzielle Erfassung aktienbezogener Anleihen: Option-, Wandel-, Umtausch- und Aktienanleihen, in: BB 2002, S. 2431-2436, hier: S. 2434.

451 Vgl. zu den Objektivierungskriterien Moxter, Adolf, Bilanzrechtsprechung, 5. Aufl., Tübingen 1999, S. 11-14 und Wehrheim, Michael/Renz, Anette, Die Steuerbilanz, München 2003, S. 53-59.

aktivieren ist. Die Anschaffungskosten bestimmen sich nach den §§ 253 Abs. 1 i.V.m. 255 Abs. 1 HGB. Erworbene Aktienanleihen werden im Regelfall unter den Wertpapieren des Umlaufvermögens auszuweisen sein.[452] Aufgrund des Mischcharakters einer Aktienanleihe zwischen originären (Anleihekomponente) und derivativen (Optionskomponente) Finanzinstrumenten kommt prinzipiell bei einheitlicher Bilanzierung und Bewertung die Frage auf, ob eine Aktienanleihe wie eine normale Anleihe oder wie ein Termingeschäft zu behandeln ist. Entsprechend der überwiegenden Auffassung im Schrifttum und der Rechtsprechung stellt eine Aktienanleihe kein Termingeschäft dar.[453]

Liegt der Kurs der Aktienanleihe am Bilanzstichtag über den Anschaffungskosten, ist diese Werterhöhung bilanziell aufgrund des Realisationsprinzips gemäß § 252 Abs. 1 Nr. 4 HGB nicht zu berücksichtigen. Die Folgebewertung erweist sich im umgekehrten Fall wegen der Durchbrechung des Maßgeblichkeitsgrundsatzes durch die spezielle steuerliche Regelung des § 6 Abs. 1 Nr. 2 EStG und die Auslegung der dortigen Formulierung des Tatbestandsmerkmals einer voraussichtlich dauernden Wertminderung[454] als schwieriger. Eine Teilwertabschreibung der Aktienanleihe kann notwendig sein, wenn deren Kurswert gesunken ist, z.B. wegen einer Verschlechterung der Bonität des Emittenten oder einem sinkenden Kurswert der zugrunde liegenden Aktien.[455] Zinsen sind periodengerecht in der Gewinn- und Verlustrechnung als Ertrag zu erfassen.

Wird die Aktienanleihe zum Nominalbetrag zurückgezahlt, ergeben sich keine besonderen steuerlichen Konsequenzen, der Vorgang ist erfolgsneutral. Kommt es infolge eines gesunkenen Aktienkurses jedoch zu einer Andienung der Aktien, ist ein entstandener Einlösungsverlust in voller Höhe steuerlich berücksichtigungsfähig. Die Verlustverrechnungsbeschränkung des § 15 Abs. 4 S. 3-5 EStG greift nicht, weil es sich bei Aktienanleihen nicht um ein Termingeschäft handelt. Nach überwiegender Auffassung gilt der Kurswert der erhaltenen Aktien im Zeitpunkt der Andienung als Anschaffungskosten für die Aktien, weil der

452 Vgl. Scherrer, Gerhard, Bilanzielle Behandlung von Schuldverschreibungen mit Emittentenwahlrecht, in: DStR 1999, S. 1205-1208, hier: S. 1207 und Bertsch, Andreas, Rechnungslegung und Besteuerung von Aktienanleihen, in: StuB 1999, S. 685-689, hier: S. 687.

453 Vgl. m.w.N. auch zum Stand der Diskussion im Schrifttum BGH vom 12.03.2002 XI-ZR-258/01, in: DStR 2002, S. 1055-1057.

454 Vgl. zur Begriffsauslegung z.B. Blümich/Ehmcke, § 6 EStG Rz. 561-577 und aus Finanzverwaltungssicht BMF vom 25.02.2000 IV C 2-S 2171b-14/00, in: BStBl. I 2000, S. 372.

455 Vgl. Dreyer, Gerhard/Herrmann, Harald, Die Besteuerung von Aktien-, Wandel- und Umtauschanleihen, in: BB 2001, S. 705-710, hier: S. 707.

Umtausch als ein tauschähnlicher Vorgang interpretiert werden kann.[456] Sollten die Aktien zu einem späteren Zeitpunkt wieder veräußert werden, fallen Gewinne unter § 8b Abs. 2 und 3 EStG und sind zu 95% steuerfrei.

Der Emittent der Aktienanleihe hat diese als einheitliche Verbindlichkeit gemäß § 246 Abs. 1 HGB zu passivieren, weil die Objektivierungskriterien[457] Außenverpflichtung, rechtliche Vollentstehung bzw. wirtschaftliche Verursachung, hinreichende Konkretisierung und unkompensierte Last erfüllt sind. Die Verpflichtung aus der Aktienanleihe ist als Verbindlichkeit zum Nominalbetrag gemäß § 6 Abs. 1 Nr. 3 EStG anzusetzen.

Sinkt der Kurs der Aktienanleihe zum Bilanzstichtag, z.B. infolge eines verminderten Kurses der zugrunde liegenden Aktien, ist diese Wertminderung vor Ausübung beim Emittenten bilanziell nicht zu berücksichtigen.[458] Während der Laufzeit für die Aktienanleihe über dem Marktzinsniveau gezahlte Zinsen sind in voller Höhe periodengerecht in der Gewinn- und Verlustrechnung als Aufwand zu erfassen.[459]

Erfolgt eine Tilgung der Aktienanleihe zum Nominalbetrag, ergeben sich keine besonderen steuerlichen Konsequenzen. Diese entstehen jedoch, wenn es zur Andienung von Aktien kommt und sich die Frage stellt, wie ein entstandener Gewinn steuerlich zu behandeln ist:[460] Werden die Aktien erst im Zeitpunkt der Tilgung angeschafft, könnte sich ein regulär steuerpflichtiger Gewinn verursacht durch die unter dem Nominalbetrag liegende Aktienanleiheverbindlichkeit ergeben. Umgekehrt kann es bei Halten eines Deckungsbestands der betreffenden Aktien zu einem zu 95% steuerfreien Veräußerungsgewinn nach § 8b Abs. 2 und 3 EStG kommen, weil dieser maßgeblich durch die Aktienposition verursacht wurde.

---

456 Vgl. Häuselmann, Holger/Wagner, Siegfried, Steuerbilanzielle Erfassung aktienbezogener Anleihen: Option-, Wandel-, Umtausch- und Aktienanleihen, in: BB 2002, S. 2431-2436, hier: S. 2435; a.A. Dreyer, Gerhard/Herrmann, Harald, Die Besteuerung von Aktien-, Wandel- und Umtauschanleihen, in: BB 2001, S. 705-710, hier: S. 708.

457 Vgl. zu den Objektivierungskriterien Moxter, Adolf, Bilanzrechtsprechung, 5. Aufl., Tübingen 1999, S. 82-85 und Wehrheim, Michael/Renz, Anette, Die Steuerbilanz, München 2003, S. 113, 125.

458 Vgl. Häuselmann, Holger/Wagner, Siegfried, Steuerbilanzielle Erfassung aktienbezogener Anleihen: Option-, Wandel-, Umtausch- und Aktienanleihen, in: BB 2002, S. 2431-2436, hier: S. 2434.

459 Vgl. Scherrer, Gerhard, Bilanzielle Behandlung von Schuldverschreibungen mit Emittentenwahlrecht, in: DStR 1999, S. 1205-1208, hier: S. 1208.

460 Vgl. hierzu Häuselmann, Holger/Wagner, Siegfried, Steuerbilanzielle Erfassung aktienbezogener Anleihen: Option-, Wandel-, Umtausch- und Aktienanleihen, in: BB 2002, S. 2431-2436, hier: S. 2435.

Die auf theoretischer Ebene beschriebenen steuerlichen Konsequenzen sollen an Fall 2 des zugrunde liegenden Beispiels[461] veranschaulicht werden: Der Erwerber bucht die Aktienanleihe am 01.01.2004 im Umlaufvermögen in Höhe von 5.000 € ein. In den Veranlagungszeiträumen 2004 und 2005 sind jeweils 750 € Zinsen als Ertrag periodengerecht zu erfassen. Am Bilanzstichtag 31.12.2004 sind noch keine Wertminderungen der Aktienanleihe abzusehen, so dass diese mit 5.000 € aktiviert bleibt. Durch den starken Kursverfall der Aktien im Jahr 2005 resultiert für den Erwerber ein voll berücksichtigungsfähiger Verlust aus der Andienung in Höhe von 3.000 €. Die erhaltenen Aktien werden am 31.12.2005 in der Bilanz mit einem Wert von 2.000 € abgebildet. Der Emittent bucht die Aktienanleihe am 01.01.2004 als Verbindlichkeit in Höhe von 5.000 € ein. In den Wirtschaftsjahren 2004 und 2005 sind jeweils 750 € Zinsen als Aufwand periodengerecht zu erfassen. Am Bilanzstichtag 31.12.2004 bleibt die Verpflichtung aus der Aktienanleihe mit 5.000 € passiviert. Der starke Kursverfall der Aktien der A-AG im Jahr 2005 stellt für den Emittenten eine wirtschaftlich vorteilhafte Entwicklung dar. Die notwendigen 100 Aktien zur Andienung werden unmittelbar davor erworben, so dass ein voll steuerpflichtiger Gewinn in Höhe von 3.000 € im Veranlagungszeitraum 2005 entsteht, der mit gezahlten Zinsen von 750 € verrechnet werden kann.

Überwiegend gestützt auf internationale Rechnungslegungsvorschriften und einen erschienenen IDW-Rechnungslegungshinweis[462] wird in der Literatur[463] – im Gegensatz zur bereits dargestellten einheitlichen steuerlichen Behandlung – eine Dekomposition der Aktienanleihe gefordert. Die damit verbundenen Auswirkungen werden nachfolgend dargestellt.

Aus Sicht eines betrieblichen Anlegers ist die Aktienanleihe in eine erworbene Anleihekomponente und einen Short Put aufzuteilen. Aufgrund der zweimaligen Zinszahlung setzt sich die Anleihekomponente aus zwei Zerobonds zusammen, so dass das aus einem einjährigen und einem zweijährigen Zerobond sowie einem Short Put bestehende Duplikationsportfolio die gleichen Zahlungsströme

461 Vgl. Beispiel in Abschnitt 4.2.2.1.

462 Vgl. IDW-Bankenfachausschuß, Rechnungslegungshinweis: Zur Bilanzierung strukturierter Produkte (IDW RH BFA 1.003), in: WPg 2001, S. 916/917. Bei strukturierten Produkten des Handelsbestandes einer Bank (entspricht dem Umlaufvermögen bei anderen Unternehmen) soll es weiterhin bei einer einheitlichen Bilanzierung bleiben.

463 Vgl. z.B. Scharpf, Paul/Luz, Günther, Risikomanagement, Bilanzierung und Aufsicht von Finanzderivaten, 2. Aufl., Stuttgart 2000, S. 688-693; Dombek, Martina, Die Bilanzierung von strukturierten Produkten nach deutschem Recht und nach den Vorschriften des IASB, in: WPg 2002, S. 1065-1074, hier: S. 1072 und Bertsch, Andreas, Bilanzierung strukturierter Produkte, in: KoR 2003, S. 550-563, hier: S. 557/558.

vor Steuern wie die Aktienanleihe aufweist.[464] Die beiden Zerobonds werden getrennt im Umlaufvermögen aktiviert. Die Bewertung erfolgt nach herrschender Meinung anhand der Nettomethode; Zinsen werden periodisch zugeschrieben.[465] Im Erwerbszeitpunkt ist Zerobond I zu 714,29 € und Zerobond II zu 5.215,42 € zu aktivieren. Die vereinnahmte Optionsprämie aus dem Put-Verkauf wird als sonstige Verbindlichkeit mit 929,71 € passiviert. Zerobond I wird Ende 2004 um Zinsen von 35,71 € ertragswirksam erhöht und anschließend gegen die eingegangene Zinszahlung der Aktienanleihe von 750 € verrechnet. Zerobond II ist am Jahresende ertragswirksam um den Zinsbetrag von 260,77 € zu erhöhen. Im Jahr 2004 sind bei einer solchen Bilanzierung insgesamt 296,48 € als Zinsen zu versteuern. Dieser Betrag entspricht einer marktüblichen Verzinsung von 5% auf 5.929,71 €. Am Bilanzstichtag 2004 ist bei einem gesunkenen Aktienkurs der Risikoüberhang der Put-Option zu berücksichtigen, indem nach der hier vertretenen Auffassung eine Teilwerterhöhung der passivierten Verbindlichkeit vorzunehmen ist.[466] Zum 31.12.2005 sind Zinsen für den Zerobond II in Höhe von 273,81 € erfolgswirksam zu erfassen. In Fall 5 wird Zerobond II dann mit den eingehenden Zinszahlungen und der Tilgung der Aktienanleihe verrechnet; die als sonstige Verbindlichkeit passivierte Short Put-Option von 929,71 € ist ertragswirksam aufzulösen. Bei einer Andienung von Aktien z.B. in den Fällen 1-4 ist die Verrechnung etwas komplexer.

Die hier vorgestellte getrennte Bilanzierung orientiert sich strikt am Duplikationsportfolio aus Zerobond I und II sowie des Short Put und erfasst damit den laufenden Zinsertrag auf marktüblichem Niveau. Durch die Beachtung der Grundsätze zur Bilanzierung von Zerobonds ist das Vorgehen relativ transparent. Andere Ansätze in der Literatur kommen zu anderen Duplikationsportfolios. So wäre ebenso eine Dekomposition der Aktienanleihe in eine variabel verzinsliche Anleihe, einen Receiver-Swap gleicher Laufzeit mit Upfront-Payment und eine Short Put-Option denkbar.[467] Die Bilanzierung dieser Komponenten unterscheidet sich von dem in dieser Arbeit vorgenommenen Weg. Unter Heranziehung des Upfront-Payment aus dem Swap wird eine analoge Anwendung der Grundsätze zur Nominalwertbilanzierung des § 340e Abs. 2 HGB begründet, die das Agio in

464 Vgl. Beispiel in Abschnitt 4.2.2.1.

465 Vgl. IDW-Hauptfachausschuß, Stellungnahme HFA 1/1986: Zur Bilanzierung von Zerobonds, in: WPg 1986, S. 248/249, hier: S. 249 und Schmidt/Glanegger, § 6 EStG Rz. 396.

466 Vgl. Wehrheim, Michael/Krause, Haiko, Steuerbilanzielle Erfassung erhaltener Optionsprämien vor und nach dem BFH-Urteil vom 18.12.2002, in: BB 2003, S. 1552-1556, hier: S. 1555 und Abschnitt 4.1.4.2.

467 Vgl. Scharpf, Paul/Luz, Günther, Risikomanagement, Bilanzierung und Aufsicht von Finanzderivaten, 2. Aufl., Stuttgart 2000, S. 690/691.

einen aktiven Rechnungsabgrenzungsposten einstellen und über die Zeit auflösen.[468] Damit wird ebenso ein Zinsertrag auf marktüblichem Niveau ausgewiesen.

Die dargestellte getrennte Bilanzierung einer Aktienanleihe aus Sicht eines betrieblichen Anlegers kann sinngemäß auf die Bilanzierung beim Emittenten übertragen werden.

Im Vergleich zur einheitlichen Bilanzierung der Aktienanleihe kommt es bei der hier analysierten Dekomposition zunächst zu einer Bilanzverlängerung. Für Fall 5 mit Tilgung zum Nominalbetrag folgt, dass in den Jahren 2004 und 2005 insgesamt Erträge von 1.500 € zu versteuern sind – dies gilt bei einheitlicher und getrennter Bilanzierung. Die Zusammensetzung dieser Erträge und die zeitliche Berücksichtigung unterscheiden sich jedoch bei beiden Methoden erheblich. Während bei einheitlicher Bilanzierung der Aktienanleihe ausschließlich Zinserträge von 750 € pro Jahr anfallen, sind bei getrennter Bilanzierung Zinsen aus den Zerobonds Höhe von 296,48 € in 2004 und 273,81 € in 2005 zu versteuern; hinzukommen noch Erträge aus dem Termingeschäft Short Put in Höhe von 929,71 € in 2005. Ausschließlich die Thematik von einheitlicher oder getrennter Bilanzierung betrachtet, würde durch die Dekomposition ein Zins- und Liquiditätsvorteil durch die in die Zukunft verlagerte Besteuerung entstehen und es ständen Erträge aus dem betrieblichen Termingeschäft zur Verrechnung gleichartiger Verluste zur Verfügung.[469] Wenn umgekehrt noch die Seite des Emittenten einbezogen wird und dieser ebenfalls eine getrennte Bilanzierung vornimmt, wird deutlich, dass dadurch der Betrag der Zinsaufwendungen von insgesamt 1.500 € auf 570,29 € sinkt. Dieser grundsätzliche Sachverhalt kann z.B. für die Anwendung der Regeln zur Gesellschafterfremdfinanzierung nach § 8a KStG oder die hälftige Hinzurechnung von Entgelten für Dauerschulden nach § 8 Nr. 1 GewStG von großer Bedeutung sein. Umgekehrt ist der Nachteil beschränkt verrechenbarer Termingeschäftsverluste nach § 15 Abs. 4 S. 3-5 EStG zu berücksichtigen.

Die Verrechnungsbeschränkung bei betrieblichen Termingeschäften gewinnt für die Fälle 1-3 an Bedeutung, weil infolge des erheblich gesunkenen Aktienkurses der Short Put mit einem Verlust für den Erwerber verbunden ist.

---

468 Ebenfalls nicht die Nominalwertbilanzierung vornehmend Bertsch, Andreas, Rechnungslegung und Besteuerung von Aktienanleihen, in: StuB 1999, S. 685-689, hier: S. 687.

469 Aufgrund der in Abschnitt 4.1.4.2 angedeuteten Unsicherheit zur Frage, ob Optionen mit physischer Lieferung in den Anwendungsbereich von § 15 Abs. 4 S. 3-5 EStG einbezogen werden sollen, besteht die Gefahr des Einbezugs, deren Rechtsfolgen nachfolgend unterstellt sind. Dies ist keine Zustimmung, sondern verfolgt den Zweck, ein steuerlich nachteiliges Szenario und deren Folgen für die Besteuerung der Aktienanleihe im Betriebsvermögen aufzuzeigen.

Insgesamt können mit der Dekomposition einer Aktienanleihe bzw. dem getrennten Erwerb der einzelnen Bausteine sowohl steuerliche Vorteile als auch Nachteile verbunden sein, die situationsabhängig gegenüber gestellt werden müssen.

4.2.3 Ebene C: Hybride Finanzinstrumente als Mischform von Elementen des Terminmarkts – Beispiel Capped Call

4.2.3.1 Wirtschaftliche Charakterisierung

Zur Analyse der Besteuerung eines hybriden Finanzinstruments der Ebene C wurde ein Capped Call gewählt, der eine Kombination von zwei Optionen als Elementen des Terminmarkts darstellt bzw. darstellen kann.[470] Diese Auswahl verfolgt das Ziel, mögliche steuerliche Effekte in Zusammenhang mit einer Capped Warrant-Kombination, die als hybrides Finanzinstrument der Ebene D untersucht wird, im weiteren Verlauf der Arbeit herausarbeiten zu können.

Ein Capped Call[471] ist ein mit einer Gewinnobergrenze ausgestatteter Optionsschein, wobei als Underlying häufig ein Index gewählt wird. Statt Lieferung der Basiswerte sehen derartige Optionsscheine Ausgleichszahlungen vor und können in der Regel als europäische Optionen nur am Ende der Laufzeit ausgeübt werden. Ein Capped Call wird in der Regel von Banken emittiert, stellt dann ein rechtlich einheitliches Geschäft dar, erhält eine bestimmte Wertpapierkennnummer und kann so von den Anlegern als ein Produkt erworben werden. Dieser Fall wird nachfolgend unterstellt.

Finanzmathematisch betrachtet, setzt sich der Capped Call[472] mit dem Basispreis X und einem Cap Y bei Duplikation über Calls aus dem Kauf eines Plain Vanilla Call mit dem Basispreis X und dem Verkauf eines Plain Vanilla Call mit dem Basispreis Y zusammen. Eine Duplikation des Capped Call ist auch über Put-Optionen möglich und setzt sich dann aus dem Kauf eines Plain Vanilla

470 Die Zahlungsströme einzelner Bausteine und hybrider Finanzinstrumente können, wie in Abschnitt 2.3.3 gezeigt, auf vielfache Weise dupliziert werden.

471 Vgl. zur wirtschaftlichen Charakterisierung von Capped Warrants Mauritz, Peter, Konzepte der Bilanzierung und Besteuerung derivativer Finanzinstrumente, Diss. Univ. Köln 1996, Wiesbaden 1997, S. 317-321 und Steiner, Manfred/Bruns, Christoph, Wertpapiermanagement, 8. Aufl., Stuttgart 2002, S. 438/439.

472 Vgl. zur Veranschaulichung der nachfolgenden und weiterer Dekompositionsmöglichkeiten Müller-Möhl, Ernst, Optionen und Futures, 5. Aufl., Stuttgart 2002, S. 159-165 und Steiner, Manfred/Bruns, Christoph, Wertpapiermanagement, 8. Aufl., Stuttgart 2002, S. 531-533.

Put mit dem Basispreis X und dem Verkauf eines Plain Vanilla Put mit dem Basispreis Y zusammen. Damit können Anleger einen Capped Call auch aus einzelnen Optionen selbst auf Portfolioebene zusammenstellen. An Terminbörsen werden zur Ausführungssicherheit derartiger Kombinationsgeschäfte – hier Bull Price Spread – oft standardisierte Abwicklungsformen angeboten. Es bleibt aber weiterhin bei der rechtlichen Selbständigkeit der einzelnen Grundgeschäfte.[473]

Mit dem Erwerb eines Capped Call verbindet der Anleger eine leicht steigende Kurserwartung. Da die Gewinnchancen durch den Cap begrenzt sind, wird nicht an darüber hinaus gehenden Kurssteigerungen des Underlying partizipiert. Insgesamt ist ein Capped Call billiger als der Kauf eines nicht gekappten Plain Vanilla Call, weil bei der nachfolgend unterstellten Replizierung über Calls, die für den Long Call mit dem niedrigeren Basispreis verausgabte Optionsprämie durch die Stillhalterprämie für den Short Call mit dem höheren Basispreis „verrechnet" wird. Der maximale Gewinn ergibt sich aus der Differenz von Cap und Basispreis der Option abzüglich der gezahlten Nettooptionsprämie und tritt bei Überschreiten des Cap ein. Unterschreitet der Kurs bei Fälligkeit den Basispreis, entsteht ein maximaler Verlust in Höhe der verausgabten Nettooptionsprämie.

Folgendes theoretisches Beispiel[474] soll die Zusammensetzung und Wirkungsweise eines Capped Call verdeutlichen: Ein europäischer Capped Call auf den Index ABC hat eine Laufzeit von zwei Jahren (01.01.2004 bis 31.12.2005) und gewährt dem Käufer das Anrecht auf 1,00 € für jeden Punkt, um den der ABC-Index am Ausübungstag über 5.000 Punkte liegt. Die Gewinnobergrenze liegt bei 1.000 €, so dass der Anleger an Indexständen über 6.000 Punkte nicht mehr partizipiert. Der Capped Call hat einen Preis von 490 €. Bei Duplikation über Calls kann das gleiche Gewinn- und Verlustprofil durch einen Long Call mit Basispreis 5.000 Punkte und Short Call mit Basispreis 6.000 Punkte erzeugt werden. Bei einer zu zahlenden Prämie in Höhe von 1.010 € für den Long Call und einer erhaltenen Prämie von 520 € für den Short Call resultiert ebenfalls eine

---

473 Vgl. Häuselmann, Holger/Wiesenbart, Thomas, Fragen zur bilanzsteuerlichen Behandlung von Geschäften an der Deutschen Terminbörse (DTB), in: DB 1990, S. 641-647, hier: S. 646 und Rabenhorst, Dirk, DTB-gehandelte Optionen und Futures im Jahresabschluß, Diss. Frankfurt am Main 1998, Frankfurt am Main u.a. 1999, S. 184/185.

474 Vgl. ebenfalls mit einem Beispiel der Konstruktion über Calls Eurex, Interest rate derivatives – Fixed income trading strategies, in: http://www.eurexchange.com/download/brochures/fixed_income.pdf, abgerufen am 15.02.2004, S. 67/68; mit einem Beispiel der Konstruktion über Puts Müller-Möhl, Ernst, Optionen und Futures, 5. Aufl., Stuttgart 2002, S. 160-162.

Nettoinvestition von 490 €.[475] Folgende Tabelle zeigt Rückflüsse und Gewinnsituation für die einzelnen Bausteine und den Capped Call insgesamt bei einer zweijährigen Haltedauer.

Tabelle 7: Rückflüsse und Gewinn von einem Capped Call

Indexstand bei Fälligkeit	Long Call (5.000)		Short Call (6.000)		Capped Call	
	Rückfluss in €	**Gewinn in € (bei -1.010 €)**	**Rückfluss in €**	**Gewinn in € (bei +520 €)**	**Rückfluss in €**	**Gewinn in € (bei -490 €)**
4.500	0	-1.010	0	520	0	-490
5.000	0	-1.010	0	520	0	-490
5.500	500	-510	0	520	500	10
6.000	1.000	-10	0	520	1.000	510
6.500	1.500	490	-500	20	1.000	510
7.000	2.000	990	-1.000	-480	1.000	510

Quelle: Eigene Berechnungen.

Ein Capped Call führt bei Indexständen bis 5.000 Punkte zu einem Maximalverlust von 490 €. Der Break Even ohne Berücksichtigung von Zinseffekten liegt bei 5.490 Punkte. Ab 6.000 Punkte ist der Gewinn auf maximal 510 € begrenzt.

4.2.3.2 Steuerliche Konsequenzen im Privatvermögen

Für den hier unterstellten Fall eines rechtlich einheitlichen hybriden Finanzinstruments Capped Call sollten die gleichen Besteuerungsregeln wie für den Kauf eines Plain Vanilla Call gelten.[476] Eine Anwendung der Regelung zu so genannten Kombinationsgeschäften ist nach geltendem Recht nicht möglich, weil die hierbei unterstellte rechtliche Selbständigkeit der Bestandteile im vorliegenden Fall nicht besteht. Die Beendigung der Capped Call-Option nach zwei Jahren

475 Eventuelle Sicherheitsleistungen in Form von Bareinschüssen oder Wertpapieren werden vereinfachend vernachlässigt.

476 Vgl. hierzu Abschnitt 4.1.4.1 und die dort angegebene Literatur. Cap explizit angesprochen in BMF vom 27.11.2001 IV-C3-S 2256-265/01, in: BStBl. I 2001, S. 986, Rz. 11 sowie die in Rz. 28 angeführte rechtliche Selbständigkeit der Grundgeschäfte bei Kombinationsgeschäften. Somit ist davon auszugehen, dass auch die Finanzverwaltung diese Auffassung teilt.

und die vom Indexstand abhängigen möglichen Rückflüsse führen zu keiner Steuerpflicht nach § 23 EStG. Da kein privates Veräußerungsgeschäft vorliegt, ist allerdings auch die Prämienzahlung von 490 € ohne steuerliche Auswirkungen. Ein zweijähriger Capped Call führt somit weder zu positiven noch negativen Einkünften.

Umgekehrt wäre theoretisch denkbar, den Capped Call zu zerlegen und anschließend die Komponenten einzeln zu besteuern. Dies wäre u.U. vergleichbar mit dem alternativen Erwerb einzelner Bestandteile, wenn Dekompositionsergebnis und Zusammenstellung auf Portfolioebene identisch wären. Für den Long Call resultiert aus der zweijährigen Laufzeit, dass es ebenfalls zu keinen steuerlichen Einkünften im Sinne von § 23 EStG kommt. Die für den Short Call erhaltene Stillhalterprämie in Höhe von 520 € stellt ein Entgelt für eine sonstige Leistung im Sinne von § 22 Nr. 3 EStG dar und ist in 2004 zu versteuern; mögliche Prämien für die Glattstellung am Ende der Laufzeit sollten als Werbungskosten zu berücksichtigen sein, da diese unabhängig von einer einjährigen Frist zu beurteilen sind.[477]

Es wurde für den Fall der zweijährigen Haltedauer gezeigt, dass bei Zerlegung und Besteuerung der Elementarbausteine bzw. Zusammenstellung der beiden Optionen auf Portfolioebene nachteilige steuerliche Konsequenzen gegenüber der Besteuerung des einen Instruments Capped Call resultieren. Demzufolge erweist sich der Capped Call als ein strukturiertes hybrides Finanzinstrument der Ebene C steuerlich vorteilhafter als das synthetische hybride Finanzinstrument der Ebene D in Form eines Optionsportfolios.

Für den theoretischen Weg der Dekomposition besteht allerdings die Frage, in welches Dekompositionsportfolio zerlegt werden soll. Diese Problematik ist angesichts der nahezu unbegrenzten Möglichkeiten des Financial Engineering nicht zweifelsfrei zu lösen. Diesbezüglich ist die hier vorgenommene Dekomposition in zwei Calls als nur ein Beispiel aufzufassen.

4.2.3.3 Steuerliche Konsequenzen im Betriebsvermögen

Für Zwecke der Bilanzierung im Betriebsvermögen[478] sollte der Capped Call als einheitlicher Vermögensgegenstand/Wirtschaftsgut angesehen werden. Ange-

---

477 Vgl. BMF vom 27.11.2001 IV-C3-S 2256-265/01, in: BStBl. I 2001, S. 986, Rz. 26; Harenberg, Friedrich E./Irmer, Gisbert, Die Besteuerung privater Kapitaleinkünfte, 3. Aufl., Herne/Berlin 2003, S. 356-358 und Heuermann, Bernd, EUREX II: Besteuerung von Optionsgeschäften an Terminbörsen – Zugleich Anmerkung zum BFH-Urteil vom 29.6.2004 IX R 26/03, in: DB 2004, S. 1848-1852, hier: S. 1851.

478 Es wird jeweils ein mit dem Kalenderjahr übereinstimmendes Wirtschaftsjahr unterstellt.

sichts der verstärkt aufkommenden Tendenzen zur Dekomposition strukturierter Produkte[479] ist alternativ auch für einen Capped Call eine Zerlegung denkbar bzw. können betriebliche Anleger diesen auf Portfolioebene synthetisieren. Beide Varianten werden nachfolgend untersucht.

Bei einheitlicher Erfassung ist ein Capped Call entsprechend den für Optionsgeschäfte geltenden Bilanzierungsregeln[480] als ein Wirtschaftsgut im Umlaufvermögen[481] in Höhe der Anschaffungskosten von 490 € zu aktivieren. Am Bilanzstichtag 2004 ist der Optionsschein mit dem niedrigeren Teilwert zu bewerten und gegebenenfalls abzuschreiben. Verfällt die Option Ende des Jahres 2005, weil der Indexstand bei Fälligkeit nicht über 5.000 Punkte liegt, ist der Buchwert aufwandswirksam auszubuchen. Werden bei Indexständen über 5.000 Punkte Differenzzahlungen empfangen, sind diese ertragswirksam zu erfassen. Da es sich einem Capped Call auf den ABC-Index nicht um eine Option mit physischer Lieferung handelt, ist die Verlustverrechnungsbeschränkung für betriebliche Termingeschäfte zu beachten.

Hinsichtlich der getrennten Bilanzierung bzw. Duplikation auf Portfolioebene besteht wiederum die Problematik zahlreich existierender Möglichkeiten.[482] Nachfolgend wird ein Long Call mit Basispreis 5.000 Punkte und ein Short Call mit Basispreis 6.000 Punkte zugrunde gelegt. Der Long Call ist im Umlaufvermögen zu 1.010 € zu aktivieren. Am Bilanzstichtag 2004 ist bei einem gesunkenen Wert eine Teilwertabschreibung vorzunehmen. Ende des Jahres 2005 ist der Buchwert der Option aufwandswirksam gegen je nach Indexstand erfolgte Differenzzahlungen zu verrechnen. Die für den Short Call vereinnahmte Optionsprämie in Höhe von 520 € ist als sonstige Verbindlichkeit zu passivieren. Am Bilanzstichtag sollte bei einer ungünstigen Kursentwicklung der Risikoüberhang als eine Teilwerterhöhung der passivierten Verbindlichkeit zu berücksichtigen sein.[483] Bei Indexständen von bis zu 6.000 Punkte bei Fälligkeit ist die Verbindlichkeit ertragswirksam aufzulösen; bei einem höheren Indexstand hat eine Verrechnung mit zu leistenden Differenzzahlungen zu erfolgen. Die Verlustverrechnungsbeschränkung des § 15 Abs. 4 S. 3-5 EStG ist ebenfalls zu berücksichtigen.

Die steuerlichen Belastungsunterschiede bei einheitlicher Bilanzierung und getrennter Bilanzierung bzw. Synthetisierung auf Portfolioebene sind für den

479 Vgl. die Diskussion und die angegebene Literatur im Rahmen der Besteuerungsanalyse von Aktienanleihen in Abschnitt 4.2.2.3.

480 Vgl. hierzu m.w.N. Abschnitt 4.1.4.2.

481 U.U. käme auch eine Aktivierung im Anlagevermögen in Betracht.

482 Vgl. Abschnitt 4.2.3.1.

483 Vgl. Wehrheim, Michael/Krause, Haiko, Steuerbilanzielle Erfassung erhaltener Optionsprämien vor und nach dem BFH-Urteil vom 18.12.2002, in: BB 2003, S. 1552-1556, hier: S. 1555 und Abschnitt 4.1.4.2.

vorliegenden Fall im Betriebsvermögen geringer einzustufen, als die im Privatvermögen identifizierten Differenzen. Möglicherweise resultierten Verschiebungen durch zeitliche Vorverlagerung von Betriebsausgaben aufgrund des Realisations- und Imparitätsprinzips. Die Ursache für die vergleichsweise unbedeutenden Unterschiede liegt darin, dass der von der Finanzverwaltung lange Zeit propagierte Sofortvereinnahmungsgrundsatz auch für den betrieblichen Stillhalter aufgegeben wurde und nach der hier vertretenen Meinung der Risikoüberhang aus einer Option durch eine Teilwerterhöhung und nicht durch eine nach § 5 Abs. 4a EStG steuerlich unzulässige Rückstellung für drohende Verluste aus schwebenden Geschäften abzubilden ist.[484] Zudem handelt es sich durchgängig um Einkünfte aus betrieblichen Termingeschäften, so dass entstandene Verluste mit gleichartigen Gewinnen aus dem anderen Optionsgeschäft verrechenbar sind.

Wenn die den Capped Call duplizierenden beiden Call Optionen als Kombinationsgeschäft in Form eines Bull Price Spread erworben wurden, gehen Teile der Literatur insoweit auch von einem einheitlichen Wirtschaftsgut aus.[485] Wird dieser Auffassung nicht gefolgt, stellt sich die Frage, ob dann eine Art Bewertungseinheit im Sinne einer kompensatorischen Bewertung zu bilden wäre. Eine Bewertungseinheit für einen Bull Price Spread wurde im Schrifttum bisher überwiegend befürwortet,[486] allerdings geht dies wohl nicht mit der vom BFH intendierten Betonung des Einzelbewertungsgrundsatzes und restriktiver Auslegung der Bildung von Bewertungseinheiten einher.[487]

---

484 Mit zahlreichen Beispielen zu den Steuerwirkungen bei Kombinationen von unterschiedlicher Prämienbehandlung (Sofortvereinnahmung, periodengerechter Berücksichtigung der Prämie) und unterschiedlicher Abbildung des Risikoüberhangs (Drohverlustrückstellung, Verbindlichkeit/Verbindlichkeitsrückstellung) Prätzler, Robert C., Überlegungen zur steuerlichen Behandlung vereinnahmter Optionsprämien im Betriebsvermögen – Zugleich Anmerkung zum Urteil des FG München vom 28.11.2000, 7 K 2035/98, in: DStR 2001, S. 927-931.

485 Vgl. z.B. Scharpf, Paul/Luz, Günther, Risikomanagement, Bilanzierung und Aufsicht von Finanzderivaten, 2. Aufl., Stuttgart 2000, S. 431/432; ablehnend Häuselmann, Holger/Wiesenbart, Thomas, Fragen zur bilanzsteuerlichen Behandlung von Geschäften an der Deutschen Terminbörse (DTB), in: DB 1990, S. 641-647, hier: S. 646.

486 Vgl. Häuselmann, Holger/Wiesenbart, Thomas, Fragen zur bilanzsteuerlichen Behandlung von Geschäften an der Deutschen Terminbörse (DTB), in: DB 1990, S. 641-647, hier: S. 646 und Rabenhorst, Dirk, DTB-gehandelte Optionen und Futures im Jahresabschluß, Diss. Frankfurt am Main 1998, Frankfurt am Main u.a. 1999, S. 217-219.

487 Vgl. zum nicht ergangenen Urteil des BFH zu Bewertungseinheiten die nahezu wortgleiche Publikation des Berichterstatters Christiansen, Alfred, Zum Grundsatz der Einzelbewertung – insbesondere zur Bildung so genannter Bewertungseinheiten, in: DStR 2003, S. 264-268.

Eine Short-Position in einem Capped Call wird bei Einheitsbetrachtung im Betriebsvermögen vergleichbar mit einer Short-Position in einem Plain Vanilla Call besteuert. Bei Dekomposition eines Capped Call ergeben sich andere steuerliche Konsequenzen vornehmlich in Bezug auf die zeitliche Entstehung steuerlicher Einkünfte als bei Zugrundelegung des einheitlichen Finanzinstruments Capped Call. Die bei Analyse von erworbenen Capped Calls vorgetragenen Argumente können im Wesentlichen auf Short-Positionen in einem Capped Call übertragen werden, so dass hier auf eine detaillierte Darstellung verzichtet wird.

4.2.4 Ebene D: Hybride Finanzinstrumente als Ergebnis synthetischer Herstellung – Beispiel Capped Warrant-Kombination

4.2.4.1 Wirtschaftliche Charakterisierung

Die Besteuerung eines synthetischen hybriden Finanzinstruments soll am Beispiel von zwei Capped Warrants erläutert werden, die in ihrer Wirkung die Zahlungsströme eines Zerobonds oder allgemeiner eines typischen Fremdkapitalinstruments replizieren.[488] Die Auswahl dieses Instruments ist den in den vorangegangenen Abschnitten aufgezeigten erheblichen Unterschieden in der Besteuerung im Privat- und Betriebsvermögen von Fremdkapital und Optionskontrakten geschuldet, die gemäß des integrativen Erklärungsansatzes einen der Hauptansatzpunkte für die Konzeption hybrider Finanzinstrumente darstellen.[489]

Aus der Kombination von einem gekappten Call Warrant[490] und Put Warrant mit unterschiedlichen Ausübungspreisen und einem Cap, der jeweils mit dem Basispreis der anderen Option übereinstimmt, ist bei jeweils gleichem Underlying und gleicher Laufzeit ein sicherer Rückfluss des Kapitals sowie eine risikolose Verzinsung aus betriebswirtschaftlicher Sicht garantiert. Capped Warrants können, wie bereits angedeutet, von den Anlegern als rechtlich selbständige Produkte mit unterschiedlichen Wertpapierkennnummern erworben und auf Portfolioebene zusammengestellt werden, dieser Fall wird hier als hybrides Finanzinstrument der Ebene D zugrunde gelegt, oder werden von Banken als einheitliche Capped Warrant-Kombination und damit als ein Produkt angeboten.

Folgendes theoretisches Beispiel soll die Funktionsweise einer Capped Warrant-Kombination verdeutlichen: Ein europäischer Capped Call auf den Index

488 Vgl. zur Synthetisierung von Fremdkapital Abschnitt 2.3.3.3.
489 Vgl. Abschnitt 2.2.4.
490 Vgl. zur wirtschaftlichen Charakterisierung eines Capped Call Abschnitt 4.2.3.1.

ABC hat eine Laufzeit von zwei Jahren (01.01.2004 bis 31.12.2005) und gewährt dem Käufer das Anrecht auf 1,00 € für jeden Punkt, um den der ABC-Index am Ausübungstag über 3.000 Punkte liegt. Die Gewinnobergrenze liegt bei 500 €, so dass der Anleger an Indexständen über 3.500 Punkte nicht mehr partizipiert. Der Capped Call hat einen Preis von 240 €. Ein ebenfalls europäischer Capped Put auf den Index ABC hat auch eine Laufzeit von zwei Jahren (01.01.2004 bis 31.12.2005) und gewährt dem Käufer das Anrecht auf 1,00 € für jeden Punkt, um den der ABC-Index am Ausübungstag unter 3.500 Punkte liegt. Die Gewinnobergrenze liegt bei 500 €, so dass der Anleger an Indexständen unter 3.000 Punkte nicht mehr partizipiert. Der Capped Put hat einen Preis von 210 €.

Tabelle 8: Rückflüsse einer Capped Warrant-Kombination

Indexstand bei Fälligkeit	**Rückfluss Capped Call in €**	**Rückfluss Capped Put in €**	**Rückfluss gesamt in €**
2.800	0	500	500
3.000	0	500	500
3.200	200	300	500
3.400	400	100	500
3.500	500	0	500
3.700	500	0	500

Quelle: Eigene Berechnungen.

Die Kombination von einem Capped Call und einem Capped Put mit entsprechenden Merkmalen führt unabhängig vom Indexstand zu einem Rückfluss von 500 €. Damit werden betriebswirtschaftlich betrachtet sowohl die bezahlten Optionsprämien von insgesamt 450 € wiedererlangt, als auch eine Differenz von 50 € als garantierter Gewinn erzielt. Dies bedeutet bei einer Laufzeit von zwei Jahren eine jährliche Rendite von ungefähr 5,4% auf das eingesetzte Kapital. Die Zahlungsstruktur einer Capped Warrant-Kombination entspricht aus betriebswirtschaftlicher Perspektive einem symmetrischen Zinsinstrument, wenn der Anleger beide Optionsscheine von einem Emittenten erworben hat; stammen diese von verschiedenen Emittenten, liegt ein asymmetrisches Zinsinstrument vor, weil insofern zwar ein „Kreditgeber“, aber kein „Kreditnehmer“ zu erkennen ist.[491]

491 Vgl. dazu Abschnitt 2.3.3.3.

4.2.4.2 Steuerliche Konsequenzen im Privatvermögen

Eine Capped Warrant-Kombination ist unter steuerlichen Gesichtspunkten im Privatvermögen ein § 20 EStG/§ 23 EStG-Hybrid, das die aus der quellentheoretischen und reinvermögenzugangstheoretischen Orientierung resultierenden Unterschiede in der Besteuerung arbitragieren will. Dementsprechend ist auch die Besteuerung von Capped Warrant-Kombinationen für Privatanleger stark umstritten. Zur Ableitung der Besteuerungsfolgen mit Hilfe der wirtschaftlichen Betrachtungsweise ist zu betonen, dass diese keine rein betriebswirtschaftliche Methode ist, sondern dass die Auslegung vom Gesetz aus gesteuert zu erfolgen hat.[492]

Die existierenden Auffassungen zur Besteuerung von Capped Warrant-Kombinationen reichen von der Position, die sowohl bei Einlösung als auch bei gemeinsamer Veräußerung steuerpflichtige Erträge im Sinne von § 20 EStG annimmt, bis zur Meinung, die abgesehen von der potenziellen Anwendbarkeit der Vorschrift des § 23 EStG keine steuerpflichtigen Einkünfte erkennt.

Für die erstgenannte Auffassung steht die Finanzverwaltung,[493] die durch Zusammenfassung der beiden rechtlich selbständigen Geschäfte zu einer Kapitalüberlassung auf Zeit zum Ergebnis gelangt, dass bei Einlösung steuerpflichtige Erträge im Sinne von § 20 Abs. 1 Nr. 7 S. 1 EStG vorliegen und dies unabhängig davon, ob die Optionsscheine von einem oder von getrennten Emittenten erworben wurden. Für den Beispielsfall würde dies zu steuerpflichtigen Einnahmen in Höhe von 50 € im Jahr 2005 führen. Bei gemeinsamer Veräußerung der Optionsscheine werden Einnahmen in Höhe der besitzanteiligen Emissionsrendite nach § 20 Abs. 2 S. 1 Nr. 4a EStG angenommen.

Die entgegen gesetzte Meinung im Schrifttum,[494] sieht sowohl bei Einlösung als auch bei gemeinsamer Veräußerung der beiden Capped Warrants keine Steuerpflicht im Sinne von § 20 EStG. Begründet wird diese Auffassung mit der Nichterfüllung des Tatbestandsmerkmals der Überlassung von Kapitalvermögen gegen Entgelt zur Nutzung.[495] Dieses Tatbestandsmerkmal ist nicht erfüllt, weil

---

492 Vgl. m.w.N. Abschnitt 3.3.3.1.

493 Vgl. z.B. BMF vom 27.11.2001 IV-C3-S 2256-265/01, in: BStBl. I 2001, S. 986.

494 Vgl. z.B. Reiner, Günter, Derivative Finanzinstrumente im Recht, Habil. Univ. Konstanz 2001, Baden-Baden 2002, S. 383-388 und Harenberg, Friedrich E./Irmer, Gisbert, Die Besteuerung privater Kapitaleinkünfte, 3. Aufl., Herne/Berlin 2003, S. 408-410.

495 Vgl. Reiner, Günter, Derivative Finanzinstrumente im Recht, Habil. Univ. Konstanz 2001, Baden-Baden 2002, S. 383-388 und Harenberg, Friedrich E./Irmer, Gisbert, Die Besteuerung privater Kapitaleinkünfte, 3. Aufl., Herne/Berlin 2003, S. 408-410. Ähnlich in Bezug auf Zinsswapgeschäfte kann auch der BFH interpretiert werden, der mangels Kapitalüberlassung bei einem Zinsswap, keinen Zins für die Hinzu-

beim Verständnis von Kapitalforderung als bilateralem Verhältnis zwischen dem Anleger als Kapitalgeber und dem Emittent als Kapitalnehmer zunächst alle – aus betriebswirtschaftlicher Sicht – asymmetrischen Zinspositionen entfielen, weil es an einem Kapitalnehmer fehlen würde.[496] Auch bei aus betriebswirtschaftlicher Sicht symmetrischen Zinspositionen ist dieses Tatbestandsmerkmal nicht gegeben, weil die „Rückgabe" des Kapitals als Differenz zwischen jeweiligem Kurs bei Fälligkeit und Basispreis durch eine oder beide Optionen nicht ursächlicher Grund für die „Hingabe" der beiden Optionsprämien war.[497] Diese Begründung würde damit asymmetrische und symmetrische Zinspositionen einschließen. Einer Zusammenfassung der beiden zivilrechtlich selbständigen Optionsgeschäfte zu einem einheitlichen Geschäft kann damit bei wirtschaftlicher Betrachtungsweise und nicht betriebswirtschaftlicher Betrachtung des finanzwirtschaftlichen Ergebnisses nicht zugestimmt werden. Bei gleichzeitiger Veräußerung kommt lediglich eine Anwendung von § 23 EStG in Frage, wenn der Zeitraum zwischen Anschaffung und Veräußerung nicht mehr als ein Jahr beträgt. Da im Beispielsfall die Optionen eine Laufzeit von zwei Jahren hatten und nicht zwischenzeitlich veräußert wurden, kann der Betrag von 50 € steuerfrei vereinnahmt werden.

Um die mit der Auffassung der Finanzverwaltung verbundene steuerliche Unsicherheit aus Anlegersicht abzumildern, werden im Schrifttum mehrere Möglichkeiten vorgeschlagen:[498] Einerseits scheint eine Variation der beiden Op-

---

rechnung als Dauerschuldzinsen erkennen kann, vgl. BFH vom 04.06.2003 I-R-89/02, mit Anmerkungen von M. Wendt, in: FR 2003, S. 1043-1045.

496 Vgl. Dahm, Joachim/Hamacher, Rolfjosef, Neues Einkommensteuerrecht für moderne Finanzinstrumente, in: WM Sonderbeilage 3/1994, S. 1-24, hier: S. 15/16; Delp, Udo A., Besteuerung von Wertpapierkombinationen, in: BB 2003, S. 1594-1598, hier: S. 1595/1596; ähnlich in einem anderen Zusammenhang Bödecker, Carsten/Geitzenauer, Mark, Kapitalrückzahlungsgarantie kraft Ausgestaltung – Abgesicherte Kapitalanlagen und ihre steuerliche Behandlung im System von § 20 Abs. 1 Nr. 7 EStG, in: FR 2003, S. 1209-1219, hier: S. 1216.

497 Vgl. Reiner, Günter, Derivative Finanzinstrumente im Recht, Habil. Univ. Konstanz 2001, Baden-Baden 2002, S. 387; ähnlich argumentierend Harenberg, Friedrich E./Irmer, Gisbert, Die Besteuerung privater Kapitaleinkünfte, 3. Aufl., Herne/Berlin 2003, S. 409.

498 Vgl. hierzu Schumacher, Andreas, Gestaltungsmöglichkeiten bei der privaten Kapitalanlage – Die Unabhängigkeit der Besteuerung der Erträge aus sonstigen Kapitalforderungen von der zivilrechtlichen Ausgestaltung der Kapitalanlage, in: DStR 1996, S. 1505-1513, hier: S. 1509; Mauritz, Peter, Konzepte der Bilanzierung und Besteuerung derivativer Finanzinstrumente, Diss. Univ. Köln 1996, Wiesbaden 1997, S. 312 und Pross, Achim C., Swap, Zins und Derivat: Finanzinnovationen im nationalen und internationalen Steuerrecht unter besonderer Berücksichtigung des Zinsbegriffes, Diss. Univ. München 1996, München 1998, S. 170.

tionslaufzeiten geeignet. So könnte die Laufzeit der Call-Option bereits einen bestimmten Zeitraum vor der Put-Option beginnen und dementsprechend früher eine teilweise offene Position des Anlegers entstehen. Daneben könnten sich beide Optionsscheine auf verschiedene, aber zusammenhängende Indizes beziehen, wie der Capped Call auf den DAX und der Capped Put auf den FAZ-Index. Ähnlich würde die Variation der Basispreise und der Gewinnobergrenzen der Capped Warrants wirken. Im obigen Beispiel müsste der Capped Call dann einen Basispreis von 2.999 Punkte und einen Cap bei 3.499 Punkte haben, während für den Capped Put ein Basispreis von 3.501 Punkte und ein Cap bei 3.001 Punkte denkbar wäre.

Derartige Konstruktionen sollten keinen Missbrauch rechtlicher Gestaltungsmöglichkeiten darstellen.[499] Die Struktur ist nicht unangemessen, weil diese vom Grundsatz mit zwei Capped Warrants nicht komplizierter als im Beispielsfall ist; sie dient aus Sicht des Anlegers zwar der Steuerminderung, jedoch ist diese auch durch wirtschaftliche Gründe zu rechtfertigen. Es darf nicht übersehen werden, dass der Anleger eine – wenn auch geringfügige – andere Risikoposition einnimmt und deshalb insgesamt der Tatbestand eines steuerpflichtigen Ertrags im Sinne von § 20 EStG nicht erfüllt sein sollte. Das Argument einer geringfügig anderen Risikoposition im Wege einer freischwebenden wirtschaftlichen Betrachtungsweise durch Sachverhaltsumdeutung – beide Positionen führen zu dem „wirtschaftlich gleichen Ergebnis" – zu negieren, wurde bereits an anderer Stelle entkräftet.[500]

Aus theoretischer Sicht ist neben der Frage der einzelnen steuerlichen Behandlung oder Integration der beiden gekappten Optionsscheine eine weitere Möglichkeit in Betracht zu ziehen: die Aufspaltung eines jeden Capped Warrant in seine Bestandteile mit anschließender Besteuerung. Die steuerlichen Konsequenzen dieser jeweiligen Dekomposition von Capped Warrants wurden bereits an vorheriger Stelle eingehend am Beispiel eines Capped Call analysiert.[501]

---

499 Vgl. dazu und zur folgenden Argumentation Abschnitt 3.3.3.5.2.

500 Vgl. Abschnitt 3.3.3.2 mit dem Beispiel „Pfennig-Urteil". Ähnlich auch Bödecker, Carsten/Geitzenauer, Mark, Kapitalrückzahlungsgarantie kraft Ausgestaltung – Abgesicherte Kapitalanlagen und ihre steuerliche Behandlung im System von § 20 Abs. 1 Nr. 7 EStG, in: FR 2003, S. 1209-1219, hier: S. 1213/1214, zur Wahrscheinlichkeit der Kapitalrückzahlung und möglichen Anwendung von § 42 AO.

501 Vgl. zur Dekomposition Abschnitt 4.2.3.2. Zudem wurde in diesem Abschnitt der Fokus auf die Frage „Besteuerung als synthetisches Zinsinstrument oder als kein synthetisches Zinsinstrument" gerichtet, so dass hier ein Verzicht auf die Dekomposition gerechtfertigt erscheint.

4.2.4.3 Steuerliche Konsequenzen im Betriebsvermögen

Hinsichtlich der Besteuerung von zwei gekappten Optionsscheinen im Betriebsvermögen,[502] die in Kombination die Zahlungsströme eines Zerobonds replizieren, bieten sich aus theoretischer Sicht vier verschiedene Möglichkeiten an, die strikt zu unterscheiden sind:

- einzelne Bilanzierung des Capped Call und des Capped Put,
- kompensierende Bewertung von Capped Call und Capped Put mit Verrechnung von Gewinnen und Verlusten zwischen beiden Positionen,
- Integration der beiden rechtlich selbständigen Produkte zu einem Zerobond mit periodischer Zinszuschreibung,
- Dekomposition von Capped Call und von Capped Put in ihre Bestandteile.

Nachfolgend sollen die steuerlichen Auswirkungen der ersten drei Varianten jeweils aus Erwerbersicht dargestellt werden.[503] Die hierbei festgestellten grundsätzlichen Unterschiede können im Wesentlichen sinngemäß auf die Emittentenseite übertragen werden.

Bei einzelner Bilanzierung sind die gekappten Optionsscheine im Umlaufvermögen[504] mit den Anschaffungskosten von 240 € (Capped Call) bzw. 210 € (Capped Put) zu aktivieren. Liegt der Börsenwert eines Optionsscheins am Bilanzstichtag 2004 unter den Anschaffungskosten, ist eine Teilwertabschreibung vorzunehmen. Umgekehrt dürfen Werterhöhungen des anderen Optionsscheins über die Anschaffungskosten nicht berücksichtigt werden. Folglich wird am Bilanzstichtag 2004 regelmäßig ein steuerlicher Verlust entstehen. Bei Fälligkeit wird bei Indexständen von unter 3.001 bzw. über 3.499 Punkten jeweils ein Optionsschein wertlos, während für den anderen Optionsschein eine steuerpflichtige Differenzzahlung von 500 € erhalten wird. Bei Indexständen zwischen 3.000 und 3.500 Punkte verteilen sich die Zahlungen entsprechend. Da Capped Warrants nicht auf die tatsächliche Lieferung des Underlying gerichtet sind, dürfte die Verlustverrechnungsbeschränkung des § 15 Abs. 4 S. 3-5 EStG anwendbar sein. Dies wird u.U. zu keinen negativen steuerlichen Konsequenzen führen, da neben den betrieblichen Termingeschäftsverlusten gleichartige Gewinne aus dem anderen Optionsschein vorliegen und dadurch eine Verrechenbarkeit gegeben ist.

502 Es wird jeweils ein mit dem Kalenderjahr übereinstimmendes Wirtschaftsjahr unterstellt.

503 Vgl. zur Problematik der vierten Variante Abschnitt 4.2.3.3. Zudem wurde in diesem Abschnitt der Fokus auf die Frage „Besteuerung als synthetisches Zinsinstrument oder als kein synthetisches Zinsinstrument“ gerichtet, so dass hier ein Verzicht auf die Dekomposition gerechtfertigt erscheint.

504 U.U. käme auch eine Aktivierung im Anlagevermögen in Betracht.

Werden die Voraussetzungen für eine steuerliche Bewertungseinheit bei Capped Warrants als erfüllt angesehen,[505] besteht nach herrschender Auffassung eine Pflicht zur Bildung eines Micro-Hedge.[506] Da die Dokumentation als eine notwendige Bedingung für Bewertungseinheiten[507] im Wesentlichen im Ermessen des Bilanzierenden liegt, existiert de facto ein Wahlrecht zur kompensatorischen Bewertung. Da eine kompensierende Bewertung bei Capped Warrants nach der herrschenden Meinung nicht zu einem Wirtschaftsgut führt,[508] bleibt es weiterhin beim Ansatz der beiden Optionsrechte. Lediglich für Zwecke der Bewertung sind unrealisierte Gewinne und Verluste der beiden Positionen am Bilanzstichtag 2004 zu verrechnen, so dass im Vergleich zur getrennten Bilanzierung es regelmäßig nicht zum Ausweis eines steuerlichen Verlusts – unabhängig von der Indexentwicklung – kommt. Der Realisationszeitpunkt der „Zinszahlung" wird damit im Wesentlichen an das Ende der Laufzeit verlagert. Darüber hinaus sollte der entstandene Gewinn kein Zins im steuerlichen Sinne sein, sondern Ertrag aus betrieblichen Termingeschäften.

Als dritte theoretische Besteuerungsmöglichkeit kommt die Integration der beiden rechtlich selbständigen Finanzinstrumente Capped Call und Capped Put zu einem synthetischen Zerobond in Frage.[509] Die Integration zu einem einheitli-

---

505 Zustimmend Breker, Norbert, Optionsrechte und Stillhalterverpflichtungen im handelsrechtlichen Jahresabschluß, Diss. Univ. Münster 1992, Düsseldorf 1993, S. 214-216; ablehnend Mauritz, Peter, Konzepte der Bilanzierung und Besteuerung derivativer Finanzinstrumente, Diss. Univ. Köln 1996, Wiesbaden 1997, S. 323. Nach dem nicht ergangenen Urteil des BFH zu Bewertungseinheiten, vgl. die nahezu wortgleiche Publikation des Berichterstatters Christiansen, Alfred, Zum Grundsatz der Einzelbewertung – insbesondere zur Bildung so genannter Bewertungseinheiten, in: DStR 2003, S. 264-268, wurden die Voraussetzungen zur kompensatorischen Bewertung äußerst eng ausgelegt, so dass insofern für zahlreiche Capped Warrant-Kombinationen eine Bewertungseinheit ausscheiden dürfte.

506 Vgl. ausführlich zum Thema Bewertungseinheiten Abschnitt 4.3.3.2.1.

507 Vgl. IDW-Bankenfachausschuß, Stellungnahme 2/1995: Bilanzierung von Optionsgeschäften, in: WPg 1995, S. 421/422, hier: S. 422.

508 Vgl. z.B. Christiansen, Alfred, Zum Grundsatz der Einzelbewertung – insbesondere zur Bildung so genannter Bewertungseinheiten, in: DStR 2003, S. 264-268, hier: S. 266 und Rabenhorst, Dirk, DTB-gehandelte Optionen und Futures im Jahresabschluß, Diss. Frankfurt am Main 1998, Frankfurt am Main u.a. 1999, S. 184/185; a.A. Breker, Norbert, Optionsrechte und Stillhalterverpflichtungen im handelsrechtlichen Jahresabschluß, Diss. Univ. Münster 1992, Düsseldorf 1993, S. 214, der die beiden Capped Warrants zu einer Zerobondforderung bzw. -verbindlichkeit zusammenfasst.

509 Vgl. Breker, Norbert, Optionsrechte und Stillhalterverpflichtungen im handelsrechtlichen Jahresabschluß, Diss. Univ. Münster 1992, Düsseldorf 1993, S. 214; strikt ablehnend Häuselmann, Holger, Besteuerungsprobleme und Gestaltungsüberlegungen beim grenzüberschreitenden Einsatz von Finanzinnovationen im

chen Wirtschaftsgut unterscheidet sich vom herrschenden Verständnis der kompensatorischen Bewertung. Zum einen werden nicht die beiden Optionsscheine mit 240 € bzw. 210 € in der Bilanz ausgewiesen, sondern im Erwerbszeitpunkt wird ein Zerobond zu 450 € aktiviert. Dieser ist entsprechend der für Zerobonds geltenden Nettomethode zum Bilanzstichtag 2004 um Zinsen in Höhe von 24,34 € zuzuschreiben; für 2005 beträgt der Zinsbetrag 25,66 €. Damit ergibt sich der zweite wesentliche Unterschied: Die Erträge aus der Capped Warrant-Kombination werden nicht mehr als Ertrag aus betrieblichen Termingeschäften qualifiziert, sondern als Zinsen. Wenn die verstärkten Bemühungen der Finanzverwaltung zur Ausweitung der Integration und einseitiger Integrationsrichtungen im Privatvermögen betrachtet werden, ist anzunehmen, dass diese Tendenzen zukünftig auch verstärkt den betrieblichen Bereich betreffen werden.

Da eine steuerliche Integration im Betriebsvermögen von Capped Warrants zu einem Zerobond bei wohlverstandener wirtschaftlicher Betrachtungsweise nicht möglich erscheint, besteht, wenn die anderen Voraussetzungen als erfüllt angesehen werden sollten, durch Herbeiführung der Dokumentationsvoraussetzung für Bewertungseinheiten ein Wahlrecht, ob imparitätisch oder kompensatorisch bewertet wird. Dieses ist zur steuerlichen Optimierung auch im Vergleich zur Anlage bzw. Finanzierung über originäre Zerobonds einsetzbar, indem gezielt Steuerstundungseffekte und zahlreiche Variationsmöglichkeiten beispielsweise zur Gestaltung der Verlustnutzung wahrgenommen werden können. Damit führen Capped Warrants regelmäßig zu erheblichen steuerlichen Vorteilen nicht nur für den privaten Anleger, für den sie ursprünglich konzipiert wurden, sondern auch für betriebliche Kapitalanleger und -nachfrager.[510]

Das Beispiel Capped Warrant-Kombination verdeutlicht die Schwierigkeiten, die sich durch im Prozess des External Financial Engineering entstandene synthetische hybride Finanzinstrumente im Rahmen der Besteuerung ergeben können. Angesichts der erzielbaren erheblichen Steuerbarwertvorteile wird der Anwendungsumfang synthetischer Positionen in Zukunft wohl stark zunehmen.

Banksektor, in: Handbuch der internationalen Steuerplanung, Grotherr, Siegfried, Herne/Berlin 2000, S. 795-815, hier: S. 801.

510 Mit einem ähnlichen Ergebnis allerdings zu einer inzwischen überholten Rechtslage Breker, Norbert, Optionsrechte und Stillhalterverpflichtungen im handelsrechtlichen Jahresabschluß, Diss. Univ. Münster 1992, Düsseldorf 1993, S. 215/216 und Mauritz, Peter, Konzepte der Bilanzierung und Besteuerung derivativer Finanzinstrumente, Diss. Univ. Köln 1996, Wiesbaden 1997, S. 317.

4.3 Analyse einzelner steuerlicher Problemstellungen

4.3.1 Systematisierung des identifizierten Konfliktpotenzials

Die Untersuchung der Besteuerung der vier hybriden Finanzinstrumente der Ebenen A-D in den vorangegangenen Abschnitten hat ein sehr breites Spektrum an Konfliktpotenzial erkennen lassen. Die Vielfalt identifizierter Problemstellungen kann im Wesentlichen wie folgt eingeteilt werden: Festlegung der zu besteuernden Objekteinheit (Einheitsbetrachtung, Zusammenfassungsansatz, Dekompositionsansatz) und in Zusammenhang damit der Zeitpunkt der steuerlichen Erfassung (Cash-Flow, periodengerechte Gewinnermittlung, Mark-to-Market). Die folgende Abbildung verdeutlicht noch einmal die grundlegenden Fragestellungen.

Abbildung 13: Grundlegende Besteuerungsprobleme hybrider Finanzinstrumente

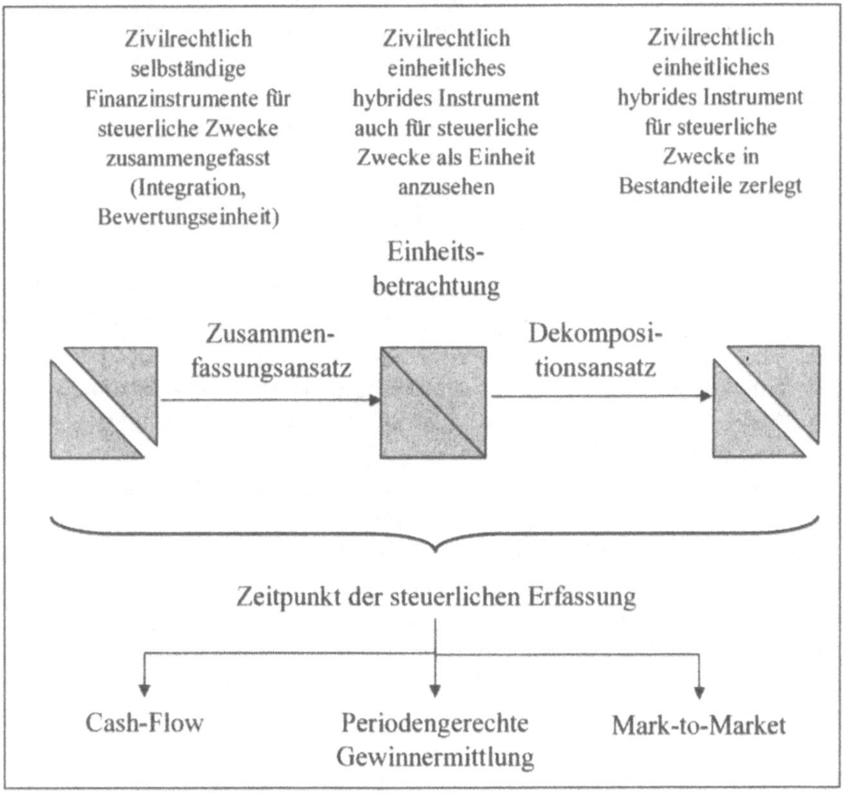

Quelle: Eigene Darstellung.

Bei den im bisherigen Schrifttum hauptsächlich unter hybriden Finanzinstrumenten verstandenen klassischen Finanzinstrumenten mit Mischcharakter – wie dem Genussschein – ist zunächst zu klären, ob für Besteuerungszwecke Eigen- oder Fremdkapital vorliegt. Gleiches gilt für strukturierte Produkte wie Aktienanleihen, bei denen es allerdings um die Qualifikation geht, ob ein originäres Fremdkapitalinstrument oder ein derivatives Optionsgeschäft gegeben ist. Die jeweilige Einstufungsentscheidung eines hybriden Finanzinstruments entsprechend seines vorherrschenden Charakters kann, wie gezeigt werden konnte, mit erheblichen Steuermehr- bzw. Steuerminderbelastungen verbunden sein, weil Investitions- und Finanzierungsalternativen aneutral besteuert werden.

Weil eine einheitliche Zuordnung von hybriden Finanzinstrumenten zu einer Besteuerungsnorm dem Mischcharakter häufig nicht gerecht wird, ist verstärkt eine Tendenz zur Zerlegung und anschließender Besteuerung der einzelnen Bestandteile zu beobachten. Zwischen der Einheitsbetrachtung und dem Dekompositionsansatz besteht somit eine theoretische Anwendungskonkurrenz, die z.B. bei der Aktienanleihe und dem Capped Call festzustellen war. Ob einheitlich oder zerlegt besteuert wird, ist hinsichtlich der Steuerbelastung und zeitlichen Verlagerung dieser als nicht minder entscheidend einzuschätzen, als die aus der (unterschiedlichen) einheitlichen Einstufung resultierenden Konsequenzen.

Wenn es im Rahmen des Dekompositionsansatzes zur Aufspaltung in einzelne Bausteine kommt, stellt sich für rational handelnde Steuerpflichtige ebenso die umgekehrte Frage für den Fall, dass der getrennte Erwerb einzelner Bausteine einen günstigeren Steuerbarwert aufweist, als der Kauf des strukturierten Produkts. Ein synthetisches hybrides Finanzinstrument auf Portfolioebene (Ebene D) würde dann einem strukturierten hybriden Finanzinstrument (Ebene B oder C) vorgezogen. Aufgrund der regelmäßig mit dem Realisations- und Imparitätsprinzip verbundenen „früheren“ Verlust- und „späteren“ Gewinnberücksichtigung sowie unterschiedlicher einheitlicher Einstufung können im Betriebsvermögen durch die Zusammenstellung der Bausteine auf Portfolioebene positive Steuerbarwerteffekte erzielt werden. Gleiches gilt im Privatvermögen für die dem Zufluss-Abfluss-Prinzip folgende Besteuerung der Überschusseinkünfte, die zudem quellen- und reinvermögenszugangstheoretisches Gedankengut enthält. Derartigen Steuerarbitrageüberlegungen wird zunehmend dadurch begegnet, dass zum einen nicht realisierte Verluste mit ansonsten nicht realisierten Gewinnen über das Konstrukt der kompensatorischen Bewertung im Betriebsvermögen zu verrechnen sind. Zudem wird zunehmend sowohl im Privat- als auch im Betriebsvermögen eine Integration rechtlich selbständiger Produkte zu einem neuen einheitlichen Produkt für ertragsteuerliche Zwecke angestrebt. Insofern besteht auch hier eine theoretische Anwendungskonkurrenz, die z.B. bei der Capped Warrant-Kombination festzustellen war.

Aufgrund der bisherigen Ausführungen in diesem Abschnitt könnte die Schlussfolgerung gezogen werden, dass entweder ein hybrides Finanzinstrument einheitlich oder zerlegt (Frage der Dekomposition) bzw. einzeln oder einheitlich (Frage der Zusammenfassung) zu besteuern ist. Die beiden Anwendungskonkurrenzen können aber auch bei einem hybriden Finanzinstrument gleichzeitig auftreten. Klassisches Beispiel dafür ist die Capped Warrant-Kombination als hybrides Finanzinstrument der Ebene D.[511] Hier standen theoretisch alle drei Besteuerungsansätze hybrider Finanzinstrumente – Einheitsbetrachtung (jeweils Besteuerung von Capped Call und Capped Put), Zusammenfassung (synthetischer Zerobond) und Dekomposition (Capped Call z.B. Long Call X und Short Call Y und Capped Put z.B. Short Call X und Long Call Y) – gleichzeitig zur Diskussion.

Nachfolgend werden die Einheitsbetrachtung sowie der Zusammenfassungs- und Dekompositionsansatz näher analysiert, wobei auch die ökonomischen Anreizwirkungen aus Sicht der Steuerpflichtigen Beachtung finden. Im Zusammenhang damit werden die unterschiedlichen Zeitpunkte der steuerlichen Erfassung thematisiert, die in einem komplexen Beziehungsgefüge zu den verschiedenen Ansätzen zur Festlegung der zu besteuernden Objekteinheit stehen.

4.3.2 Einheitsbetrachtung

4.3.2.1 Einstufung als Eigen- oder Fremdkapital

Der Ansatz der Einheitsbetrachtung[512] bedeutet vom Grundsatz her, dass rechtlich einheitliche hybride Finanzinstrumente auch als Einheit zu besteuern sind. Diese Sichtweise kann nicht nur für strukturierte Finanzinstrumente anwendbar sein, sondern gilt vom Prinzip her auch für einzelne Bausteine hybrider Finanzinstrumente, wie Eigen-, Fremdkapital, Forwards und Optionen. Eine einheitliche Betrachtungsweise bedeutet damit immer eine „Alles-oder-Nichts-Lösung" bzw.

---

511 Die Dekompositionsfrage wurde am hybriden Finanzinstrument der Ebene C, einem Capped Call, analysiert, vgl. hierzu Abschnitt 4.2.3, der gleichzeitig Bestandteil einer möglichen Capped Warrant-Kombination sein kann.

512 Vgl. Elschen, Rainer, Eigen- und Fremdfinanzierung – Steuerliche Vorteilhaftigkeit und betriebliche Risikopolitik, in: Handbuch des Finanzmanagements, Gebhardt, Günther/Gerke, Wolfgang/Steiner, Manfred (Hrsg.), München 1993, S. 585-617, hier: S. 586; Pross, Achim C., Swap, Zins und Derivat: Finanzinnovationen im nationalen und internationalen Steuerrecht unter besonderer Berücksichtigung des Zinsbegriffes, Diss. Univ. München 1996, München 1998, S. 145/146 und S. 171 und Herzig, Norbert, Thema I: Hybride Finanzinstrumente im nationalen und internationalen Steuerrecht, in: IStR 2000, S. 482-485, hier: S. 482-484.

ein „Schwarz-Weiß-Denken" und stellt den gegenwärtigen Regelfall der Besteuerung von Finanzinstrumenten dar.

So einfach und praktikabel dieser Ansatz auf den ersten Blick bei Anwendung auf idealtypische, reine Finanzinstrumente klingen mag, führt dieser bei hybriden Finanzinstrumenten jedoch zu erheblichen Schwierigkeiten, weil eine eindeutige Zuordnungsentscheidung aufgrund des Mischcharakters dieser Instrumente Probleme bereitet. Die konzeptionell bedingte Schwäche der Einheitsbetrachtung, Mischverhältnissen nur ungenügend Rechnung zu tragen, hat dazu geführt, dass zunehmend eine Zerlegung von hybriden Finanzinstrumenten gefordert wird. Diese bietet sich bei hybriden Finanzinstrumenten der Ebenen B und C, die nach dem Baukastenprinzip im Prozess des Internal Financial Engineering fest zu einer rechtlichen Einheit verbunden sind, auf den ersten Blick auch an.[513] Bei hybriden Finanzinstrumenten der Ebene A – wie dem Genussschein – stößt der Dekompositionsansatz jedoch an seine Grenzen, so dass wiederum eine Einheitsbetrachtung für steuerliche Zwecke zu favorisieren ist. Zudem gilt die simple Feststellung, dass bei einer weitgehend neutralen Besteuerung auch hybride Finanzinstrumente über die Einheitsbetrachtung sachgerecht und ohne zusätzlichen Aufwand der Zerlegung besteuert werden könnten. Zuordnungsentscheidungen bzw. Abgrenzungen sind im deutschen Ertragsteuerrecht in großer Anzahl notwendig, wobei in diesem Abschnitt zwischen Eigen- und Fremdkapital und im folgenden Abschnitt zwischen originären und derivativen Instrumenten unterschieden wird.

Die typische Problematik der Einordnung als Eigen- oder Fremdkapital wurde bei der Analyse eines Genussscheins deutlich.[514] Die aus steuerlicher Perspektive ausschließliche Orientierung am Gewinnrecht oder der Beteiligung am Liquidationserlös lässt einen Teil der idealtypischen[515] bzw. der vom IDW[516] vorgesehenen Eigen- oder Fremdkapitaleigenschaften außen vor. Damit kann Eigenkapital im betriebswirtschaftlichen Sinne bzw. entsprechend der handelsrechtlichen Einordnung erheblich von Eigenkapital im steuerlichen Sinne abweichen.[517] Gleiches gilt sinngemäß für Fremdkapital. Bei entsprechender Ausgestaltung eines

513 Vgl. zur Analyse des Dekompositionsansatzes Abschnitt 4.3.4.

514 Vgl. Abschnitt 4.2.1.

515 Vgl. zur Abgrenzung von Eigen- und Fremdkapital und zu den jeweiligen idealtypischen Eigenschaften Abschnitte 2.3.2.1 und 2.3.2.2.

516 Vgl. IDW-Hauptfachausschuß, Stellungnahme HFA 1/1994: Zur Behandlung von Genußrechten im Jahresabschluß von Kapitalgesellschaften, in: WPg 1994, S. 419-423.

517 Vgl. Widmayer, Gerhard, Genussrechte als Instrument für grenzüberschreitende Finanzierungen, in: IStR 2001, S. 337-343, hier: S. 339; kritisch zu diesem Ergebnis – insbesondere unter Verweis auf das Maßgeblichkeitsprinzip Groh, Manfred, Genußrechtskapital und Maßgeblichkeitsgrundsatz, in: BB 1995, S. 659-660.

Genussscheins ist es damit möglich, neben möglicherweise zu erreichenden positiven aufsichtsrechtlichen Aspekten, Vorteile aus dem handelsbilanziellen Ausweis als Eigenkapital (z.B. Kennzahlenverbesserung) mit dem Betriebsausgabenabzug der Vergütungen bei steuerlicher Einordnung als obligationsähnlicher Genussschein zu verknüpfen.

Die Diskrepanzen von Eigen- und Fremdkapital im betriebswirtschaftlichen und im steuerlichen Sinne sind Produkt unabhängig in der folgenden Abbildung ersichtlich. Dem Kontinuum aus Finanzierungsmischformen von idealtypischem Eigenkapital bis zu idealtypischem Fremdkapital steht das „Schwarz-Weiß-Denken" der Einheitsbetrachtung für steuerliche Zwecke gegenüber. Die aus steuerlicher Sicht strittige Zuordnung ist in einem nicht weiter spezifizierbaren Bereich um das Fragezeichen angesiedelt.

Abbildung 14: Betriebswirtschaftliche und steuerrechtliche Betrachtungsweise von Eigen- und Fremdkapital

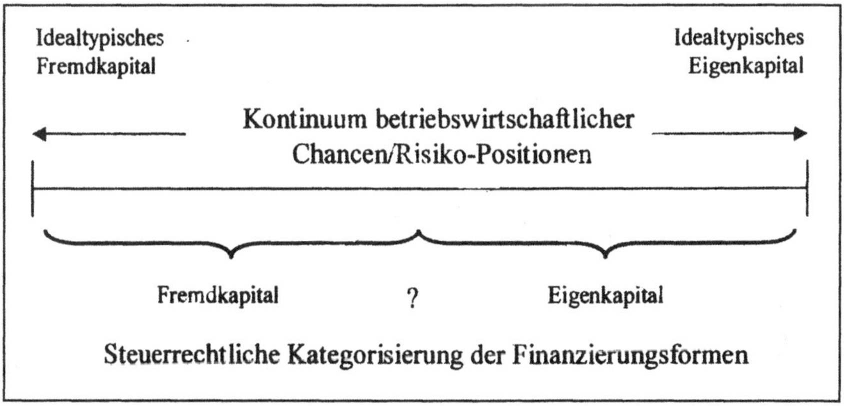

Quelle: In Anlehnung an Elschen, Rainer, Eigen- und Fremdfinanzierung – Steuerliche Vorteilhaftigkeit und betriebliche Risikopolitik, in: Handbuch des Finanzmanagements, Gebhardt, Günther/Gerke, Wolfgang/Steiner, Manfred (Hrsg.), München 1993, S. 585-617, hier S. 587.

Über den Einordnungskonflikt im Bereich des Fragezeichens hinaus ist es je nach Ausgestaltung der zum Teil Produkt abhängigen steuerlichen Einstufung möglich, dass aus betriebswirtschaftlicher Sicht eher dem Fremdkapital zuzuordnende Finanzinstrumente steuerlich als Eigenkapital eingestuft werden und umgekehrt. Es kommt damit im Ergebnis zu Sprüngen bei der Zuordnung,[518] die in nachfolgender Abbildung zu erkennen sind. Zudem ergeben sich im Vergleich zur vorhergehenden Abbildung eine größere Anzahl strittiger Bereiche, die wiederum in der Umgebung des Fragezeichens liegen.

Abbildung 15: Sprünge bei der steuerrechtlichen Einordnung von Eigen- und Fremdkapital

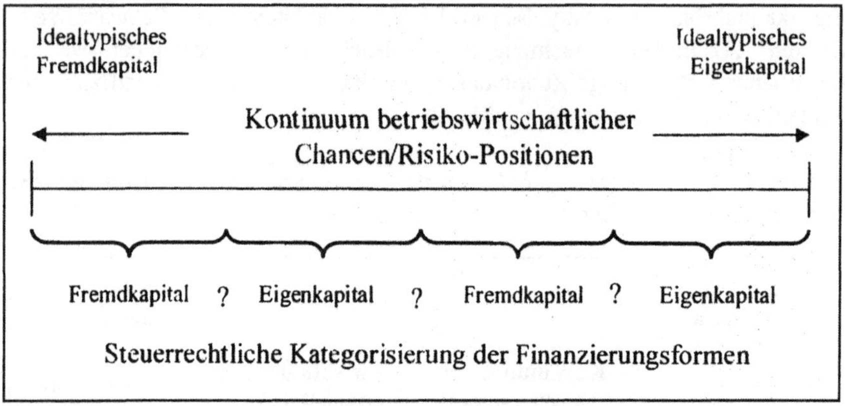

Quelle: In Anlehnung an Elschen, Rainer, Eigen- und Fremdfinanzierung – Steuerliche Vorteilhaftigkeit und betriebliche Risikopolitik, in: Handbuch des Finanzmanagements, Gebhardt, Günther/Gerke, Wolfgang/Steiner, Manfred (Hrsg.), München 1993, S. 585-617, hier S. 588.

Die Existenz und Verbreitung hybrider Finanzinstrumente haben i.V.m. den in den vorhergehenden Abbildungen erkennbaren Einordnungskonflikten zur Auffassung geführt, dass die noch bestehende, steuerlich notwendige Unterscheidung zwischen Eigen- und Fremdkapital nicht mehr zu halten ist.[519] Allgemein

518 Vgl. Elschen, Rainer, Eigen- und Fremdfinanzierung – Steuerliche Vorteilhaftigkeit und betriebliche Risikopolitik, in: Handbuch des Finanzmanagements, Gebhardt, Günther/Gerke, Wolfgang/Steiner, Manfred (Hrsg.), München 1993, S. 585-617, hier: S. 587/588.

519 Vgl. m.w.N. Funk, Thomas E., Hybride Finanzinstrumente im US-Steuerrecht, in: RIW 1998, S. 138-145, hier: S. 145, in Bezug auf die Unterscheidung zwischen Eigen- und Fremdkapital im Steuerrecht der USA; ähnlich und sogar allgemein zu allen steuerlich notwendigen Kategorisierungen Pross, Achim C., Swap, Zins und Derivat: Finanzinnovationen im nationalen und internationalen Steuerrecht unter be-

ausgedrückt, wäre es damit möglich, folgende Behauptung aufzustellen: Die auf Steuerarbitrage ausgerichteten hybriden Finanzinstrumente stellen komplexe, mit vielen Ausnahmeregelungen behaftete, aneutrale Steuersysteme auf die Probe und wirken damit ungewollt als Reforminitiatoren für ein sachgerechtes Steuersystem.

4.3.2.2 Einstufung als originäres oder derivatives Geschäft

Die Abgrenzung von originären und derivativen Geschäften kann hinsichtlich der verschiedenen steuerlichen Einkünftekategorien und deren Folgen von Bedeutung sein. Über die allgemeinen Ausführungen an früherer Stelle[520] hinaus, soll nachfolgend die Zuordnung zunächst am Beispiel von deep-in-the-money-Optionen und anschließend anhand von Aktienanleihen untersucht werden.[521]

Bei rein zivilrechtlicher Betrachtung sind so genannte deep-in-the-money-Optionen derivative Finanzinstrumente – wie andere Optionen auch – und kein Fremdkapital. Eine deep-in-the-money-Option liegt vor, wenn der gegenwärtige Kurs des Underlying weit über dem Basispreis bei Call-Optionen bzw. weit unter dem Basispreis bei Put-Optionen liegt. Derartige Optionen haben dann einen relativ hohen inneren Wert und einen relativ geringen Zeitwert. Die sofortige Ausübung bzw. die Veräußerung würde dem Inhaber somit einen positiven Cash-Flow erbringen.[522] Die Ursache dafür, dass eine Option tief im Geld ist, kann entweder in einer entsprechenden Kursentwicklung des Underlying liegen (d.h. die Option wurde ursprünglich mit einem Basispreis ausgegeben, der in der Nähe des damaligen Kurswertes des Underlying lag) oder daran, dass die Option mit

sonderer Berücksichtigung des Zinsbegriffes, Diss. Univ. München 1996, München 1998, S. 145/146 und S. 172.

520 Vgl. Abschnitte 2.3.2.1 und 2.3.2.2 zu originären Geschäften und Abschnitte 2.3.2.3 und 2.3.2.4 zu derivativen Geschäften.

521 Einen weiteren interessanten Bereich der Abgrenzung originärer und derivativer Geschäfte stellen Zertifikate und hier insbesondere Indexzertifikate dar, vgl. dazu Harenberg, Friedrich E., Besteuerung von Zertifikaten, Garantiezertifikaten, Garantiespannen-Zertifikaten und systemorientierten Finanzanlagen (Sofia), in: NWB Fach 3 2002, S. 12151-12156 und Oho, Wolfgang/Remmel, Matthias, Die Besteuerung von Hedge-Fonds-Zertifikaten im Privatvermögen, in: BB 2002, S. 1449-1456. Bei einem reinen Indexzertifikat ist die Wertentwicklung unmittelbar an einen Index gekoppelt, z.B. einen Aktien- oder Rentenindex. Da Indexzertifikate weder das eingesetzte Kapital garantieren noch ein Entgelt dafür gewähren, sind diese lediglich innerhalb der Einjahresfrist des § 23 Abs. 1 S. 1 Nr. 2 EStG steuerpflichtig, während Erträge aus einem originären Investment – Aktie/Anleihe – umfassender besteuert werden.

522 Vgl. Hull, John C., Optionen, Futures und andere Derivate, 4. Aufl., München/Wien 2001, S. 220.

einem weit vom Kurs des Underlying entfernt liegenden Basispreis begeben wurde. Im zweiten Fall wird bei Call-Optionen auch von LEPO's gesprochen.[523]

Einem typischen Fremdkapitaltitel sind LEPO's insoweit vergleichbar, weil es zu Beginn der Transaktion zu einem Kapitalfluss in die eine Richtung kommt, dem ein Kapitalfluss am Ende der Transaktion in umgekehrter Richtung gegenübersteht.[524] Zudem sind LEPO's auch Leerverkäufen sehr ähnlich, so dass sich zusätzlich – insbesondere bei europäischen LEPO's – aus wirtschaftlicher Sicht die Abgrenzung von bedingtem Termingeschäft (Option) und unbedingtem Termingeschäft (Forward/Future) stellen kann.[525]

Die Unterscheidung von deep-in-the-money-Optionen und LEPO's könnte u.U. vor dem Hintergrund der aktuellen Auffassung des BMF[526] zur umstrittenen Besteuerung[527] von Argentinienbonds im Privatvermögen von Bedeutung sein.

---

523 Vgl. Feyerabend, in Erle/Sauter, § 15 EStG Rz. 20; Müller-Möhl, Ernst, Optionen und Futures, 5. Aufl., Stuttgart 2002, S. 254 und Steiner, Manfred/Bruns, Christoph, Wertpapiermanagement, 8. Aufl., Stuttgart 2002, S. 522. Umgekehrt ist die LEPO-Konstruktion auch bei Put-Optionen theoretisch vorstellbar, die mit einem weit über dem aktuellen Kurs des Underlying liegenden Ausübungspreis emittiert werden. In einem solchen Fall müsste von HEPO's (High Exercise Price Options) gesprochen werden.

524 Vgl. Pross, Achim C., Swap, Zins und Derivat: Finanzinnovationen im nationalen und internationalen Steuerrecht unter besonderer Berücksichtigung des Zinsbegriffes, Diss. Univ. München 1996, München 1998, S. 139; ähnlich Feyerabend, in Erle/Sauter, § 15 EStG Rz. 20, der eine Qualifizierung von LEPO-Kontrakten als Termingeschäft verneint.

525 Ähnlich Müller-Möhl, Ernst, Optionen und Futures, 5. Aufl., Stuttgart 2002, S. 254 und Steiner, Manfred/Bruns, Christoph, Wertpapiermanagement, 8. Aufl., Stuttgart 2002, S. 522.

526 Vgl. BMF vom 14.07.2004 IV C 1-S 2252-171/04, in: BStBl. I 2004, S. 611.

527 Eine Finanzinnovation bei flat-gehandelten Argentinienbonds befürwortend Genossenschaftsverband, Besteuerung von Kapitalanlagen/Notleidende Argentinienanleihen – Rundschreiben vom 11.06.2002, in: http://www.genossenschaftsverband.de, abgerufen am 03.08.2004; Haisch, Martin, Mindern Verluste aus der Veräußerung von argentinischen Staatsanleihen die Steuerlast?, in: DB 2002, S. 1736-1738; Schmitt, Bernd/Krause, Haiko, Argentinienbonds keine Finanzinnovation? – Anmerkungen zum BMF-Schreiben vom 14.7.2004, DStR 2004, 1339, in: DStR 2004, S. 2042-2045; Wellmann, Udo, Sind notleidende Anleihen des Privatvermögens Kursdifferenzpapiere i.S. von § 20 (2) Satz 1 Nr. 4 EStG?, in: DStZ 2002, S. 179/180; wohl auch Delp, Udo A., Die Besteuerung von Finanzinnovationen nach dem Steueränderungsgesetz 2001, in: INF 2002, S. 170-173, hier: S. 173; ablehnend Engelsberger, Stefan, Keine nutzbaren Verluste aus dem Verkauf von Argentinien-Anleihen, in: FR 2002, S. 1280-1283; Harenberg, Friedrich E., Argentinienbonds: Finanzminister muss sich nicht beteiligen, in: PIStB 2002, S. 332-334 und Harenberg, Friedrich E./Irmer, Gisbert, Die Besteuerung privater Kapitaleinkünfte, 3. Aufl., Herne/Berlin 2003, S. 390.

Festverzinsliche argentinische Staatsanleihen waren, nachdem die argentinische Regierung die Bedienung von Zinsen und Tilgung im Dezember 2001 ausgesetzt hat, im Kurs um über 50% gesunken und von Stückzinsausweis auf Flat-Handel umgestellt worden. Entsprechend dem Wortlaut des § 20 Abs. 2 S. 1 Nr. 4 c EStG wäre damit der Tatbestand einer Finanzinnovation erfüllt, so dass die inzwischen realisierten Verluste steuerlich innerhalb der Einkünfte aus Kapitalvermögen, zwischen verschiedenen Einkunftsarten oder auch in den Grenzen des § 10d EStG interperiodisch verrechenbar sein würden. Das BMF vertritt jedoch eine andere Auffassung und stellt für die Einstufung, ob eine Finanzinnovation vorliegt, ausschließlich auf die Verhältnisse im Emissionszeitpunkt ab. Nachträgliche Änderungen, wie die Umstellung auf Flat-Handel wären ertragsteuerlich irrelevant. Im Zeitpunkt der Emission waren Argentinienbonds jedoch gewöhnliche festverzinsliche Anleihen, bei denen gemäß der allgemeinen quellentheoretischen Orientierung im Rahmen der Besteuerung von Kapitaleinkünften Wertänderungen des Vermögensstamms steuerlich nicht erfasst werden.

Übertragen auf Optionen, die tief im Geld sind, würde diese Vorgehensweise bedeuten, dass für LEPO's eine Aufteilung in bzw. Zuordnung zu Fremdkapital eher in Frage kommt, weil bereits bei Ausgabe eine erhebliche Differenz von Basispreis zu aktuellem Kurs des Underlying vorlag. Dem entgegen hat sich diese Differenz bei deep-in-the-money-Optionen erst im Zeitablauf entwickelt, so dass gemäß dem vorgenannten Kriterium kein Fremdkapital gegeben wäre.

Die Abgrenzung von originären und derivativen Geschäften wurde bisher insbesondere in Zusammenhang mit dem Begriff des Börsentermingeschäfts anhand von Aktienanleihen analysiert, wobei ein Großteil im Schrifttum und der Rechtsprechung die Einordnung als Termingeschäft abgelehnt hat.[528] Hierbei lag jedoch oft der Fall einer einfach strukturierten Aktienanleihe zugrunde, die ähnlich der in dieser Arbeit untersuchten Variante[529] an nur eine Aktie (und diese auch nur mit normaler Volatilität) gekoppelt war. Weitaus schwieriger würde es sein,

528 Ein Börsentermingeschäft ablehnend BGH vom 12.03.2002 XI-ZR-258/01, in: DStR 2002, S. 1055-1057 sowie im Schrifttum z.B. Kilgus, Stefan, Anleihen mit Tilgungswahlrecht des Emittenten (Reverse Convertibles), in: WM 2001, S. 1324-1330; Müller, Jörg, Aktienanleihen: Einordnung als Termingeschäft und Erfordernis schriftlicher Aufklärung?, in: ZBB 2001, S. 363-377; ein Börsentermingeschäft annehmend z.B. Heise, Carsten, Aktienanleihen als Börsentermingeschäfte, in: DB 1998 Beilage 18, S. 17/18 und Luttermann, Claus, Aktienverkaufoptionsanleihen („reverse convertible notes"), standardisierte Information und Kapitalmarktdemokratie, in: ZIP 2001, S. 1901-1906.

529 Vgl. Abschnitt 4.2.2.

Multiple Asset Reverse Convertibles[530] zu betrachten, die einen vergleichsweise höheren Wert des Optionsanteils enthalten. Ursache dafür ist die Möglichkeit des Emittenten, bei Fälligkeit zwischen mehreren Aktien auszuwählen und eine Andienung mit dem am stärksten gesunkenen Titel vorzunehmen. In eine ähnliche Richtung würden auch Aktienanleihen mit Optionen auf sehr volatile Aktien zielen oder – und hier ist die Verbindung zu deep-in-the-money-Optionen – mit Optionen, die bereits im Geld sind. Bei letzterer wäre zwar der rechnerische Wert der Optionskomponente scheinbar auf den ersten Blick größer, jedoch enthält der Wert betriebswirtschaftlich betrachtet wiederum auch einen gewissen Fremdkapital ähnlichen Anteil. Das bis jetzt wohl nur theoretisch vorkommende Beispiel einer Aktienanleihe, die bei Emission eine bedeutende deep-in-the-money-Put-Optionskomponente aufweist, verdeutlicht wie komplex die Abgrenzung bei Einheitsbetrachtung sein kann. Allerdings ist anzumerken, dass auch eine mögliche Dekomposition für steuerliche Zwecke wohl kaum praktikabel als genereller Lösungsansatz angesehen werden kann.

Im Sinne der Einheitsbetrachtung, die eine Einordnung entsprechend der vorherrschenden Merkmale vornimmt, wäre aus der vorhergehenden Analyse zunächst theoretisch denkbar, dass ein Fremdkapitalinstrument vorliegt, wenn der Wert des Fremdkapitalanteils höher als 50% des Gesamtwerts ist. Umgekehrt liegt eine Option vor.[531] Zur Wertbestimmung gäbe es zudem mehrere theoretisch vorstellbare Zeitpunkte: Wenn der Auffassung der Finanzverwaltung bei Argentinienbonds gefolgt werden würde, könnte ausschließlich auf den Emissionszeitpunkt abgestellt werden. Liegt der Optionsanteil über der Hälfte des Gesamtwerts, wird das Finanzinstrument als Option eingestuft. Spätere Wertänderungen speziell auch für den Zweiterwerber wären für die Einordnung irrelevant. Andererseits könnte aber auch auf den Zeitpunkt der Einlösung/Veräußerung oder das Ende des Veranlagungszeitraums abgestellt werden. Neben der schwierigen Bestimmbarkeit der relevanten Zeitpunkte ist auch die Festsetzung des Kriteriums „50% vom Gesamtwert" nur ein mögliches Beispiel. So werden im

530 Dieses Problem ebenso erkennend Kilgus, Stefan, Anleihen mit Tilgungswahlrecht des Emittenten (Reverse Convertibles), in: WM 2001, S. 1324-1330, hier: S. 1329. Theoretisch wäre es vorstellbar, eine Ten Asset Reverse Convertible zu konstruieren, bei der der Emittent bei der Tilgung zwischen der Rückzahlung zum Nominalbetrag oder der Andienung von Aktien wählen kann. Bei letzterer Variante wird dann die wertmäßig von zehn Aktien am stärksten gesunkene Aktie angedient.

531 So prüft z.B. die australische Finanzverwaltung bei deep-in-the-money-Optionen, ob nicht ein Fremdkapitalinstrument vorliegt, vgl. Frost, Anthony J., National Report Australia, in: cahiers de droit fiscal international – 49th Congress of the International Fiscal Association – Cannes 1995: Tax aspects of derivative financial instruments, International Fiscal Association (Hrsg.), The Hague/London/Boston 1995, S. 21-47, hier: S. 35.

Schrifttum auch „75% Kapitalgarantie“ [532] und „vergleichsweise hoher innerer Wert“[533] als mögliche Indikatoren für eine Zuordnung im Rahmen der Einheitsbetrachtung genannt.

Auch bei der Einheitsbetrachtung wäre somit zu Beginn eine Zerlegung mit entsprechender Bewertung der Komponenten notwendig, um eine einheitliche Einstufung entsprechend bestimmter Kriterien vornehmen zu können. Daraus folgt unmittelbar, dass alternativ auch eine Dekomposition von deep-in-the-money-Optionen oder Aktienanleihen in ihre Komponenten für steuerliche Zwecke denkbar wäre. Im Hinblick auf Optionen stellt sich dabei die Frage, wann aufzuspalten ist. Hierbei wäre es möglich, die Zinskomponente aus allen Optionen zu isolieren, nur aus Optionen mit einer bestimmten Laufzeit oder nur aus deep-in-the-money-Optionen.[534] Hinsichtlich eines generellen Zerlegungsansatzes im Privat- und Betriebsvermögen mit einem der ersten beiden Kriterien als Ausgangspunkt würden allerdings Praktikabilitätsprobleme und erhebliche zusätzliche Kosten auftreten. Leichter handhabbar wäre eine Begrenzung auf deep-in-the-money-Optionen, wobei hier ein theoretisches Abstellen auf den Emissionszeitpunkt dazu führt, dass lediglich LEPO's zu zerlegen wären.

Umgekehrt erlauben die vielfältigen Ausgestaltungsmöglichkeiten hybrider Finanzinstrumente, jede Unterscheidung – und somit auch die vorgenannte – zu vermeiden. Wenn z.B. die Einstufung als deep-in-the-money-Option im Emissionszeitpunkt vermieden werden soll und gleichzeitig jedoch eine mit einem Fremdkapitalinstrument vergleichbare Position gegeben sein soll, bieten sich so genannte Bull-Bear-Konstruktionen an. Bei diesen abgewandelten LEPO's würde eine A-Tranche und eine B-Tranche begeben, deren zukünftige Konditionen jeweils an ein bestimmtes Ereignis (Entwicklung von Zinsen, Aktienkursen, Indizes oder dem Wetter) gekoppelt sind. So würde z.B. die A-Tranche zum LEPO mit einem Ausübungspreis von einem € für eine bestimmte Aktie, wenn eine Woche nach Emission ein bestimmter Index über 3.000 Punkte liegt. Die B-Tranche würde in diesem Fall zu einer (deep-)out-of-the-money-Option, die keinen inneren Wert und einen sehr geringen Zeitwert aufweist. Bezogen auf die Wertentwicklung nach dem so genannten Trigger Event, wäre die A-Tranche dann die Bull-Tranche, weil deren Optionen stark an Wert gewinnen, und die B-Tranche

532 Vgl. Wohlfahrt, Jürgen/Brause, Christian, Strukturierte Wertpapiere als Termingeschäfte?, in: WM 1998, S. 1859-1869, hier: S. 1866, die auf die Hebelwirkung des Finanzinstruments bezogen auf den Basiswert abstellen.

533 Vgl. Woywode, Uwe, Derivative Finanzinstrumente im Recht der Doppelbesteuerungsabkommen, Diss. Univ. Wien 2003, Willingshausen 2004, S. 179.

534 Vgl. m.w.N. Pross, Achim C., Swap, Zins und Derivat: Finanzinnovationen im nationalen und internationalen Steuerrecht unter besonderer Berücksichtigung des Zinsbegriffes, Diss. Univ. München 1996, München 1998, S. 139/140.

die Bear-Tranche, weil deren Optionen stark an Wert verlieren. Wenn der Index unter 3.000 Punkte liegt, würde die B-Tranche zum LEPO bzw. zur Bull-Tranche und die A-Tranche zur out-of-the-money-Option bzw. zur Bear-Tranche.

Die dargestellte Gestaltungsmöglichkeit zur Dekompositionsvermeidung von deep-in-the-money-Optionen bei einer Orientierung am Emissionszeitpunkt sollte Anlass zum Nachdenken sein, wie sinnvoll es ist, aneutrale steuerliche Vorschriften durch weitere Einzelfallregelungen und Abgrenzungen sichern zu wollen. Diese würden wiederum selbst Maßnahmen erfordern, so dass es zu nicht endenden Interventionsketten käme.[535]

4.3.3 Zusammenfassungsansatz

4.3.3.1 Anwendung im Privatvermögen

Von grundsätzlicher Bedeutung für die Besteuerung hybrider Finanzinstrumente im Privatvermögen ist die Thematik der Zusammenfassung[536] rechtlich selbständiger Finanzinstrumente zu einem einheitlichen Finanzinstrument. Speziell betrifft dies die Fragen der Integrationswege und des Integrationsumfangs. Am Beispiel der Kombination von Capped Warrants wurde gezeigt, wie groß die Belastungsunterschiede von integrierender Behandlung im Vergleich zur Besteuerung der zivilrechtlichen Vertragsgestaltung als einzelne Produkte sein können. Über dieses Finanzinstrument hinaus, ist ein anderes sich aus mehreren zivilrechtlich getrennten Geschäften zusammensetzendes Anlagemodell beim BFH anhängig, das eine währungsgesicherte Festgeldanlage im Rahmen eines so genannten Zwei-Banken-Modells darstellt.[537]

Die Widersprüchlichkeit des angestrebten Integrationsansatzes lässt sich relativ einfach veranschaulichen. Wenn im Beispiel der gekappten Optionsscheine ein Capped Call und ein Capped Put zu einem Zerobond zusammengefasst wird, müsste umgekehrt auch Folgendes gelten:[538] Die Mittelanlage in einen Zerobond

---

535 Ähnlich Plambeck, Charles T./Rosenbloom, H. David/Ring, Diane M., Generalbericht, in: cahiers de droit fiscal international – 49th Congress of the International Fiscal Association – Cannes 1995: Tax aspects of derivative financial instruments, International Fiscal Association (Hrsg.), The Hague/London/Boston 1995, S. 735-779, hier: S. 778.

536 Der Zusammenfassungsansatz wird auch als integration approach bezeichnet.

537 Vgl. das beim BFH anhängige Urteil des FG Rheinland-Pfalz vom 26.08.2002 5 K 3050/00, in: EFG 2002, S. 1444.

538 Ähnlich argumentierend Reiner, Günter, Derivative Finanzinstrumente im Recht, Habil. Univ. Konstanz 2001, Baden-Baden 2002, S. 388.

und dem Verkauf eines Capped Call wird zu einem Capped Put integriert; die Mittelanlage in einen Zerobond und dem Verkauf eines Capped Put wird zu einem Capped Call integriert. Diese Schlussfolgerungen ergeben sich bei Arbitragefreiheit der Märkte aus Umformung der folgenden Gleichung:

Capped Call + Capped Put = Zerobond, damit gilt auch
Zerobond – Capped Call = Capped Put und
Zerobond – Capped Put = Capped Call.

Die ausschließliche Zusammenfassung eines Capped Call und eines Capped Put zu einem Zerobond bei Ablehnung der beiden anderen Integrationswege unterstellt entweder einen sachlogischen Vorrang eines Zerobonds bzw. der Zinsbesteuerung gegenüber der Besteuerung von sonstigen Einkünften/privaten Veräußerungsgeschäften oder ist widersprüchlich und wohl fiskalisch motiviert anzusehen. Da abgesehen von der für die Zusammenfassung eher unbedeutenden Regelung des § 23 Abs. 2 EStG keine gesetzliche Grundlage für die einseitige Integrationsrichtung (und den Integrationsansatz an sich) erkennbar ist, dürfte eher der zweite Aspekt zutreffen.

Wenn in diesem Zusammenhang an die in Abschnitt 2.3 angedeutete Vielzahl von Duplizierungsmöglichkeiten des External Financial Engineering einzelner Bausteine oder komplexer hybrider Finanzinstrumente erinnert wird, erscheint eine objektiv nachvollziehbare Integration nahezu unmöglich. Die Widersprüchlichkeit des Integrationsansatzes offenbart sich noch mehr, wenn es um den Umfang der einzubeziehenden Finanzinstrumente in Portfolios geht. Die Definition in § 20 Abs. 1 Nr. 7 EStG zur Erfassung von Zinsinstrumenten ist äußerst weit gefasst und beinhaltet drei verschiedene Möglichkeiten, die zu einer Steuerpflicht führen können:

- Sowohl die teilweise oder ganze Kapitalrückzahlung als auch die Zinsen sind gesichert.
- Die teilweise oder ganze Kapitalrückzahlung ist gesichert, während die Zinsen unsicher sind.
- Die Zinsen sind gesichert, während die teilweise oder ganze Kapitalrückzahlung unsicher ist.

Würde in einem stark diversifizierten privaten Portfolio mit originären und derivativen Finanzinstrumenten im Wert von insgesamt einer Million € eine festverzinsliche Anleihe im Nominalbetrag von 1.000 € enthalten sein, wäre bei Integration aller Portfoliowerte zu einem Gesamtportfolio für steuerliche Zwecke § 20 Abs. 1 Nr. 7 EStG erfüllt. Durch die zugesagte Tilgung des Nominalbetrags der Anleihe von 1.000 € ist die teilweise Kapitalrückzahlung des Gesamtportfolios erfüllt. Sämtliche Einnahmen aus den einzelnen Elementen des Gesamtportfolios wären steuerpflichtig. Dieses „Extrembeispiel" verdeutlicht die grundsätzliche Problematik des Integrationsumfangs. In Zusammenhang damit stellt sich gerade in umfangreicheren Portfolios die realistische Frage, welche einzelnen Elemente zu was zusammengefasst werden sollen. Ist Kriterium der Integration wiederum einen möglichst großen Anteil von Zinsinstrumenten zu generieren oder wonach soll die Zusammenfassung erfolgen?

Voraussetzung zur Identifikation und Zuordnung „zusammengehörender" Positionen ist eine vollständige und regelmäßige Offenlegung der Einkommens- und Vermögensverhältnisse aller Steuerpflichtigen, d.h. einschließlich sämtlicher Anlagen im Ausland. Mit der Einführung einer Jahresbescheinigung über Kapitalerträge und Veräußerungsgewinne aus Finanzanlagen im Sinne von § 24c EStG[539] hat der Gesetzgeber zumindest für den inländischen Bereich einen Schritt in diese Richtung getan. Inwieweit in Beratungspraxis und Finanzverwaltung Kenntnisse des Financial Engineering auf breiter Ebene und in kurzer Zeit aufgebaut werden könnten, um eine gleichmäßige Integrationsintensität und -umfang zu gewährleisten, erscheint fraglich. Die tatsächliche Entwicklung in diesem Bereich bleibt abzuwarten.

4.3.3.2 Anwendung im Betriebsvermögen

4.3.3.2.1 Integration zu einem einheitlichen Bilanzierungsobjekt

Der Zusammenfassungsansatz im Betriebsvermögen setzt sich aus zwei Teilproblemen zusammen, die als gemeinsames Merkmal ihre maßgebliche Bedeutung aus dem Grundsatz der Einzelbewertung ziehen und zum Teil beide mit dem Begriff der Bewertungseinheiten in Verbindung gebracht werden:[540]

---

539 Vgl. zu § 24c EStG Harenberg, Friedrich E., Die neue Jahresbescheinigung für Kapitalanleger – Kritische Annäherung an den neuen § 24c EStG, in: ErbStB 2004, S. 130-133.

540 Vgl. zu dieser Unterscheidung mit teilweise verschiedenen Begrifflichkeiten Glanegger, Peter, Bewertungseinheit und einheitliches Wirtschaftsgut, in: Ertragsbesteuerung, Festschrift für Ludwig Schmidt, Raupach, Arndt/Uelner, Adalbert (Hrsg.), München 1993, S. 145-160; Wiedmann, Harald, Die Bewertungseinheit im Handelsrecht, in: Bilanzrecht und Kapitalmarkt – Festschrift für Adolf Moxter, Ballwieser, Wolfgang (Hrsg.), Düsseldorf 1994, S. 453-482, hier: S. 455-459; Naumann, Thomas K., Bewertungseinheiten im Gewinnermittlungsrecht der Banken, Diss. Univ. Frankfurt am Main 1994, Düsseldorf 1995, S. 50-54, der den ersten Teilbereich als „Bewertungseinheiten im engeren Sinne" und den zweiten Teilbereich als „Bewertungseinheiten im weiteren Sinne" bezeichnet und Rabenhorst, Dirk, DTB-gehandelte Optionen und Futures im Jahresabschluß, Diss. Frankfurt am Main 1998, Frankfurt am Main u.a. 1999, S. 181-186, der den ersten Teilbereich als

- Integration zu einem einheitlichen Bilanzierungsobjekt – Hier stellt sich das Problem der Abgrenzung, welche Komponenten als ein einheitlicher Vermögensgegenstand/Wirtschaftsgut oder eine einheitliche Schuld angesehen werden sollen und dementsprechend als ein Objekt aktiviert bzw. passiviert und auch zu bewerten sind.
- Bildung von Bilanzierungsobjekt übergreifenden Bewertungseinheiten[541] – In diesem Fall geht es um die Frage, ob die so abgegrenzten Bilanzpositionen bzw. noch schwebenden Geschäfte kompensatorisch bewertet werden sollen. Hierbei werden die betreffenden Objekte weiterhin einzeln im vorgenannten Sinne bilanziert und zunächst auch einzeln bewertet, jedoch werden die ermittelten Bewertungsergebnisse im Anschluss gegeneinander verrechnet.[542]

Die Abgrenzung eines einheitlichen Bilanzierungsobjekts ist kein auf Finanzinstrumente begrenztes Phänomen, sondern beschäftigte bereits Wissenschaft und Praxis überwiegend im Bereich anderer Aktiva (z.B. Gebäuden mit verschiedenen Nutzungsdauern einzelner Bestandteile oder komplexen technischen Anlagen), während die Bestimmung von einheitlichen Bilanzierungsobjekten der Passivseite geringere Schwierigkeiten bereitet.[543] Grundsätzlich liegt ein zu aktivierendes Wirtschaftsgut vor, wenn die Objektivierungskriterien einmalige Ausgabe, entgeltlicher Erwerb, Greifbarkeit und selbständige Bewertbarkeit erfüllt sind.[544] Die zivilrechtliche Kategorie mit rechtlich selbständigen Komponenten stellt einen ersten und wichtigen Anhaltspunkt dar, jedoch richtet sich der Bilanzansatz nach einer wohlverstandenen wirtschaftlichen Betrachtungsweise.[545] Kriterium dafür, dass die Komponenten in ihrer Gesamtheit ein einheitliches Bilanzierungsobjekt bilden, ist ein einheitlicher technischer oder wirtschaftlicher Nutzungs- und Funktionszusammenhang.[546] Nach ständiger Rechtsprechung ist dieser gege-

---

„Bewertungseinheiten im Sinne von einheitlichen Vermögensgegenständen" und den zweiten Teilbereich als „Bewertungseinheiten im Sinne einer kompensatorischen Bewertung" benennt.

541 Wenn nachfolgend der Begriff der Bewertungseinheit verwendet wird, dann immer im Verständnis einer Bilanzierungsobjekt übergreifenden kompensatorischen Bewertung.

542 Vgl. zu diesem Themenkomplex Abschnitt 4.3.3.2.2.

543 Vgl. Wiedmann, Harald, Die Bewertungseinheit im Handelsrecht, in: Bilanzrecht und Kapitalmarkt – Festschrift für Adolf Moxter, Ballwieser, Wolfgang (Hrsg.), Düsseldorf 1994, S. 453-482, hier: S. 455/456.

544 Vgl. Wehrheim, Michael/Renz, Anette, Die Steuerbilanz, München 2003, S. 53-59.

545 Vgl. Schmidt/Weber-Grellet, § 5 EStG Rz. 67 sowie ausführlich Abschnitt 3.3.3.

546 Vgl. Glanegger, Peter, Bewertungseinheit und einheitliches Wirtschaftsgut, in: Ertragsbesteuerung, Festschrift für Ludwig Schmidt, Raupach, Arndt/Uelner, Adalbert (Hrsg.), München 1993, S. 145-160, hier: S. 148-155, der diesen bei einheitlichen Wirtschaftsgütern körperlicher, immaterieller und kombiniert körperlicher/immaterieller Art untersucht.

ben, wenn die einzelnen Komponenten so zusammenwirken, dass die so gebildete Einheit einer selbständigen Nutzung fähig ist, dadurch einen eigenständigen, abgrenzbaren Leistungs- und Rentabilitätsbeitrag erbringt und in der Außenwirkung als einheitliches Ganzes in Erscheinung tritt.[547] Daneben sollte als weiterer Beurteilungsmaßstab – so insbesondere der BFH – die allgemeine Verkehrsanschauung herangezogen werden.[548]

Für Finanzinstrumente wurde die mögliche Zusammenfassung zu einem einheitlichen Bilanzierungsobjekt bisher uneinheitlich beurteilt.[549] Unter Rückgriff auf die Grundsätze des nicht rechtskräftigen Gerichtsbescheids des BFH vom 19.03.2002[550] zu Bewertungseinheiten sollte auch hier von einer restriktiven Abgrenzung auszugehen sein, so dass entweder kompensatorisch im Sinne von Bilanzobjekt übergreifenden Bewertungseinheiten zu bewerten ist bzw. die betreffenden Instrumente einzeln und nicht als Gesamtheit zu bilanzieren sind.

Die Integration mehrerer rechtlich selbstständiger Finanzinstrumente zu einem einheitlichen zu bilanzierenden und zu bewertenden Objekt könnte die für steuerliche Zwecke bedeutende Konsequenz haben, dass eine jeweils einheitliche Einkünftekategorie vorliegt. Dafür spricht unter anderem auch, dass ein sich aus

547 Vgl. m.w.N. zur Rechtsprechung Naumann, Thomas K., Bewertungseinheiten im Gewinnermittlungsrecht der Banken, Diss. Univ. Frankfurt am Main 1994, Düsseldorf 1995, S. 52; Blümich/Schreiber, § 5 EStG Rz. 372/373 und Schmidt/Weber-Grellet, § 5 EStG Rz. 131-144.

548 Vgl. BFH vom 28.09.1990 III-R-178/86, in: BStBl. II 1991, S. 187 und Wiedmann, Harald, Die Bewertungseinheit im Handelsrecht, in: Bilanzrecht und Kapitalmarkt – Festschrift für Adolf Moxter, Ballwieser, Wolfgang (Hrsg.), Düsseldorf 1994, S. 453-482, hier: S. 456; kritisch zur Verkehrsauffassung als Kriterium Naumann, Thomas K., Bewertungseinheiten im Gewinnermittlungsrecht der Banken, Diss. Univ. Frankfurt am Main 1994, Düsseldorf 1995, S. 52; differenzierend Glanegger, Peter, Bewertungseinheit und einheitliches Wirtschaftsgut, in: Ertragsbesteuerung, Festschrift für Ludwig Schmidt, Raupach, Arndt/Uelner, Adalbert (Hrsg.), München 1993, S. 145-160, hier: S. 148-150.

549 Vgl. z.B. zustimmend für eine Capped Warrant-Kombination als Zerobond Breker, Norbert, Optionsrechte und Stillhalterverpflichtungen im handelsrechtlichen Jahresabschluß, Diss. Univ. Münster 1992, Düsseldorf 1993, S. 214; grundsätzlich ablehnend Rabenhorst, Dirk, DTB-gehandelte Optionen und Futures im Jahresabschluß, Diss. Frankfurt am Main 1998, Frankfurt am Main u.a. 1999, S. 184/185 sowie Häuselmann, Holger, Besteuerungsprobleme und Gestaltungsüberlegungen beim grenzüberschreitenden Einsatz von Finanzinnovationen im Banksektor, in: Handbuch der internationalen Steuerplanung, Grotherr, Siegfried, Herne/Berlin 2000, S. 795-815, hier: S. 801, der eine Bilanzierung als einen einheitlichen Vermögensgegenstand/Wirtschaftgut bei einer Capped Warrant-Kombination speziell als auch (mit Ausnahme von unechten Compound Instruments) generell verneint.

550 Vgl. Christiansen, Alfred, Zum Grundsatz der Einzelbewertung – insbesondere zur Bildung so genannter Bewertungseinheiten, in: DStR 2003, S. 264-268.

mehreren Bestandteilen zusammensetzendes, selbstständiges und abnutzbares Wirtschaftsgut (z.B. Gebäude, technische Anlage) grundsätzlich nach der derselben Methode und über eine einheitliche Nutzungsdauer abgeschrieben wird.[551] Im Ergebnis würde die teilweise in der Literatur[552] befürwortete Bilanzierung einer Capped Warrant-Kombination als Zerobond-Forderung bzw. Zerobond-Verbindlichkeit wohl auch für steuerliche Zwecke dazu führen, dass einheitlich Zins und keine Gewinne oder Verluste aus betrieblichen Termingeschäften vermittelt werden. Hierin kann ein u.U. wichtiger Unterschied im Vergleich zur kompensatorischen Bewertung gesehen werden, der mitunter eine erhebliche steuerliche Belastungsdifferenz impliziert.[553] Grundsätzlich können zudem die typischen Probleme der Einheitsbetrachtung auftreten, wenn es um die einheitliche steuerliche Qualifikation des Integrationsobjekts geht.

Über die Thematik der Einkünftequalifikation hinaus kann die Integration Auswirkungen auf den Zeitpunkt der Besteuerung haben. Bei der Analyse der steuerlichen Konsequenzen einer Capped Warrant-Kombination im Betriebsvermögen[554] wurde gezeigt, dass durch eine Integration eine im Vergleich zur Nichtintegration frühere Ertragsrealisation bei Zerobond-Forderungen und eine frühere Aufwandsrealisation bei Zerobond-Verbindlichkeiten eintreten kann.

Auch beim Integrationsansatz im Betriebsvermögen ist grundsätzlich die gleiche Widersprüchlichkeit hinsichtlich Integrationsrichtung und -umfang wie beim Integrationsansatz im Privatvermögen festzustellen. Dies kann wiederum am Beispiel der Integration von zwei gekappten Optionsscheinen zu einem Zerobond verdeutlicht werden.[555] Wenn ein Capped Call und ein Capped Put zu einem Zerobond zusammengefasst würde, müsste umgekehrt entsprechend den Regeln des Financial Engineering auch gelten, dass einerseits die Mittelanlage über einen Zerobond und der gleichzeitige Verkauf eines Capped Call zu einem Capped Put integriert werden und andererseits, dass die Mittelanlage über einen Zerobond bei gleichzeitigem Verkauf eines Capped Put im Integrationsergebnis einen Capped Call ergibt. Insgesamt ist der Integrationsansatz für Finanzinstrumente im Betriebsvermögen mit erheblichen Unstimmigkeiten behaftet.

551 Vgl. Blümich/Schreiber, § 5 EStG Rz. 372.

552 Vgl. Breker, Norbert, Optionsrechte und Stillhalterverpflichtungen im handelsrechtlichen Jahresabschluß, Diss. Univ. Münster 1992, Düsseldorf 1993, S. 214.

553 Vgl. zu den verschiedenen Einkünftekategorien und den damit möglicherweise einhergehenden steuerlichen Belastungsdifferenzen Abschnitt 4.3.3.2.2.

554 Vgl. Abschnitt 4.2.4.3.

555 Vgl. ausführlich zu diesem Beispiel Abschnitt 4.3.3.1.

4.3.3.2.2 Bildung von Bilanzierungsobjekt übergreifenden Bewertungseinheiten

Gemäß § 252 Abs. 1 Nr. 3 HGB sind Vermögensgegenstände und Schulden einzeln zu bewerten; auch in § 6 Abs. 1 EStG ist die Einzelbewertung normiert. Weshalb sollte der Schutzzweck dieses Prinzips – Verhinderung einer Objekt übergreifenden Verrechnung unrealisierter Bewertungsgewinne und -verluste – durch eine kompensatorische Bewertung „durchbrochen" werden? Überwiegend wird argumentiert, dass eine Bilanzobjekt übergreifende Bewertung als eine zweckadäquate Anwendung der allgemeinen Bewertungsgrundsätze des § 252 Abs. 1 HGB und hier speziell des Einzelbewertungsgrundsatzes anzusehen ist.[556] Eine enge Auslegung des Einzelbewertungsgrundsatzes würde sonst bedeuten, dass bei Absicherungszusammenhängen regelmäßig ein Verlust auszuweisen sein würde, obwohl wirtschaftlich betrachtet dieser gar nicht existent ist. Damit wäre der vorsichtige, absichernde Kaufmann gegenüber dem nicht absichernden Kaufmann in gewisser Weise „bestraft".[557] Teilweise wird die Auffassung vertreten, dass eine kompensatorische Bewertung einen begründeten Ausnahmefall im Sinne des § 252 Abs. 2 HGB darstellt und dadurch eine unzutreffende Darstellung der Vermögens-, Finanz- und Ertragslage eines Unternehmens im Sinne des § 264 Abs. 2 S. 1 HGB ebenfalls vermieden wird.[558]

In Bezug auf die Art der Absicherung können in Anlehnung an die Terminologie finanzwirtschaftlicher Sicherungszusammenhänge Micro-, Macro- und Portfolio-Hedges differenziert werden, die sich hinsichtlich Umfang, Zeitpunkt und Ablauf unterscheiden.[559] Die Abgrenzung dieser drei Hedging-Konzepte ist für Zwecke der später analysierten steuerlichen Behandlung von Bedeutung.

---

556 Vgl. Arbeitskreis "Externe Unternehmensrechnung" der Schmalenbach-Gesellschaft, Bilanzierung von Finanzinstrumenten im Währungs- und Zinsbereich auf der Grundlage des HGB, in: DB 1997, S. 637-642, hier: S. 637; Prahl, Reinhard/Naumann, Thomas K., Financial Instruments, in: Handbuch des Jahresabschlusses in Einzeldarstellungen, von Wysocki, Klaus/Schulze-Osterloh, Joachim (Hrsg.), Köln 2000, Abt. II/10, S. 1-161, hier: S. 92 und Bieg, Hartmut, Grundlagen der Bilanzierung und Bewertung von Derivaten – Teil II, in: StB 2002, S. 472-477, hier: S. 473.

557 Vgl. Scharpf, Paul/Luz, Günther, Risikomanagement, Bilanzierung und Aufsicht von Finanzderivaten, 2. Aufl., Stuttgart 2000, S. 274.

558 So ist wohl auch die Ansicht des BFH zu interpretieren, vgl. dazu Christiansen, Alfred, Zum Grundsatz der Einzelbewertung – insbesondere zur Bildung so genannter Bewertungseinheiten, in: DStR 2003, S. 264-268, hier: S. 265/266.

559 Vgl. zur nachfolgenden Beschreibung von Micro-, Macro- und Portfolio-Hedges Steiner, Manfred/Tebroke, Hermann-Josef/Wallmeier, Martin, Konzepte der Rechnungslegung für Finanzderivate, in: WPg 1995, S. 533-544, hier: S. 536-539; Scharpf, Paul/Luz, Günther, Risikomanagement, Bilanzierung und Aufsicht von Finanzderivaten, 2. Aufl., Stuttgart 2000, S. 296/297 und Bieg, Hartmut, Grundlagen

Ein idealtypischer Micro-Hedge liegt vor, wenn ein einzelnes Grundgeschäft mit einem einzelnen Sicherungsgeschäft verknüpft wird, so dass sich Gewinne oder Verluste aus dem Grundgeschäft durch gegenläufige Ergebnisse aus dem Sicherungsgeschäft ausgleichen. Somit ist bei einem Micro-Hedge eine konkrete Zuordnung von einzelnen Grund- und Sicherungsgeschäften gegeben.

Im Gegensatz zum Micro-Hedge ist es in der Praxis üblich, nicht eine Vielzahl einzelner Geschäfte jeweils separat abzusichern, sondern es wird eine aus mehreren einzelnen Geschäften (Forderungen, Verbindlichkeiten, Derivate ...) nach Saldierung noch verbleibende Nettoposition von Zinsänderungs-, Währungs- oder sonstigen Risiken abgesichert. Diese Vorgehensweise ist im Regelfall mit wesentlich geringeren Transaktionskosten verbunden. Bei einem Macro-Hedge besteht damit keine unmittelbare Beziehung zwischen Grund- und Sicherungsgeschäft.

Insbesondere bei Banken und großen Industrieunternehmen werden Portfolio-Hedges angewandt, bei denen bilanzielle und außerbilanzielle Geschäfte zu bestimmten Gruppen zusammengefasst und kompensatorisch bewertet werden. Die Kriterien für die Bildung von Portfolios können dabei Produktarten, wesentliche Risikofaktoren oder organisatorische Verantwortlichkeiten sein. Weil das Motiv für das Eingehen auch in der Erzielung von Zusatzerträgen und nicht in der gezielten vollständigen Absicherung bestimmter Risiken liegt, unterscheidet sich der Portfolioansatz wesentlich von Micro- und Macro-Hedges.

Zur Anerkennung einer kompensatorischen Bewertung werden im Schrifttum zahlreiche verschiedene Voraussetzungen genannt und kontrovers diskutiert.[560] Ungeachtet des Meinungsspektrums – insbesondere bei der Auslegung einzelner Kriterien im Detail – ist die Bildung von Bilanzobjekt übergreifenden Bewertungseinheiten bei Micro-Hedges nach herrschender Meinung[561] handelsrechtlich grundsätzlich möglich, wenn folgende Voraussetzungen erfüllt sind:

---

der Bilanzierung und Bewertung von Derivaten – Teil II, in: StB 2002, S. 472-477, hier: S. 473-476.

560 Vgl. zu einer Übersicht der jeweils aufgeführten Kriterien ausgewählter Autoren am Beispiel von Future-Geschäften Herzig, Norbert/Mauritz, Peter, Micro-Hedges, Macro-Hedges und Portfolio-Hedges für derivative Finanzinstrumente: Kompatibel mit dem deutschen Bilanzrecht?, in: WPg 1997, S. 141-155, hier: S. 145/146.

561 Vgl. Arbeitskreis "Externe Unternehmensrechnung" der Schmalenbach-Gesellschaft, Bilanzierung von Finanzinstrumenten im Währungs- und Zinsbereich auf der Grundlage des HGB, in: DB 1997, S. 637-642, hier: S. 638/639; Prahl, Reinhard/Naumann, Thomas K., Financial Instruments, in: Handbuch des Jahresabschlusses in Einzeldarstellungen, von Wysocki, Klaus/Schulze-Osterloh, Joachim (Hrsg.), Köln 2000, Abt. II/10, S. 1-161, hier: S. 93-99; Scharpf, Paul, Finanzinnovationen, in: Handbuch der Rechnungslegung Einzelabschluss, Küting, Karl-Heinz/Weber, Claus-Peter (Hrsg.), 5. Aufl., Stuttgart 2003, Kapitel 6, S. 251-312,

- einheitlicher Nutzungs- und Funktionszusammenhang von Grund- und Sicherungsgeschäften aus objektiver Sicht,
- Durchhalteabsicht des Nutzungs- und Funktionszusammenhangs über den Bewertungsstichtag hinaus,
- Dokumentation der Zuordnung der eine Bewertungseinheit bildenden Einzelpositionen.

Grundsätzlich ist unter einem einheitlichen Nutzungs- und Funktionszusammenhang ein höchstwahrscheinlicher Ausgleich der Chancen und Risiken aus Grund- und Sicherungsgeschäft zu verstehen.[562] Es reicht jedoch aus, wenn lediglich hinsichtlich einer Risikokomponente ein Ausgleich gelingt oder wenn Risiken des Grundgeschäfts gezielt geändert werden. Grundvoraussetzung für einen Risikoausgleich ist eine hohe negative Korrelation zwischen Grund- und Sicherungsgeschäft – so genannte Basiswertidentität, wobei ein Perfect Hedge von -1 in der Praxis die Ausnahme darstellt. Das Meinungsspektrum der als ausreichend anzusehenden negativen Korrelation reicht von einer Bandbreite von 0,6 bis 0,85 bis zur Festlegung eines mittleren Werts von 0,7,[563] wobei ein Teil der Literatur die alleinige Festlegung fixer Korrelationswerte teilweise als willkürlich ansieht und stattdessen die Einhaltung bestimmter Hedge-Ratios fordert.[564] Neben der nicht unbedingt vollständigen Basiswertidentität ist auch eine Betragsidentität von Grund- und Sicherungsgeschäft nicht erforderlich. In die Bewertungseinheit werden nur übereinstimmende Teilbeträge beider Geschäfte einbezogen, so dass die verbleibende offene Position weiterhin einzeln entsprechend dem Vorsichtsprinzip zu bewerten ist.[565] Die strikte Einhaltung der Fristenkongruenz von Grund- und Sicherungsgeschäft ist entbehrlich, wenn Fristenunterschiede durch Anschlusssicherungsgeschäfte aus objektiver Sicht überbrückt werden können (liquider Markt vorhanden) und aus Sicht des Bilanzierenden auch überbrückt

---

hier: S. 284-286; die nachfolgende Kategorisierung der Kriterien entspricht der vom Arbeitskreis "Externe Unternehmensrechnung" der Schmalenbach-Gesellschaft.

562 Vgl. Arbeitskreis "Externe Unternehmensrechnung" der Schmalenbach-Gesellschaft, Bilanzierung von Finanzinstrumenten im Währungs- und Zinsbereich auf der Grundlage des HGB, in: DB 1997, S. 637-642, hier: S. 639.

563 Vgl. m.w.N. Scharpf, Paul, Derivative Finanzinstrumente im Jahresabschluß unter Prüfungsgesichtspunkten – Erfassung, Abwicklung und Bildung von Bewertungseinheiten, in: BFuP 1995, S. 166-208, hier: S. 196.

564 Vgl. z.B. Prahl, Reinhard/Naumann, Thomas K., Financial Instruments, in: Handbuch des Jahresabschlusses in Einzeldarstellungen, von Wysocki, Klaus/Schulze-Osterloh, Joachim (Hrsg.), Köln 2000, Abt. II/10, S. 1-161, hier: S. 96/97.

565 Vgl. Scharpf, Paul, Finanzinnovationen, in: Handbuch der Rechnungslegung Einzelabschluss, Küting, Karl-Heinz/Weber, Claus-Peter (Hrsg.), 5. Aufl., Stuttgart 2003, Kapitel 6, S. 251-312, hier: S. 285.

werden sollen.[566] Ein Risikoausgleich durch das Sicherungsgeschäft gelingt natürlich nur dann, wenn bestehende Ansprüche nicht akut Ausfall gefährdet sind. Somit dürfen allenfalls latente Bonitätsrisiken bestehen.[567]

Sind alle Voraussetzungen erfüllt, geht die herrschende Meinung[568] von einer handelsrechtlichen Pflicht für eine kompensatorische Bewertung bei Micro-Hedges aus. Durch entsprechende Sachverhaltsgestaltung, insbesondere bezogen auf Dokumentation bzw. Nichtdokumentation, besteht ein faktisches Wahlrecht zur kompensatorischen Bewertung, dessen Ausübung im Ermessen des Bilanzierenden liegt und das einen enormen bilanzgestalterischen Spielraum beinhaltet.[569]

Zur Abbildung einer kompensatorischen Bewertung auf Basis von Micro-Hedges bieten sich mit der Festbilanzierung und der Marktbewertung zwei verschiedene Konzepte an.[570] Nach dem Schließen der Position werden bei der Festbilanzierung Grund- und Sicherungsgeschäft unabhängig von eventuellen Marktpreisschwankungen nicht mehr bewertet. Diese Form der Bilanzierung bietet sich insbesondere bei so genannten Perfect Hedges an, bei denen das Sicherungsgeschäft genau auf das Grundgeschäft zugeschnitten ist und sich gegenläufige Wertentwicklungen nahezu vollständig kompensieren. Sind die Voraus-

566 Vgl. Arbeitskreis "Externe Unternehmensrechnung" der Schmalenbach-Gesellschaft, Bilanzierung von Finanzinstrumenten im Währungs- und Zinsbereich auf der Grundlage des HGB, in: DB 1997, S. 637-642, hier: S. 639.

567 Vgl. Scharpf, Paul, Derivative Finanzinstrumente im Jahresabschluß unter Prüfungsgesichtspunkten – Erfassung, Abwicklung und Bildung von Bewertungseinheiten, in: BFuP 1995, S. 166-208, hier: S. 198.

568 Vgl. Arbeitskreis "Externe Unternehmensrechnung" der Schmalenbach-Gesellschaft, Bilanzierung von Finanzinstrumenten im Währungs- und Zinsbereich auf der Grundlage des HGB, in: DB 1997, S. 637-642, hier: S. 639; Prahl, Reinhard/Naumann, Thomas K., Financial Instruments, in: Handbuch des Jahresabschlusses in Einzeldarstellungen, von Wysocki, Klaus/Schulze-Osterloh, Joachim (Hrsg.), Köln 2000, Abt. II/10, S. 1-161, hier: S. 93; Scharpf, Paul, Finanzinnovationen, in: Handbuch der Rechnungslegung Einzelabschluss, Küting, Karl-Heinz/Weber, Claus-Peter (Hrsg.), 5. Aufl., Stuttgart 2003, Kapitel 6, S. 251-312, hier: S. 282/283; kritisch Herzig, Norbert/Mauritz, Peter, Micro-Hedges, Macro-Hedges und Portfolio-Hedges für derivative Finanzinstrumente: Kompatibel mit dem deutschen Bilanzrecht?, in: WPg 1997, S. 141-155, hier: S. 147-151.

569 Vgl. Scharpf, Paul/Luz, Günther, Risikomanagement, Bilanzierung und Aufsicht von Finanzderivaten, 2. Aufl., Stuttgart 2000, S. 279, die von einem Spielraum sprechen, der an Willkür grenzen kann.

570 Vgl. zur Beschreibung von Festbilanzierung und Marktbewertung Steiner, Manfred/Tebroke, Hermann-Josef/Wallmeier, Martin, Konzepte der Rechnungslegung für Finanzderivate, in: WPg 1995, S. 533-544, hier: S. 537; Scharpf, Paul/Luz, Günther, Risikomanagement, Bilanzierung und Aufsicht von Finanzderivaten, 2. Aufl., Stuttgart 2000, S. 307-309 und Bieg, Hartmut, Grundlagen der Bilanzierung und Bewertung von Derivaten – Teil II, in: StB 2002, S. 472-477, hier: S. 474.

setzungen für einen Perfect Hedge nicht gegeben, erfolgt eine Marktbewertung. Bei dieser werden Grund- und Sicherungsgeschäfte am Bilanzstichtag jeweils mit den Marktwerten angesetzt und Wertminderungen und -erhöhungen saldiert. Ein danach möglicherweise verbleibender Saldo ist bei negativem Vorzeichen regelmäßig als Aufwand zu berücksichtigen, während ein positiver Saldo im Sinne einer imparitätischen Marktbewertung nicht berücksichtigt werden darf. Aufgrund des damit verbundenen Konflikts mit dem Anschaffungskostenprinzip wird eine modifizierte Variante der Marktbewertung befürwortet, bei der eine Aufwertung nur bis zur Höhe der Anschaffungskosten vorzunehmen ist. Eine Verlustantizipation beim Grundgeschäft erfolgt dann, wenn keine Kompensation durch unrealisierte Gewinne aus dem Deckungsgeschäft eintritt.

Ob für Macro- und Portfolio-Hedges bei Vorliegen der oben genannten Anforderungen für Micro-Hedges ebenfalls eine kompensatorische Bewertung möglich ist, wird in der Literatur kontrovers diskutiert.[571] Die Abweichung vom strikten Einzelbewertungsgrundsatz wird von den Befürwortern dann als gerechtfertigt angesehen, wenn das abgesicherte Risiko und die Effektivität des Sicherungszusammenhangs einer dauerhaften und umfassenden Überwachung mit einer Limitierung offener Positionen unterliegen. Nur dann kann eine wirksame Sicherung durch zeitnahe Anpassungsmaßnahmen gewährleistet werden.

Wenn ein faktisches Wahlrecht zur handelsrechtlichen Bildung von Bewertungseinheiten aus grundsätzlich gesondert auszuweisenden Positionen besteht, könnte dieses vom Bilanzierenden als potenzieller Gestaltungsparameter zur Steuerbarwertoptimierung eingesetzt werden.[572] Ob und unter welchen Voraus-

---

571 Ob eine Möglichkeit zur Bildung von Macro- und Portfolio-Hedges besteht oder dies grundsätzlich als nicht sachgerecht anzusehen sein sollte, ist umstritten. Für eine Bildung IDW-Bankenfachausschuß, Stellungnahme 2/1995: Bilanzierung von Optionsgeschäften, in: WPg 1995, S. 421/422 (in Bezug auf Optionsgeschäfte); Arbeitskreis "Externe Unternehmensrechnung" der Schmalenbach-Gesellschaft, Bilanzierung von Finanzinstrumenten im Währungs- und Zinsbereich auf der Grundlage des HGB, in: DB 1997, S. 637-642, hier: S. 639 und Scharpf, Paul, Finanzinnovationen, in: Handbuch der Rechnungslegung Einzelabschluss, Küting, Karl-Heinz/Weber, Claus-Peter (Hrsg.), 5. Aufl., Stuttgart 2003, Kapitel 6, S. 251-312, hier: S. 282/283. Für ein Verbot bzw. äußerst kritisch Steiner, Manfred/Tebroke, Hermann-Josef/Wallmeier, Martin, Konzepte der Rechnungslegung für Finanzderivate, in: WPg 1995, S. 533-544, hier: S. 538 und Herzig, Norbert/Mauritz, Peter, Micro-Hedges, Macro-Hedges und Portfolio-Hedges für derivative Finanzinstrumente: Kompatibel mit dem deutschen Bilanzrecht?, in: WPg 1997, S. 141-155, hier: S. 153-155.

572 Vgl. Herzig, Norbert/Mauritz, Peter, Ökonomische Analyse von Konzepten zur Bildung von Bewertungseinheiten: Micro-Hedges, Macro-Hedges und Portfolio-Hedges wünschenswert im deutschen Bilanzrecht?, in: ZfbF 1998, S. 99-128, hier: S. 115/116.

setzungen eine Bildung von Bewertungseinheiten auch für steuerbilanzielle Zwecke tatsächlich möglich ist, beschäftigte jüngst den BFH. Der nicht rechtskräftig gewordene Gerichtsbescheid vom 19.03.2002[573] hat im Ergebnis die Bildung von Bewertungseinheiten an restriktive Voraussetzungen geknüpft.[574] Im zugrunde liegenden Fall hatte ein Kreditinstitut zahlreiche Fremdwährungsgeschäfte getätigt und die daraus resultierenden Risiken durch Termingeschäfte abgesichert. Unter Betonung der Bedeutung des Einzelbewertungsprinzips sind nach Auffassung des BFH Macro- und Portfolio-Hedges steuerlich nicht anzuerkennen; zudem gibt es eine Bindungswirkung der Bewertung in der Handelsbilanz für die Steuerbilanz nur im Rahmen der einschlägigen steuerlichen Vorschriften, wobei aus § 5 Abs. 6 EStG ein eindeutiger steuerlicher Bewertungsvorbehalt folgt.[575] Aus der Begründung des BFH können folgende Voraussetzungen (auch teilweise Veränderungen gegenüber den bereits dargestellten Voraussetzungen) für die Bildung von Micro-Hedges abgeleitet werden:[576]

- Wohl strengere Auslegung der Basiswertidentität – Es müssen identische wertbildende Faktoren auf Gewinnchance und Verlustrisiko einwirken und zwar im Sinne einer „Wenn-Dann-Relation", so dass imperfekte Hedges nicht kompensatorisch zu bewerten sind. Zudem muss Währungsgleichheit der betreffenden Geschäfte vorliegen.
- Betragsidentität – „Wenn-Dann-Relationen" sind nach Auffassung des BFH gegeben, wenn Forderungen und Verbindlichkeiten sich betragsgleich gegenüberstehen. Inwieweit eine teilweise Einbeziehung in eine Bewertungseinheit

573 Vgl. zum nicht rechtskräftigen Gerichtsbescheid des BFH (IR-87/00) zu Bewertungseinheiten die nahezu wortgleiche Publikation des Berichterstatters Christiansen, Alfred, Zum Grundsatz der Einzelbewertung – insbesondere zur Bildung so genannter Bewertungseinheiten, in: DStR 2003, S. 264-268 sowie Hahne, Klaus D., Kompensatorische Bewertung in der Steuerbilanz – Analyse des BFH-Gerichtsbescheids vom 19.3.2000, in: BB 2003, S. 1943-1947; kritisch zum Ablauf des praktizierten Verfahrens und zur Art der Veröffentlichung Wagner, Siegfried, Die Konkurrenz zwischen dem Grundsatz der Einzelbewertung und der Bildung von Bewertungseinheiten – Teil I, in: INF 2003, S. 783-787, hier: S. 784. Vorinstanz war FG Schleswig-Holstein vom 15.03.2000 I-714/91, in: EFG 2000, S. 1057.

574 Ähnlich restriktiv sind die Ausführungen des BFH in einem Urteil zu einer Bewertungseinheit zwischen dem Anspruch aus einer Rückdeckungsversicherung und Pensionsverpflichtungen zu verstehen, vgl. BFH vom 25.02.2004 I-R-54/02, in: BStBl. II 2004 2004, S. 654.

575 Vgl. Christiansen, Alfred, Zum Grundsatz der Einzelbewertung – insbesondere zur Bildung so genannter Bewertungseinheiten, in: DStR 2003, S. 264-268, hier: S. 266 und S. 268.

576 Vgl. hierzu auch Hahne, Klaus D., Kompensatorische Bewertung in der Steuerbilanz – Analyse des BFH-Gerichtsbescheids vom 19.3.2000, in: BB 2003, S. 1943-1947, hier: S. 1945/1946.

bei betragsungleichen Geschäften möglich ist und der übersteigende Teil imparitätisch bewertet wird, bleibt m.E. unklar.

- Absolute Fälligkeitsidentität – Grund- und Sicherungsgeschäft müssen identische Fälligkeitszeitpunkte aufweisen oder zum Bilanzstichtag müssen Inkongruenzen in der Fälligkeit durch Anschlusssicherungsgeschäfte bereits abgeschlossen und nicht nur objektiv möglich und auch gewollt sein. Eine Identität der Gesamtlaufzeiten von Grund- und Sicherungsgeschäft ist folglich nicht erforderlich.

Insgesamt strebt der BFH eine stärkere Objektivierung der Voraussetzungen für eine kompensatorische Bewertung an, die grundsätzlich begrüßt wird,[577] jedoch der jetzigen Absicherungspraxis bei den Unternehmen entgegen läuft. Der Anwendungsbereich von Bewertungseinheiten in der Steuerbilanz würde durch die Auffassung des BFH im Vergleich zur bisher herrschenden Meinung erheblich eingeschränkt werden. Ursachen dafür sind insbesondere die unmittelbare Zuordnung und die geforderte Fälligkeitsidentität von Grund- und Sicherungsgeschäft, die in den meisten Fällen nicht durch standardisierte Termingeschäfte, sondern nur durch individuelle und teilweise kostenintensivere OTC-Vereinbarungen als Sicherungsgeschäfte erreicht werden kann.

Neben dem Umfang und der durch den nicht rechtskräftigen Gerichtsbescheid „belebten" Diskussion über die Voraussetzungen einer kompensatorischen Bewertung wurde bei der Analyse der hybriden Finanzinstrumente der verschiedenen Ebenen – hier insbesondere Ebene D mit den synthetischen hybriden Finanzinstrumenten auf Portfolioebene – ein steuerliches Problem von erheblicher Tragweite identifiziert, das in der bisherigen Auseinandersetzung mit der Thematik von Bewertungseinheiten im Schrifttum[578] nur eine eher unbedeutende Rolle eingenommen hat: Welcher Einfluss geht von einer kompensatorischen Bewertung in der Steuerbilanz auf die Art der Einkünftequalifikation aus? Gründe dafür, dass sich trotz der intensiven Befassung mit dem Thema Bewertungseinheiten in der Literatur mit der Frage der Einkünftequalifikation bisher wenig auseinandergesetzt wurde, könnten sein:

---

577 Vgl. Hahne, Klaus D., Kompensatorische Bewertung in der Steuerbilanz – Analyse des BFH-Gerichtsbescheids vom 19.3.2000, in: BB 2003, S. 1943-1947, hier: S. 1946. Allerdings bleibt m.E. fraglich, ob es tatsächlich zu Änderungen in Bezug auf z.B. die Dokumentationsanforderung kommt, da auf diese vom BFH nicht eingegangen wird.

578 Angedeutet z.B. bei Häuselmann, Holger, Bilanzsteuerliche Aspekte des Wertpapierhandels der Kreditinstitute, Frankfurt am Main 2001, S. 30/31 und Wagner, Siegfried, Die Konkurrenz zwischen dem Grundsatz der Einzelbewertung und der Bildung von Bewertungseinheiten – Teil II, in: INF 2003, S. 820-825, hier: S. 824/825.

- Diese ist für handelsrechtliche Zwecke weitgehend unbedeutend.
- Es werden u.U. negative Konsequenzen für die Praxis gefürchtet, die sich aus einer entsprechenden steuerlichen Qualifikation ergeben.
- Die für die Einkünftequalifikation bedeutsamen Vorschriften – wie z.B. § 15 Abs. 4 EStG mit der Verlustverrechnung bei betrieblichen Termingeschäften – sind erst vor einigen Jahren eingeführt worden.

Wichtige Beispiele für unterschiedliche Einkünfte bzw. Problemkreise im hier verstandenen Sinne sind: zu 95% steuerfreie Dividenden oder Veräußerungsgewinne nach § 8b KStG, Einkünfte aus betrieblichen Termingeschäften gemäß § 15 Abs. 4 EStG, Gesellschafterfremdfinanzierung nach § 8a KStG oder die Dauerschuldproblematik nach § 8 Nr. 1 GewStG. Aus theoretischer Perspektive bestehen hinsichtlich der Auswirkung von Bewertungseinheiten auf die Einkünftequalifikation drei verschiedene Möglichkeiten:

- Keine Auswirkung, so dass z.B. die positiven Einkünfte aus dem Grundgeschäft weiterhin Zins bleiben, während Einkünfte aus dem derivativen Sicherungsgeschäft als Verlust aus einem betrieblichen Termingeschäft zu qualifizieren sind.
- Auswirkung in dem Sinne, dass die Einkünftequalifikation einheitlich zu erfolgen hat, z.B. die Einkünftekategorie des Grundgeschäfts die Einkünftekategorie der gesamten Bewertungseinheit prägt. Im vorhergehenden Beispiel läge dann nur Zins vor und keine Verluste aus einem Termingeschäft.
- Auswirkung in dem Sinne, dass u.U. durch eine kompensatorische Bewertung auch eine andere Einkünftequalifikation als die der einzelnen Geschäfte möglich ist. Theoretisches Beispiel wäre hier die Capped Warrant-Kombination als hybrides Finanzinstrument der Ebene D, bei der aus den einzelnen Geschäften Gewinne bzw. Verluste aus betrieblichen Termingeschäften entstehen, während die Einkünfte aus der Bewertungseinheit als Zins zu qualifizieren sein könnten.

Die letztgenannte Variante braucht an dieser Stelle nicht weiter in Erwägung gezogen werden, weil eine vollständige Umqualifikation der Einkünftekategorie m.E. nicht bei einzeln bilanzierten und lediglich kompensatorisch bewerteten Geschäften möglich ist, sondern nur dann, wenn Grund- und Sicherungsgeschäft zu einem einheitlichen Wirtschaftsgut zusammengefasst werden. Diese Thematik wurde im Bereich der Integration behandelt.[579]

Ob die erste oder die zweite Möglichkeit vom Gesetzgeber gewollt ist, erscheint unklar. Das Grundkonzept einer kompensatorischen Bewertung will den aus der formaljuristischen Anwendung des Einzelbewertungsgrundsatzes bei

579 Vgl. Abschnitt 4.3.3.2.1.

gleichzeitiger Betonung des Vorsichtsprinzips resultierenden einseitigen Ausweis von Verlusten unabhängig von der Kursentwicklung vermeiden.[580] Daraus kann abgeleitet werden, dass dies nicht mit irgendeiner Auswirkung auf die Einkünftequalifikation verbunden sein muss. Dieses Argument spricht für die erste Variante „keine Auswirkung einer kompensatorischen Bewertung auf die Einkünftekategorie". Ebenfalls in diese Richtung geht die Tatsache, dass es bei einer kompensatorischen Bewertung nicht zu einem neuen einheitlichen Wirtschaftsgut kommt, sondern dass es beim Ansatz der unterschiedlichen Wirtschaftsgüter bleibt.[581] Dadurch ist es grundsätzlich nicht nur möglich, sondern erscheint auch sinnvoll, die jeweiligen Einkünfte aus den einzelnen Wirtschaftsgütern zu bestimmen und entsprechend steuerlich zu qualifizieren. Auch die bisherige Rechtsprechung[582] im Zusammenhang mit einer kompensatorischen Bewertung kann dahingehend interpretiert werden, dass keine Prägung der Einkünftekategorie vom Grundgeschäft ausgeht. Ein letztes Argument kann indirekt aus einer Auffassung zum Dekompositionsansatz[583] abgeleitet werden, entsprechend der die Verwendung eines strukturierten Produkts der isolierten Verwendung der einzelnen Finanzinstrumente steuerlich gleichgestellt werden sollte. Für die kompensatorische Bewertung im Rahmen des Zusammenfassungsansatzes folgt daraus, dass die Einkünftequalifikation der in einer Bewertungseinheit sich befindenden einzelnen Finanzinstrumente beibehalten werden sollte.

---

580 Vgl. hierzu die Grafik bei Herzig, Norbert/Mauritz, Peter, Micro-Hedges, Macro-Hedges und Portfolio-Hedges für derivative Finanzinstrumente: Kompatibel mit dem deutschen Bilanzrecht?, in: WPg 1997, S. 141-155, hier: S. 143, wobei eine negative steuerliche Bemessungsgrundlage durch das Drohverlustrückstellungsverbot des § 5 Abs. 4a EStG erheblich eingeschränkt wurde; nach der hier vertretenen Auffassung kommt dieses aber nicht bei Stillhalterpositionen (Short Call und Short Put) zur Auswirkung – vgl. Abschnitt 4.1.4.2.

581 Vgl. Christiansen, Alfred, Zum Grundsatz der Einzelbewertung – insbesondere zur Bildung so genannter Bewertungseinheiten, in: DStR 2003, S. 264-268, hier: S. 266.

582 Vgl. hierzu das Urteil vom FG Bremen vom 30.09.2002 3-K-160/02 und 3-K-161/02, in: DStRE 2003, S. 546 (Revision eingelegt BFH IR-71/02), das einen Einbezug der Provisionszahlungen aus dem Swapvertrag in die Entgelte für Dauerschuldzinsen ablehnt, wobei aus dem Sachverhalt nicht erkennbar war, ob und welche Art von einem Hedge gebildet wurde; ähnlich ablehnend zur Hinzurechnung von Dauerschuldzinsen bei einem Swap-Geschäft zur Absicherung von Krediten BFH vom 04.06.2003 I-R-89/02, mit Anmerkungen von M. Wendt, in: FR 2003, S. 1043-1045. Im Sachverhalt wurde der Zinsswap als „General Hedge" bezeichnet.

583 Vgl. Herzig, Norbert, Thema I: Hybride Finanzinstrumente im nationalen und internationalen Steuerrecht, in: IStR 2000, S. 482-485, hier: S. 484; kritisch dazu Abschnitt 4.4.

Ziel führend könnte auch eine Interpretation der funktionalen Ausnahme bei Hedge-Geschäften von § 15 Abs 4 S. 4 EStG sein. Entsprechend dieser Regelung werden Verluste aus betrieblichen Termingeschäften von der beschränkten Verlustverrechnung ausgenommen, wenn diese der Absicherung von Geschäften des gewöhnlichen Geschäftsbetriebs dienen. Wenn mit diesen Absicherungsgeschäften Sicherungsgeschäfte im Rahmen von Bewertungseinheiten gemeint sein sollten,[584] würde dies verallgemeinert für eine Prägung der Einkünftekategorie der gesamten Bewertungseinheit durch das Grundgeschäft im Sinne der zweiten Variante sprechen. Gemäß § 15 Abs 4 S. 5 EStG gibt es allerdings auch eine Rückausnahme, wenn die Absicherung von Geschäften erfolgt, deren Gewinne nach § 8b Abs. 2 KStG bei der Ermittlung des Einkommens außer Ansatz bleiben. Diese bliebe jedoch ohne Auswirkung, wenn Absicherungsgeschäfte im Sinne von § 15 Abs 4 S. 4 EStG nicht mit einer Bewertungseinheit gleichzusetzen wären und § 15 Abs. 4 EStG bei Verlusten aus betrieblichen Termingeschäften, die aus Sicherungsgeschäften als Teil einer Bewertungseinheit resultieren, vollständig von der Verlustverrechnungsbeschränkung ausgenommen wären.[585] Insgesamt könnte die Auslegung von § 15 Abs. 4 EStG eher für die zweite Variante – Prägung der Einkünftekategorie der gesamten Bewertungseinheit durch die Einkünftequalifikation des Grundgeschäfts sprechen.

Aus den vorangegangenen Ausführungen lässt sich neben der angedeuteten Unsicherheit – die Mehrzahl der Argumente spricht für keinen Einfluss der kompensatorischen Bewertung auf die Einkünftequalifikation – bereits erkennen, dass mit der Anwendung von erster oder zweiter Variante erhebliche steuerliche Belastungsunterschiede einhergehen können, die an einem kurzen Beispiel veranschaulicht werden sollen. Bei allgemeiner Anwendung im Sinne der zweiten Variante sind aus Sicht der Steuerpflichtigen nicht nur überwiegend positive Konsequenzen im Bereich von § 8b Abs. 2 KStG oder § 15 Abs. 4 EStG anzuführen, sondern vielmehr wären im Bereich von z.B. § 8a KStG und § 8 Nr. 1 GewStG erhebliche Steuermehrbelastungen damit verbunden. Beispiel dafür könnte der Fall eines zins- und währungsgesicherten Darlehens in Fremdwährung sein, bei dem aus dem Grundgeschäft regelmäßig ein relativ geringer Zinsbetrag von z.B. umgerechnet 100.000 € resultiert (z.B. Yen-Zins oder kurzfristiger US-Dollar-

---

584 Wohl zustimmend Sorgenfrei, Ulrich, Zur Neuregelung der Besteuerung von Verlusten aus betrieblichen Termingeschäften, in: DStR 1999,S. 1928-1936, hier: S. 1931; ablehnend Tibo, Frank, Die Besteuerung von Termingeschäften im Betriebsvermögen gemäß § 15 Abs. 4 EStG, in: DB 2001, S. 2369-2372, hier: S. 2371/2372, der Bewertungseinheiten separat aufführt.

585 Vgl. Tibo, Frank, Die Besteuerung von Termingeschäften im Betriebsvermögen gemäß § 15 Abs. 4 EStG, in: DB 2001, S. 2369-2372, hier: S. 2371.

Zins[586]), während ein Verlust aus dem Termingeschäft von z.B. umgerechnet 500.000 € entsteht. Alternativ zu einem Fremdwährungsdarlehen mit gleichzeitigem Abschluss eines entsprechenden Sicherungsgeschäfts könnte ein Kredit in € aufgenommen werden. Für diesen würden nach dem Gesetz des einheitlichen Preises (zumindest periodisiert betrachtet) 600.000 € Zinsen anfallen, so dass aus betriebswirtschaftlicher Sicht ein ähnliches Ergebnis vor Steuern wie bei der Kombination aus Fremdwährungsdarlehen und Sicherungsgeschäft erreichbar wäre. Bei Anwendung der zweiten Variante prägt die Einkünftekategorie des Grundgeschäfts (Zins) die Einkünftekategorie der gesamten Bewertungseinheit, so dass nicht 100.000 € als Vergütung für Fremdkapital nach § 8a KStG gelten und 50.000 € als hälftige Dauerschuldzinsen nach § 8 Nr. 1 GewStG, wie bei Anwendung der ersten Variante hinzugerechnet würden, sondern 600.000 € bzw. 300.000 €. Die zusätzlich auf die Differenzbeträge anfallenden Mehrbelastungen bei Körperschaft- und Gewerbesteuer können ein erhebliches Ausmaß annehmen.

Da aufgrund der aneutralen Besteuerung einzelner Bausteine hybrider Finanzinstrumente und strukturierter Produkte erhebliche steuerliche Belastungsunterschiede aus der Bildung bzw. Nichtbildung von Bewertungseinheiten resultieren können, ist es aus Sicht der Steuerpflichtigen betriebswirtschaftlich grundsätzlich sinnvoll, diese durch entsprechende Gestaltungen zu arbitragieren. Dem stehen jedoch die angedeuteten Rechtsunsicherheiten im Bereich von Bilanzobjekt übergreifenden Bewertungseinheiten entgegen. Insgesamt ist das gegenwärtig praktizierte Konzept einer kompensatorischen Bewertung kritisch zu beurteilen.

---

586 Vgl. hierzu das Urteil vom FG Bremen vom 30.09.2002 3-K-160/02 und 3-K-161/02, in: DStRE 2003, S. 546 (Revision eingelegt BFH IR-71/02), das einen Einbezug der Provisionszahlungen aus dem Swapvertrag in die Entgelte für Dauerschuldzinsen ablehnt; ein ähnliches Modell allerdings mit umgekehrten Vorzeichen lag dem ebenfalls beim BFH anhängigen Urteil des FG Rheinland-Pfalz vom 26.08.2002 5-K-3050/00, in: EFG 2002, S. 1444 zugrunde.

4.3.4 Dekompositionsansatz

4.3.4.1 Umfang der zu zerlegenden Finanzinstrumente

Ein strukturiertes hybrides Finanzinstrument[587] kann entweder einheitlich als ein Produkt oder zerlegt[588] in seine Bestandteile besteuert werden. Für eine grundsätzliche Dekomposition strukturierter Produkte besteht im deutschen Steuerrecht keine unmittelbare gesetzliche Grundlage; dies gilt für die Besteuerung im Privat- und im Betriebsvermögen. Gestützt auf internationale Rechnungslegungspraxis[589] und einen diese Grundsätze im Wesentlichen widerspiegelnden IDW-Rechnungslegungshinweis[590] wird im Schrifttum über einen Rückgriff auf die allgemeinen Ansatz- und Bewertungsvorschriften zunehmend eine Zerlegung[591] strukturierter Produkte gefordert – dies allerdings mit einem breiten Spektrum hinsichtlich der Einzelheiten der tatsächlichen Durchführung. Die Äußerungen im Schrifttum zur Dekomposition beziehen sich im Wesentlichen auf die handelsrechtliche Rech-

---

587 Andere Bezeichnungen für strukturierte hybride Finanzinstrumente sind auch strukturierte Produkte, Compound Instruments oder Combined Instruments.

588 Der Dekompositionsansatz entspricht auch dem Zerlegungsansatz oder bifurcation approach.

589 So insbesondere IAS 32 und IAS 39, vgl. hierzu Kropp, Matthias/Klotzbach, Daniela, Der Vorschlag des IASB zum Makro Hedge Accounting, in: WPg 2003, S. 1180-1192; Kuhn, Steffen/Scharpf, Paul, Finanzinstrumente: Welche Gestaltungsspielräume enthalten die Regelungen zur erstmaligen Anwendung von IAS 32 und IAS 39 für die Praxis?, in: DB 2004, S. 261-264 und Löw, Edgar/Schildbach, Stephan, Financial Instruments – Änderungen von IAS 39 aufgrund des Amendments Project des IASB, in: BB 2004, S. 875-882.

590 Vgl. IDW-Bankenfachausschuß, Rechnungslegungshinweis: Zur Bilanzierung strukturierter Produkte (IDW RH BFA 1.003), in: WPg 2001, S. 916/917.

591 Vgl. Scharpf, Paul, Überlegungen zur Bilanzierung strukturierter Produkte (Compound Instruments), in: FB 1999, S. 21-30, hier: S. 28; Scharpf, Paul/Luz, Günther, Risikomanagement, Bilanzierung und Aufsicht von Finanzderivaten, 2. Aufl., Stuttgart 2000, S. 684/685; Dombek, Martina, Die Bilanzierung von strukturierten Produkten nach deutschem Recht und nach den Vorschriften des IASB, in: WPg 2002, S. 1065-1074, hier: S. 1066 und Bertsch, Andreas, Bilanzierung strukturierter Produkte, in: KoR 2003, S. 550-563, hier: S. 563; kritisch zur Zerlegung z.B. Häuselmann, Holger, Bilanzsteuerliche Aspekte des Wertpapierhandels der Kreditinstitute, Frankfurt am Main 2001, S. 76; Pross, Achim C., Swap, Zins und Derivat: Finanzinnovationen im nationalen und internationalen Steuerrecht unter besonderer Berücksichtigung des Zinsbegriffes, Diss. Univ. München 1996, München 1998, S. 171/172; Herzig, Norbert, Thema I: Hybride Finanzinstrumente im nationalen und internationalen Steuerrecht, in: IStR 2000, S. 482-485, hier: S. 484 und Schumacher, Andreas, Die Besteuerung von Compound Instruments beim Privatanleger am Beispiel von Reverse Convertibles – Zugleich Anmerkung zum BMF-Schreiben vom 7.10.1999, DStR 1999, 2032, in: DStR 2000, S. 416-418, hier: S. 416.

nungslegung, die jedoch bei der derzeitig noch bestehenden grundsätzlichen Maßgeblichkeit entscheidende Bedeutung für die steuerrechtliche Gewinnermittlung erlangt.[592] Nach einer Klärung des Begriffs eines strukturierten Produkts werden nachfolgend die verschiedenen Kriterien, unter denen eine Aufspaltung jeweils möglich sein soll, dargestellt. Diese beziehen sich zwar auf bilanzierende Steuerpflichtige, jedoch ist vom Grundsatz her eine Übertragung auf die Besteuerung im Privatvermögen möglich.

Nach Auffassung des IDW sind strukturierte Produkte „Vermögensgegenstände mit Forderungscharakter (z.B. Kredite, Schuldscheindarlehen, Anleihen) bzw. Verbindlichkeiten, die im Vergleich zu den nicht strukturierten Produkten hinsichtlich ihrer Verzinsung, ihrer Laufzeit und/oder ihrer Rückzahlung besondere Ausstattungsmerkmale aufweisen. Die Ausgestaltung strukturierter Produkte besteht i.d.R. darin, daß das zinstragende Kassainstrument mit einem oder mehreren derivativen Finanzinstrumenten (z.B. Swap, Forward, Future, Option, Cap, Floor, Swaption) zu einer rechtlichen und wirtschaftlichen Einheit verbunden ist. Ein Erwerb oder Verkauf der einzelnen Bestandteile des strukturierten Produktes (stripping) ist im Regelfall nicht möglich."[593]

Strittig ist diesbezüglich im Schrifttum, ob bei strukturierten Produkten die derivativen Finanzinstrumente mit dem Kassainstrument fest zu einer rechtlich und wirtschaftlich untrennbaren Einheit zusammen gefasst sein müssen oder nicht. Dementsprechend wären nach der einen Auffassung[594] Optionsanleihen oder Stripped Bonds keine strukturierten Produkte, während die andere Auffassung[595] zwischen echten und unechten Compound Instruments unterscheidet und die beiden Produkte der zweiten Kategorie zuordnet. Unechte Compound Instruments (z.B. Optionsanleihen oder Stripped Bonds) weisen gegenüber echten Compound Instruments (z.B. Aktien- oder Umtauschanleihen) die Besonderheit auf, dass erstere zwar als ein Wirtschaftsgut gehandelt werden, jedoch durch Entscheidung des Gläubigers in die jeweiligen Bestandteile zerlegt und als getrennte Wirtschaftsgüter gehandelt werden können.

---

592 Vgl. zu strukturierten Produkten in der Steuerbilanz Bertsch, Andreas, Bilanzierung strukturierter Produkte, in: KoR 2003, S. 550-563, hier: S. 558/559.

593 IDW-Bankenfachausschuß, Rechnungslegungshinweis: Zur Bilanzierung strukturierter Produkte (IDW RH BFA 1.003), in: WPg 2001, S. 916/917, hier: S. 916.

594 Vgl. Scharpf, Paul, Überlegungen zur Bilanzierung strukturierter Produkte (Compound Instruments), in: FB 1999, S. 21-30, hier: S. 21.

595 Vgl. hierzu ausführlich Häuselmann, Holger, Bilanzsteuerliche Aspekte des Wertpapierhandels der Kreditinstitute, Frankfurt am Main 2001, S. 78-80 und Wiese, Götz Tobias/Dammer, Thomas, Zusammengesetzte Finanzinstrumente der AG, in: DStR 1999, S. 867-876, hier: S. 869.

Nach der in dieser Untersuchung vorgenommenen steuerlichen Analyse der hybriden Finanzinstrumente stellt das bisherige Verständnis von strukturierten Produkten vor dem Hintergrund des Dekompositionsansatzes nur eine Teilmenge dar. Der Umfang strukturierter hybrider Produkte sollte vor dem Hintergrund der potenziellen Anwendbarkeit des Dekompositionsansatzes abgegrenzt werden. Neben unstrittigen hybriden Finanzinstrumenten der Ebene B (Aktienanleihe) sprechen zunächst einmal hinsichtlich der Objektivität der Zerlegung gute Argumente dafür, auch die unechten Compound Instruments als strukturierte Produkte anzusehen. Darüber hinaus besteht die gleiche Problemstellung auch bei hybriden Finanzinstrumenten der Ebene C (Capped Call), die sich dem gleichen Verständnis nach auch aus mehreren Bestandteilen zusammensetzen. Dies sind allerdings nicht originäre und derivative Instrumente, sondern „ausschließlich" [596] derivative Instrumente. Die Problematik von hybriden Finanzinstrumenten der Ebene C kommt in der bisherigen Diskussion erst an späterer Stelle, wenn es um die Tiefe der Zerlegung geht[597] und nicht bei der vorher zu klärenden Frage, ob reine derivative Produktkombinationen – wie ein rechtlich einheitlicher Capped Call – zerlegt werden sollen.

Nachdem diskutiert wurde, was grundsätzlich zerlegt werden sollte, geht es im Folgenden darum, bei welchen Finanzinstrumenten dies auch tatsächlich vorzunehmen ist. Laut IDW-Rechnungslegungshinweis hat eine getrennte Bilanzierung– mit Ausnahme strukturierter Produkte des Handelsbestands – zu erfolgen, „wenn eine der folgenden Voraussetzungen erfüllt ist:

- Verbindung eines Kassainstruments mit einem – oder mehreren – derivativen Finanzinstrument(en), die einem über das Zinsrisiko hinausgehenden Marktpreisrisiko unterliegen; dies gilt insbesondere, wenn von der Währung des Kassainstruments abweichende Währungsrisiken (Währungsbestände bzw. künftige Währungs-Cash-Flows) bzw. Aktienkursrisiken (Aktienbestände bzw. short-Positionen) begründet werden, ungeachtet der Tatsache, ob die Abwicklung durch physische Lieferung oder Cash-Settlement erfolgt (z.B. Finanzinstrumente mit Rückzahlungswahlrecht in Aktien oder Währungen, Finanzinstrumente mit aktienindexabhängiger Rückzahlung),
- das eingesetzte Kapital wird neben dem Bonitätsrisiko des Emittenten durch weitere Risiken gefährdet (z.B. mit Wetterderivaten kombinierte Anleihen, Credit linked Notes),
- Negativverzinsung möglich (z.B. Reverse Floater ohne Mindestzins),

596 An dieser Stelle ist nochmals anzumerken, dass alle Bausteine hybrider Finanzinstrumente auf mehrfachen Wegen dupliziert werden können.

597 Vgl. Prahl, Reinhard/Naumann, Thomas K., Moderne Finanzinstrumente im Spannungsfeld zu traditionellen Rechnungslegungsvorschriften: Barwertansatz, Hedge-Accounting und Portfolio-Approach, in: WPg 1992, S. 709-719, hier: S. 713.

- es liegen Vereinbarungen zur Verlängerung der Laufzeit vor, wobei die Verzinsung im Zeitpunkt der Verlängerung nicht an die aktuellen Marktkonditionen angepasst wird.“[598]

Ähnlich wie IAS 39 verfolgt das IDW einen Risiko orientierten Ansatz und stellt auf die Risikofaktoren von Basisvertrag und eingebettetem Derivat ab.[599] Eine Zerlegung ist demnach gegeben, wenn die einzelnen Bestandteile unterschiedliche Risikoarten aufweisen. Nicht aufgegriffen hat das IDW Ansätze, die als eine Art „management approach“ die Zerlegung eines strukturierten Produkts von der Risikosteuerung durch das Unternehmen abhängig machen. Dies beinhaltet folgende Grundaussage: Wird für Zwecke der internen Risikosteuerung das Instrument zerlegt, sollte dies auch für die Bilanzierung maßgebend sein.[600] Eine derartige Kopplung der Zerlegung mag für handelsrechtliche Zwecke mitunter begründet sein, eine Übernahme in die steuerliche Gewinnermittlung wäre indes nur schwer vorstellbar. Ebenso hat das IDW eine Handelbarkeit bzw. Einzelverwertbarkeit der einzelnen Bestandteile nicht berücksichtigt, die z.B. bei Trennung einer Optionsanleihe in Anleihe- und Optionskomponente möglich wäre.[601] Ein anderer relativ restriktiver Zerlegungsansatz,[602] der einen separaten Bilanzansatz nur für zulässig erachtet, wenn die Ausübung der Optionskomponente zu keiner Änderung der Zahlungsreihe der inhärenten Anleihe führt, erscheint für eine Zerlegung unter steuerlichen Gesichtspunkten nur bedingt geeignet. Über diese Problematik hinaus, beschränkt das IDW die Dekomposition auf strukturierte Finanzinstrumente, die nicht dem Handelsbestand von Kreditinstituten zuzurechnen sind. Bei Übertragung auf andere Unternehmen könnte dies bedeuten, dass strukturierte Produkte des Umlaufvermögens nicht zu zerlegen wären. Insbesondere für einen Dekompositionsansatz im Privatvermögen, aber auch generell im

---

598 IDW-Bankenfachausschuß, Rechnungslegungshinweis: Zur Bilanzierung strukturierter Produkte (IDW RH BFA 1.003), in: WPg 2001, S. 916/917, hier: S. 916.

599 Vgl. Dombek, Martina, Die Bilanzierung von strukturierten Produkten nach deutschem Recht und nach den Vorschriften des IASB, in: WPg 2002, S. 1065-1074, hier: S. 1070.

600 Vgl. Windmöller, Rolf/Breker, Norbert, Bilanzierung von Optionsgeschäften, in: WPg 1995, S. 389-401, hier: S. 391/392, die eine Zerlegung ausschließlich von der Risikosteuerung abhängig machen; die individuelle Risikosteuerung als ein zusätzliches Kriterium ansehend und dann in jedem Fall eine Zerlegung fordernd Scharpf, Paul, Überlegungen zur Bilanzierung strukturierter Produkte (Compound Instruments), in: FB 1999, S. 21-30, hier: S. 28.

601 Vgl. Häuselmann, Holger, Bilanzsteuerliche Aspekte des Wertpapierhandels der Kreditinstitute, Frankfurt am Main 2001, S. 79 und Wiese, Götz Tobias/Dammer, Thomas, Zusammengesetzte Finanzinstrumente der AG, in: DStR 1999, S. 867-876, hier: S. 869.

602 Vgl. Eisele, Wolfgang/Knobloch, Alois Paul, Strukturierte Anleihen und Bilanzrechtsauslegung, in: ZfbF 2003, S. 749-772, hier: S. 761/762.

Betriebsvermögen, wäre eine allgemeine Beschränkung auf Anlagevermögen als zu eng anzusehen. Um die in der Literatur vorgeschlagene Gleichbehandlung von strukturierten hybriden Finanzinstrumenten mit der Verwendung einer Kombination der einzelnen Bausteine auf Portfolioebene steuerlich gleichzustellen,[603] müssten zur Erreichung dieses Ziels theoretisch alle strukturierten hybriden Finanzinstrumente zerlegt werden und nicht nur eine bestimmte Teilmenge.

4.3.4.2 Wege und Tiefe der Zerlegung

Wie an anderer Stelle[604] gezeigt wurde, können sowohl aus der Dekomposition eines strukturierten hybriden Produkts in einzelne Bausteine und aus der Integration zivilrechtlich getrennter Produkte zu einem Produkt unterschiedlich hohe Einkünfte, verschiedene Einkunftsarten und zeitliche Verschiebungen resultieren. Damit kommt nicht nur der Frage, ob und wann, sondern vor allem wie aufgespalten bzw. zusammengefasst wird, eine entscheidende Bedeutung zu. Aufgrund der unbegrenzt möglichen Duplikationsvarianten existieren Dekompositionsportfolios in gleicher Anzahl. Das richtige oder das objektive Dekompositionsportfolio für steuerliche Zwecke lässt sich nicht oder nur schwierig ermitteln. Was könnten die Kriterien zur Bestimmung einer objektiven Dekomposition sein?

Es wäre z.B. denkbar, den Dekompositionsweg verbindlich vorzuschreiben, der zu der geringsten Anzahl von Portfolioelementen führt. Dieses Konzept ist jedoch auch nicht immer Ziel führend, wie die Dekomposition einer Aktienanleihe aus Erwerbersicht zeigt: Sowohl das an anderer Stelle vorgestellte Portfolio[605] – Zerobond I und II, Short Put – als auch die in der Literatur[606] vorgenommene Aufteilung – variabel verzinsliche Anleihe, Receiver-Swap mit Upfront-Payment sowie Short-Put – besteht aus drei Elementen; dies gilt für eine zweijährige Aktienanleihe. Bei einer einjährigen Aktienanleihe würde die Aufteilung in einen Zerobond und einen Short Put nur zu zwei Elementen führen und wäre entsprechend dem angedachten Kriterium, möglichst wenige Elemente aus der Dekomposition zu haben, der Vorgehensweise in der Literatur[607] mit den genannten drei Elementen vorzuziehen. Zudem ist die Möglichkeit, Dekompositionswege verbindlich vorzugeben, vor dem Hintergrund der sehr großen Zahl individueller

603 Vgl. Herzig, Norbert, Thema I: Hybride Finanzinstrumente im nationalen und internationalen Steuerrecht, in: IStR 2000, S. 482-485, hier: S. 484.

604 Vgl. beispielsweise Abschnitte 4.2.2.2 und 4.2.4.2.

605 Vgl. Abschnitt 4.2.2.1.

606 Vgl. Scharpf, Paul/Luz, Günther, Risikomanagement, Bilanzierung und Aufsicht von Finanzderivaten, 2. Aufl., Stuttgart 2000, S. 690/691.

607 Vgl. Scharpf, Paul/Luz, Günther, Risikomanagement, Bilanzierung und Aufsicht von Finanzderivaten, 2. Aufl., Stuttgart 2000, S. 690/691.

Ausgestaltungsmöglichkeiten und der Dynamik bei der Neukonzeption strukturierter hybrider Finanzinstrumente zum Scheitern verurteilt.

Ein anderes bzw. ergänzendes Kriterium für einen Dekompositionsweg könnte sein, eine möglichst geringe Zahl derivativer Bestandteile im Zerlegungsportfolio zu haben. Insoweit würde im Fall der bisher indifferenten Lage nach dem Kriterium „möglichst wenige Dekompositionselemente" bei der zweijährigen Aktienanleihe aus Erwerbersicht die hier vorgeschlagene Aufteilung zur Anwendung kommen. Diese führt zu den zwei originären Finanzinstrumenten Zerobond I und II sowie der einen derivativen Position Short Put, während die andere Aufteilung mit der variabel verzinslichen Anleihe nur ein originäres und mit dem Receiver-Swap und dem Short Put zwei derivative Bestandteile enthält.[608]

Darüber hinaus wird selbst bei Anerkennung eines Kriteriums eine weitere aus der Dekomposition resultierende grundsätzliche Schwierigkeit bestehen: Wie tief soll aufgeteilt werden? Bis in die kleinsten, elementaren Bausteine, bis zu marktgängigen Finanzinstrumenten oder bis in der gleichen steuerlichen Einkünftekategorie unterliegende Bestandteile? Im obigen Beispiel der Dekomposition einer Aktienanleihe war ein Swap enthalten. Ein Plain Vanilla Swap besteht aus einer Serie von mehreren unbedingten Termingeschäften.[609] Bei einer tieferen Aufspaltung würden statt eines derivativen Elements (Plain Vanilla Swap) nunmehr beispielsweise drei unbedingte Termingeschäfte zu berücksichtigen sein. Ähnliches gilt für einen DAX-Redemption-Bond, bei dem neben der Anleihekomponente ein aus zwei Optionen bestehender Bull-Spread verbleibt. Im Schrifttum[610] wurde eine Aufteilung dieser Optionskombination mit der Begründung abgelehnt, dass ein Bull-Spread nach außen als einheitliches Ganzes in Erscheinung tritt und deshalb eine Zerlegung wenig sachgerecht wäre. Vor dem Hintergrund, dass eine einheitliche Besteuerung eines Bull-Spreads zu anderen Konsequenzen als die getrennte Besteuerung der beiden Optionen führen kann – z.B. wurde dies für einen Capped Call im Privatvermögen gezeigt[611] – ist eine möglichst diese Unterschiede berücksichtigende tiefe Zerlegung zu befürworten. Diese Problematik ist angesichts der unbegrenzten Möglichkeiten der Duplizierung als eher theoretisch anzusehen. Insgesamt hat die Analyse gezeigt, dass eine

608 Anzumerken ist, dass der Receiver-Swap durch das Upfront-Payment kein klassisches derivatives Instrument mehr ist, sondern eine hybride Stellung zu den originären Finanzinstrumenten einnimmt.

609 Vgl. m.w.N. Abschnitt 2.3.1.

610 Vgl. Prahl, Reinhard/Naumann, Thomas K., Moderne Finanzinstrumente im Spannungsfeld zu traditionellen Rechnungslegungsvorschriften: Barwertansatz, Hedge-Accounting und Portfolio-Approach, in: WPg 1992, S. 709-719, hier: S. 713.

611 Vgl. Abschnitt 4.2.3.2.

objektive Dekomposition aller strukturierten hybriden Finanzinstrumente nicht möglich ist.

Bei Subjektivität der Dekomposition – ob, wann und wie – bei gleichzeitig aneutraler Besteuerung wird das steuerliche Ergebnis z.B. in Form von regulären Einkünften oder Einkünften aus Termingeschäften sowie der zeitliche Anfall dispositiv in das Ermessen des Bilanzierenden gestellt. Unterschiedliche Dekompositionen haben insbesondere Auswirkungen für alle mit der Zinsbesteuerung verbundenen steuerlichen Fragestellungen. Hierzu gehören z.B. die Regelungen zur Gesellschafterfremdfinanzierung des § 8a KStG oder der hälftigen Hinzurechnung von Dauerschuldzinsen des § 8 Nr. 1 GewStG. Ähnliche Schwierigkeiten und materielle Konsequenzen im Zusammenhang mit dem Dekompositionsansatz ergeben sich für die Besteuerung hybrider Finanzinstrumente im Privatvermögen.

Sowohl im Betriebs- als auch Privatvermögen wäre zudem ein nicht zu unterschätzender zusätzlicher Aufwand bei der generellen Durchführung der Zerlegung zu berücksichtigen.[612] Dieser Aufwand ist ein weiterer Grund dafür, die tatsächliche Umsetzbarkeit und Sinnhaftigkeit des Dekompositionsansatzes für steuerliche Zwecke als insgesamt bedenklich einzustufen.

4.3.5 Zeitpunkt der steuerlichen Erfassung

4.3.5.1 Theoretische Konzepte und gegenwärtiges Steuerrecht

Wie die steuerliche Analyse der hybriden Finanzinstrumente der Ebenen A bis D gezeigt hat, wird in diesem Zusammenhang dem Zeitpunkt der steuerlichen Realisierung von Einkünften zu Recht eine hohe Bedeutung beigemessen.[613] Nachfolgend sollen zunächst die theoretisch möglichen Ansätze zur Einkünfteerfassung aus steuerlicher Sicht dargelegt werden, um anschließend deren Anwendung im gegenwärtigen deutschen Steuerrecht zu untersuchen.

---

612 Vgl. Prahl, Reinhard/Naumann, Thomas K., Financial Instruments, in: Handbuch des Jahresabschlusses in Einzeldarstellungen, von Wysocki, Klaus/Schulze-Osterloh, Joachim (Hrsg.), Köln 2000, Abt. II/10, S. 1-161, hier: S. 25.

613 Vgl. Funk, Thomas E., Hybride Finanzinstrumente im US-Steuerrecht, in: RIW 1998, S. 138-145, hier: S. 141/142; Jacob, Friedhelm, Nationalbericht Deutschland, in: cahiers de droit fiscal international – 54th Congress of the International Fiscal Association – München 2000: Tax treatment of hybrid financial instruments in cross-border transactions, International Fiscal Association (Hrsg.), The Hague/London/Boston 2000, S. 313-348, hier: S. 334 und Häuselmann, Holger, Das richtige „Timing" bei der Kapitaleinkünftebesteuerung, in: DStR 2001, S. 597-604.

Aus theoretischer Sicht gibt es zur Bestimmung, wann Einkünfte zu versteuern sind, die drei folgenden Konzepte:[614]

- Cash-Flow[615] bzw. Zufluss-Abfluss-Prinzip – Die steuerliche Erfassung im Zahlungszeitpunkt vermeidet komplexe Bewertungsfragen der Periodisierung und ist vom Prinzip einfach anwendbar. Darüber hinaus wird der Konsum orientierten Cash-Flow-Steuer insbesondere vor dem Hintergrund des Neutralitätspostulats der Besteuerung hohe Bedeutung beigemessen.
- Periodengerechte Einkommensermittlung mit Zeitpunkt der Realisation[616] – Danach tritt eine steuerliche Erfolgswirksamkeit erst bei Veräußerung oder einem sonstigen Realisationsvorgang ein. Mögliche Zeitpunkte können hierbei der in diesem Zusammenhang häufig als zu früh geltende Zeitpunkt des Vertragsabschlusses, der Zeitpunkt der Zahlung (entspräche dann der Cash-Flow-Alternative) oder der Zeitpunkt der Lieferung oder Leistung sein.[617]
- Mark-to-Market bzw. Wertzuwachssteuer[618] – Entsprechend dem Idealtyp einer reinvermögenszugangstheoretischen Besteuerung werden alle realisierten und „unrealisierten" Einkünfte bereits in dem Zeitpunkt erfasst, in dem die Wertsteigerung bzw. Wertminderung eingetreten ist. Die steuerliche Erfassung dieser Form der Periodisierung liegt teilweise zeitlich früher als bei einer herkömmlichen periodengerechten Gewinnermittlung. Für ein Finanz-

---

614 Vgl. Plambeck, Charles T./Rosenbloom, H. David/Ring, Diane M., Generalbericht, in: cahiers de droit fiscal international – 49th Congress of the International Fiscal Association – Cannes 1995: Tax aspects of derivative financial instruments, International Fiscal Association (Hrsg.), The Hague/London/Boston 1995, S. 735-779, hier: S. 742 und 763-771; ähnlich Collier, Richard, National Report United Kingdom, in: cahiers de droit fiscal international – 49th Congress of the International Fiscal Association – Cannes 1995: Tax aspects of derivative financial instruments, International Fiscal Association (Hrsg.), The Hague/London/Boston 1995, S. 581-614, hier: S. 600/601 und Funk, Thomas E., Hybride Finanzinstrumente im US-Steuerrecht, in: RIW 1998, S. 138-145, hier: S. 142.

615 Vgl. hierzu Abschnitt 3.2.1.3 und die dort angegebene Literatur.

616 Kritisch Homburg, Stefan, Allgemeine Steuerlehre, 3. Aufl., München 2003, S. 227, der die damit verbundenen Ineffizienzen bei Behinderung von ansonsten wirtschaftlich sinnvollen Markttransaktionen hervorhebt.

617 Vgl. zur Konkretisierung dieser Zeitpunkte mit Bezug auf die Gewinnermittlung im Betriebsvermögen Wehrheim, Michael/Renz, Anette, Die Steuerbilanz, München 2003, S. 37-39.

618 Kritisch zum Konzept der Wertzuwachssteuer Lang, Joachim, in: Tipke/ Lang, Steuerrecht, § 4 Rz. 103-107, der substanzsteuerliche Effekte anmahnt; ähnlich auch Reding, Kurt/Müller, Walter, Einführung in die Allgemeine Steuerlehre, München 1999, S. 50/51; differenziert beurteilend Homburg, Stefan, Allgemeine Steuerlehre, 3. Aufl., München 2003, S. 227, der dieses Konzept als Reinvermögenszuwachstheorie bezeichnet und Informationsprobleme bei den zu ermittelnden Marktwerten bzw. Wertzuwächsen erkennt.

instrument, das zu Beginn eines Jahres zu 1.000 € angeschafft wird, am Ende des Jahres einen Marktwert von 1.500 € hat und sich weiterhin im wirtschaftlichen Eigentum des Steuerpflichtigen befindet, bedeutet dies eine Besteuerung des Wertzuwachses von 500 € im betreffenden Veranlagungszeitraum/Wirtschaftsjahr. Umgekehrt führt diese streng an Marktwerten ausgerichtete Besteuerung zu einer Berücksichtigung noch nicht durch Umsatzakt bestätigter Wertminderungen.

Im gegenwärtigen deutschen Steuerrecht ist der Gesetzgeber keiner dieser drei Ansätze in Reinform gefolgt. Bei einem Vergleich zwischen Privat- und Betriebsvermögen sowie innerhalb der jeweiligen Kategorie ist hinsichtlich des Zeitpunkts der steuerlichen Wirksamkeit keine einheitliche Vorgehensweise hinsichtlich der zeitlichen Erfassung zu erkennen, sondern es sind Mischformen der genannten drei Ansätze umgesetzt worden.

Für Privatvermögen bzw. bei den Überschusseinkunftsarten fließen nach geltendem deutschen Einkommensteuerrecht Einnahmen und Werbungskosten im Wesentlichen im Zeitpunkt der Vereinnahmung oder Verausgabung in die steuerliche Bemessungsgrundlage ein. Ähnlich dem Konzept der Cash-Flow-Steuer ist der Realisationszeitpunkt in der Mehrzahl der Fälle der Zeitpunkt der tatsächlichen Zahlungsvorgänge. Ausnahmen im Sinne einer periodengerechten Einkommensermittlung bestehen z.B. bei regelmäßig wiederkehrenden Einnahmen und Ausgaben, die im Jahr der wirtschaftlichen Zugehörigkeit gemäß § 11 EStG zu berücksichtigen sind, oder bei Abschreibungen im Rahmen der Einkünfte aus Vermietung und Verpachtung, § 21 EStG.

Im Betriebsvermögen folgt der Zeitpunkt der steuerlichen Erfassung für den in dieser Arbeit unterstellten betrieblichen Investor mit einer Gewinnermittlung nach § 5 EStG der periodengerechten Gewinnermittlung in dem Sinne, dass vom Grundsatz bei Einzelbetrachtung Wertminderungen antizipiert werden (z.B. Ausnahme Drohverlustrückstellungsverbot nach § 5 Abs. 4a EStG und Teilwertabschreibung nur bei dauerhafter Wertminderung nach § 6 Abs. 1 Nr. 1 und 2 EStG), während Wertsteigerungen durch die Höhe der Anschaffungskosten begrenzt und erst im Zeitpunkt des Übertragungsaktes als realisiert gelten. Für die Verlustseite sind damit Mark-to-Market Gedanken teilweise noch vorhanden. Über das Konzept der Bilanzierungsobjekt übergreifenden Bewertungseinheiten wird teilweise auch ein Mark-to-Market für die Gewinnseite erreicht, in dem unrealisierte Gewinne mit unrealisierten Verlusten verrechnet werden können.

4.3.5.2 Beziehung von zeitlicher Erfassung zu Konzepten der Bestimmung des zu besteuernden Objekts

Unabhängig von der Frage, wann Erfolge oder Misserfolge einzelner Finanzinstrumente im gegenwärtigen Steuerrecht in die steuerlichen Bemessungsgrundlagen einbezogen werden sollen, können von Einheitsbetrachtung, Zusammenfassungs- und Dekompositionsansatz Verschiebungen des Besteuerungszeitpunkts ausgehen.[619] Dieses Ergebnis wurde beispielsweise im Rahmen der steuerlichen Analyse einer Aktienanleihe[620] bei einheitlicher Behandlung im Vergleich zur Zerlegung gewonnen. Die Ursache dafür ist, dass bei der Einheitsbetrachtung – vereinfacht ausgedrückt – ein einheitlicher Realisationszeitpunkt in Abhängigkeit der Qualifikation des hybriden Finanzinstruments für steuerliche Zwecke festgelegt wird, während bei Dekomposition einer Aktienanleihe bzw. Erwerb auf Portfolioebene mehrere zum Teil unterschiedliche Realisationszeitpunkte zum Tragen kommen. Umgekehrt kann dies auch für den Zusammenfassungsansatz gelten. Die Anwendung von Einheitsbetrachtung, Zusammenfassungs- und Dekompositionsansatz führt somit in vielen Fällen zu zeitlichen Vor- oder Nachverlagerungen des Besteuerungszeitpunkts. Da die gegenwärtige am Abschnittsprinzip ausgerichtete Besteuerung weit von einem gleichmäßigen und neutralen Steuersystem entfernt ist, besteht ein Anreiz für die Steuerpflichtigen, eine Optimierung des zeitlichen Anfalls von steuerpflichtigen Einkünften durch hybride Finanzinstrumente in Verbindung mit der entsprechenden Anwendung der drei genannten Ansätze anzustreben.

Dies gilt umso mehr, wenn in Betracht gezogen wird, dass im Privatvermögen weitgehend auf den Zufluss-Abfluss-Zeitpunkt abgestellt und gleichzeitig eine weitgehende Periodisierung im Betriebsvermögen anzutreffen ist. Dieser Unterschied in der zeitlichen Erfassung in Verbindung mit den verschiedenen Ansätzen zur Bestimmung der zu besteuernden Objekteinheit kann zusätzliche Ansatzpunkte für steuerliche Arbitrageüberlegungen auf Basis von hybriden Finanzinstrumenten bieten.

Die gegenwärtig praktizierten Konzepte einer kompensatorischen Bewertung und der Dekomposition weisen zahlreiche Schwächen auf. Dies hat mit Blick auf die Bewertungseinheiten dazu geführt, dass im Schrifttum alternativ der Übergang zu einer konsequenten Marktbewertung von Finanzinstrumenten in Betracht gezogen wird.[621] Wenn alle Finanzinstrumente mit dem Marktwert angesetzt

---

619 Vgl. ausführlich zu den zeitlichen Verschiebungen beim Zusammenfassungsansatz Abschnitt 4.3.3. und beim Dekompositionsansatz Abschnitt 4.3.4.

620 Vgl. Abschnitt 4.2.2.

621 Vgl. Herzig, Norbert/Mauritz, Peter, Micro-Hedges, Macro-Hedges und Portfolio-Hedges für derivative Finanzinstrumente: Kompatibel mit dem deutschen Bilanz-

würden, erfolgt automatisch eine Verrechnung von gegenläufigen Erfolgsbeiträgen, so dass sich eine Bildung von Bilanzobjekt übergreifenden Bewertungseinheiten erübrigen würde.[622]

Neben teilweisen Praktikabilitätsproblemen bei der Wertbestimmung nicht börsennotierter Finanzinstrumente wären im geltenden Steuerrecht hierzu erhebliche Anpassungsmaßnahmen notwendig,[623] die insbesondere den Bereich der Verlustverrechnung (§§ 10d, 15 Abs. 4 und 23 Abs. 3 S. 8, 9 EStG) und damit auch der intertemporalen Neutralität betreffen. Es wären bei der Besteuerung von unrealisierten Wertsteigerungen von Finanzinstrumenten, die nicht in umfassende Sicherungszusammenhänge eingebettet sind, auch erhebliche Substanzsteuereffekte[624] bzw. Liquiditätsprobleme zu erwarten, wenn umgekehrt bei nicht verrechenbaren Verlusten beispielsweise keine direkte Steuererstattung, eine Verzinsung des Verlustvortrags bei gleichzeitiger Refinanzierungsmöglichkeit oder andere Vorschläge in Betracht gezogen würden.[625]

Darüber hinaus ist zu bedenken, dass Mark-to-Market kein Ansatz zur Festlegung des zu besteuernden Objekts ist, sondern die zeitliche Erfassung regelt. Ein Mark-to-Market, das eine kompensatorische Bewertung ersetzen soll, benötigt folglich entweder eine Kombination mit der Einheitsbetrachtung – wie dies im Schrifttum wohl unterstellt wird – oder der Zerlegung. Bei Mark-to-Market mit Einheitsbetrachtung bleibt das Problem, dass bei strukturierten Finanzinstrumenten immer noch eine einheitliche Einkünftekategorie für steuerliche Zwecke vermittelt wird, die bei unterschiedlicher Besteuerung der einzelnen Bausteine zu anderen Ergebnissen führt als die Besteuerung des synthetischen hybriden Finanzinstruments auf Portfolioebene. In Verbindung mit dem Dekompositionsansatz bestehen auch bei Mark-to-Market die Subjektivität der Zerlegung sowie die Probleme bei der praktischen Umsetzung und die entsprechend hohen Kosten.

---

recht?, in: WPg 1997, S. 141-155, hier: S. 155 und Pross, Achim C., Swap, Zins und Derivat: Finanzinnovationen im nationalen und internationalen Steuerrecht unter besonderer Berücksichtigung des Zinsbegriffes, Diss. Univ. München 1996, München 1998, S. 172.

622 Vgl. Steiner, Manfred/Tebroke, Hermann-Josef/Wallmeier, Martin, Konzepte der Rechnungslegung für Finanzderivate, in: WPg 1995, S. 533-544, hier: S. 539.

623 Vgl. bezogen auf das US-amerikanische Steuerrecht Funk, Thomas E., Hybride Finanzinstrumente im US-Steuerrecht, in: RIW 1998, S. 138-145, hier: S. 142.

624 Vgl. Lang, Joachim, in: Tipke/Lang, Steuerrecht, § 4 Rz. 107.

625 Vgl. z.B. Schneider, Dieter, Was verlangt eine marktwirtschaftliche Steuerreform: Einschränkungen des Verlustmantelkaufs oder Ausweitung des Verlustausgleichs durch handelbare Verlustverrechnungsgutscheine?, in: BB 1988, S. 887-896, dessen Grundkonzept der Handelbarkeit von Verlusten zwar der Subjektidentität entgegen läuft und damit irrealistisch in der Umsetzung sein dürfte, jedoch mit den Wirkungen einer unmittelbaren Steuererstattung vergleichbar ist.

Insgesamt ist der Mark-to-Market-Ansatz nur bedingt in der Lage, gegenwärtig existente Besteuerungsprobleme hybrider Finanzinstrumente zu lösen.

4.3.5.3 Besteuerungszeitpunkt in Verbindung mit Fristen- und Freibetragsregelungen

Welchen Einfluss der Besteuerungszeitpunkt auf die Höhe der steuerlichen Belastung in Verbindung mit Fristen- und Freibetragsregelungen haben kann und wie diese durch die Ausgestaltungsmöglichkeiten hybrider Finanzinstrumente genutzt werden können, ist Gegenstand der folgenden ökonomischen Analyse am Beispiel der §§ 20 und 23 EStG für einen privaten Anleger.[626]

Zum einen bieten Fristenregelungen, wie die Einjahresfristen in § 23 Abs. 1 Nr. 2 und Nr. 4 EStG, die mit erheblichen Unterschieden in der steuerlichen Belastung verbunden sein können – hälftige bzw. volle Steuerpflicht versus nicht steuerpflichtig – einen Anreiz für die Entstehung und Konzeption hybrider Finanzinstrumente. Eine steuerliche Optimierung in diesem Sinne hätte die beiden folgenden Zielrichtungen:

- Werbungskosten bzw. Verluste innerhalb der Frist generieren, um negative – wenn auch nur beschränkt – verrechenbare Einkünfte entstehen zu lassen.
- Einnahmen bzw. Gewinne außerhalb der Frist generieren, um steuerfreie Einkünfte entstehen zu lassen.

Inwieweit hierbei missbräuchliche rechtliche Gestaltungen anzunehmen wären und diesen mit einer Korrektur über § 42 AO begegnet würde, hängt vom Einzelfall ab. Da aber auch durch § 42 AO keine freischwebende Sachverhaltsumdeutung, wie etwa noch in der Blütezeit der wirtschaftlichen Betrachtungsweise mit dem so genannten „Pfennig-Urteil" des RFH,[627] möglich ist, und Steuerpflichtigen eine Gestaltungsfreiheit zur Optimierung ihrer persönlichen Verhältnisse zugestanden wird, dürfte § 42 AO nur sehr restriktiv zur Anwendung gelangen.

Hybride Finanzinstrumente mit Laufzeiten über der Frist, sei es als strukturiertes Produkt oder synthetisch auf Portfolioebene, bieten dem Steuerpflichtigen damit einen zusätzlichen Wert: eine Long Option auf einen erheblichen Steuervorteil bei entsprechender Kursentwicklung. Diese Feststellung gilt sinngemäß für alle steuerlichen Fristenregelungen im Privat- und Betriebsvermögen. Der Wert dieser „Steueroptimierungsoption" hängt zum einen von den objektiven

---

626 Ähnlich zu diesem Thema Woywode, Uwe, Derivative Finanzinstrumente im Recht der Doppelbesteuerungsabkommen, Diss. Univ. Wien 2003, Willingshausen 2004, S. 38, der eine derartige Strategie auch als „tax straddle" bezeichnet.

627 Vgl. m.w.N. Abschnitt 3.3.3.2.

Belastungsdifferenzen ab, die jeweils mit einer Fristerfüllung bzw. -vermeidung verbunden sind, sowie zum anderen von der individuellen Situation des Steuerpflichtigen (z.B. Höhe der Progression, Verlustverrechnungsmöglichkeiten).

Neben Fristenregelungen kann der Realisationszeitpunkt maßgebliche Bedeutung für Freigrenzen- und Freibetragsregelungen haben. So sind z.B. in den §§ 22 Nr. 3 und 23 Abs. 3 S. 6 EStG Freigrenzen enthalten. Diese sind zwar von geringem Umfang, allerdings ändert sich nichts an der grundsätzlichen Möglichkeit, mit hybriden Finanzinstrumenten Freigrenzen- und Freibetragsregelungen durch Steuerung des Realisationszeitpunkts zu nutzen. Aufgrund der Ausgestaltungsmöglichkeiten hybrider Instrumente ist es z.B. relativ einfach möglich – nachfolgend wird die Vorgehensweise bei der vom Betrag her bedeutenderen Freibetragsregel des § 20 Abs. 4 EStG erläutert – den Sparerfreibetrag auch bei momentan zu geringen periodischen Zinseinnahmen auszufüllen und dadurch zukünftige steuerpflichtige Kapitaleinkünfte zu vermeiden.

Denkbar wäre hier ein theoretisches hybrides Produkt, das als Receiver VIOB (Variable Interest Option Bond) bezeichnet werden könnte. Dieses ist eine strukturierte Anleihe mit einer mittelfristigen Laufzeit, die dem Gläubiger neben einer Verzinsung und Tilgung zum Nominalbetrag das Recht gewährt, den zeitlichen Anfall der gesamten Zinszahlungen zu bestimmen. Die dafür implizit enthaltene Optionsprämie mindert den ansonsten marktüblichen Zins. Im Extremfall sind damit zwei verschiedene Positionen denkbar: Der Anleger wählt unmittelbar vor dem ersten Zinszahlungstermin den Zufluss des gesamten abdiskontierten Zinsbetrags für die Gesamtlaufzeit. Insofern wäre ein Receiver VIOB eine Art umgekehrter Zerobond und der Anleger könnte den ansonsten ungenutzten Sparerfreibetrag durch das zeitliche Vorziehen der Einnahmen in voller Höhe nutzen. Die zweite Möglichkeit besteht darin, dass der Anleger über die Option alle Zinszahlungen bis an das Ende der Anleihe verschiebt und insoweit eine Art Zerobond entstehen lässt. Da diese Variante wegen der impliziten Optionsprämie ungünstiger ist als ein normaler Zerobond, sollte eine ausschließliche zeitliche Nachverlagerung von Zinseinkünften über eine Investition in einen Zerobond im Privatvermögen getätigt werden. In jedem Fall hat der Anleger zwischen diesen beiden Extrempolen die Möglichkeit, variabel Zinseinkünfte zur Ausnutzung des Sparerfreibetrags oder zur Progressionsmilderung entstehen zu lassen. Produkte wie ein Receiver VIOB werden nicht zur Marktpräsenz gelangen, wenn über synthetische hybride Instrumente ein steuerpflichtiger Zins vollständig vermieden werden kann.

Die zeitliche Verschiebung des steuerlichen Erfassungszeitpunkts durch hybride Finanzinstrumente kann sowohl im Privatvermögen als auch für bilanzierende Steuerpflichtige im gegenwärtigen Steuerrecht von Bedeutung sein. Zeitliche Verschiebung darf, wie hier am Beispiel des Receiver VIOB gezeigt wurde, nicht nur mit dem Hinauszögern von Einkünften gleichgesetzt werden, sondern kann auch eine zeitliche Vorverlagerung bedeuten.[628]

4.4 Beurteilung der Ergebnisse unter dem Aspekt einer sachgerechten Besteuerung

Als Ansatz zur Festlegung des zu besteuernden Objekts führt die steuerliche Einheitsbetrachtung dazu, dass unabhängig davon, ob einzelne Bausteine oder komplexe hybride Finanzinstrumente vorliegen, jeweils das eine Finanzinstrument der Besteuerung zugrunde gelegt wird. Das Konzept ist einfach, praktikabel und kostengünstig. Schwierigkeiten der einheitlichen Betrachtung haben sich gezeigt, wenn aufgrund des Mischcharakters hybrider Finanzinstrumente eine eindeutige Zuordnungsentscheidung zu einer bestimmten Kategorie für steuerliche Zwecke schwierig ist. Als typische Zuordnungsentscheidungen wurden die Fragen von Eigen- und Fremdkapital sowie von originären und derivativen Instrumenten thematisiert, die mit erheblichen steuerlichen Belastungsunterschieden verbunden sein können. Ob etwas der einen oder der anderen Kategorie zuzuordnen ist, muss bezogen auf den Einzelfall anhand der vorherrschenden Merkmale vorgenommen werden. Diese Bewertung ist im Grenzbereich schwer zu objektivieren, so dass es zu Ungleichbehandlungen kommen kann. Ursache der Probleme einer einheitlichen Betrachtung sind die zahlreich bestehenden Aneutralitäten im Steuerrecht, die eine Zuordnung erfordern. Daraus folgt umgekehrt, dass in einem weitgehend neutralen Steuersystem auf die einfache und transparente Einheitsbetrachtung zurückgegriffen werden sollte.

Angesichts der aufgezeigten Widersprüche sollte vom Zusammenfassungsansatz Abstand genommen werden.[629] Die Subjektivität von Integrationsrichtung und -umfang spielt paradoxerweise dann keine Rolle, wenn die einzelnen zu integrierenden Finanzinstrumente und das „Integrationsziel" einheitlich besteuert würden. In einem derartigen Fall würde die Höhe und zeitliche Verteilung der steuerlichen Belastung unabhängig davon sein, in welchem Umfang bestimmte einzelne Finanzinstrumente zu einem neuen einheitlichen Finanzinstrument für steuerliche Zwecke integriert werden. Wenn allerdings eine unterschiedslose Besteuerung gegeben wäre, bedarf es keiner Integration mehr. Folglich ist der Inte-

628 Ähnlich Pross, Achim C., Swap, Zins und Derivat: Finanzinnovationen im nationalen und internationalen Steuerrecht unter besonderer Berücksichtigung des Zinsbegriffes, Diss. Univ. München 1996, München 1998, S. 138.

629 Ähnlich argumentierend Reiner, Günter, Derivative Finanzinstrumente im Recht, Habil. Univ. Konstanz 2001, Baden-Baden 2002, S. 388.

grationsansatz für die Besteuerung erst dann sinnvoll durchführbar, wenn eine Integration selbst überflüssig geworden ist.

Wenn z.B. im Privatvermögen die aus der quellen- und reinvermögenszugangstheoretisch bedingten Orientierung resultierenden Steuergestaltungen in Form von § 20 EStG/§ 23 EStG-Hybriden nicht mehr hingenommen werden sollen, bedarf es einer Gesetzesänderung und keiner freischwebenden Integration. Diese erzeugt selbst Widersprüche und kann zu Ungleichbehandlungen führen, die unter Gerechtigkeitsaspekten nicht hinnehmbar sind. Insofern wäre zur Beseitigung bzw. Vermeidung von Inkonsistenzen in diesem Bereich eine Abkehr von der Quellentheorie eine mögliche und sachgerechte Teillösung, wobei begleitend die Freibeträge/Freigrenzen sowie die Verlustverrechnung zu harmonisieren wären.[630]

Insgesamt bestehen beim Zusammenfassungsansatz im Betriebsvermögen sowohl im Bereich der Integration zu einem Finanzinstrument als auch im Rahmen der Bilanzierungsobjekt übergreifenden kompensatorischen Bewertung erhebliche Schwierigkeiten.[631] Die Problematik bei Zusammenfassung mehrerer rechtlich selbständiger Finanzinstrumente zu einem einheitlichen Wirtschaftsgut beginnt mit der Festlegung des Bereichs (Saldierungsbereich) der zusammen zu fassenden Instrumente, deren Unschärfe sich bereits im Zusammenhang mit der Problematik von Drohverlustrückstellungen in der Vergangenheit gezeigt hat. Zudem können teilweise ähnliche Schwierigkeiten wie bei der Einheitsbetrachtung auftreten, wenn es um die Frage der Integrationsrichtung bei umfangreichen Portfolios geht oder als was Finanzinstrumente mit Mischcharakter nach Zusammenfassung einzustufen sind – Eigenkapital- oder Fremdkapitalinstrument, originäres Geschäft oder Derivat.

Bei Bilanzobjekt übergreifenden Bewertungseinheiten im Betriebsvermögen betrifft die Kritik Rechtsunsicherheiten in Zusammenhang mit den umstrittenen Voraussetzungen zur Bildung, der Reichweite des Saldierungsbereichs sowie die Frage der Einkünftekategorisierung (Einkünftekategorie von Grund- und Sicherungsgeschäften bleibt erhalten, wird durch das Grundgeschäft geprägt oder kann eine völlig andere Einkünftekategorie theoretisch sein), so dass insoweit eine klare Tatbestandsmäßigkeit der Besteuerung nicht gegeben ist. Unter dem Aspekt

---

630 Ähnlich für den Bereich des Privatvermögens Reiner, Günter, Derivative Finanzinstrumente im Recht, Habil. Univ. Konstanz 2001, Baden-Baden 2002, S. 388.

631 Wohl anderer Ansicht Plambeck, Charles T./Rosenbloom, H. David/Ring, Diane M., Generalbericht, in: cahiers de droit fiscal international – 49th Congress of the International Fiscal Association – Cannes 1995: Tax aspects of derivative financial instruments, International Fiscal Association (Hrsg.), The Hague/London/Boston 1995, S. 735-779, hier: S. 778.

einer gleichmäßigen und möglichst transparenten Besteuerung ist das gegenwärtig praktizierte Konzept einer kompensatorischen Bewertung kritisch zu beurteilen.[632]

Aufgrund der Subjektivität der Zerlegungswege und -grade bei gleichzeitiger aneutraler Besteuerung der einzelnen Komponenten ist der Dekompositionsansatz bei Durchführung für alle strukturierten hybriden Finanzinstrumente im Privat- und Betriebsvermögen nicht mit einer am Gleichheitssatz orientierten gerechten Besteuerung vereinbar. Sinnvoll anwendbar wäre die Zerlegung erst, wenn alle denkbaren Dekompositionsmöglichkeiten und folglich alle Komponenten gleich besteuert würden. Umgekehrt entbehrt dann aber die Dekomposition jeglicher Grundlage.[633] Zudem erreicht die Zerlegung einen Grad an Komplexität, der einerseits die Praktikabilität der Durchführung dieses Ansatzes zweifelhaft erscheinen lässt und zudem kostenintensiv sein würde, vor allem dann, wenn nicht nur an die erstmalige Aufspaltung, sondern auch an die Folgebewertung gedacht wird.[634] Auf der anderen Seite dürfte diese Vorgehensweise für die überwiegende Zahl der Steuerpflichtigen unverständlich sein und wäre weit entfernt vom Idealfall, dass Steuerpflichtige ihre eigene Steuerschuld selbst berechnen könnten. Die Verstöße gegen steuersystematische Grundprinzipien wie Gerechtigkeit, Transparenz oder Billigkeit,[635] führen dazu, dass die generelle Anwendung des Dekompositionsansatzes für Besteuerungszwecke als untauglich einzustufen ist.[636]

---

632 Vgl. ebenso Herzig, Norbert/Mauritz, Peter, Micro-Hedges, Macro-Hedges und Portfolio-Hedges für derivative Finanzinstrumente: Kompatibel mit dem deutschen Bilanzrecht?, in: WPg 1997, S. 141-155, hier: S. 155 und Pross, Achim C., Swap, Zins und Derivat: Finanzinnovationen im nationalen und internationalen Steuerrecht unter besonderer Berücksichtigung des Zinsbegriffes, Diss. Univ. München 1996, München 1998, S. 172, die einen Übergang zur Marktbewertung fordern.

633 Vgl. Pross, Achim C., Swap, Zins und Derivat: Finanzinnovationen im nationalen und internationalen Steuerrecht unter besonderer Berücksichtigung des Zinsbegriffes, Diss. Univ. München 1996, München 1998, S. 171/172.

634 Ebenso Prahl. Reinhard/Naumann, Thomas K., Moderne Finanzinstrumente im Spannungsfeld zu traditionellen Rechnungslegungsvorschriften: Barwertansatz, Hedge-Accounting und Portfolio-Approach, in: WPg 1992, S. 709-719, hier: S. 715, die allerdings dennoch eine Zerlegung befürworten, und Plambeck, Charles T./Rosenbloom, H. David/Ring, Diane M., Generalbericht, in: cahiers de droit fiscal international – 49th Congress of the International Fiscal Association – Cannes 1995: Tax aspects of derivative financial instruments, International Fiscal Association (Hrsg.), The Hague/London/Boston 1995, S. 735-779, hier: S. 778.

635 Vgl. zu diesen Prinzipien Abschnitt 3.1.

636 Im Ergebnis ebenso Plambeck, Charles T./Rosenbloom, H. David/Ring, Diane M., Generalbericht, in: cahiers de droit fiscal international – 49th Congress of the International Fiscal Association – Cannes 1995: Tax aspects of derivative financial in-

Noch komplizierter und widersprüchlicher wird die Ertragsbesteuerung im Privat- und Betriebsvermögen, wenn die gegenwärtig diskutierten Zusammenfassungs- und Dekompositionsansätze gleichzeitig angewendet würden. Über die jeweils herausgearbeiteten Unstimmigkeiten hinsichtlich Richtung und Umfang von Zusammenfassung und Dekomposition hinaus, käme es entweder zu Zirkelschlüssen und damit nicht endender Zerlegungs- und Zusammenfassungskreisläufe von Finanzinstrumenten oder es müssten die Anwendungskonkurrenzen durch hier nicht erkennbare Vorrangigkeiten eines Ansatzes geregelt werden, so dass nur eines der beiden Konzepte zur Anwendung gelangt. Vor dem Hintergrund der Erkenntnisse des Financial Engineering, dass die Zahlungsströme einzelner Bausteine sowie hybrider Finanzinstrumente selbst auf vielfältige dupliziert werden können,[637] würde eine parallele Anwendung von Zusammenfassung und Dekomposition zu einem „Besteuerungschaos" führen. Unter dem Aspekt einer sachgerechten Besteuerung hybrider Finanzinstrumente ist eine gleichzeitige Anwendung von Einheitsbetrachtung, Zusammenfassung und Dekomposition von Finanzinstrumenten abzulehnen.

Im Schrifttum[638] wird vertreten, dass der Dekompositionsansatz und damit wohl auch umgekehrt der Zusammenfassungsansatz auf der fundamentalen Neutralitätsanforderung an ein sachgerechtes Besteuerungssystem basiert. Investitions- bzw. Finanzierungsneutralität erfordere, dass ein strukturiertes hybrides Finanzinstrument nicht anders besteuert werden soll, als die Kombination der einzelnen Bausteine. Diese Auffassung ist kritisch zu sehen, weil wohl Ursache-Wirkungs-Zusammenhänge verwechselt werden. Nicht Integration und Dekomposition stellen Entscheidungsneutralität sicher, sondern offenbaren und festigen aneutrale Besteuerungsvorschriften, die durch den Einsatz hybrider Finanzinstrumente relativ leicht zu arbitragieren sind. Neutralität der Besteuerung kann

---

struments, International Fiscal Association (Hrsg.), The Hague/London/Boston 1995, S. 735-779, hier: S. 778; Wohlfahrt, Jürgen/Brause, Christian, Strukturierte Wertpapiere als Termingeschäfte?, in: WM 1998, S. 1859-1869, hier: S. 1861 und Herzig, Norbert, Thema I: Hybride Finanzinstrumente im nationalen und internationalen Steuerrecht, in: IStR 2000, S. 482-485, hier: S. 484.

637 Vgl. Abschnitt 2.3.3.

638 Vgl. Pross, Achim C., Swap, Zins und Derivat: Finanzinnovationen im nationalen und internationalen Steuerrecht unter besonderer Berücksichtigung des Zinsbegriffes, Diss. Univ. München 1996, München 1998, S. 151 und Herzig, Norbert, Thema I: Hybride Finanzinstrumente im nationalen und internationalen Steuerrecht, in: IStR 2000, S. 482-485, hier: S. 484. Wohl ähnlich Woywode, Uwe, Derivative Finanzinstrumente im Recht der Doppelbesteuerungsabkommen, Diss. Univ. Wien 2003, Willingshausen 2004, S. 197, der zwar Objektivitätsprobleme beider Ansätze im Hinblick auf Zerlegungs- oder Integrationsgrad erkennt, jedoch beide Ansätze als grundsätzlich geeignet ansieht, „Steuersystembrüche zu reduzieren".

durch keinen der beiden Ansätze verwirklicht werden, sondern setzt eine unterschiedslose Besteuerung der einzelnen elementaren Bausteine auch aus intertemporaler Sicht voraus. Insofern würde die gesetzliche Legitimierung eines generellen Zusammenfassungs- und Dekompositionsansatzes keine positive Wirkung auf das Neutralitätspostulat der Besteuerung haben, sondern zu den angeführten Widersprüchlichkeiten (Subjektivität der Zerlegung, Integrationsumfang und -richtung), Praktikabilitätsproblemen sowie zusätzlichen Kosten führen und damit im Wesentlichen kontraproduktiv sein.

In Verbindung mit Einheitsbetrachtung, Zusammenfassungs- und Dekompositionsansatz kommt der Frage des Zeitpunkts der steuerlichen Erfassung von Einkünften eine bedeutende Rolle im gegenwärtigen Steuerrecht zu. Zeitliche Erfassung und die drei genannten Ansätze zur Bestimmung des zu besteuernden Objekts ergänzen sich. Die drei denkbaren Zeitpunkte von Cash-Flow, periodengerechte Gewinnermittlung und Mark-to-Market werden momentan nicht einheitlich angewendet. Im Privatvermögen ist das Zufluss-Abfluss-Prinzip der Regelfall, während die periodengerechte Gewinnermittlung in Verbindung mit Mark-to-Market-Gedanken bei bilanzierenden Steuerpflichtigen der Regelfall ist. Diese Divergenzen können einerseits von den Steuerpflichtigen für Gestaltungsüberlegungen ausgenutzt werden, stellen aber andererseits eine Verletzung des Korrespondenzprinzips dar und wirken damit aneutral. In diesem Sinne sollte die zeitliche Erfassung generell – d.h. sowohl innerhalb des Privat- und Betriebsvermögens als auch zwischen beiden – vereinheitlicht werden, um die Ansatzpunkte hybrider Finanzinstrumente aus steuerlicher Sicht zu reduzieren. Im Hinblick auf Fristen- und Freibetragsregelungen wurde gezeigt, zu welchen unterschiedlichen Steuerbelastungen eine Verlagerung des Einkünfteanfalls führen kann und wie diese durch hybride Finanzinstrumente genutzt werden können, sofern den Gestaltungsmöglichkeiten keine zu hohen Transaktionskosten gegenüber stehen.

Solange einzelne Bausteine hybrider Finanzinstrumente aneutral besteuert werden, können weder Einheitsbetrachtung, Zusammenfassungs- oder Dekompositionsansatz jeweils in Verbindung mit dem unterschiedlichen zeitlichen Anfall von Einkünften diese Wirkungen für die Vielfalt hybrider Finanzinstrumente beseitigen. Zudem kann die parallele Anwendung der genannten Ansätze und Kombinationsmöglichkeiten zu Ungerechtigkeiten und Praktikabilitätsproblemen führen.

Als die letztendlich verbleibende Möglichkeit zur Lösung der gegenwärtig bereits bestehenden und zukünftig wohl noch ansteigenden Schwierigkeiten im Rahmen der Besteuerung hybrider Finanzinstrumente ist eine stärkere Hinwendung zur Neutralitätseigenschaft eines Steuersystems in Betracht zu ziehen.[639] Würden die einzelnen Bausteine einer annähernd neutralen Besteuerung unterliegen, wären damit auch die Besteuerungsschwierigkeiten bei hybriden Finanzinstrumenten im nationalen Bereich weitgehend gelöst. Ursache dafür ist, dass der im Rahmen des integrativen Lösungsansatzes unter Einbezug der Silber- und Lancaster-Theorie ermittelte maßgebliche Anreiz für die Entwicklung und das Weiterbestehen innovativer hybrider Finanzinstrumente aus steuerlicher Sicht – aneutrale Besteuerungsregeln in Verbindung mit steigenden Opportunitätskosten für die Einhaltung dieser – weitgehend wegfallen würde.

In der nachfolgenden Tabelle werden die gewonnenen Erkenntnisse hinsichtlich der Beurteilung der möglichen Ansätze zur steuerlichen Behandlung von hybriden Finanzinstrumenten unter dem Aspekt einer sachgerechten nationalen Besteuerung nochmals zusammengefasst.

639 Vgl. Pross, Achim C., Swap, Zins und Derivat: Finanzinnovationen im nationalen und internationalen Steuerrecht unter besonderer Berücksichtigung des Zinsbegriffes, Diss. Univ. München 1996, München 1998, S. 172.

Tabelle 9: Zusammenfassende Beurteilung unter dem Aspekt einer sachgerechten nationalen Besteuerung

Ansatz	**Kurzbeschreibung**	**Beurteilung**
Einheitsbetrachtung	Zivilrechtlich einheitliches hybrides Instrument auch für steuerliche Zwecke als Einheit anzusehen	- vom Grundsatz einfach, praktikabel und kostengünstig - Zuordnungsschwierigkeiten im Grenzbereich z.B. zwischen Eigen- und Fremdkapital oder originären und derivativen Finanzinstrumenten - Einstufung insgesamt: Vor- und Nachteile, bei neutraler Besteuerung auf diesen Ansatz zurückgreifen
Zusammenfassungsansatz	Zivilrechtlich selbständige Finanzinstrumente für steuerliche Zwecke zusammengefasst (Integration, Bewertungseinheit)	- weitgehende Subjektivität von Integrationsrichtung und -umfang - Probleme bei der Festsetzung von Voraussetzungen zur Bildung von Micro,- Macro- und Portfolio-Hedges - Folgewirkungen auf Einkünftequalifikation umstritten, m.E. keine Umqualifikation - Einstufung insgesamt: zur Lösung gegenwärtiger Besteuerungsprobleme nur sehr bedingt geeignet, bei neutraler Besteuerung m.E. kein Anwendungsbereich
Dekompositionsansatz	Zivilrechtlich einheitliches hybrides Instrument für steuerliche Zwecke in Bestandteile zerlegt	- weitgehende Subjektivität der Zerlegungswege und -grade - Durchführung zum Teil sehr komplex, wenig praktikabel und kostenintensiv - erhebliche zusätzliche Probleme, wenn Zerlegungsbestandteile über Zusammenfassungsansatz z.B. in Bewertungseinheiten eingebunden werden - Einstufung insgesamt: bei genereller Anwendung für steuerliche Zwecke untauglich, bei neutraler Besteuerung m.E. kein Anwendungsbereich
Zeitpunkt der steuerlichen Erfassung	- Cash-Flow - periodengerechte Gewinnermittlung - Mark-to-Market	- gleichzeitige Orientierung an mehreren Ansätzen zwischen sowie teilweise innerhalb der Besteuerung im Privatvermögen und im Betriebsvermögen führt zur Verletzung Korrespondenzprinzip - keine Bewertungsfragen bei Cash-Flow-Zeitpunkt - Einstufung/Forderung insgesamt: Vereinheitlichung der Zeitpunkte zur steuerlichen Erfassung von Einkünften
Lösungsmöglichkeit: stärkere Hinwendung zu einem neutralen Steuersystem auf nationaler Ebene		

Quelle: Eigene Darstellung.

5. Die Besteuerung hybrider Finanzinstrumente im internationalen Steuerrecht

5.1 Grundlegende Aspekte internationaler Besteuerung

5.1.1 Grenzüberschreitender Einsatz hybrider Finanzinstrumente und Ziele von Doppelbesteuerungsabkommen

Zunehmende und komplexer werdende grenzüberschreitende Investitions- und Finanzierungstätigkeiten von Privatpersonen und Unternehmen bedingen Herausforderungen im Bereich des internationalen Steuerrechts. An vorderer Stelle dieser Arbeit[640] wurde bereits untersucht, welchen Anforderungen ein sachgerechtes internationales Besteuerungssystem unter Neutralitäts- und Gerechtigkeitsaspekten zu genügen hat. Die im vorangegangenen Kapitel herausgearbeiteten Problemstellungen im Rahmen der nationalen Besteuerung hybrider Finanzinstrumente lassen vermuten, dass sich derartige Schwierigkeiten auf internationaler Ebene potenzieren können.

Der Grund dafür ist zunächst einmal, dass eine der Hauptursachen für die Entstehung und das Weiterbestehen von innovativen hybriden Finanzinstrumenten verzerrende steuerliche Regelungen auf internationaler Ebene sind.[641] Die im nationalen Bereich diskutierten Problemstellungen, wie die Frage der Abgrenzung der zu besteuernden Objekteinheit – Einheitsbetrachtung, Zusammenfassungsansatz, Dekompositionsansatz – oder Aspekte der zeitlichen Erfassung von Einkünften, gelten vom Grundsatz auch für den Bereich des internationalen Steuerrechts. Insofern kann auf die im nationalen Bereich gewonnenen Erkenntnisse zurückgegriffen werden,[642] so dass die Ausführungen in diesem Kapitel hierzu abgekürzt werden können. Dass die Schwierigkeiten im Rahmen der internationalen Besteuerung hybrider Finanzinstrumente wesentlich umfassender als im nationalen Bereich sein müssen, ergibt sich dadurch, dass nicht nur innerhalb des nationalen Rechts verzerrende steuerliche Vorschriften arbitragiert werden, sondern zwischen mindestens zwei, im Regelfall erheblich voneinander abweichenden nationalen Steuerrechten, die zudem regelmäßig durch Vorschriften der Doppelbesteuerungsabkommen ergänzt werden. Das Potenzial für mögliche An-

640 Vgl. Abschnitte 3.2.2 und 3.3.2.
641 Vgl. Abschnitt 2.2.4.
642 Vgl. insbesondere Abschnitte 4.3 und 4.4.

satzpunkte der maßgeschneiderten Konstruktion hybrider Finanzinstrumente ist damit weitaus größer.

Grenzüberschreitende wirtschaftliche Beziehungen führen zu Ergebnissen und Zahlungsströmen, die zwei oder mehr nationale Steuersysteme tangieren können. Die Zuordnung, welcher Staat in welchem Umfang auf ein bestimmtes Besteuerungssubstrat zugreifen kann und wie die Steuer zwischen den beteiligten Staaten verteilt wird, ist im Verhältnis zwischen den meisten industrialisierten Staaten auf Basis von völkerrechtlichen Verträgen – den Doppelbesteuerungsabkommen – geregelt. Das OECD-MA bildet hierbei die Grundlage für die meisten deutschen Doppelbesteuerungsabkommen[643] und wird dem Theorie basierten Ansatz dieser Arbeit folgend deshalb herangezogen, um Fragestellungen der Einordnung hybrider Finanzinstrumente in die Verteilungsnormen der Doppelbesteuerungsabkommen aufzuzeigen und zu analysieren.

Weitgehende Einigkeit besteht darin, dass grundlegendes Ziel von Doppelbesteuerungsabkommen die Vermeidung einer doppelten oder mehrfachen Besteuerung ist, wobei teilweise diskutiert wird, ob darunter eine rechtliche, wirtschaftliche oder effektive bzw. virtuelle Doppelbesteuerung zu verstehen ist.[644] Bedingt durch den grenzüberschreitenden Einsatz hybrider Finanzinstrumente rückt zunehmend die Vermeidung einer doppelten Nichtbesteuerung als Ziel der Abkommensauslegung in den Mittelpunkt des Interesses.[645] Für hybride Finanzinstrumente dürfte dieser Zielsetzung von Doppelbesteuerungsabkommen tendenziell eine größere Bedeutung zukommen, weil die Steuerpflichtigen bzw. ihre Berater bei der Konzeption von Gestaltungen im Zusammenhang mit hybriden Finanzinstrumenten Doppelbesteuerungsfolgen gerade vermeiden wollen.

5.1.2 Anknüpfungspunkte der Besteuerung

Doppelbesteuerungsabkommen können weder Besteuerungsansprüche für die beteiligten Staaten begründen noch erweitern, dies bleibt allein dem nationalen

643 Vgl. Jacobs, Otto H., Internationale Unternehmensbesteuerung – Deutsche Investitionen im Ausland – Ausländische Investitionen im Inland, 5. Aufl., München 2002, S. 63/64. Zum Stand der zum 1. Januar 2004 bestehenden deutschen Doppelbesteuerungsabkommen vgl. BMF vom 22.12.2003 IV B 6-S 1300-852/03, in: BStBl. I 2004, S. 135.

644 Vgl. hierzu Kluge, Volker, Das internationale Steuerrecht – Gemeinschaftsrecht, Außensteuerrecht, Abkommensrecht, 4. Aufl., München 2000, S. 23-29 und Wassermeyer, in Debatin/Wassermeyer MA Vor Art. 1 Rz. 1-4.

645 Vgl. Lang, Michael, Generalbericht, in: cahiers de droit fiscal international – 58th Congress of the International Fiscal Association – Wien 2004: Double non-taxation, International Fiscal Association (Hrsg.), The Hague/London/Boston 2004, S. 21-72.

Recht der betreffenden Länder vorbehalten.[646] Durch die notwendige Anknüpfung von Doppelbesteuerungsabkommen an Besteuerungstatbestände des innerstaatlichen Steuerrechts sollen zunächst potenzielle Anknüpfungspunkte der Besteuerung in persönlicher und sachlicher Hinsicht für das innerstaatliche Steuerrecht und für die Anwendbarkeit des OECD-MA kurz dargestellt werden.

Im Hinblick auf die persönliche Steuerpflicht existieren mit dem wirtschaftlich geprägten Wohnsitzprinzip, dem rechtlich geprägten Nationalitätsprinzip und dem Quellenprinzip im Wesentlichen drei verschiedene Besteuerungsformen.[647]

Das Wohnsitzprinzip knüpft an die wirtschaftliche Zugehörigkeit einer Person zu einem Wirtschaftsraum an. Eine natürliche Person ist in dem Staat steuerpflichtig, in dem sich Wohnsitz oder gewöhnlicher Aufenthalt befinden. Sinngemäß kann bei juristischen Personen auf den Sitz abgestellt werden. Anknüpfungspunkt der Besteuerung nach dem Nationalitätsprinzip ist die Zugehörigkeit zu einem Staat. Natürliche Personen sind in dem Staat steuerpflichtig, dessen Staatsangehörigkeit sie besitzen.[648] Bei einer Besteuerung nach dem Quellenprinzip sind natürliche und juristische Personen in dem Herkunftsstaat der Einkünfte steuerpflichtig.

Neben den potenziellen Abgrenzungsmöglichkeiten zur persönlichen Steuerpflicht spielt der Umfang der steuerpflichtigen Einkünfte im jeweiligen Land eine Rolle. Hierzu stehen mit dem Welteinkommensprinzip und dem Territorialprinzip zwei international übliche Prinzipien zur Verfügung.[649] Bei einer Besteuerung nach dem Welteinkommensprinzip werden persönlich Steuerpflichtige mit dem erzielten Welteinkommen veranlagt. Nach dem Territorialprinzip ist die Besteuerung des vom persönlich Steuerpflichtigen erwirtschafteten Einkommens auf das auf dem Territorium des jeweiligen Staates erzielte Einkommen beschränkt.

Die Unterscheidung zwischen den verschiedenen Anknüpfungspunkten bei persönlicher und sachlicher Steuerpflicht ist bedeutend. Vielfach werden das Quellenprinzip bei persönlicher Steuerpflicht und das Territorialprinzip bei sach-

646 Vgl. Jacobs, Otto H., Internationale Unternehmensbesteuerung – Deutsche Investitionen im Ausland – Ausländische Investitionen im Inland, 5. Aufl., München 2002, S. 82.

647 Vgl. Reding, Kurt/Müller, Walter, Einführung in die Allgemeine Steuerlehre, München 1999, S. 456 und Homburg, Stefan, Allgemeine Steuerlehre, 3. Aufl., München 2003, S. 247/248.

648 Insbesondere die USA besteuern ihre Staatsangehörigen auch nach dem Nationalitätsprinzip.

649 Vgl. Reding, Kurt/Müller, Walter, Einführung in die Allgemeine Steuerlehre, München 1999, S. 456; Homburg, Stefan, Allgemeine Steuerlehre, 3. Aufl., München 2003, S. 248 und Lang, Joachim, in: Tipke/Lang, Steuerrecht, § 2 Rz. 36/37.

licher Steuerpflicht vermengt, mit der Folge, dass Ungenauigkeiten bei der Beurteilung grenzüberschreitender Besteuerungsfolgen entstehen.[650]

Der Anwendungsbereich des OECD-MA in persönlicher Hinsicht ist in Art. 1 OECD-MA geregelt, entsprechend dem nur in einem oder beiden Vertragsstaaten ansässige Personen im Sinne des Art. 4 OECD-MA unter das Abkommen fallen.[651] Für die folgende Analyse der Einordnung der Bausteine und der hybriden Finanzinstrumente wird unterstellt, dass diese Voraussetzung immer erfüllt ist.

Die sachliche Anwendbarkeit ist in Art. 2 OECD-MA definiert, indem festgelegt ist, welche Steuerarten vom Einkommen und Vermögen unter das Abkommen unabhängig von der Art der Erhebung fallen, die für Rechnung eines Vertragsstaats oder seiner Gebietskörperschaften erhoben werden. Art. 2 Abs. 2 OECD-MA erläutert den Begriff der Steuern vom Einkommen tautologisch als „Steuern vom Gesamteinkommen ... oder Teilen des Einkommens“; zusätzlich werden noch Steuern auf Veräußerungsgewinne genannt. Zu den darunter fallenden Steuern gehören aus deutscher Sicht u.a. die Einkommen- und Körperschaftsteuer einschließlich Solidaritätszuschlag sowie auch die Gewerbesteuer.[652] Die Form der Erfassung des umschriebenen Steuerguts für Abkommenszwecke ergibt sich dann aus den Verteilungsnormen der Art. 6-21 OECD-MA. Mit der Einordnung zu einer Verteilungsnorm sind im Regelfall jeweils unterschiedliche Einschränkungen der Besteuerungsrechte der Vertragsstaaten verbunden. Zudem können sich aus der Zuordnung materielle Unterschiede im Hinblick auf die anwendbaren Methoden zur Vermeidung der Doppelbesteuerung sowie auf das Diskriminierungsverbot des Art. 24 OECD-MA ergeben.[653]

Für hybride Finanzinstrumente kommen die Verteilungsnormen für Unternehmensgewinne – Art. 7 OECD-MA, Dividenden – Art. 10 OECD-MA, Zinsen – Art. 11 OECD-MA, Veräußerungsgewinne – Art. 13 OECD-MA oder andere

650 Vgl. Schaumburg, Harald, Internationales Steuerrecht: Außensteuerrecht, Doppelbesteuerungsrecht, 2. Aufl., Köln 1998, S. 108 und Homburg, Stefan, Allgemeine Steuerlehre, 3. Aufl., München 2003, S. 248/249.

651 Vgl. hierzu Lang, Michael, Hybride Finanzierungen im Internationalen Steuerrecht – Rechtsgrundlagen der Doppelbesteuerungsabkommen zur Beurteilung von Mischformen zwischen Eigen- und Fremdkapital, Diss. Univ. Wien o.J., Wien 1991, S. 32-38 und Lehner in Vogel/Lehner DBA, Art. 4.

652 Vgl. zu den unter das Abkommen fallenden Steuerarten Wassermeyer, in Debatin/Wassermeyer MA Art. 2 Rz. 56-71.

653 Vgl. ausführlich zur Bedeutung der Zuordnung zu einer Verteilungsnorm Lang, Michael, Hybride Finanzierungen im Internationalen Steuerrecht – Rechtsgrundlagen der Doppelbesteuerungsabkommen zur Beurteilung von Mischformen zwischen Eigen- und Fremdkapital, Diss. Univ. Wien o.J., Wien 1991, S. 57-71.

Einkünfte – Art. 21 OECD-MA zur Anwendung.[654] Bevor in den Abschnitten 5.2 und 5.3 die Einkünfte aus den Elementarbausteinen und den hybriden Finanzinstrumenten der Ebenen A-D in diese Verteilungsnormen eingeordnet werden sollen, bietet es sich an, die Methoden zur Vermeidung der Doppelbesteuerung und einer möglichen doppelten Nichtbesteuerung zu erläutern.

5.1.3 Methoden zur Vermeidung der Doppelbesteuerung und der doppelten Nichtbesteuerung

Als Resultat der verschiedenen Kombinationsmöglichkeiten der oben genannten Prinzipien und der Tatsache, dass die betreffenden Länder ihre Steuersysteme autonom festlegen, können bei grenzüberschreitenden Beziehungen Doppelbelastungen entstehen. Aus diesem Grund werden neben kollisionsauflösenden Maßnahmen auf nationaler Ebene zwischen den Staaten Doppelbesteuerungsabkommen abgeschlossen. Um eine Null- oder Mehrfachbesteuerung auf dasselbe Steuerobjekt bei demselben Steuerpflichtigen zu vermeiden, existieren im Steuerrecht die Anrechnungs-, Freistellungs-, Abzugsmethode, die Steuerpauschalierung und der Steuererlass.[655] In der Abkommenspraxis und im OECD-MA stellen Anrechnung und Freistellung die Hauptmethoden dar.[656] Beide Verfahren einschließlich der bestehenden Untervarianten sollen kurz erläutert werden.

Bei der Anrechnungsmethode, § 34c Abs. 1 EStG und Art. 23 B OECD-MA, lässt der Wohnsitzstaat den Abzug der im Quellenstaat gezahlten Steuer von der inländischen Steuerschuld zu und setzt somit am Steuerbetrag an. Die Anrechnung kann dabei als Vollanrechnung, bei der die im Quellenstaat gezahlte Steuer in vollem Umfang im Wohnsitzstaat anrechenbar ist und somit eine Herauf- bzw.

654 Ebenso Haun, Jürgen, Hybride Finanzierungsinstrumente im deutschen und US-amerikanischen Steuerrecht – Eine Analyse ihres grenzüberschreitenden Einsatzes aus steuersystematischer und ökonomischer Sicht, Diss. Univ. Mannheim 1996, Frankfurt am Main u.a. 1996, S. 120-133.

655 Vgl. Jacobs, Otto H., Internationale Unternehmensbesteuerung – Deutsche Investitionen im Ausland – Ausländische Investitionen im Inland, 5. Aufl., München 2002, S. 11.

656 Vgl. zu diesen beiden Methoden Jacobs, Otto H., Internationale Unternehmensbesteuerung – Deutsche Investitionen im Ausland – Ausländische Investitionen im Inland, 5. Aufl., München 2002, S. 11-19 und Homburg, Stefan, Allgemeine Steuerlehre, 3. Aufl., München 2003, S. 250-258. An dieser Stelle soll auf eine Erklärung der anderen Methoden verzichtet werden; vgl. zu diesen Themen Schaumburg, Harald, Internationales Steuerrecht: Außensteuerrecht, Doppelbesteuerungsrecht, 2. Aufl., Köln 1998, S. 616/617.

Herabschleusung der steuerlichen Belastung ausländischer Einkünfte auf inländisches Niveau erfolgt, oder als Teilanrechnung ausgestaltet sein.

Eine nur teilweise Anrechnung ausländischer Steuern ist die international übliche Methode, die dazu führt, dass sich jeweils das höhere in- oder ausländische Steuerniveau durchsetzt. Die Höchstbetragsbegrenzung kann sich auf die ausländischen Einkünfte insgesamt beziehen und wird als overall-limitation bezeichnet. Eine weitergehende Anrechnungseinschränkung ist bei einer per-country-limitation gegeben, bei der die Höchstbetragsberechnung auf jedes einzelne Land bezogen wird, aus dem die Einkünfte stammen.[657]

Darüber hinaus ist für die Höchstbetragsberechnung im Rahmen der Anrechnungsmethode von Bedeutung, ob von den ausländischen Einnahmen nur in direktem Zusammenhang oder auch in indirektem Zusammenhang stehende Ausgaben bzw. Aufwendungen aus Sicht des inländischen Betriebes abzuziehen sind. Bis einschließlich Veranlagungszeitraum 2002 war hierbei lediglich ein direkter Zusammenhang gefordert. Durch eine Gesetzesänderung in § 34c Abs. 1 S. 4 EStG ist nach herrschender Meinung[658] nunmehr ein wirtschaftlicher und damit ein indirekter Zusammenhang ausreichend. Der Abzug von Refinanzierungskosten oder anteiligen Gemeinkosten führt dann im Regelfall dazu, dass der maximal anrechenbare Betrag ausländischer Steuern niedriger als nach alter Rechtslage ist.

Die in Wohnsitz- oder Quellenstaaten zur Anwendung kommende Freistellungsmethode, Art. 23 A OECD-MA, orientiert sich an den Bemessungsgrundlagen und stellt in einem Staat bezogene Einkünfte von der Besteuerung im anderen Staat frei. Andererseits bedeutet dies, dass Verluste nicht berücksichtigt werden können. Das Verfahren der Freistellung kann dabei entweder uneingeschränkt oder eingeschränkt mit Progressionsvorbehalt erfolgen. Bei letzterer Methode behält sich der verzichtende Staat trotz grundsätzlicher Freistellung derartiger Einkünfte vor, diese bei der Bestimmung des auf die verbleibenden Einkünfte anwendbaren Steuersatzes zu berücksichtigen.[659]

Darüber hinaus wird zur Vermeidung von weißen Einkünften bzw. der doppelten Nichtbesteuerung die Freistellungsmethode häufig mit einer subject-to-tax-

---

657 Vgl. Schaumburg, Harald, Internationales Steuerrecht: Außensteuerrecht, Doppelbesteuerungsrecht, 2. Aufl., Köln 1998, S. 650-659.

658 Vgl. Blümich/Wied, § 34c EStG Rz. 49 und Schmidt/Heinicke, § 34c EStG Rz. 15.

659 Vgl. zu den Varianten der Freistellungsmethode mit zahlreichen Berechnungsbeispielen Jacobs, Otto H., Internationale Unternehmensbesteuerung – Deutsche Investitionen im Ausland – Ausländische Investitionen im Inland, 5. Aufl., München 2002, S. 12-19.

clause[660] verbunden, die die Freistellung in einem Staat von der tatsächlichen Besteuerung im anderen beteiligten Staat abhängig macht.[661] In Zusammenhang damit wird in der jüngeren Abkommenspolitik zunehmend eine so genannte switch-over-clause zwischen den Staaten vereinbart, die bei einer möglichen doppelten Nichtbesteuerung oder Minderbesteuerung einen Übergang von der Freistellungsmethode auf die Anrechnungsmethode vorsieht.[662]

Daneben können als Maßnahmen zur Vermeidung der Minderbesteuerung in Doppelbesteuerungsabkommen die begrenzte Steueranrechung sowie die Methode der Steuerbefreiung mit Progressionsvorbehalt angesehen werden. Zudem verfolgen die Gewinnberichtigungsnormen für verbundene Unternehmen in Art. 9 OECD-MA sowie die Gewinnabgrenzung für Betriebsstätten in Art. 7 Abs. 2 OECD-MA die Zielsetzung, inkongruente Gewinnabgrenzungen zu vermeiden und können deshalb auch in diesem Sinne interpretiert werden.[663]

5.2 Ausgangspunkt: Beurteilung der Bausteine hybrider Finanzinstrumente nach dem OECD-MA

5.2.1 Eigenkapital

Für die Einordnung von Einkünften aus Anteilen an Kapitalgesellschaften in die Verteilungsnormen des OECD-MA ist zwischen laufenden Einkünften in Form von Gewinnausschüttungen und Einkünften aus der Veräußerung der zugrunde liegenden Beteiligung zu differenzieren.

Laufende Einkünfte unterliegen Art. 10 OECD-MA, wobei der dortige Abs. 3 definiert, was unter Dividenden zu verstehen ist. Hierzu gehören neben Einkünf-

660 Vgl. hierzu Grotherr, Siegfried, Zweifelsfragen bei der Anwendung der Rückfallklausel ("subject to tax clause") gemäß DBA, in: IWB Fach 3, Gruppe 2 1997, S. 689-718 und Vogel, Klaus, Die Mär von den "Rückfall-Klauseln" in Doppelbesteuerungsabkommen, in: IStR 1997, Beihefter zu Heft 24, S. 1-12.

661 Vgl. zu einem Überblick der gegenwärtig in der Abkommenspraxis verfolgten Konzepte zur Vermeidung der doppelten Nichtbesteuerung Lang, Michael, Generalbericht, in: cahiers de droit fiscal international – 58th Congress of the International Fiscal Association – Wien 2004: Double non-taxation, International Fiscal Association (Hrsg.), The Hague/London/Boston 2004, S. 21-72, hier: S. 56-65.

662 Vgl. zum Verhältnis von subject-to-tax-clause und switch-over-clause Grotherr, Siegfried, Zweifelsfragen bei der Anwendung der Rückfallklausel ("subject to tax clause") gemäß DBA, in: IWB Fach 3, Gruppe 2 1997, S. 689-718.

663 Vgl. Jacobs, Otto H., Internationale Unternehmensbesteuerung – Deutsche Investitionen im Ausland – Ausländische Investitionen im Inland, 5. Aufl., München 2002, S. 87.

ten aus Aktien und Genussscheinen auch aus sonstigen Gesellschaftsanteilen stammende Einkünfte, die nach dem Recht des Ansässigkeitsstaats der ausschüttenden Gesellschaft den Einkünften aus Aktien gleichgestellt sind. Zu letzteren zählen aus deutscher Sicht damit auch laufende Einkünfte aus GmbH-Anteilen.[664] Zu den Einkünften gehören über die auf entsprechenden Gesellschafterbeschlüssen beruhenden Gewinnausschüttungen hinaus auch andere geldwerte Vorteile, wie etwa Gratisaktien, Boni, Liquidationsgewinne oder verdeckte Gewinnausschüttungen, wenn diese nach dem innerstaatlichem Recht des Quellenstaats entsprechend den Einkünften aus Aktien eingestuft werden.[665] Im Rahmen des Art. 10 OECD-MA kommt damit dem innerstaatlichen Recht des Quellenstaates eine große, aber keine allumfassende Bedeutung zu.[666] Bei Einkünften aus Dividenden wird das Besteuerungsrecht des Quellenstaats nach Art. 10 Abs. 1 und 2 OECD-MA auf maximal 5% bei Schachtelbeteiligungen (Anteil von mindestens 25% am Kapital der ausschüttenden Gesellschaft) und 15% bei sonstigen Beteiligungen des Bruttobetrags der Dividenden beschränkt. Dem entgegen bleibt das Besteuerungsrecht des Ansässigkeitsstaats des Dividendenempfängers uneingeschränkt erhalten, wobei jedoch regelmäßig im Quellenstaat gezahlte Steuern teilweise oder vollständig angerechnet werden können.

Einkünfte aus der Veräußerung der Beteiligung unterliegen nicht dem Dividendenartikel, sondern sind Art. 13 OECD-MA zuzuordnen. Der Begriff des Veräußerungsgewinns wird im OECD-MA nicht definiert. Für eine Auslegung dieses Begriffs ist wiederum das jeweilige innerstaatliche Recht des Anwenderstaats von Bedeutung. Für Privatpersonen greift für die Veräußerung der betreffenden Anteile als bewegliches Vermögen regelmäßig die Auffangklausel in Art. 13 Abs. 5 OECD-MA, die dem Wohnsitzstaat des Veräußerers das alleinige Besteuerungsrecht zuweist.[667] Befinden sich die betreffenden Anteile im Betriebsvermögen einer Betriebsstätte, greift regelmäßig die Zuordnung in Art. 13 Abs. 2 OECD-MA, die dem Betriebsstättenstaat ein Besteuerungsrecht zuweist.

---

664 Vgl. Tischbirek in Vogel/Lehner DBA, Art. 10 Rz. 198.

665 Vgl. Wassermeyer, in Debatin/Wassermeyer MA Art. 10 Rz. 94.

666 Vgl. zur Bedeutung des Verweises in Art. 10 OECD-MA auf das innerstaatliche Recht Lang, Michael, Hybride Finanzierungen im Internationalen Steuerrecht – Rechtsgrundlagen der Doppelbesteuerungsabkommen zur Beurteilung von Mischformen zwischen Eigen- und Fremdkapital, Diss. Univ. Wien o.J., Wien 1991, S. 88-91.

667 Vgl. Wassermeyer, in Debatin/Wassermeyer MA Art. 13 Rz. 125.

5.2.2 Fremdkapital

Auch bei typischem Fremdkapital ist für die Einordnung in die Verteilungsnormen des OECD-MA zwischen laufenden Einkünften und Einkünften aus der Veräußerung zu unterscheiden.

Eine Definition des Zinsbegriffs ist in Art. 11 Abs. 3 OECD-MA enthalten, der teilweise vom Zinsbegriff nach deutschem Steuerrecht abweicht.[668] Danach gelten als Zinsen „Einkünfte aus Forderungen jeder Art ... auch, wenn die Forderungen ... mit einer Beteiligung am Gewinn des Schuldners ausgestattet sind ...". Wie diese Definition von Zinsen auszulegen ist, wird im Schrifttum kontrovers diskutiert.[669] Insbesondere geht es hier um die Frage, wie der Begriff der Forderung auszulegen ist und ob auch synthetische Positionen, die Fremdkapital und entsprechende Vergütungen nachbilden, hierunter fallen können. Für den hier behandelten Baustein des idealtypischen Fremdkapitals kommt dieser Frage keine weitere Bedeutung zu. Ähnlich wie bei Dividenden wird auch bei Zinsen das Besteuerungsrecht des Quellenstaats nicht vollständig aufgehoben, sondern der Höhe nach beschränkt. Art. 11 Abs. 1 und 2 OECD-MA regeln, dass der Quellenstaat ein Besteuerungsrecht von maximal 10% des Bruttobetrags der Zinsen ausüben kann, während das Besteuerungsrecht des Ansässigkeitsstaats uneingeschränkt weiter besteht. Die erhobene Quellensteuer kann im Ansässigkeitsstaat regelmäßig teilweise oder vollständig angerechnet werden.

Einkünfte aus der Veräußerung des betreffenden Schuldtitels unterliegen nicht dem Zinsartikel, sondern sind ebenso wie die Veräußerung von Anteilen an Kapitalgesellschaften Art. 13 OECD-MA zuzuordnen. In Abgrenzung zum abkommensrechtlichen Begriff des unbeweglichen Vermögens zählen zum beweglichen Vermögen Anteile an Kapitalgesellschaften, Obligationen oder ähnliche Wertpapiere.[670] Daraus folgt für Privatpersonen, dass die Veräußerung der betreffenden Fremdkapitaltitel als bewegliches Vermögen regelmäßig der Auffangklausel des Art. 13 Abs. 5 OECD-MA unterliegt und dem Wohnsitzstaat des Veräußerers das alleinige Besteuerungsrecht zugewiesen wird.[671] Wenn sich die betreffenden Fremdkapitaltitel im Betriebsvermögen einer Betriebsstätte befin-

---

668 Vgl. Portner, in Becker/Höppner/Grotherr/Kroppen OECD-MA Art. 11 Rz. 65.

669 Vgl. Pöllath, in Vogel/Lehner DBA, Art. 11 Rz. 56-77 und Pross, Achim C., Swap, Zins und Derivat: Finanzinnovationen im nationalen und internationalen Steuerrecht unter besonderer Berücksichtigung des Zinsbegriffes, Diss. Univ. München 1996, München 1998, S. 178.

670 Vgl. OECD, Kommentar zum Musterabkommen auf dem Gebiet der Steuern vom Einkommen und Vermögen, Paris 2003, Art. 13 Rz. 30.

671 Vgl. Wassermeyer, in Debatin/Wassermeyer MA Art. 13 Rz. 125.

den, greift regelmäßig die Zuordnung in Art. 13 Abs. 2 OECD-MA, die dem Betriebsstättenstaat ein Besteuerungsrecht zuweist.

5.2.3 Forward

Der grenzüberschreitende Einsatz von einzelnen unbedingten Termingeschäften kann bei einer physischen Lieferung des Underlying den Veräußerungstatbestand des Art. 13 OECD-MA im Hinblick auf den Basiswert erfüllen. Dies ist unmittelbar aus Sicht des Terminverkäufers erkennbar, wenn der Basiswert geliefert wird.[672] Aus Sicht des Terminkäufers kann es auch zu einer nachgelagerten oder unmittelbaren Veräußerung kommen, wenn der Basiswert – z.B. Aktie oder Anleihe – nach Erhalt verkauft wird.

Richtet sich das unbedingte Termingeschäft jedoch nicht auf eine Lieferung des Underlying, wie z.B. bei einem Index-Future, oder wird statt effektiver Lieferung der Kontrakt vorher glattgestellt, stellt sich die Frage, ob ebenfalls eine Zuordnung zu Art. 13 OECD-MA möglich ist oder welche Verteilungsnorm sonst zur Anwendung gelangt. Nach herrschender Meinung wird eine Zuordnung zu Art. 13 OECD-MA abgelehnt, weil es an der tatbestandlichen Voraussetzung einer Veräußerung fehlt; stattdessen sollten – sofern steuerpflichtige Einkünfte vorliegen – diese als andere Einkünfte durch Art. 21 OECD-MA erfasst werden.[673]

In der Abkommenspraxis sind die Zuordnung und die Besteuerungsfolgen teilweise verschieden, wenn zur Auslegung des Veräußerungsbegriffs auf das nationale Steuerrecht der jeweiligen Staaten zurückgegriffen wird und hier Unterschiede in zeitlicher und sachlicher Hinsicht der Gewinnermittlungsmethoden bestehen.[674] Dies kann im Ergebnis zur Doppelbesteuerung oder zur doppelten Nichtbesteuerung der jeweiligen Einkünfte führen.

---

672 Vgl. Widmayer, Gerhard, Risikomanagement mit Derivaten im Internationalen Steuerrecht, Diss. München 2002, Lohmar/Köln 2002, S. 139, der die Anwendbarkeit von Art. 13 OECD-MA für den Terminverkäufer befürwortet.

673 Vgl. Widmayer, Gerhard, Risikomanagement mit Derivaten im Internationalen Steuerrecht, Diss. München 2002, Lohmar/Köln 2002, S. 140; Wassermeyer, in Debatin/Wassermeyer MA Art. 13 Rz. 31 und 33; ähnlich auch Häuselmann, Holger, Besteuerungsprobleme und Gestaltungsüberlegungen beim grenzüberschreitenden Einsatz von Finanzinnovationen im Banksektor, in: Handbuch der internationalen Steuerplanung, Grotherr, Siegfried (Hrsg.), Herne/Berlin 2000, S. 795-815, hier: S. 813.

674 Vgl. Selling, Heinz-Jürgen, Besteuerung grenzüberschreitend eingesetzter Finanzierungsinstrumente, in: IWB Fach 10 Gruppe 8 1999, S. 223-264, hier: S. 252/253.

5.2.4 Option

Eine Erfassung von Optionsprämien unter die Verteilungsnorm für Dividenden nach Art. 10 OECD-MA sollte nur in Betracht kommen, wenn die Konditionen des Optionskontraktes aufgrund gesellschaftsrechtlicher Beziehungen nicht marktgerecht sind und insoweit der Tatbestand einer verdeckten Gewinnausschüttung erfüllt wäre.[675] Der abkommensrechtliche Dividendenbegriff erfasst dann auch solche Einkünfte, die nach dem Steuerrecht des Staates der ausschüttenden Gesellschaft wie Einkünfte aus Aktien behandelt werden.

Einkünfte aus einzelnen Optionen werden im Regelfall aufgrund des Fehlens einer Kapitalforderung nicht in die Verteilungsnorm für Zinsen des Art. 11 OECD-MA eingeordnet.[676] Darüber hinaus sind die im vorhergehenden Abschnitt diskutierten Fragestellungen bei Geschäften vom Typ Forward denen bei Optionen ähnlich.

Wenn es zu einer tatsächlichen Lieferung des Underlying kommt, kann es unmittelbar aus Sicht des Veräußerers, also dem Inhaber einer Short Call- oder Long Put-Option,[677] sowie bei anschließender Veräußerung des Underlying durch den Inhaber, also dem Inhaber einer Long Call- oder Short Put-Option, zu einem Veräußerungsgeschäft mit Einkünften im Sinne von Art. 13 OECD-MA kommen.

Sieht das bedingte Termingeschäft jedoch nicht die Lieferung des Underlying vor, wie z.B. bei einer Index-Option, oder wird statt effektiver Lieferung der Kontrakt, wie an der Eurex üblich, vorher glattgestellt, stellt sich die Frage, ob ebenfalls eine Zuordnung zu Art. 13 OECD-MA möglich ist oder welche Verteilungsnorm ansonsten anwendbar ist. Wie bei unbedingten Termingeschäften lehnt auch hier die herrschende Meinung eine Zuordnung zu Art. 13 OECD-MA ab, weil es an der tatbestandlichen Voraussetzung einer Veräußerung fehlt; stattdessen sollten – sofern steuerpflichtige Einkünfte vorliegen – diese als andere Einkünfte durch Art. 21 OECD-MA erfasst werden.[678] Diese Auffassung ist aus

675 Vgl. Woywode, Uwe, Derivative Finanzinstrumente im Recht der Doppelbesteuerungsabkommen, Diss. Univ. Wien 2003, Willingshausen 2004, S. 180.

676 Vgl. Portner, Rosemarie, Nationalbericht Deutschland, in: cahiers de droit fiscal international – 49th Congress of the International Fiscal Association – Cannes 1995: Tax aspects of derivative financial instruments, International Fiscal Association (Hrsg.), The Hague/London/Boston 1995, S. 229-249, hier: S. 245 und Wassermeyer, in Debatin/Wassermeyer MA Art. 11 Rz. 85c.

677 Hierauf begrenzt ist die Auffassung von Widmayer, Gerhard, Risikomanagement mit Derivaten im Internationalen Steuerrecht, Diss. München 2002, Lohmar/Köln 2002, S. 139.

678 Vgl. Widmayer, Gerhard, Risikomanagement mit Derivaten im Internationalen Steuerrecht, Diss. München 2002, Lohmar/Köln 2002, S. 140; Lehner in Vo-

Sicht neuerer Entwicklungen des deutschen Steuerrechts nur bedingt richtig. Der BFH hat in Urteilen[679] für Eurex-Optionen die Glattstellung als eine Art Rückveräußerung des Wirtschaftsguts angesehen, so dass der Tatbestand einer Veräußerung in diesem Fall gegeben wäre.[680]

Von der vorgenannten Einordnung zeigen sich im internationalen Steuerrecht und der Abkommenspraxis erhebliche Abweichungen, insbesondere deshalb, weil teilweise die Option als ein mit dem Basiswert zusammenhängendes und teilweise als ein getrennt zu beurteilendes Finanzinstrument angesehen wird.[681] Auch hier kann es, wie bei Geschäften des Typs Forward, im Ergebnis zur Doppelbesteuerung oder zur Nichtbesteuerung der jeweiligen Einkünfte kommen.[682]

5.3 Beurteilung ausgewählter hybrider Finanzinstrumente nach dem OECD-MA

5.3.1 Ebene A: Hybride Finanzinstrumente als Mischform von Elementen des Kassamarkts – Beispiel Genussschein

Zunächst ist zu bemerken, dass ein Genussschein Eigenschaften idealtypischen Eigen- und Fremdkapitals in einem Finanzinstrument vereint und deshalb die Frage der Zuordnung zum Dividenden- oder Zinsartikel des OECD-MA für die

---

gel/Lehner DBA, Art. 21 Rz. 12 und Wassermeyer, in Debatin/Wassermeyer MA Art. 13 Rz. 31 und 34.

679 Vgl. BFH vom 24.06.2003 IX-R-2/02, mit Anmerkungen von Friedrich E. Harenberg, in: FR 2003, S. 1137-1140 und BFH vom 29.06.2004 IX-R-26/03, in: DB 2004, S. 1862-1864.

680 Zustimmend z.B. Heuermann, Bernd, EUREX II: Besteuerung von Optionsgeschäften an Terminbörsen – Zugleich Anmerkung zum BFH-Urteil vom 29.6.2004 IX R 26/03, in: DB 2004, S. 1848-1852, hier: S. 1849.

681 Vgl. Selling, Heinz-Jürgen, Besteuerung grenzüberschreitend eingesetzter Finanzierungsinstrumente, in: IWB Fach 10 Gruppe 8 1999, S. 223-264, hier: S. 252/253.

682 Vgl. Selling, Heinz-Jürgen, Besteuerung grenzüberschreitend eingesetzter Finanzierungsinstrumente, in: IWB Fach 10 Gruppe 8 1999, S. 223-264, hier: S. 253 sowie mit Beispielen insbesondere auch im Hinblick auf die Quellensteuerproblematik Häuselmann, Holger, Besteuerungsprobleme und Gestaltungsüberlegungen beim grenzüberschreitenden Einsatz von Finanzinnovationen im Banksektor, in: Handbuch der internationalen Steuerplanung, Grotherr, Siegfried (Hrsg.), Herne/Berlin 2000, S. 795-815, hier: S. 812.

laufenden Einkünfte im Vordergrund stehen wird.[683] Daneben ist jedoch auch die Zuordnung für Gewinne oder Verluste aus der Veräußerung vorzunehmen.

Im deutschen Steuerrecht war die Unterscheidung von so genannten beteiligungs- und obligationsähnlichen Genussscheinen von großer Bedeutung.[684] Eine derartige Unterscheidung ist weder direkt in den Art. 10 oder 11 OECD-MA enthalten, noch differenziert der offizielle Kommentar zum OECD-MA zwischen diesen beiden Formen. Der reine Wortlaut in Art. 10 Abs. 3 OECD-MA, der Genussscheine im Rahmen der ersten Fallgruppe explizit benennt, spricht somit dafür, sowohl die laufenden Einkünfte aus beteiligungs- als auch aus obligationsähnlichen Genussscheinen dem Dividendenartikel zuzuordnen.[685] Eine derartig umfassende Zuordnung von obligationsähnlichen Genussscheinen würde allerdings den Dividendenbegriff in einem Maße erweitern, der mit der Intention der Art. 10 und 11 OECD-MA nicht vereinbar wäre, so dass eine restriktive Auslegung geboten erscheint.[686] Dies kann zum einen aus dem Begriff in der dritten Fallgruppe in Art. 10 Abs. 3 OECD-MA „sonstige Gesellschaftsrechte" abgeleitet werden, wobei der gesellschaftsrechtliche Bezug nur bei Genussscheinen mit Gewinn- und Liquidationserlösbeteiligung – beteiligungsähnliche – anzunehmen sein dürfte. Zum anderen dürfte der Ausdruck „oder anderen Rechten – ausgenommen Forderungen mit Gewinnbeteiligung" diese Interpretation stützen. Laufende Einkünfte aus obligationsähnlichen Genussscheinen sind eher dem Zinsartikel zuzuordnen, so dass im Ergebnis – obwohl nicht unumstritten – auch das OECD-MA der innerstaatlichen Unterscheidung dieser beiden Genussscheintypen folgt.[687]

---

683 Vgl. Altehoefer, Dagmar/Landendinger, Margit, Die Ausgestaltung von Genußrechten ausländischer Kapitalgeber und die Beschränkung der inländischen Quellenabzugsbesteuerung durch DBA und EG-Recht, in: IStR 1997, S. 321-328, hier: S. 324.

684 Vgl. Abschnitte 4.2.1.2 und 4.2.1.3.

685 Ebenso Piltz, Detlev J., Hybride Finanzierungen in Doppelbesteuerungsabkommen, in: Unternehmensfinanzierung im Internationalen Steuerrecht, Piltz, Detlev J./Schaumburg, Harald, (Hrsg.), Köln 1995, S. 125-144, hier: S. 132 und Widmayer, Gerhard, Genussrechte als Instrument für grenzüberschreitende Finanzierungen, in: IStR 2001, S. 337-343, hier: S. 341.

686 Vgl. Tischbirek in Vogel/Lehner DBA, Art. 10 Rz. 194 und Wassermeyer, in Debatin/Wassermeyer MA Art. 10 Rz. 102a.

687 Vgl. Piltz, Detlev J., Hybride Finanzierungen in Doppelbesteuerungsabkommen, in: Unternehmensfinanzierung im Internationalen Steuerrecht, Piltz, Detlev J./Schaumburg, Harald, (Hrsg.), Köln 1995, S. 125-144, hier: S. 133; im Ergebnis ebenso Altehoefer, Dagmar/Landendinger, Margit, Die Ausgestaltung von Genußrechten ausländischer Kapitalgeber und die Beschränkung der inländischen Quellenabzugsbesteuerung durch DBA und EG-Recht, in: IStR 1997, S. 321-328, hier: S. 328.

Daneben wird zum Teil eine Zuordnung der laufenden Einkünfte aus Genussscheinen zu anderen Einkünften im Sinne von Art. 21 OECD-MA für möglich gehalten;[688] diese Auffassung wird jedoch überwiegend abgelehnt.[689]

Fraglich ist in Bezug auf beteiligungsähnliche Genussscheine, ob diese in die Berechnung der Beteiligungsquote einzubeziehen sind, die für den niedrigeren Quellensteuersatz von maximal 5% unter dem Schachtelprivileg des Art. 10 Abs. 2 OECD-MA von entscheidender Bedeutung sein kann. Diese Thematik ist auch im deutschen Steuerrecht speziell im Zusammenhang mit einer wesentlichen Beteiligung nach § 17 EStG äußerst strittig.[690] Für Zwecke der Beteiligungshöhe im Dividendenartikel ist die Beteiligung am Nominalkapital von Kapitalgesellschaften im gesellschaftsrechtlichen Sinn maßgeblich. Genussscheine verbriefen jedoch keinen Anteil am gezeichneten Kapital, so dass die Tendenz bei der Auslegung dieser Fragestellung dahin geht, dass Genussscheine die Beteiligungshöhe am Kapital einer Gesellschaft im Regelfall nicht beeinflussen.[691]

Bei der Veräußerung der Genussscheine dürfte regelmäßig Art. 13 OECD-MA zur Anwendung gelangen. Insofern kann hinsichtlich der daraus folgenden steuerlichen Konsequenzen auf vorhergehende Ausführungen verwiesen werden.[692]

5.3.2 Ebene B: Hybride Finanzinstrumente als Mischform von Elementen des Kassa- und Terminmarkts – Beispiel Aktienanleihe

Nach deutschem Steuerrecht werden Aktienanleihen als Finanzinnovationen eingestuft, so dass unabhängig von der Haltedauer erzielte Gewinne oder Verluste den Einkünften aus Kapitalvermögen zugeordnet werden und über die Marktren-

688 Vgl. Lang, Michael, Hybride Finanzierungen im Internationalen Steuerrecht – Rechtsgrundlagen der Doppelbesteuerungsabkommen zur Beurteilung von Mischformen zwischen Eigen- und Fremdkapital, Diss. Univ. Wien o.J., Wien 1991, S. 144; wohl auch Tischbirek in Vogel/Lehner DBA, Art. 10 Rz. 195.

689 Vgl. z.B. Piltz, Detlev J., Hybride Finanzierungen in Doppelbesteuerungsabkommen, in: Unternehmensfinanzierung im Internationalen Steuerrecht, Piltz, Detlev J./Schaumburg, Harald, (Hrsg.), Köln 1995, S. 125-144, hier: S. 134 und und Widmayer, Gerhard, Genussrechte als Instrument für grenzüberschreitende Finanzierungen, in: IStR 2001, S. 337-343, hier: S. 343.

690 Vgl. m.w.N. zum Meinungsspektrum Schmidt/Weber-Grellet, § 17 EStG Rz. 44-46.

691 Vgl. Widmayer, Gerhard, Genussrechte als Instrument für grenzüberschreitende Finanzierungen, in: IStR 2001, S. 337-343, hier: S. 342 und Wassermeyer, in Debatin/Wassermeyer MA Art. 10 Rz. 75.

692 Vgl. m.w.N. Abschnitte 5.2.1 und 5.2.2.

ditemethode zu ermitteln sind.[693] Diese Besteuerung hat für die Berücksichtigung von Einlösungs- oder Veräußerungsergebnissen von im Privatvermögen gehaltenen Aktienanleihen Bedeutung. Bei Einstufung der Aktienanleihe[694] als ein einheitliches Wirtschaftsgut sollte unstrittig sein, dass während der Laufzeit gezahlte Zinsen der Verteilungsnorm Zinsen im OECD-MA zugeordnet werden und der Quellenstaat ein begrenztes Besteuerungsrecht von 10% des Bruttobetrags der Zinsen hat.

Fraglich erscheint, wie mögliche Einlösungs- oder Veräußerungsergebnisse in die Verteilungsnormen des OECD-MA einzuordnen sind. Die bei Veräußerung oder Einlösung einer Aktienanleihe erzielten Gewinne oder Verluste sollten nicht dem in Art. 11 Abs. 3 OECD-MA definierten Zinsbegriff entsprechen.[695] Folglich kommt eine Zuordnung für im Privatvermögen gehaltene Aktienanleihen als Veräußerungsgewinne nach Art. 13 Abs. 5 OECD-MA in Frage. Hierbei würde dem Wohnsitzstaat des Veräußerers das alleinige Besteuerungsrecht zugewiesen.

In der Abkommenspraxis wird für die Zuordnungsproblematik häufig auf das nationale Recht des Quellenstaats Bezug genommen, so dass aus deutscher Sicht auch Ergebnisse aus der Einlösung oder Veräußerung von Aktienanleihen den Zinsbegriff erfüllen würden.[696]

Zu teilweise anderen Zuordnungsentscheidungen könnte es kommen, wenn die für das nationale Steuerrecht diskutierte Frage der Aufspaltung einer Aktienanleihe in Anleihe- und Optionskomponente ins Blickfeld gerückt wird. Diese Frage ist bei grenzüberschreitendem Einsatz bisher wenig Beachtung beigemessen worden. Ob der Zinsartikel des OECD-MA in dieser Hinsicht interpretiert werden kann, ist fraglich. Im offiziellen Kommentar zum OECD-MA[697] ist im Hinblick auf Finanzderivate ausdrücklich betont, dass es auf den wirtschaftlichen Gehalt und nicht die reine formale Form ankommt (substance-over-form-Regelung). Dies bezog sich wohl eher auf Konstruktionen wie Capped oder Range Warrants und damit eine Zusammenfassung. Umgekehrt könnte auch geschlussfolgert werden, dass eine Aufteilung in Bezug auf eine Aktienanleihe denkbar ist. Folge davon wäre, dass bei Dekomposition ein wesentlich niedriger Zinsbetrag entsteht. Für die in dieser Arbeit an vorderer Stelle[698] durchgeführte

---

693 Vgl. Abschnitt 4.2.2.

694 Vgl. zu den Merkmalen der hier untersuchten Aktienanleihe Abschnitt 4.2.2.1.

695 Ebenso m.w.N. Wassermeyer, in Debatin/Wassermeyer MA Art. 11 Rz. 73; wohl ebenso Portner, in Becker/Höppner/Grotherr/Kroppen OECD-MA Art. 11 Rz. 65-68.

696 Vgl. Portner, in Becker/Höppner/Grotherr/Kroppen OECD-MA Art. 11 Rz. 69.

697 OECD, Kommentar zum Musterabkommen auf dem Gebiet der Steuern vom Einkommen und Vermögen, Paris 2003, Art. 11 Rz. 21.1.

698 Vgl. Abschnitt 4.2.2.1.

beispielhafte Dekomposition in zwei Zerobonds und eine Short Put-Option aus Anlegersicht kommt für die erhaltene Stillhalterprämie regelmäßig eine Zuordnung zu Art. 21 OECD-MA in Betracht. Im Ergebnis dürfte das Besteuerungsrecht des Quellenstaats bei Dekomposition im Fall der Tilgung zum Nominalbetrag geringer sein als bei einheitlicher Betrachtung.

In der Literatur[699] wird zu diesem Thema festgestellt, dass das OECD-MA und auch der offizielle Kommentar keine hinreichende Hilfestellung der Einordnung geben. Als Ergebnis wird abgeleitet, dass die fehlende internationale Abstimmung bei gleichzeitiger Asymmetrie der nationalen Steuersysteme sowohl das Potenzial der Nichtbesteuerung von Compound Instruments (und damit auch von Aktienanleihen) als auch das Risiko der Doppelbesteuerung beinhalten.[700]

5.3.3 Ebene C: Hybride Finanzinstrumente als Mischform von Elementen des Terminmarkts – Beispiel Capped Call

Für die Frage der abkommensrechtlichen Einordnung stellt sich analog zum nationalen Bereich der Besteuerung das für Aktienanleihen diskutierte Problem, ob das strukturierte hybride Finanzinstrument Capped Call[701] in seine Bestandteile aufzuspalten ist oder es bei einheitlicher Betrachtung bleibt.

Wenn von der Einheitsbetrachtung ausgegangen wird, sollte ein Capped Call ähnlich wie der Baustein Option in die Verteilungsnormen des OECD-MA eingeordnet werden. Eine Besonderheit ergibt sich daraus, dass ein Capped Call keine effektive Lieferung in Bezug auf den Basiswert, sondern Ausgleichszahlungen vorsieht. Insofern gelten die Ausführungen an vorderer Stelle[702] zu Optionen ohne effektive Lieferung analog.

Zu teilweise anderen steuerlichen Konsequenzen kann eine Aufteilung des Capped Call in seine Bestandteile führen, wobei auch hier die Kritik an unterschiedlichen Dekompositionswegen zu betonen ist. Es kommt hinzu, dass die beteiligten Staaten möglicherweise eine abweichende Zerlegung vornehmen und deshalb zum Teil unterschiedliche Dekompositionsportfolios der Besteuerung zugrunde gelegt werden. Möglicherweise ist es aus Sicht des Steuerrechts eines Staates gerechtfertigt, eine Zerlegung vorzunehmen, während der andere Staat

---

699 Vgl. Selling, Heinz-Jürgen, Besteuerung grenzüberschreitend eingesetzter Finanzierungsinstrumente, in: IWB Fach 10 Gruppe 8 1999, S. 223-264, hier: S.235/236.

700 Vgl. Selling, Heinz-Jürgen, Besteuerung grenzüberschreitend eingesetzter Finanzierungsinstrumente, in: IWB Fach 10 Gruppe 8 1999, S. 223-264, hier: S.235/236.

701 Vgl. zu den Merkmalen des hier untersuchten Capped Call Abschnitt 4.2.3.1.

702 Vgl. Abschnitt 5.2.4.

den Capped Call einheitlich betrachtet. Die hieraus resultierenden Konflikte sind leicht vorstellbar. Die für den Bereich der Aktienanleihe gemachten Anmerkungen zur Asymmetrie der nationalen Steuersysteme und daraus resultierenden Doppelbesteuerungen oder Nichtbesteuerungen gelten deshalb sinngemäß für die mögliche Dekomposition eines Capped Call.

5.3.4 Ebene D: Hybride Finanzinstrumente als Ergebnis synthetischer Herstellung – Beispiel Capped Warrant-Kombination

Die steuerliche Behandlung von rechtlich selbständigen gekappten Optionsscheinen ist im nationalen deutschen Steuerrecht sowohl für den Bereich des Privat- als auch des Betriebsvermögens umstritten,[703] und zum Teil mit erheblich voneinander abweichenden Besteuerungsfolgen verbunden. Hierbei ging es insbesondere um die Frage, ob ein Capped Call und ein Capped Put der zivilrechtlichen Gestaltung folgend getrennt zu besteuern sind, oder ob eine Integration zu einem Produkt zu erfolgen hat bzw. eine Bewertungseinheit im Sinne eines Micro-Hedge zu bilden ist. Nach der hier vertretenen Auffassung sollten die Bausteine der in dieser Arbeit untersuchten Capped Warrant-Kombination getrennt zu beurteilen sein.

Im abkommensrechtlichen Sinne geht es um die Frage, ob eine Einordnung als Optionen oder als Fremdkapital erfolgen soll. Die in Art. 11 Abs. 3 OECD-MA enthaltene Definition des Zinsbegriffs ist in dieser Hinsicht nicht eindeutig: Danach gelten als Zinsen „Einkünfte aus Forderungen jeder Art", so dass die entscheidenden Tatbestandsmerkmale der Forderung sowie der daraus resultierenden Einkünfte auszulegen sind.[704] Unter einer Forderung wird die Überlassung von Kapital zur Nutzung verstanden, wobei gezahlte Zinsen die entsprechende Vergütung für die Kapitalüberlassung darstellen. Der offizielle Kommentar zum OECD-MA[705] betont mit Blick auf Finanzderivate, dass es für die Zins- bzw. Fremdkapitalqualifikation auf den wirtschaftlichen Gehalt und nicht die formale Form ankommt (substance-over-form-Regelung), so dass auf diesem Wege das Bestehen eines Darlehens anzunehmen sein kann. Äußerungen im Schrifttum

703 Vgl. zu den Merkmalen der hier untersuchten Capped Warrant-Kombination und zu deren steuerlichen Behandlung Abschnitt 4.2.4.

704 Vgl. ausführlich dazu Pöllath, in Vogel/Lehner DBA, Art. 11 Rz. 56-77 und Pross, Achim C., Swap, Zins und Derivat: Finanzinnovationen im nationalen und internationalen Steuerrecht unter besonderer Berücksichtigung des Zinsbegriffes, Diss. Univ. München 1996, München 1998, S. 173-181.

705 OECD, Kommentar zum Musterabkommen auf dem Gebiet der Steuern vom Einkommen und Vermögen, Paris 2003, Art. 11 Rz. 21.1.

können dahingehend interpretiert werden, dass die mit dem offiziellen Kommentar zum OECD-MA verbundene weite Auslegung auch bestimmte Capped Warrant-Kombinationen erfassen würde.[706]

Dem wird an dieser Stelle für die hier untersuchte Capped Warrant-Kombination mit der gleichen Begründung wie für den nationalen Bereich nicht gefolgt, weil zunächst einmal der Begriff einer Forderung in Art. 11 Abs. 3 OECD-MA nicht erfüllt ist. Beim Verständnis von einer Kapitalforderung als bilateralem Verhältnis zwischen einem Kapitalgeber und einem Kapitalnehmer entfallen zunächst alle – aus betriebswirtschaftlicher Sicht – asymmetrischen Zinspositionen, wenn z.B. beide Optionsscheine von verschiedenen Emittenten erworben wurden und es insoweit an einem Kapitalnehmer fehlt.[707] Auch bei aus betriebswirtschaftlicher Sicht symmetrischen Zinspositionen sollte dieses Tatbestandsmerkmal nicht erfüllt sein, weil die „Rückgabe" des Kapitals als Differenz zwischen jeweiligem Kurs bei Fälligkeit und Basispreis durch eine oder beide Optionen nicht ursächlicher Grund für die „Hingabe" der beiden Optionsprämien war und auch kein Zins i.S.d. Art. 11 Abs. 1 und 3 OECD-MA gezahlt wurde.[708]

Capped Call und Capped Put sollten nach der hier vertretenen Auffassung abkommensrechtlich als Optionen anzusehen sein, so dass die bereits für den Baustein Option diskutierte Einordnung in die Verteilungsnormen des OECD-MA analog gilt. Hierbei ist jedoch zu beachten, dass es sich um Optionen ohne physische Lieferung handelt.

5.4 Analyse einzelner steuerlicher Problemstellungen

Äußerst komplex und mit multiplen Qualifikationskonflikten verbunden ist der Bereich der Festlegung der zu besteuernden Objekteinheit.[709] Da in dieser Hin-

---

706 Vgl. Pross, Achim C., Swap, Zins und Derivat: Finanzinnovationen im nationalen und internationalen Steuerrecht unter besonderer Berücksichtigung des Zinsbegriffes, Diss. Univ. München 1996, München 1998, S. 178.

707 Vgl. m.w.N. zur Literatur Abschnitt 4.2.4.

708 So ausdrücklich Pöllath, in Vogel/Lehner DBA, Art. 11 Rz. 57 und 74, der in Bezug auf off-market-swaps eine Einstufung des darin enthaltenen Zinselements als Zins im Sinne von Art. 11 OECD-MA außerordentlich bezweifelt. Kritisch dazu Pross, Achim C., Swap, Zins und Derivat: Finanzinnovationen im nationalen und internationalen Steuerrecht unter besonderer Berücksichtigung des Zinsbegriffes, Diss. Univ. München 1996, München 1998, S. 178, der daraus schlussfolgert, dass durch die diese Duplizierung von Finanzinstrumenten jegliche Quellenbesteuerung leer laufen würde.

709 Ähnlich Herzig, Norbert, Thema I: Hybride Finanzinstrumente im nationalen und internationalen Steuerrecht, in: IStR 2000, S. 482-485, hier: S. 485.

sicht dem OECD-MA wenig zu entnehmen ist bzw. ein Verweis auf das innerstaatliche Steuerrecht des Anwendestaats existiert oder in der Abkommenspraxis vorgesehen ist, kann es dazu kommen, dass aufgrund einer fehlenden allgemeingültigen Qualifikationsverkettung[710] die Staaten bei hybriden Finanzinstrumenten unterschiedliche Methoden anwenden. So könnte ein Staat der Einheitsbetrachtung folgen, während der andere Staat das betreffende hybride Finanzinstrument basierend auf dem Zerlegungsansatz oder dem Zusammenfassungsansatz besteuert.[711] Hieraus ergeben sich zahlreiche Probleme hinsichtlich der Einordnung in die Verteilungsnormen oder auch hinsichtlich der anzuwendenden Methode zur Vermeidung der Doppelbesteuerung.

Selbst wenn die beteiligten Staaten den gleichen Ansatz zur Festlegung der zu besteuernden Objekteinheit anwenden, können Mehr- oder Minderbesteuerungen die Folge sein. Ursache dafür sind einerseits die für den nationalen Bereich dargestellten Schwächen des Zerlegungs- und des Zusammenfassungsansatzes, wenn es um die Frage der Richtung und Intensität geht.[712] Da z.B. keine Objektivierung der Dekompositionsportfolios für hybride Finanzinstrumente möglich bzw. sinnvoll ist, legen die jeweiligen Staaten möglicherweise eine andere Zahl oder auch andere Bausteine der Besteuerung zugrunde. Dies gilt insbesondere unter dem Aspekt des Einsatzes von synthetischen hybriden Finanzinstrumenten, wie die Analyse der Capped Warrant-Kombination gezeigt hat.

Gleiches kann auch für die Einheitsbetrachtung gelten, wobei ebenfalls Mehr- oder Minderbesteuerungen denkbar sind.[713] Wenn z.B. der Quellenstaat das hybride Finanzinstrument als Fremdkapital mit entsprechender Abzugsfähigkeit der Vergütungen beim Emittenten und abkommensrechtlicher Nichterhebung von

---

710 Die herrschende Meinung lehnt eine allgemeine Qualifikationsverkettung ab, d.h. der eine Vertragsstaat ist nicht in jedem Fall an die Qualifikation im anderen Vertragsstaat gebunden, vgl. z.B. Jacobs, Otto H., Internationale Unternehmensbesteuerung – Deutsche Investitionen im Ausland – Ausländische Investitionen im Inland, 5. Aufl., München 2002, S. 577-580 und Wassermeyer, in Debatin/Wassermeyer MA Art. 10 Rz. 91b.

711 Vgl. zum Aspekt des Zusammenfassungsansatzes bei grenzüberschreitenden Bewertungseinheiten Selling, Heinz-Jürgen, Besteuerung grenzüberschreitend eingesetzter Finanzierungsinstrumente, in: IWB Fach 10 Gruppe 8 1999, S. 223-264, hier: S. 244-246 und Scharpf, Paul/Luz, Günther, Risikomanagement, Bilanzierung und Aufsicht von Finanzderivaten, 2. Aufl., Stuttgart 2000, S. 333; diesen Aspekten weniger Bedeutung beimessend Oestreicher, Andreas/Haun, Jürgen, Problembereiche der nationalen und internationalen Ertragsbesteuerung von Zinsderivaten, in: DStR Beihefter zu Heft 50 1995, S. 1-16, hier: S. 13/14.

712 Vgl. Abschnitte 4.3.3 und 4.3.4.

713 Vgl. Herzig, Norbert, Thema I: Hybride Finanzinstrumente im nationalen und internationalen Steuerrecht, in: IStR 2000, S. 482-485, hier: S. 485.

Quellensteuer auf Zinsen einstuft, während der Ansässigkeitsstaat eine Einordnung als Eigenkapital mit Dividendenfreistellung gewährt, könnte eine doppelte Nichtbesteuerung bzw. „weiße Einkünfte" das Ergebnis sein. Umgekehrt treten Doppelbesteuerungseffekte ein, wenn der Quellenstaat nicht abzugsfähige Eigenkapitalvergütungen nach innerstaatlichem Recht annimmt und abkommensrechtlich Quellensteuer auf Dividenden einbehält, während der Ansässigkeitsstaat Fremdkapital annimmt und Zinsen in voller Höhe besteuert.

Neben Unterschieden in der Festlegung, welches Objekt der Besteuerung zugrunde zu legen ist, bestehen ebenfalls Abweichungen, wenn es um die Frage der zeitlichen Entstehung von Einkünften geht.[714] Die aus einer abweichenden Bestimmung des zeitlichen Erkennens von steuerpflichtigen Einkünften resultierenden Konsequenzen können nicht nur aufschiebender bzw. vorziehender Natur sein und damit Steuerbarwerteffekte auslösen, sondern auch definitiven Charakter aufweisen, wenn z.B. der eine Staat dem Mark-to-Market-Prinzip folgt, während der andere Vertragsstaat erst periodengerecht bei Realisation besteuert.

Damit teilweise zusammenhängend ist zu beachten, dass im Regelfall jeder Staat die Höhe der Einkünfte nach seinem innerstaatlichen Recht ermittelt. So ist z.B. im Bereich der Ermittlung des Höchstbetrags anrechenbarer ausländischer Steuern in Ermangelung spezieller Regelungen in den Abkommen regelmäßig deutsches Recht nach § 34c Abs. 1 i.V.m. Abs. 6 EStG anzuwenden.[715]

5.5 Beurteilung der Ergebnisse unter dem Aspekt einer sachgerechten Besteuerung

Im Ergebnis ist die gegenwärtige Besteuerung grenzüberschreitend eingesetzter hybrider Finanzinstrumente in vielen Bereichen aus Sicht des individuellen Steuerpflichtigen und aus Sicht der beteiligten Staaten ungerecht, Aneutralitäten mit der Folge der Verzerrung wirtschaftlicher Entscheidungen und einhergehenden Zusatzlasten treten auf, das Besteuerungsverfahren ist komplex und mit erheblichem administrativen Aufwand verbunden. Die „höchste Strafe"[716] trifft

714 Vgl. zu den theoretischen Konzepten und deren Anwendung im nationalen deutschen Steuerrecht Abschnitt 4.3.5.1.

715 Vgl. Oestreicher, Andreas/Haun, Jürgen, Problembereiche der nationalen und internationalen Ertragsbesteuerung von Zinsderivaten, in: DStR Beihefter zu Heft 50 1995, S. 1-16, hier: S. 12 und Blümich/Wied, § 34c EStG Rz. 49.

716 Vgl. Plambeck, Charles T./Rosenbloom, H. David/Ring, Diane M., Generalbericht, in: cahiers de droit fiscal international – 49th Congress of the International Fiscal Association – Cannes 1995: Tax aspects of derivative financial instruments, Inter-

wiederum diejenigen, die schlecht informiert sind oder teilweise keinen Zugang zu Arbitragemöglichkeiten auf Basis hybrider Finanzinstrumente haben – insofern ist hier der Begriff von „Dummensteuern“[717] passend.

Die für den nationalen Bereich getroffenen Feststellungen hinsichtlich der Ansätze zur Festlegung der zu besteuernden Objekteinheit sowie der zeitlichen Erfassung gelten auf internationaler Ebene vom Grundsatz ebenfalls. Sowohl zur Vermeidung weiterer Ungerechtigkeiten, die mit grenzüberschreitenden Einsatz hybrider Finanzinstrumente und deren Zerlegung bzw. Zusammenfassung verbunden sein können, als auch zur Reduktion der Komplexität sollte auf internationaler Ebene der Einheitsbetrachtung der Vorzug gegeben werden.

Aus Sicht der beteiligten Staaten und der als gerecht angesehenen Verteilung des Steueraufkommens stellen hybride Finanzinstrumente allgemein und synthetische Instrumente insbesondere enorme Herausforderungen dar. Wenn durch eine Synthetisierung und Zusammenstellung eines hybriden Finanzinstruments auf Portfolioebene z.B. wahlweise Quellensteuerregelungen vermeidbar sind, entgeht dem betreffenden Staat ein äquivalenztheoretisch begründbarer Anspruch auf einen Teil des Steueraufkommens. Damit werden Kosten für die Bereitstellung und Nutzung der öffentlichen Güter teilweise nicht gedeckt, was ceteris paribus dazu führt, dass entweder Lasten stärker auf die anderen Steuerpflichtigen verteilt werden oder das bisherige Angebot öffentlicher Güter eingeschränkt wird.

Insgesamt stellt sich für Zwecke der internationalen Besteuerung von hybriden Finanzinstrumenten die Frage, ob die gegenwärtig im Wesentlichen Kapital orientierten Steuerrechtsordnungen unter dem Aspekt einer gerechten Besteuerung aufrechterhalten werden können. Auch hier bietet es sich an, auf die Gründe der Entstehung und des Weiterbestehens von innovativen hybriden Finanzinstrumenten zurückzugreifen.[718] Als maßgeblicher Anreiz aus steuerlicher Sicht wurden im Rahmen des integrativen Lösungsansatzes unter Einbezug der Silber- und Lancaster-Theorie aneutrale Besteuerungsregeln in Verbindung mit steigenden Opportunitätskosten für die Einhaltung dieser identifiziert. Die bereits für den nationalen Bereich empfohlene stärkere Hinwendung zur Neutralitätseigenschaft von Steuersystemen gilt auch auf internationaler Ebene. Ansatzpunkt bildet hier wieder die neutrale Besteuerung einzelner Bausteine hybrider Finanzinstrumente, die die Grundlage zur Lösung von Besteuerungsschwierigkeiten bei hybriden Finanzinstrumenten der verschiedenen Ebenen darstellt.

---

national Fiscal Association (Hrsg.), The Hague/London/Boston 1995, S. 735-779, hier: S. 779.

717 Vgl. m.w.N. zu „Dummensteuern“ Lang, Joachim, in: Tipke/Lang, Steuerrecht, § 1 Rz. 49.

718 Vgl. Abschnitt 2.2.

Dass eine umfassende neutrale Besteuerung international schwierig umzusetzen ist, zeigen bereits die für den nationalen Bereich angedeuteten Schwierigkeiten. Die jeweiligen Staaten besitzen zudem das Recht, ihre Steuersysteme autonom festzulegen und dieses als Parameter im internationalen Standortwettbewerb einzusetzen. Die Harmonisierung der nationalen Steuersysteme schreitet zwar voran, jedoch ist diese zum einen räumlich begrenzt – überwiegend auf europäischer Ebene, zum anderen ist die durch Harmonisierung angestrebte Neutralität inhaltlich begrenzt, indem weiterhin ein Kapital orientiertes System der Besteuerung angestrebt wird.[719] Eine intertemporal neutrale Besteuerung ist jedoch allenfalls auf Basis der Konsum orientierten Cash-Flow-Steuer-Systeme oder bei zinskorrigierter Einkommensteuer möglich, so dass auch nach Abschluss der gegenwärtig angestrebten Harmonisierung ausreichend Arbitragemöglichkeiten für den grenzüberschreitenden Einsatz hybrider Finanzinstrumente verbleiben.

Nachfolgend werden die gewonnenen Erkenntnisse in Bezug auf die Beurteilung der möglichen Ansätze zur steuerlichen Behandlung von hybriden Finanzinstrumenten unter dem Aspekt einer sachgerechten internationalen Besteuerung in Tabellenform zusammengefasst. Hierbei sind zur Vollständigkeit die bereits für den nationalen Bereich dargestellten Ergebnisse[720] weitgehend nochmals aufgeführt, da diese vom Grundsatz auch für den internationalen Bereich Gültigkeit besitzen.

Tabelle 10: Zusammenfassende Beurteilung unter dem Aspekt einer sachgerechten internationalen Besteuerung

Ansatz	Kurzbeschreibung	Beurteilung
Einheits-betrachtung	Zivilrechtlich einheitliches hybrides Instrument auch für steuerliche Zwecke als Einheit anzusehen	- vom Grundsatz einfach, praktikabel und kostengünstig - Zuordnungsschwierigkeiten im Grenzbereich z.B. zwischen Eigen- und Fremdkapital oder originären und derivativen Finanzinstrumenten - Qualifikationskonflikte mit Mehr- und Minderbesteuerungseffekten möglich, wenn Ansässigkeits- und Quellenstaat abweichende „einheitliche" Qualifikation vornehmen - Einstufung insgesamt: trotz vorhandener Anwendungsschwierigkeiten auf diesen Ansatz zurückgreifen, u.U. zwischenstaatliche Verständigung

719 So z.B. die Harmonisierung der Zinsbesteuerung auf Basis der EU-Zinsrichtlinie.
720 Vgl. Abschnitt 4.4.

Ansatz	Kurzbeschreibung	Beurteilung
Zusammen-fassungsan-satz	Zivilrechtlich selbständige Finanzinstrumente für steuerliche Zwecke zusammengefasst (Integration, Bewertungseinheit)	- weitgehende Subjektivität von Integrationsrichtung und -umfang - Probleme bei der Festsetzung von Voraussetzungen zur Bildung von Micro,- Macro- und Portfolio-Hedges - Folgewirkungen auf Einkünftequalifikation umstritten, m.E. keine Umqualifikation - Potenzierung der angedeutenen Schwierigkeiten auf internationaler Ebene, wenn beteiligte Staaten Zusammenfassungsansatz nach „eigenem" Steuerrecht verfolgen - zusätzliches Konfliktpotenzial, wenn z.B. ein beteiligter Staat statt Zusammenfassungsansatz Einheitsbetrachtung oder zum Teil auch Dekompositionsansatz anwendet - Einstufung insgesamt: zur Lösung gegenwärtiger internationaler Besteuerungsprobleme weitgehend ungeeignet
Dekompositi-onsansatz	Zivilrechtlich einheitliches hybrides Instrument für steuerliche Zwecke in Bestandteile zerlegt	- weitgehende Subjektivität der Zerlegungswege und -grade - Durchführung zum Teil sehr komplex, wenig praktikabel und kostenintensiv - erhebliche zusätzliche Probleme, wenn Zerlegungsbestandteile über Zusammenfassungsansatz z.B. in Bewertungseinheiten eingebunden werden - Potenzierung der angedeuteten Schwierigkeiten auf internationaler Ebene, wenn beteiligte Staaten für Besteuerung unterschiedliche Dekompositionsportfolios zugrunde legen - zusätzliches Konfliktpotenzial, wenn z.B. ein beteiligter Staat statt Dekompositionsansatz Einheitsbetrachtung oder zum Teil auch Zusammenfassungsansatz anwendet - Einstufung insgesamt: bei genereller Anwendung für steuerliche Zwecke auf internationaler Ebene untauglich
Zeitpunkt der steuerlichen Erfassung	- Cash-Flow - periodengerechte Gewinnermittlung - Mark-to-Market	- gleichzeitige Orientierung an mehreren Ansätzen zwischen sowie teilweise innerhalb der Besteuerung im Privatvermögen und im Betriebsvermögen führt zur Verletzung Korrespondenzprinzip - gleichzeitige Orientierung an mehreren Ansätzen zwischen den Staaten mit der Folge zeitlicher Verschiebungen der Einkünfteentstehung bis hin zu definitiven Steuermehr- oder Steuerminderbelastungen - keine Bewertungsfragen bei Cash-Flow-Zeitpunkt - Einstufung/Forderung insgesamt: Vereinheitlichung der Zeitpunkte zur steuerlichen Erfassung von Einkünften
Lösungsmöglichkeit: stärkere Hinwendung zu einem neutralen Steuersystem auf internationaler Ebene unter Berücksichtigung politischer Umsetzbarkeit		

Quelle: Eigene Darstellung.

6. Thesenförmige Zusammenfassung

Hybride Finanzinstrumente können allgemein als Mischformen von klassischen Kapitalanlage- und -aufnahmemöglichkeiten charakterisiert werden, die den Marktteilnehmern ein breites Spektrum potenzieller Einsatzmöglichkeiten und daraus entstehende ökonomische Vorteile eröffnen. Aus der Zwitterstellung resultieren jedoch neben komplexen außersteuerlichen Problemstellungen besondere Herausforderungen auf dem Gebiet der nationalen und internationalen Ertragsbesteuerung dieser Instrumente, die für den Bereich des Privatvermögens und auch des Betriebsvermögens Gegenstand dieser Untersuchung sind.

Die Bandbreite bisheriger Definitionsansätze hybrider Finanzinstrumente im Schrifttum kann im Wesentlichen in zwei Bereiche zusammengefasst werden: Der erste Ansatz stellt das klassische Verständnis dar und versteht darunter Instrumente der unmittelbaren Finanzierung, die Eigen- und Fremdkapitalkomponenten aufweisen. Eine zweite Gruppe von Autoren berücksichtigt die Dynamik derivativer Finanzinstrumente und definiert hybride Finanzinstrumente als solche, die wertbestimmende Eigenschaften der verschiedenen Marktsegmente des Kassa- und/oder Terminmarkts in einem Instrument vereinen.

Um den Entstehungs- und Ausgestaltungsprozess neuartiger hybrider Finanzinstrumente zu erklären, kann auf theoretische Ansätze im Bereich von Finanzinnovationen zurückgegriffen werden. Ausgehend vom relativen Neuigkeitscharakter aller Innovationen, entsprechend dem „neu" im Hinblick der Zeit-, Subjekt- oder Intensitätsdimension zu verstehen ist, wurden mit der „Theory of constraints" von Silber und der „Theory of demand for characteristics" von Lancaster zwei Theorien ausgewählt und auf ihren Erklärungsgehalt untersucht.

Silber erklärt in seinem auf die Angebotsseite fokussierten Ansatz die Entstehung innovativer Finanzinstrumente als Reaktion der Unternehmen des Finanzsektors auf Änderungen des regulatorischen Umfelds oder auf steigende Opportunitätskosten für die Einhaltung bestehender Restriktionen. Wichtigste Erkenntnis ist, dass es sich bei Finanzinnovationen aufgrund der Dynamik wirtschaftlicher und rechtlicher Rahmenbedingungen um einen dauerhaften Prozess handelt.

Der von Lancaster als Theorie der Konsumentennachfrage entwickelte Ansatz geht von den inneren Eigenschaften der Güter aus und erkennt, dass diese die eigentlichen Objekte der Nachfrage sind. Neue Finanzinstrumente sind in diesem Sinne bisher in dieser Kombination nicht erhältliche Eigenschaftsbündel, die für die Marktteilnehmer einen höheren Nutzen verkörpern und deshalb nachgefragt werden. Wichtigste Erkenntnis ist die eigenschaftsgeprägte Sichtweise, die die theoretische Grundlage für den Prozess des Financial Engineering bildet und damit maßgeblich zum Verständnis der spezifischen Ausgestaltung beiträgt.

Die Entwicklung eines beide Theorien integrierenden Erklärungsansatzes unter Berücksichtigung steuerlicher Aspekte hat gezeigt, dass – neben steigenden Opportunitätskosten und Steuerumgehungsversuchen – einer der Hauptansatzpunkte für innovative Finanzinstrumente aneutral wirkende Besteuerungsregeln sind. Auf Basis der eigenschaftsgeprägten Sicht von Lancaster werden Eigenschaften so zu Bündeln zusammengestellt, dass die Belastungsunterschiede verzerrender steuerlicher Regeln arbitragiert werden. Verbunden mit der Erkenntnis von Silber, dass Änderungen des regulatorischen Umfelds für die Entstehung von innovativen Finanzprodukten von großer Bedeutung sind, kann mit dem integrativen Ansatz auch die Dauer des Bestehens erklärt werden.

Hybride Finanzinstrumente setzen sich aus typischen elementaren Eigenschaftsbündeln zusammen, die die Grundbausteine für hybride Finanzinstrumente darstellen. Dies sind die Kassamarktelemente Eigen- und Fremdkapital sowie die Terminmarktelemente Forward und Option. Die Bausteine werden in ihren Eigenschaften abgewandelt oder entsprechend dem Baukastenprinzip zusammengesetzt. Hinsichtlich der Intensität der Bindung der Eigenschaftsbündel ist zu differenzieren zwischen dem Prozess des Internal – der zu einem rechtlich einheitlichen strukturierten Produkt führt – und dem des External Financial Engineering – der die rechtliche Selbständigkeit der Bausteine beibehält und zu einem hybriden Finanzinstrument auf Portfolioebene führt.

Idealtypisches Eigenkapital ist durch ausschließlich ergebnisabhängige Ansprüche im Fortführungsfall, Residualansprüche im Liquidationsfall, umfassende Mitentscheidungs- und Informationsrechte sowie eine unbefristete Kapitalüberlassung gekennzeichnet. Dem entgegen sind ausschließliche Ergebnisunabhängigkeit, ein vorrangiger Rückanspruch in nomineller Höhe, keine Mitentscheidungs- und geringe Informationsrechte sowie eine befristete Kapitalüberlassung prägend für den Baustein idealtypisches Fremdkapital.

Die zahlreichen Erscheinungsformen derivativer Instrumente können auf zwei Grundformen von Termingeschäften zurückgeführt werden. Dies sind Finanzinstrumente vom Typ Forward und vom Typ Option. Ein Forward ist ein beidseitig verpflichtender Vertrag, zu einem bestimmten zukünftigen Zeitpunkt eine genau spezifizierte Menge einer Bezugsgröße zu einem festgelegten Preis zu kaufen – Long-Position – oder zu verkaufen – Short-Position. Auf der anderen Seite existieren die einseitig verpflichtenden Optionsverträge, die dem Käufer einer Option das Recht gewähren, eine bestimmte Bezugsgröße in der Zukunft zu einem festgelegten Preis zu kaufen oder zu verkaufen. Der Verkäufer erhält für das

Stillhalten eine Optionsprämie. Es bestehen damit vier Grundformen von Optionspositionen: Long Call, Long Put, Short Call und Short Put.

Gemäß dem Gesetz des einheitlichen Preises müssen ökonomisch identische Finanzinstrumente auch identische Preise aufweisen. Dies bildet die Grundlage für Arbitrageüberlegungen und die Duplizierung von Finanzinstrumenten. Ein spezifisches Argument für eine synthetische Herstellung einzelner Instrumente kann aus ungleichen steuerlichen Folgen der zu duplizierenden und der synthetischen Position resultieren. Auf Basis der Put-Call-Parität sind zahlreiche Möglichkeiten ableitbar, die einzelnen Grundbausteine – Eigenkapital, Fremdkapital, Forward, Option – und damit auch alle komplexen Zahlungsströme hybrider Finanzinstrumente zu duplizieren.

Für Zwecke dieser Untersuchung sollen hybride Finanzinstrumente als Instrumente charakterisiert werden, die aus steuerlichen oder anderen wirtschaftlichen Überlegungen heraus gezielt wertbestimmende Eigenschaften von Finanzinstrumenten verschiedener Marktsegmente bzw. Teilmarktsegmente in unterschiedlicher Intensität vereinen oder in einem gewissen Grad synthetisch nachbilden.

Basierend auf dieser Definition kann das Spektrum der Erscheinungsformen hybrider Finanzinstrumente in vier Ebenen klassifiziert werden: Ebene A: Hybride Finanzinstrumente als Mischform von Elementen des Kassamarkts; Ebene B: Hybride Finanzinstrumente als Mischform von Elementen des Kassa- und Terminmarkts; Ebene C: Hybride Finanzinstrumente als Mischform von Elementen des Terminmarkts und Ebene D: Hybride Finanzinstrumente als Ergebnis synthetischer Herstellung. Genussschein, Aktienanleihe, Capped Call und eine Capped Warrant-Kombination sind Beispiele für die einzelnen Ebenen.

Steuersysteme haben ökonomischen und rechtlichen Vorgaben zu genügen. Aus interdisziplinärer Sicht sind die beiden bedeutendsten normativen Anforderungen an ein steuerliches Referenzsystem Neutralität und Gerechtigkeit als ökonomische bzw. rechtliche Fundamentalprinzipien, die als gleichrangig angesehen werden können. Internationale Wirtschaftsbeziehungen bedingen Herausforderungen auf dem Gebiet des internationalen Steuerrechts, so dass neben nationalen auch internationale Neutralitäts- und Gerechtigkeitsvorstellungen einzubeziehen sind.

Ein Steuersystem sollte neutral im Sinne von verzerrungsminimal sein, damit von der Besteuerung keine bzw. nur geringe Folgen auf einzelwirtschaftliche Entscheidungen ausgehen, die aggregiert betrachtet, die effiziente Allokation der Ressourcen über den Markt stören sowie Zusatzlasten der Besteuerung hervorrufen. Die Neutralität der Besteuerung bedeutet einen Rangfolge- und Vorzeichenerhalt bei unternehmerischen Investitions- und Finanzierungsentscheidungen

– so genannte intersektorale Neutralität – sowie hinsichtlich der investiven oder konsumtiven Mittelverwendung – so genannte intertemporale Neutralität.

Modelle einer entscheidungsneutralen Zielgrößenbesteuerung sind die Johannson-Samuelson-Steuer auf den ökonomischen Gewinn, die Cash-Flow-Besteuerung und das Konzept der zinsbereinigten Einkommensteuer. Die zu ähnlichen ökonomischen Konsequenzen führende Cash-Flow-Besteuerung und Zinsbereinigung sind unter Neutralitätsgesichtspunkten der ökonomischen Gewinnsteuer im nationalen Umfeld weitgehend überlegen, weil intersektorale und intertemporale Neutralität unter Modellbedingungen gesichert werden.

Auf internationaler Ebene ist über die Aspekte des nationalen Bereichs hinaus zwischen Kapitalexport- und Kapitalimportneutralität zu unterscheiden. Auch hier würden unter Idealbedingungen die konsumorientierten gegenüber den kapitalorientierten Steuersystemen zu Vorteilen führen, allerdings nur unter der Annahme, dass alle beteiligten Staaten derartige Steuersysteme aufweisen und aus den Verteilungsnormen der Doppelbesteuerungsabkommen – soweit überhaupt noch nötig – keine verzerrenden Wirkungen resultieren.

Ein Steuersystem sollte gerecht sein, um die für die staatliche Aufgabenerfüllung notwendigen Mittel angemessen auf die Steuerpflichtigen zu verteilen. Gerechtigkeit bedeutet, wirtschaftlich gleiche Sachverhalte im Sinne einer horizontalen Gerechtigkeit auch steuerlich gleich und wirtschaftlich ungleiche Sachverhalte im Sinne einer vertikalen Gerechtigkeit steuerlich verschieden zu behandeln, wobei im Rahmen dieser Arbeit eine Konzentration auf den ersten Aspekt erfolgte.

Zur Lastenverteilung existieren mit dem Kopfsteuer-, Äquivalenz- und Leistungsfähigkeitsprinzip verschiedene Maßstäbe, von denen nach überwiegender Auffassung das Leistungsfähigkeits- und ansatzweise das Äquivalenzprinzip als Maßstab zur Beurteilung der aus dem Gleichheitsgrundsatz des Art. 3 Abs. 1 GG abgeleiteten Gleichmäßigkeit der Besteuerung dienen.

Das Leistungsfähigkeitsprinzip bedarf einer inhaltlichen Konkretisierung, die unter anderem auf Grundlage der drei Indikatoren Einkommen, Vermögen und Konsum möglich ist. Ob Kapitaleinkommens- oder Konsumeinkommensorientierung angestrebt werden sollte, ist umstritten. Es konnte vor dem Hintergrund einer überperiodisch gleichmäßigen Besteuerung nach der wirtschaftlichen Leistungsfähigkeit gezeigt werden, dass dieser Anforderung eine konsumorientierte Einkommensteuer in Form einer Cash-Flow-Besteuerung oder Zinsbereinigung der Einkünfte tendenziell besser entspricht.

Die Gesetzmäßigkeit der Besteuerung stellt den formellen Aspekt einer gerechten Besteuerung dar und beinhaltet den Vorbehalt und Vorrang des Gesetzes sowie die Tatbestandsmäßigkeit der Besteuerung, die bedeutet, dass die Rechtsfolge einer Rechtsnorm nur eintritt, wenn der kodifizierte Tatbestand auch erfüllt wird.

Hinsichtlich individueller Gerechtigkeit auf internationaler Ebene ist zwischen absolutem und relativem Gleichheitspostulat einerseits und dem schwachem Leistungsfähigkeitsprinzip als methodisch anderem Ansatz zu differenzieren. Während absolutes und relatives Gleichheitspostulat jeweils aus nationaler und internationaler Sicht eine gleichmäßige Besteuerung implizieren, orientiert sich das schwache Leistungsfähigkeitsprinzip an der Annahme identischer Steuerrechtsordnungen; insofern eignet sich der Ansatz für die Untersuchung steuerlicher Verteilungswirkungen auf Basis des OECD-MA´s. Im Ergebnis spricht die Mehrzahl der Gründe dafür, eine individuell gerechte internationale Besteuerung überwiegend am Wohnsitz- und Welteinkommensprinzip auszurichten.

Gerechtigkeit zwischen den Staaten erfordert, die Aufteilung der Bemessungsgrundlagen bzw. des Steueraufkommens nach einem sachgerechten Maßstab vorzunehmen und dieses über eine bestimmte Methode zu verteilen. Hierzu stehen mit äquivalenztheoretischen Überlegungen und gesamtwirtschaftlichen Vorteilsvergleichen zwei Konzepte zur Verfügung, die beide gewisse Schwierigkeiten der Quantifizierung beinhalten. Als Methode für eine als angemessen angesehene Verteilung des Besteuerungssubstrats ist die Anrechnungsmethode geeignet.

Aufgrund der Tatsache, dass vollkommene Neutralität nur unter modelltheoretischen Bedingungen erreichbar ist und hybride Finanzinstrumente aufgrund ihres Mischcharakters schwierig einzelnen steuerlichen Normen zugeordnet werden können, ist eine Auseinandersetzung mit der wirtschaftlichen Betrachtungsweise geboten. Die wirtschaftliche Betrachtungsweise ist eine juristische Methode der teleologischen Interpretation, die den wirtschaftlichen Gehalt von realen Vorgängen innerhalb von Steuerrechtsordnungen zum Ausdruck kommen lassen will.

Die Methode steht grundsätzlich im Spannungsfeld zwischen Gleichmäßigkeit und Gesetzmäßigkeit der Besteuerung. Durch die Larenz´sche Methodenlehre mit den Bereichen Auslegung, Ausfüllung offener Gesetzeslücken, Gesetzesberichtigung durch teleologische Reduktion und Bildung von Rechtsinstituten haben sich Anwendungsschwierigkeiten aus der Vergangenheit in diesem Umfang nicht wiederholt. Dennoch bestehen im angedeuteten Grenzbereich Probleme für die Rechtsanwender, zumal mit umfassender steuerlicher Aneutralität auch die Anwendungsfälle der wirtschaftlichen Betrachtungsweise zunehmen.

Mit den Vorschriften zum wirtschaftlichen Eigentum gemäß § 39 AO und zum Missbrauch rechtlicher Gestaltungsmöglichkeiten gemäß § 42 AO existieren spezielle gesetzlich kodifizierte Vorschriften der wirtschaftlichen Betrachtungsweise, deren Anwendung für die Ableitung der Besteuerungsfolgen hybrider Finanzinstrumente von großer Bedeutung sein kann.

Gemäß § 39 AO geht das wirtschaftliche Eigentum für den Fall von Anteilen an Kapitalgesellschaften über, wenn eine geschützte, auf den Anteilserwerb gerichtete Rechtsposition erworben wurde, die wesentlichen mit den Anteilen verbundenen Rechte übergingen und mit den Anteilen verbundene Kurschancen und -risiken übertragen wurden. Maßgebend ist das Gesamtbild der Verhältnisse, so dass nicht alle Kriterien in gleichem Umfang erfüllt sein müssen.

§ 42 AO ist auf die Verhinderung missbräuchlicher Sachverhaltsgestaltungen ausgerichtet, die das Ziel haben, durch unangemessene rechtliche Gestaltungen die Steuerlast zu mindern und die durch wirtschaftliche oder sonstige beachtliche Gründe nicht zu rechtfertigen sind. Rechtsfolge von § 42 AO ist, dass der Steueranspruch so entsteht, wie dieser bei einer den wirtschaftlichen Zielsetzungen angemessenen rechtlichen Gestaltung eingetreten wäre.

Als Zwischenergebnis wird Folgendes deutlich: Wenn steuerliche Verzerrungen einen Ansatzpunkt für diese Unterschiede arbitragierende hybride Finanzinstrumente darstellen und bestehende Steuersysteme gewollt oder ungewollt aneutrale steuerliche Wirkungen entfalten, müssen lediglich die zu erheblichen materiellen Konsequenzen führenden Verzerrungen identifiziert werden und dann entstehen neue hybride Finanzinstrumente aus den Marktkräften heraus.

Aufgrund der Erkenntnisse des Financial Engineering wurde als Ausgangspunkt zur Analyse hybrider Finanzinstrumente im deutschen Steuerrecht eine Darstellung grundlegender Besteuerungsfolgen einzelner Bausteine hybrider Finanzinstrumente gewählt. Die Konsequenzen der Bausteine Eigenkapital, Fremdkapital, Forward und Option sowie der im Anschluss behandelten verschiedenen hybriden Finanzinstrumente wurden jeweils aus Sicht eines privaten Investors und einer Kapitalgesellschaft mit Gewinnermittlung nach § 5 EStG untersucht.

Die in den §§ 17, 20 und 23 EStG kodifizierte Besteuerung von im Privatvermögen gehaltenen Anteilen an Kapitalgesellschaften orientiert sich – wie für die anderen Bausteine auch – sowohl an quellen- als auch reinvermögenszugangstheoretischem Gedankengut und folgt vom Grundsatz dem Zufluss-Abflussprinzip. Gewinnausschüttungen unterliegen dem Halbeinkünfteverfahren, während realisierte Vermögensänderungen der Anteile selbst lediglich innerhalb der Einjahresfrist für private Veräußerungsgeschäfte oder bei wesentlichen Beteiligungen steuerlich zu berücksichtigen sind. Werden Anteile an Kapitalgesellschaften im Betriebsvermögen gehalten, sind Gewinnausschüttungen und Veräußerungsgewinne im Regelfall zu 95% körperschaft- und gewerbesteuerfrei. Umgekehrt können Finanzierungsaufwendungen aus Sicht der sich über Eigenkapital finanzierenden Kapitalgesellschaft nicht als Betriebsausgaben abgezogen werden.

Werden reine Fremdkapitaltitel innerhalb des Privatvermögens gehalten, sind Zinsen in vollem Umfang im Zuflusszeitpunkt den Einnahmen aus Kapitalvermögen zuzurechnen. Realisierte Kursänderungen sind lediglich innerhalb der Jahresfrist für private Veräußerungsgeschäfte in vollem Umfang zu erfassen. Bei im Betriebsvermögen einer Kapitalgesellschaft gehaltenen reinen Fremdkapitaltiteln sind Zinsen und entstandene Veräußerungsergebnisse periodengerecht in voller Höhe ertragsteuerlich zu berücksichtigen. Bei Finanzierung über Fremdkapital sind die periodisierten Finanzierungsaufwendungen bei der Kapitalgesellschaft körperschaftsteuerlich voll und gewerbesteuerlich hälftig abzugsfähig.

Steuerpflichtige Einnahmen im Privatvermögen resultieren aus dem regelmäßig nicht effektiv erfüllten Baustein Forward nur dann, wenn der Zeitraum zwischen Erwerb und Beendigung des Rechts weniger als ein Jahr beträgt. Long- und Short-Positionen sind im Betriebsvermögen bei Abschluss mit Ausnahme von Marginzahlungen regelmäßig bilanzunwirksam. Erfolgt eine Beendigung des Kontrakts vor Ablauf oder sehen die Kontrakte keine effektive Lieferung vor, sind Gewinne oder Verluste in voller Höhe steuerpflichtig; Verluste aus Termingeschäften unterliegen einer beschränkten Verrechnung nach § 15 Abs. 4 EStG.

Long Optionspositionen stellen Wirtschaftsgüter dar, deren Veräußerung/Glattstellung – eine effektive Lieferung erfolgt selten – innerhalb eines Jahres im Privatvermögen zu einem privaten Veräußerungsgeschäft führt. Stillhalterprämien führen zu sonstigen Einkünften nach § 22 Nr. 3 EStG. Im Betriebsvermögen sind erworbene Optionen zu aktivieren. Fristenunabhängig sind spätere Ergebnisse aus dem Verfall oder der Glattstellung voll steuerpflichtig. Stillhalterprämien werden im Betriebsvermögen zunächst als sonstige Verbindlichkeit aktiviert, während Risikoüberhänge am Bilanzstichtag entweder als steuerlich verbotene Drohverlustrückstellung oder nach der hier vertretenen Auffassung als Teilwerterhöhung der passivierten Verbindlichkeit gelten. Spätere Gewinne oder Verluste bei Verfall oder Glattstellung sind voll steuerpflichtig. Fallabhängig kann es zur Anwendung der Verrechnungsbeschränkung von § 15 Abs. 4 EStG kommen.

Als hybrides Finanzinstrument der Ebene A vereint ein Genussschein typische Eigen- und Fremdkapitaleigenschaften in einem rechtlich einheitlichen Produkt. Die flexiblen Ausgestaltungsmöglichkeiten von Genussscheinen ermöglichen, Vermögensrechte aller Art zu verbriefen. Je nach Ausgestaltung sind für steuerliche Zwecke beteiligungsähnliche Genussscheine, die ein Recht am Gewinn sowie am Liquidationserlös beinhalten, und obligationsähnliche Genussscheine, die regelmäßig nur ein Recht am Gewinn vorsehen, zu unterscheiden. Ein Genussschein wird steuerlich als ein Finanzinstrument angesehen.

Im Privatvermögen werden beteiligungsähnliche Genussscheine vergleichbar mit Aktien besteuert, während obligationsähnliche Genussscheine eine vergleichbare Besteuerung wie Anleihen erfahren. Ungeachtet von Flat-Notierung oder Zinszahlungen in unterschiedlicher Höhe erfolgt keine Einstufung als Finanzinnovation.

Hält eine Kapitalgesellschaft Genussscheine, werden vom Grundsatz her beteiligungsähnliche Genussscheine wiederum wie Aktien und obligationsähnliche Genussscheine wiederum wie Anleihen besteuert. Ansprüche auf Zinszahlungen aus Genussscheinen sind grundsätzlich zeitanteilig zu aktivieren.

Auf Emittentenebene können „Ausschüttungen" auf beteiligungsähnliche Genussscheine nicht als Betriebsausgaben abgezogen werden, während dies bei obligationsähnlichen Genussscheinen für körperschaftsteuerliche Zwecke voll und für gewerbesteuerliche Zwecke hälftig möglich ist. Genussscheine können zu erheblichen steuerlichen Problemstellungen in Zusammenhang mit der Gesellschafterfremdfinanzierung des § 8a KStG führen.

Eine Aktienanleihe als hybrides Finanzinstrument der Ebene B vereint wertbestimmende Eigenschaften von Elementen des Kassa- und Terminmarkts in einem rechtlich einheitlichen, strukturierten Produkt. Diese Form einer Schuldverschreibung gewährt einen vergleichsweise hohen Zinskupon, der sich aus dem regulären Marktzins und der Prämie für die Option, dass der Emittent am Ende der Laufzeit zwischen der Tilgung zum Nominalbetrag oder der Andienung von im Wert gesunkenen Aktien wählen kann, zusammensetzt. Die Zahlungsströme einer Aktienanleihe können mehrfach dupliziert werden. Nach herrschender Meinung sind Aktienanleihen als einheitliches Produkt zu besteuern; alternativ wird eine Zerlegung mit Besteuerung der einzelnen Bestandteile erwogen.

Die steuerliche Einstufung einer im Privatvermögen gehaltenen Aktienanleihe als Finanzinnovation und die anschließende Besteuerung nach der Marktrendite führen dazu, dass unabhängig von Haltefristen sämtliche Zinszahlungen und realisierten Wertänderungen der Aktienanleihe zu den Einkünften aus Kapitalvermögen zählen. Aus der Andienung von Aktien entstandene Verluste sind somit berücksichtigungsfähig. Der Zeitpunkt der Andienung der Aktien und deren Marktwert werden als maßgebend für mögliche private Veräußerungsgeschäfte der Aktien angesehen. Bei einer denkbaren Zerlegung der Aktienanleihe in ihre Bestandteile, z.B. in Zerobonds und Short Put-Option aus Anlegersicht, treten andere steuerliche Belastungswirkungen auf, als bei der Besteuerung als Einheit.

Erworbene Aktien werden im Betriebsvermögen regelmäßig im Umlaufvermögen zu Anschaffungskosten aktiviert und bei einer dauerhaften Wertminderung zum Bilanzstichtag abgeschrieben. Zinsen werden periodengerecht erfasst. Entstandene Verluste aus der Andienung von im Wert gesunkenen Aktien unterliegen nicht der Verlustverrechungsbeschränkung des § 15 Abs. 4 EStG, weil es sich bei einer Aktienanleihe nicht um ein Termingeschäft handelt. Der Wert der Aktien im Andienungszeitpunkt ist maßgebend für die Anschaffungskosten der Aktien. Bei einer alternativen Zerlegung und Besteuerung der einzelnen Bestandteile der Aktienanleihe treten Unterschiede in der Einkünftequalifikation und zeitlichen Berücksichtigung auf, die zu erheblichen Belastungsunterschieden führen können.

Der Emittent einer Aktienanleihe bilanziert die Aktienanleihe im Regelfall als einheitliche Verbindlichkeit. Zinsen sind periodengerecht als Aufwand zu erfassen. In Abhängigkeit davon, ob bei Andienung von Aktien diese unmittelbar vorher erworben wurden oder sich bereits im Bestand befanden, kann es zu regulär steuerpflichtigen oder durch § 8b Abs. 2 und 3 KStG zu 95% steuerfreien Gewinnen kommen. Bei alternativer Zerlegung können sich auch beim Aktienanleiheemittenten steuerliche Belastungsunterschiede ergeben.

Als hybrides Finanzinstrument der Ebene C ist ein Capped Call ein mit Gewinnobergrenze ausgestatteter Optionsschein europäischen Typs. Bei Capped Calls ist das Underlying häufig ein Index. Im einfachen Fall setzt sich dieses Finanzinstrument zwar aus zwei Optionen zusammen, es stellt jedoch ein rechtlich einheitliches Geschäft dar. Nach herrschender Auffassung ist diese Sichtweise auch steuerlich zu übernehmen; allerdings wird auch eine Dekomposition erwogen. Bei einer Dekomposition stellt sich das Problem, in welche Bausteine dieses Finanzinstrument zu zerlegen ist.

Im Privatvermögen wird ein Capped Call bei einheitlicher Betrachtung wie ein Plain Vanilla Call besteuert, da die Regeln zur Besteuerung von rechtlich selbständigen Kombinationsgeschäften nicht anwendbar sind. Das Halten eines zweijährigen Capped Call führt somit zu keinen steuerpflichtigen Einkünften. Bei Zerlegung eines zweijährigen Capped Call z.B. in einen Long Call und einen Short Call können wegen der Besteuerung der rechnerischen Optionsprämie für die Short-Position steuerpflichtige Einkünfte nach § 22 Nr. 3 EStG entstehen.

Ein erworbener Capped Call wird im Betriebsvermögen bei einheitlicher Betrachtung vergleichbar mit einem erworbenen Plain Vanilla Call erfasst, d.h. mit Anschaffungskosten aktiviert, zum Bilanzstichtag u.U. auf den niedrigeren Teilwert abgeschrieben und am Ende der Laufzeit mit erhaltenen Differenzzahlungen erfolgswirksam verrechnet. Bei getrennter Erfassung der einzelnen Bausteine ergeben sich zeitliche Verschiebungen steuerlicher Einkünfte.

Eine Short-Position in einem Capped Call wird bei Einheitsbetrachtung im Betriebsvermögen ähnlich einer Short-Position in einem Plain Vanilla Call besteuert. Auch hier ergeben sich bei Dekomposition eines Capped Call in Abhängigkeit vom jeweiligen Zerlegungsweg andere steuerliche Konsequenzen.

Die als hybrides Finanzinstrument der Ebene D untersuchte Capped Warrant-Kombination mit einer Laufzeit von zwei Jahren setzt sich aus jeweils rechtlich selbständigen gekappten Call und Put Warrants zusammen, bei denen die Ausübungspreise und Caps so harmonieren, dass insgesamt die Zahlungsströme eines Zerobonds synthetisiert werden können.

Die Besteuerung im Privatvermögen ist umstritten: Einerseits wird die Zusammenfassung zu einem einheitlichen Instrument erwogen, während andererseits die gekappten Optionsscheine als solches besteuert werden sollen. Alternativ ist eine Zerlegung wie bei einem Capped Call der Ebene C denkbar. Nach der vornehmlich von der Finanzverwaltung vertretenen Auffassung einer Integration zu einem Produkt würden die erzielten Erträge einer Capped Warrant-Kombination durch § 20 Abs. 1 Nr. 7 EStG erfasst. Dem stehen wohl begründete Auffassungen im Schrifttum entgegen, die – abgesehen von der potenziellen Anwendbarkeit des § 23 EStG bei Veräußerung oder Glattstellung innerhalb eines Jahres – keine Entstehung steuerpflichtiger Einkünfte vorsehen.

Ebenfalls strittig ist die steuerliche Behandlung einer Long Capped Warrant-Kombination im Betriebsvermögen. Hier kommen mit der einzelnen Bilanzierung der jeweiligen Capped Warrants, der Bilanzobjekt übergreifenden Bewertungseinheit zwischen beiden, der Integration zu einem einheitlichen Wirtschaftsgut oder der Dekomposition in einzelne Plain Vanilla Optionen zahlreiche Möglichkeiten in Betracht, deren steuerliche Belastungswirkungen erheblich voneinander abweichen können. Dies betrifft neben der zeitlichen Zuordnung vornehmlich Fragen der Einkünftequalifikation, so z.B. in Bezug auf die Verlustverrechnung.

Ähnliche Problemstellungen ergeben sich für den betrieblichen Emittenten einer Capped Warrant-Kombination. Die aus den genannten unterschiedlichen Erfassungsmöglichkeiten resultierenden steuerlichen Belastungsdifferenzen können darüber hinaus Fragen der Gesellschafterfremdfinanzierung nach § 8a KStG oder der Hinzurechung von Dauerschuldzinsen nach § 8 Nr. 1 GewStG betreffen.

Die Analyse der verschiedenen hybriden Finanzinstrumente im deutschen Steuerrecht hat ein breites Spektrum an Konfliktpotenzial mit erheblichen steuerlichen Belastungsdifferenzen sowohl für den Bereich des Privatvermögens als auch des Betriebsvermögens offenbart. Je nach hybridem Finanzinstrument stellt sich zunächst die Frage der Abgrenzung der zu besteuernden Objekteinheit – Einheitsbetrachtung, Zusammenfassungs- und/oder Dekompositionsansatz – die in Zusammenhang mit der zweiten wichtigen Problemstellung hinsichtlich des Zeitpunkts der steuerlichen Erfassung zu sehen ist.

Nach der Einheitsbetrachtung werden hybride Finanzinstrumente der rechtlichen Gestaltung folgend besteuert, d.h. strukturierte Produkte werden als Einheit und Finanzinstrumente auf Portfolioebene einzeln besteuert. Die Einheitsbetrachtung stellt zwar den Regelfall der gegenwärtigen deutschen Besteuerung dar, jedoch wird diese dem Mischcharakter hybrider Instrumente nur ansatzweise gerecht, weil diese Methode immer eine „Alles-oder-Nichts-Lösung" verlangt. Zuordnungsschwierigkeiten haben sich insbesondere im Zusammenhang mit der Entscheidung, ob Eigen- oder Fremdkapital vorliegt, gezeigt, wobei hier Diskrepanzen zwischen betriebswirtschaftlicher und steuerlicher Definition bestehen.

Zudem existieren Schwierigkeiten bei der Abgrenzung von originären und derivativen Geschäften, die anhand von deep-in-the-money-Optionen und Abwandlungen von klassischen Aktienanleihen diskutiert wurden.

Entsprechend dem Zusammenfassungsansatz wird aus einzelnen rechtlich selbständigen Finanzinstrumenten für Besteuerungszwecke eine Einheit gebildet, wobei zwischen Integration zu einem Finanzinstrument/Wirtschaftgut und kompensatorischer Bewertung von mehreren Finanzinstrumenten zu unterscheiden ist. Sowohl im Privat- als auch im Betriebsvermögen bestehen erhebliche Schwierigkeiten hinsichtlich der Bestimmung von Integrationswegen und -umfang. Die kompensatorische Bewertung im Betriebsvermögen über Micro-, Macro- und Portfolio-Hedges erscheint hinsichtlich der Voraussetzungen auch aufgrund neuerer Rechtsprechung strittig. Zudem ist unklar, zu welchen Folgewirkungen Bilanzobjekt übergreifende Bewertungseinheiten in Bezug auf die steuerliche Qualifikation der Einkünfte führen. Die überwiegende Zahl der Argumente spricht dafür, dass kein Einfluss auf die Einkünftequalifikation erfolgt.

Durch den Dekompositionsansatz werden strukturierte hybride Produkte in ihre Bestandteile zerlegt und diese anschließend besteuert. Basierend auf internationaler Praxis und einem diese Grundsätze widerspiegelnden IDW-Rechungslegungshinweis wird eine Zerlegung auch im deutschen Steuerrecht gefordert. Fraglich erscheint, welche Produkte, wann, wie tief und auf welchem Weg aufzuspalten sind. Aus theoretischer Sicht müssten alle strukturierten Produkte so tief aufgespalten werden, bis eine weitere Zerlegung keinen Einfluss mehr auf die zeitliche Zuordnung und die Einkünftekategorie hat. Die zahlreich existierenden verschiedenen Dekompositionswege i.V.m. aneutralen deutschen Besteuerungsregeln führen zu erheblichen steuerlichen Belastungsunterschieden.

Die zweite wesentliche Fragestellung bei der Besteuerung hybrider Finanzinstrumente ist der Zeitpunkt der steuerlichen Erfassung. Hierbei kommen mit dem Cash-Flow-Konzept, periodengerechter Gewinnermittlung mit Zeitpunkt der Realisation und der Mark-to-Market-Methode/Wertzuwachssteuer aus theoretischer Sicht drei Möglichkeiten in Betracht, wobei im gegenwärtigen deutschen Ertragsteuerrecht keiner dieser Formen durchgängig gefolgt wird. Der Zeitpunkt der steuerlichen Erfassung und die Abgrenzung der zu besteuernden Objekteinheit sind zwei untrennbar verbundene Aspekte der Besteuerung hybrider Finanzinstrumente. Am Beispiel von Fristen- und Freibetragsregelungen wurden die steuerlichen Optimierungspotenziale in zeitlicher Hinsicht und die daraus resultierenden Steuerminderbelastungen durch hybride Instrumente aufgezeigt.

Unter dem Aspekt einer sachgerechten Besteuerung ist zunächst festzustellen, dass die deutsche Ertragsbesteuerung hybrider Finanzinstrumente elementaren Grundanforderungen an ein steuerliches Referenzsystem widerspricht. Gegenwärtig wird in wesentlichen Bereichen ungerecht, aneutral, äußerst komplex und intransparent mit entsprechend hohen Kosten besteuert. Aufgrund dessen kommt es zu zahlreichen Anwendungsfällen der wirtschaftlichen Betrachtungsweise, wobei im Grenzbereich von erlaubter Gesetzesauslegung und nicht erlaubter Rechtserweiterung eine eindeutige Entscheidung meist schwierig ist.

Die Methode der Einheitsbetrachtung ist vom Prinzip her einfach, praktikabel und kostengünstig, jedoch ist aufgrund aneutraler Besteuerungsregeln einzelner Bausteine eine eindeutige Zuordnungsentscheidung für steuerliche Zwecke notwendig, die der einheitliche Qualifikationsansatz bei Finanzinstrumenten mit Mischcharakter nur schwer leisten kann. Wenn weitgehend neutral besteuert würde, sollte auf die Einheitsbetrachtung zurückgegriffen werden.

Der Zusammenfassungsansatz in Form von Integration und kompensatorischer Bewertung führt zu erheblichen Anwendungsschwierigkeiten. Die Abgrenzung der zu einer Einheit zusammenzufassenden Finanzinstrumente und die Integrationsrichtung sind teilweise willkürlich, komplex und erzeugen wiederum neue Widersprüche und Ungleichbehandlungen. Zur Lösung der gegenwärtigen Besteuerungsprobleme ist der Zusammenfassungsansatz nur bedingt geeignet.

Aufgrund der Subjektivität der Zerlegungswege und -tiefe ist der Dekompositionsansatz bei genereller Durchführung für alle strukturierten hybriden Finanzinstrumente nicht mit einer gerechten Besteuerung vereinbar. Zudem erreicht die Zerlegung einen Grad an Komplexität, der Zweifel an der praktischen Durchführbarkeit aufkommen lässt und mit erheblichen Kosten verbunden sein würde. Sinnvoll anwendbar ist der Zerlegungsansatz erst, wenn alle Dekompositionsportfolios und folglich alle Bausteine neutral besteuert würden; umgekehrt entbehrt dann die Dekomposition jeglicher Grundlage. Die generelle Anwendung des Dekompositionsansatzes für steuerliche Zwecke ist als untauglich einzustufen.

Die verschiedenen Ansätze zur Festlegung der zu besteuernden Objekteinheit können selbst in Verbindung mit einer zu empfehlenden Vereinheitlichung des Zeitpunkts der steuerlichen Erfassung im Privat- und Betriebsvermögen die gerechtigkeitswidrige und aneutrale nationale Besteuerung hybrider Finanzinstrumente nicht beseitigen.

Als die letztlich verbleibende Möglichkeit zur Lösung der gegenwärtigen Besteuerungsprobleme hybrider Finanzinstrumente ist eine stärkere Hinwendung zur Neutralitätseigenschaft von Steuersystemen dringend zu empfehlen. Wie der integrative Erklärungsansatz unter Einbezug der Silber- und Lancaster-Theorie gezeigt hat, würde damit der maßgebliche steuerliche Anreiz der Entstehung und des Weiterbestehens von hybriden Finanzinstrumenten wegfallen.

Nach einleitenden Ausführungen zu grundlegenden Aspekten internationaler Besteuerung wurde auch im fünften Kapitel die Darstellung der Besteuerungsfolgen einzelner Bausteine als Ausgangspunkt gewählt, um dann im Anschluss die Besteuerung ausgewählter hybrider Finanzinstrumente zu analysieren. Für

Zwecke der abkommensrechtlichen Einordnung in die Verteilungsnormen wurde das OECD-MA zugrunde gelegt, das die Grundlage für die meisten deutschen Doppelbesteuerungsabkommen bildet.

Der grenzüberschreitende Einsatz hybrider Finanzinstrumente führt dazu, dass zwei oder mehrere nationale Steuersysteme tangiert werden. Doppelbesteuerungsabkommen verfolgen zum einen das Ziel, eine doppelte oder mehrfache Besteuerung auf das gleiche Besteuerungssubstrat zu vermeiden. Insbesondere hybride Finanzinstrumente haben dazu geführt, dass auch die Vermeidung einer doppelten Nichtbesteuerung bzw. weißer Einkünfte ein mögliches Ziel darstellt.

Potenzielle Anknüpfungspunkte der Besteuerung nach innerstaatlichem Steuerrecht sind in persönlicher Hinsicht das Wohnsitz-, Nationalitäts- und Quellenprinzip. Zur Bestimmung des Umfangs der steuerpflichtigen Einkünfte im jeweiligen Land und damit in sachlicher Hinsicht stehen das Welteinkommens- und das Territorialprinzip zur Verfügung. Doppelbesteuerungsabkommen knüpfen an die dadurch begründeten nationalen Besteuerungsansprüche an und sind in persönlicher Hinsicht für in den Vertragsstaaten ansässige Personen sowie in sachlicher Hinsicht für im Abkommen spezifizierte Steuerarten anwendbar.

Mit der Freistellungs- und Anrechnungsmethode stehen abkommensrechtlich Methoden zur Vermeidung der Doppelbesteuerung zur Verfügung, die kollisionsauflösende Maßnahmen des nationalen Rechts ergänzen. Zur Erreichung des Ziels der Vermeidung von doppelter Nichtbesteuerung werden zunehmend die subject-to-tax-clause und die switch-over-clause in der Abkommenspraxis eingesetzt.

Laufende Einkünfte aus dem Baustein Eigenkapital unterliegen Art. 10 OECD-MA, der in Abhängigkeit der Beteiligungshöhe ein begrenztes Besteuerungsrecht von 5% bzw. 15% des Quellenstaats enthält. Einkünfte aus der Veräußerung der betreffenden Anteile fallen regelmäßig unter Art. 13 OECD-MA, der dem Wohnsitzstaat das alleinige Besteuerungsrecht zuweist.

Zinsen für die Überlassung von Fremdkapital fallen unter Art. 11 OECD-MA und können vom Quellenstaat bis zu maximal 10% besteuert werden. Die Veräußerung des Fremdkapitaltitels unterliegt wiederum Art. 13 OECD-MA, der dem Wohnsitzstaat regelmäßig das ausschließliche Besteuerungsrecht zuerkennt.

Einkünfte aus unbedingten Termingeschäften des Typs Forward können hinsichtlich des Basiswerts zu Einkünften führen, die der Verteilungsnorm für Veräußerungsgewinne des Art. 13 OECD-MA zuzuordnen sind. Wenn keine effektive Erfüllung des Kontrakts erfolgt und Differenzzahlungen erfolgen, kommt eine Einordnung unter der Auffangklausel für andere Einkünfte nach Art. 21 OECD-MA in Frage, der dem Wohnsitzstaat das alleinige Recht der Besteuerung zuweist.

Nach überwiegender Auffassung erfolgt die Einstufung von Optionen analog zu der von Geschäften des Typs Forward, d.h. bei Veräußerung hinsichtlich des Basiswerts greift eine Zuordnung zu Art. 13 OECD-MA; wenn keine effektive Lieferung vorgesehen ist, werden die Einkünfte durch Art. 21 OECD-MA erfasst.

Für hybride Finanzinstrumente kommen regelmäßig die Verteilungsnormen für Unternehmensgewinne – Art. 7 OECD-MA, Dividenden – Art. 10 OECD-MA, Zinsen – Art. 11 OECD-MA, Veräußerungsgewinne – Art. 13 OECD-MA oder andere Einkünfte – Art. 21 OECD-MA zur Anwendung. Eine entsprechende Zuordnung ist u.a. für die Zuweisung der Besteuerungsrechte der beteiligten Staaten sowie für die zur Anwendung kommende Methode zur Vermeidung der Doppelbesteuerung von Bedeutung.

Nach überwiegender Auffassung ist die für den nationalen Bereich erfolgte Unterscheidung von beteiligungs- und obligationsähnlichen Genussscheinen als hybriden Finanzinstrumenten der Ebene A auch auf Abkommensebene übertragbar. Der obligationsähnliche Genussschein wird folglich wie typisches Fremdkapital eingestuft, während der beteiligungsähnliche Genussschein wie der Baustein Eigenkapital im OECD-MA behandelt wird, allerdings mit dem Unterschied, dass dieser nicht in die Berechnung der Beteiligungshöhe für die Schachtelbeteiligung einzubeziehen sein sollte.

Die Einordnung der Aktienanleihe als hybrides Finanzinstrument der Ebene B in die Verteilungsnormen bereitet Schwierigkeiten. Bei Einheitsbetrachtung sind Zinszahlungen aus dem um die Stillhalterprämie erhöhten Zinskupon als Zins einzustufen. Mögliche realisierte Wertänderungen oder bei Einlösung sollten dagegen der Verteilungsnorm für Veräußerungsgewinne des Art. 13 OECD-MA zugeordnet werden. Bei einer möglichen Dekomposition der Aktienanleihe in ihre Bestandteile sind diese jeweils einzuordnen, so dass im Vergleich zur Einheitsbetrachtung abweichende steuerliche Konsequenzen resultieren können.

Ein Capped Call als hybrides Finanzinstrument der Ebene C sollte bei Einheitsbetrachtung analog einer Option mit nicht effektiver Lieferung in die Verteilungsnormen eingeordnet werden. Abweichende Konsequenzen können sich in der Abkommenspraxis bei Dekomposition ergeben.

Die Einordnung einer Capped Warrant-Kombination als hybrides Finanzinstrument der Ebene D in die Verteilungsnormen des OECD-MA ist mit Unklarheiten verbunden. Nach der hier vertretenen Auffassung sollten die beiden Optionsscheine getrennt zu beurteilen sein, weil es an einer Forderung und auch an einem gezahlten Zins im Sinne von Art. 11 Abs. 3 OECD-MA fehlt. Im Ergebnis erfolgt eine Einstufung wie bei einer Option ohne effektive Lieferung.

Die Analyse der existierenden steuerlichen Problemstellungen auf internationaler Ebene hat gezeigt, dass bei fehlender Qualifikationsverkettung aus der u.U. abweichenden Anwendung der verschiedenen Ansätze zur Festlegung der zu besteuernden Objekteinheit durch die betreffenden Vertragsstaaten multiple Qualifikationskonflikte entstehen können. Auch bei Anwendung des gleichen Ansatzes resultieren erhebliche steuerliche Unterschiede, wenn z.B. andere Dekompositionsportfolios zugrunde gelegt werden oder bei Einheitsbetrachtung ein Staat Fremdkapital und der andere Vertragsstaat Eigenkapital unterstellt.

Die gegenwärtige Besteuerung grenzüberschreitend eingesetzter hybrider Finanzinstrumente ist in weiten Teilen ungerecht, aneutral, hochkomplex und mit erheblichen Kosten verbunden. Auch für den internationalen Bereich der Besteuerung hybrider Finanzinstrumente ist eine verstärkte Hinwendung zu einem neutralen Steuersystem zu befürworten, um die existierenden Probleme und deren Ursachen einer sachgerechten Lösung zuzuführen.

Aus der Schärfung des Problembewusstseins für die gegenwärtigen, vielschichtigen Schwierigkeiten im Rahmen der Besteuerung hybrider Finanzinstrumente und dem daraus abgeleiteten Ergebnis, dass diese nur über ein weitgehend neutrales Steuersystem gelöst werden können, ergibt sich die Notwendigkeit einer dringenden und umfassenden Reform des nationalen und internationalen Steuerrechts. Ob ein neutrales Steuersystem eher dem Konzept der zinskorrigierten Einkommensteuer oder einer Cash-Flow-Besteuerung folgen sollte und wie diese ausgestaltet werden müssen bzw. können, bleibt Gegenstand zukünftiger wissenschaftlicher Diskussionen und vor allem politischer Umsetzbarkeit.

Als Schlussfolgerung aus den gewonnenen Erkenntnissen im Rahmen dieser Untersuchung sind zukünftig zwei unterschiedliche Entwicklungen denkbar: These A: Hybride Finanzinstrumente werden zu einer weiteren Verkomplizierung des Steuerrechts in Form einer Zunahme von Einzelfallregelungen und Missbrauchsvorschriften führen. These B: Die eigentlich auf Steuerarbitrage ausgerichteten hybriden Finanzinstrumente stellen komplexe, mit vielen Ausnahmeregelungen behaftete, aneutrale Steuersysteme auf die Probe und wirken damit ungewollt als Reforminitiatoren für ein neutrales und gerechtes zukünftiges Steuersystem.

Literaturverzeichnis

1. Allgemeine Literatur

Altehoefer, Dagmar/Landendinger, Margit, Die Ausgestaltung von Genußrechten ausländischer Kapitalgeber und die Beschränkung der inländischen Quellenabzugsbesteuerung durch DBA und EG-Recht, in: IStR 1997, S. 321-328.

Arbeitskreis "Externe Unternehmensrechnung" der Schmalenbach-Gesellschaft, Bilanzierung von Finanzinstrumenten im Währungs- und Zinsbereich auf der Grundlage des HGB, in: DB 1997, S. 637-642.

Becker, Helmut u.a., DBA-Kommentar, Herne/Berlin 1997, Stand: September 2003 (zitiert als Bearbeiter, in Becker/Höppner/Grotherr/Kroppen OECD-MA Art. ... Rz. ...).

Beike, Rolf, Aktien-Anleihen – Eine Einführung in Strukturierte Finanzprodukte, Stuttgart 2000.

Beisse, Heinrich, Handelsbilanzrecht in der Rechtsprechung des Bundesfinanzhofs, in: BB 1980, S. 637-646.

Beisse, Heinrich, Die wirtschaftliche Betrachtungsweise bei der Auslegung der Steuergesetze in der neueren deutschen Rechtsprechung, in: StuW 1981, S. 1-14.

Ben-Horim, Moshe/Silber, William L., A linear programming approach, in: Journal of Banking and Finance 1977, S. 277-296.

Berg, Hans-Georg, Wirtschaftliches Eigentum als ein wichtiger Terminus bei strukturierten Finanzierungen, in: Münchner Forum der Internationalen Besteuerung – "Grenzüberschreitende strukturierte Finanzierung", München 27.06.2000, Vortragsunterlage, Köln 2001, S. 1-25.

Bertsch, Andreas, Rechnungslegung und Besteuerung von Aktienanleihen, in: StuB 1999, S. 685-689.

Bertsch, Andreas, Bilanzierung strukturierter Produkte, in: KoR 2003, S. 550-563.

Bieg, Hartmut, Grundlagen der Bilanzierung und Bewertung von Derivaten – Teil II, in: StB 2002, S. 472-477.

Birk, Dieter, Gleichheit und Gesetzesmäßigkeit der Besteuerung, in: StuW 1989, S. 212-218.

Birk, Dieter, Steuerrecht, 5. Aufl., Heidelberg 2002.

Black, Fischer/Scholes, Myron, The pricing of options and corporate liabilities, in: Journal of Political Economy 1973, S. 637-654.

Blank, Thomas, Finanzinnovationen und Geldpolitik, Diss. Univ. Berlin 1990, Berlin 1991.

Blankart, Charles B., Öffentliche Finanzen in der Demokratie, 4. Aufl., München 2001.

Blümich, Walter, EStG, KStG, GewStG – Kommentar, Ebling, Klaus (Hrsg.), München 2004, Stand: März 2004 (zitiert als: Blümich/Bearbeiter, § ... EStG Rz. ...).

Böcking, Hans-Joachim, Betriebswirtschaftslehre und wirtschaftliche Betrachtungsweise im Bilanzrecht, in: Handelsbilanzen und Steuerbilanzen: Festschrift zum 70. Geburtstag von Prof. Dr. h.c. Heinrich Beisse, Budde, Wolfgang Dieter u.a. (Hrsg.), Düsseldorf 1997, S. 85-103.

Bödecker, Carsten/Geitzenauer, Mark, Kapitalrückzahlungsgarantie kraft Ausgestaltung – Abgesicherte Kapitalanlagen und ihre steuerliche Behandlung im System von § 20 Abs. 1 Nr. 7 EStG, in: FR 2003, S. 1209-1219.

Brainard, William C., Comment: Towards a theory of financial innovation, in: Financial innovation, Silber, William L. (Hrsg.), Lexington u.a. 1975, S. 87-89.

Brandt, Hans-Jürgen, Die „Beurteilung von Tatbeständen“ im Steuerrecht nach § 1 Abs. 3 des Steueranpassungsgesetzes, Diss. Univ. Hamburg 1967, Hamburg 1967.

Breker, Norbert, Optionsrechte und Stillhalterverpflichtungen im handelsrechtlichen Jahresabschluß, Diss. Univ. Münster 1992, Düsseldorf 1993.

Büschgen, Hans E., Finanzinnovationen – Neuerungen und Entwicklungen an nationalen und internationalen Finanzmärkten, in: ZfB 1986, S. 301-336.

Busse, Franz-Joseph, Grundlagen der betrieblichen Finanzwirtschaft, 5. Aufl., München/Wien 2003.

Christiansen, Alfred, Zum Grundsatz der Einzelbewertung – insbesondere zur Bildung so genannter Bewertungseinheiten, in: DStR 2003, S. 264-268.

Collier, Richard, National Report United Kingdom, in: cahiers de droit fiscal international – 49th Congress of the International Fiscal Association – Cannes 1995: Tax aspects of derivative financial instruments, International Fiscal Association (Hrsg.), The Hague/London/Boston 1995, S. 581-614.

Dahm, Joachim/Hamacher, Rolfjosef, Neues Einkommensteuerrecht für moderne Finanzinstrumente, in: WM Sonderbeilage 3/1994, S. 1-24.

Das, Satyajit, Structured products and hybrid securities, 2. Aufl., Singapur u.a. 2001.

Debatin, Helmut/Wassermeyer, Franz, Doppelbesteuerung – Kommentar zu allen deutschen Doppelbesteuerungsabkommen, Bd. I: Kommentierung des OECD-MA, München 2004, Stand: Januar 2004, (zitiert als: Bearbeiter, in Debatin/ Wassermeyer MA Art. ... Rz. ...).

Delp, Udo A., Besteuerungsregeln der Aktienanleihen im Privatvermögen, in: BB 2001, S. 1438-1442.

Delp, Udo A., Die Besteuerung von Finanzinnovationen nach dem Steueränderungsgesetz 2001, in: INF 2002, S. 170-173.

Delp, Udo A., Besteuerung von Wertpapierkombinationen, in: BB 2003, S. 1594-1598.

Desai, Meghnad/Low, William, Measuring the opportunity for product innovation, in: Changing money – Financial innovation in developed countries, de Cecco, Marcello (Hrsg.), Oxford 1987, S. 112-140.

Deutsche Bundesbank, Monatsbericht Dezember 2003.

Döllerer, Georg, Gedanken zur "Bilanz im Rechtssinne", in: JbFSt 1979/80, S. 195-208.

Döllerer, Georg, Die Maßgeblichkeit des Zivilrechts für das Ertragsteuerrecht in der neueren Rechtsprechung des Bundesfinanzhofs, in: JbFSt 1986/87, S. 37-54.

Dombek, Martina, Die Bilanzierung von strukturierten Produkten nach deutschem Recht und nach den Vorschriften des IASB, in: WPg 2002, S. 1065-1074.

Dötsch, Ewald/Pung, Alexandra, Die Neuerungen bei der Körperschaftsteuer und bei der Gewerbesteuer durch das Steuergesetzgebungspaket vom Dezember 2003 – Teil I: Die Änderungen insbes. des § 8a KStG, in: DB 2004, S. 91-100.

Dötsch, Ewald/Pung, Alexandra, Die Neuerungen bei der Körperschaftsteuer und bei der Gewerbesteuer durch das Steuergesetzgebungspaket vom Dezember 2003 – Teil II: Die Änderungen insbes. bei der Verlustnutzung und bei § 8b KStG, in: DB 2004, S. 151-156.

Dreyer, Gerhard/Herrmann, Harald, Besteuerung von Aktien-, Wandel- und Umtauschanleihen nach dem BMF-Schreiben vom 2.3.2001, in: FR 2001, S. 722-726.

Dreyer, Gerhard/Herrmann, Harald, Die Besteuerung von Aktien-, Wandel- und Umtauschanleihen, in: BB 2001, S. 705-710.

Drukarczyk, Jochen, Theorie und Politik der Finanzierung, 2. Aufl., München 1993.

Drukarczyk, Jochen, Finanzierung, 9. Aufl., Stuttgart 2003.

Drukarczyk, Jochen, Unternehmensbewertung, 4. Aufl., München 2003.

Dufey, Gunter, Stichwort „Finanzinnovationen, Innovationsprozeß“, in: HWF, Gehrke, Wolfgang/Steiner, Manfred (Hrsg.), 2. Aufl., Stuttgart 1995, Sp. 701-711.

Duncan, James A., Generalbericht, in: cahiers de droit fiscal international – 54th Congress of the International Fiscal Association – München 2000: Tax treatment of hybrid financial instruments in cross-border transactions, International Fiscal Association (Hrsg.), The Hague/London/Boston 2000, S. 51-66.

Eibelshäuser, Manfred, Wirtschaftliche Betrachtungsweise im Steuerrecht – Herkunft und Bedeutung, in: DStR 2002, S. 1426-1432.

Eilenberger, Guido, Lexikon der Finanzinnovationen, 3. Aufl., München/ Wien 1996.

Eisele, Florian/Sohns, Bettina, Besteuerung von Aktienanleihen im Privatvermögen – Eine ökonomische Analyse der reformierten Besteuerung, in: WiSt 2002, S. 554-559.

Eisele, Wolfgang/Knobloch, Alois Paul, Strukturierte Anleihen und Bilanzrechtsauslegung, in: ZfbF 2003, S. 749-772.

Eller, Roland, Derivative Instrumente – Überblick, Strategien, Tendenzen, in: Handbuch derivativer Instrumente – Produkte, Strategien, Risikomanagement, Eller, Roland (Hrsg.), Stuttgart 1996, S. 3-38.

Elschen, Rainer, Entscheidungsneutralität, Allokationseffizienz und Besteuerung nach der Leistungsfähigkeit, in: StuW 1991, S. 99-115.

Elschen, Rainer, Eigen- und Fremdfinanzierung – Steuerliche Vorteilhaftigkeit und betriebliche Risikopolitik, in: Handbuch des Finanzmanagements, Gebhardt, Günther/Gerke, Wolfgang/Steiner, Manfred (Hrsg.), München 1993, S. 585-617.

Elschen, Rainer/Hüchtebrock, Michael, Steuerneutralität in Finanzwissenschaft und Betriebswirtschaftslehre – Diskrepanzen und Konsequenzen, in: FA 1983, S. 253-280.

Emmerich, Gerhard/Naumann, Klaus-Peter, Zur Behandlung von Genußrechten im Jahresabschluß von Kapitalgesellschaften, in: WPg 1994, S. 677-689.

Engelsberger, Stefan, Keine nutzbaren Verluste aus dem Verkauf von Argentinien-Anleihen, in: FR 2002, S. 1280-1283.

Epple, Matthias/Jurowsky, Rainer/Schäfer, Thomas, Private Kapitalanlagen – Steuerfolgen und Steuergestaltungen, Stuttgart 2004.

Erle, Bernd/Sauter, Thomas, Heidelberger Kommentar zum Körperschaftsteuergesetz, Heidelberg 2003 (zitiert als: Bearbeiter, in Erle/Sauter, § ... EStG Rz. ...).

Feld, Lars P., Steuerwettbewerb und seine Auswirkungen auf Allokation und Distribution – Ein Überblick und eine empirische Analyse für die Schweiz, Diss. Univ. St. Gallen 1999, Tübingen 2000.

Feld, Lars P., Rückführung von Fluchtkapital als Voraussetzung für den fiskalischen Erfolg einer Abgeltungssteuer?, in: Veranlagung – Abgeltung – Steuerfreiheit: Besteuerung von Kapitalerträgen im Rechtsstaat, Schick, Gerhard (Hrsg.), Berlin 2003, S. 43-53.

Feld, Lars P./Kirchgässner, Gebhard, Vor- und Nachteile des internationalen Steuerwettbewerbs, in: Regeln für den europäischen Systemwettbewerb: Steuern und soziale Sicherungssysteme, Müller, Walter u.a. (Hrsg.), Marburg 2001, S. 21-51.

Fischer, Peter, Das wirtschaftliche Eigentum, in: NWB Fach 2, 1991, S. 5623-5632.

Fischer, Peter, Die Umgehung des Steuergesetzes – Zu den Bedingungen einer Bewahrung der Steuerrechtsordnung "aus eigener Kraft" – , in: DB 1996, S. 644-653.

Franke, Günter/Hax, Herbert, Finanzwirtschaft des Unternehmens und Kapitalmarkt, 5. Aufl., Berlin/Heidelberg/New York 2004.

Franzen, Christopher, Finanzinnovation – was ist das?, in: Die Bank 1988, S. 18-20.

Frenz, Walter, Unternehmensteuerkonzeptionen im Lichte des Eigentumsgrundrechts und des Leistungsfähigkeitsprinzips, in: StuW 1997, S. 116-130.

Frost, Anthony J., National Report Australia, in: cahiers de droit fiscal international – 49th Congress of the International Fiscal Association – Cannes 1995: Tax aspects of derivative financial instruments, International Fiscal Association (Hrsg.), The Hague/London/Boston 1995, S. 21-47.

Funk, Thomas E., Hybride Finanzinstrumente im US-Steuerrecht, in: RIW 1998, S. 138-145.

Gandenberger, Otto, Kapitalexportneutralität versus Kapitalimportneutralität – Allokative Überlegungen zu einer Grundfrage der internationalen Besteuerung, Aufsätze zur Wirtschaftspolitik Nr. 7, Forschungsinstitut für Wirtschaftspolitik an der Universität Mainz (Hrsg.), Mainz 1984.

Garcia, Gillian/McMahon, Annie, Regulatory innovation – The new bank accounts, in: Economic Perspectives 2/1984, S. 12-23.

Gassner, Wolfgang, Das allgemeine und besondere Umgehungsproblem im Steuerrecht, in: Festschrift für Heinrich Wilhelm Kruse zum 70. Geburtstag, Drenseck, Walter/Seer, Roman (Hrsg.), Köln 2001, S. 183-190.

Gastineau, Gary/Kritzman, Mark, A dictionary of terms related to hybrid instruments, in: Handbook of hybrid instruments, Nelken, Izzy (Hrsg.), New York u.a. 2000, S. 143-191.

Geurts, Matthias, Besteuerung von Finanzderivaten im Privatvermögen – Anmerkungen zum BMF-Schreiben vom 27.11.2001, in: DB 2002, S. 110-114.

Glanegger, Peter, Bewertungseinheit und einheitliches Wirtschaftsgut, in: Ertragsbesteuerung, Festschrift für Ludwig Schmidt, Raupach, Arndt/Uelner, Adalbert (Hrsg.), München 1993, S. 145-160.

Glaum, Martin, Finanzinnovationen und ihre Anwendung in internationalen Unternehmen – dargestellt am Beispiel von Devisenoptionskontrakten, Diss. Univ. Gießen 1991, Gießen 1991.

Grimm, Claus, Das Steuerrecht im Spannungsfeld zwischen wirtschaftlicher Betrachtungsweise und Zivilrecht, in: DStZ/A 1978, S. 283-290.

Groh, Manfred, Die wirtschaftliche Betätigung im rechtlichen Sinne, in: StuW 1989, S. 227-231.

Groh, Manfred, Genußrechtskapital und Maßgeblichkeitsgrundsatz, in: BB 1995, S. 659-660.

Grotherr, Siegfried, Zweifelsfragen bei der Anwendung der Rückfallklausel ("subject to tax clause") gemäß DBA, in: IWB Fach 3, Gr. 2 1997, S. 689-718.

Gruber, Thomas, Der Bilanzansatz in der neueren BFH–Rechtsprechung, Diss. Univ. Saarbrücken 1990, Stuttgart 1991.

Hahne, Klaus D., Kompensatorische Bewertung in der Steuerbilanz – Analyse des BFH-Gerichtsbescheids vom 19.3.2000, in: BB 2003, S. 1943-1947.

Haisch, Martin, Mindern Verluste aus der Veräußerung von argentinischen Staatsanleihen die Steuerlast?, in: DB 2002, S. 1736-1738.

Harenberg, Friedrich E., Argentinienbonds: Finanzminister muss sich nicht beteiligen, in: PIStB 2002, S. 332-334.

Harenberg, Friedrich E., Besteuerung von Zertifikaten, Garantiezertifikaten, Garantiespannen-Zertifikaten und systemorientierten Finanzanlagen (Sofia), in: NWB Fach 3 2002, S. 12151-12156.

Harenberg, Friedrich E., Die neue Jahresbescheinigung für Kapitalanleger – Kritische Annäherung an den neuen § 24c EStG, in: ErbStB 2004, S. 130-133.

Harenberg, Friedrich E./Irmer, Gisbert, Die Besteuerung privater Kapitaleinkünfte, 3. Aufl., Herne/Berlin 2003.

Haun, Jürgen, Hybride Finanzierungsinstrumente im deutschen und US-amerikanischen Steuerrecht – Eine Analyse ihres grenzüberschreitenden Einsatzes aus steuersystematischer und ökonomischer Sicht, Diss. Univ. Mannheim 1996, Frankfurt am Main u.a. 1996.

Haun, Jürgen/Winkler, Hartmut, Vertragsgestaltungen zur Verlagerung des Zeitpunktes der Besteuerung bei Anteilsveräußerungen, in: DStR 2001, S. 1195-1200.

Häuselmann, Holger, Besteuerungsprobleme und Gestaltungsüberlegungen beim grenzüberschreitenden Einsatz von Finanzinnovationen im Banksektor, in: Handbuch der internationalen Steuerplanung, Grotherr, Siegfried (Hrsg.), Herne/Berlin 2000, S. 795-815.

Häuselmann, Holger, Repo-Geschäfte in der Steuerbilanz, in: BB 2000, S. 1287-1293.

Häuselmann, Holger, Wertpapierdarlehen in der Steuerbilanz, in: DB 2000, S. 495-497.

Häuselmann, Holger, Bilanzsteuerliche Aspekte des Wertpapierhandels der Kreditinstitute, Frankfurt am Main 2001.

Häuselmann, Holger, Das richtige „Timing" bei der Kapitaleinkünftebesteuerung, in: DStR 2001, S. 597-604.

Häuselmann, Holger/Wagner, Siegfried, Grenzen der Einbeziehung von Aktienderivaten in das Halbeinkünfteverfahren, in: BB 2002, S. 2170-2175.

Häuselmann, Holger/Wagner, Siegfried, Steuerbilanzielle Erfassung aktienbezogener Anleihen: Option-, Wandel-, Umtausch- und Aktienanleihen, in: BB 2002, S. 2431-2436.

Häuselmann, Holger/Wiesenbart, Thomas, Fragen zur bilanzsteuerlichen Behandlung von Geschäften an der Deutschen Terminbörse (DTB), in: DB 1990, S. 641-647.

Heise, Carsten, Aktienanleihen als Börsentermingeschäfte, in: DB 1998 Beilage 18, S. 17/18.

Herzig, Norbert, Thema I: Hybride Finanzinstrumente im nationalen und internationalen Steuerrecht, in: IStR 2000, S. 482-485.

Herzig, Norbert/Briesemeister, Simone, Steuerbilanzielle Abbildung von Optionsgeschäften beim Stillhalter – Zugleich Urteilsanmerkung zu FG München vom 28.11.2000 7 K 2035/98 sowie FG Hamburg vom 6.12.2001 VI 227/99, in: DB 2002, S. 1570-1579.

Herzig, Norbert/Mauritz, Peter, Micro-Hedges, Macro-Hedges und Portfolio-Hedges für derivative Finanzinstrumente: Kompatibel mit dem deutschen Bilanzrecht?, in: WPg 1997, S. 141-155.

Herzig, Norbert/Mauritz, Peter, Ökonomische Analyse von Konzepten zur Bildung von Bewertungseinheiten: Micro-Hedges, Macro-Hedges und Portfolio-Hedges wünschenswert im deutschen Bilanzrecht?, in: ZfbF 1998, S. 99-128.

Herzog, Roman, Leitlinien und Entwicklungstendenzen der Rechtsprechung des Bundesverfassungsgerichts in Steuerfragen, in: StbJb 1985/86, S. 27-45.

Heuermann, Bernd, EUREX II: Besteuerung von Optionsgeschäften an Terminbörsen – Zugleich Anmerkung zum BFH-Urteil vom 29.6.2004 IX R 26/03, in: DB 2004, S. 1848-1852.

Hirte, Heribert, Stichwort „Genussscheine“, in: HWF, Gehrke, Wolfgang/Steiner, Manfred (Hrsg.), 3. Aufl., Stuttgart 2001, Sp. 967-975.

Hoffmann, Wolf-Dieter, Teil-Nichtanwendungserlass zur Optionsprämienbilanzierung – Anmerkung zum BMF-Schreiben vom 12.1.2004, IV A 6-S 2133-17/03, DStR 2004, 228, in: DStR 2004, S. 625-627.

Homburg, Stefan, Allgemeine Steuerlehre, 3. Aufl., München 2003.

Höpper, Horst-Dieter, Deutsche steuerliche Mißbrauchsvorschriften und das Gemeinschaftsrecht – § 42 AO und § 50d Abs. 1a EStG aus EG-rechtlicher Sicht –, in: Steuerrecht und europäische Integration: Festschrift für Albert J. Rädler zum 65. Geburtstag, Breuninger, Gottfried E. u.a. (Hrsg.), München 1999, S. 305-341.

Hübschmann/Hepp/Spitaler, Abgabenordnung – Finanzgerichtsordnung: Kommentar, 10. Aufl., Köln 1995, Stand: Dezember 2003, (zitiert als: Verfasser, in Hübschmann/Hepp/Spitaler, § ... AO Rz. ...).

Hull, John C., Optionen, Futures und andere Derivate, 4. Aufl., München/Wien 2001.

IDW-Bankenfachausschuß, Stellungnahme BFA 2/1993: Bilanzierung und Prüfung von Financial Futures und Forward Rate Aggreements, in: WPg 1993, S. 517/518.

IDW-Bankenfachausschuß, Stellungnahme 2/1995: Bilanzierung von Optionsgeschäften, in: WPg 1995, S. 421/422.

IDW-Bankenfachausschuß, Rechnungslegungshinweis: Zur Bilanzierung strukturierter Produkte (IDW RH BFA 1.003), in: WPg 2001, S. 916/917.

IDW-Hauptfachausschuß, Stellungnahme HFA 1/1986: Zur Bilanzierung von Zerobonds, in: WPg 1986, S. 248/249.

IDW-Hauptfachausschuß, Stellungnahme HFA 1/1994: Zur Behandlung von Genußrechten im Jahresabschluß von Kapitalgesellschaften, in: WPg 1994, S. 419-423.

Jacob, Friedhelm, Nationalbericht Deutschland, in: cahiers de droit fiscal international – 54th Congress of the International Fiscal Association – München 2000: Tax treatment of hybrid financial instruments in cross-border transactions, International Fiscal Association (Hrsg.), The Hague/London/Boston 2000, S. 313-348.

Jacobs, Otto H., Steuerliche Vorteilhaftigkeit des Einsatzes von Eigen- oder Fremdkapital bei der internationalen Konzernfinanzierung, in: StuW 1996, S. 26-42.

Jacobs, Otto H., Ist die zinskorrigierte Besteuerung ein Ansatz zur Harmonisierung der Unternehmensbesteuerung in Europa?, in: Aussensteuerrecht, Doppelbesteuerungsabkommen und EU-Recht im Spannungsverhältnis: Festschrift für Helmut Debatin zum 70. Geburtstag, Burmester, Gabriele/Endres, Dieter (Hrsg.), München 1997, S. 207-233.

Jacobs, Otto H., Internationale Unternehmensbesteuerung – Deutsche Investitionen im Ausland – Ausländische Investitionen im Inland, 5. Aufl., München 2002.

Janssen, Bernhard, Abgrenzung zwischen gewinnabhängig und gewinnunabhängig verzinsten Darlehen bei § 8a KStG, in: FR 1997, S. 333-336.

Jurowsky, Rainer, Fremdwährungseinflüsse bei der Veräußerung von Wertpapieren im Rahmen des § 23 EStG – Anmerkung zum BMF-Schreiben vom 25.10.2004, in: DB 2004, S. 2711-2715.

Kane, Edward J., Interaction of financial and regulatory innovation, in: AER 1988, S. 328-334.

Kilgus, Stefan, Anleihen mit Tilgungswahlrecht des Emittenten (Reverse Convertibles), in: WM 2001, S. 1324-1330.

Kirchhof, Paul, Steuerumgehung und Auslegungsmethoden, in: StuW 1983, S. 173-183.

Klein, Franz, Abgabenordnung – einschließlich Steuerstrafrecht, 7. Aufl., München 2000 (zitiert als Klein/Verfasser, AO § ... Rz. ...).

Kluge, Volker, Das internationale Steuerrecht – Gemeinschaftsrecht, Außensteuerrecht, Abkommensrecht, 4. Aufl., München 2000.

Kraft, Cornelia, Steuergerechtigkeit und Gewinnermittlung – Eine vergleichende Analyse des deutschen und US-amerikanischen Steuerrechts, Diss. Univ. Mannheim 1990, Wiesbaden 1991.

Krag, Joachim/Kasperzak, Rainer, Grundzüge der Unternehmensbewertung, München 2000.

Krawitz, Norbert, Die einkommensteuerliche Abgrenzung gewinnunabhängiger Erträge bei innovativen Wertpapieren des Privatvermögens (Teil I), in: DStR 1996, S. 1265-1272.

Kropp, Matthias/Klotzbach, Daniela, Der Vorschlag des IASB zum Makro Hedge Accounting, in: WPg 2003, S. 1180-1192.

Kruse, Heinrich Wilhelm, Ende oder neuer Anfang der wirtschaftlichen Betrachtungsweise? Anmerkungen zur Rechtsprechung des Bundesfinanzhofes, in: JbFSt 1975/76, S. 35-51.

Kruse, Heinrich Wilhelm, Steuerumgehung zwischen Steuervermeidung und Steuerhinterziehung, in: StbJb 1978/1979, S. 443-460.

Kruse, Heinrich Wilhelm, Lehrbuch des Steuerrechts, Bd. 1: Allgemeiner Teil, München 1991.

Kuhn, Steffen/Scharpf, Paul, Finanzinstrumente: Welche Gestaltungsspielräume enthalten die Regelungen zur erstmaligen Anwendung von IAS 32 und IAS 39 für die Praxis?, in: DB 2004, S. 261-264.

Lancaster, Kelvin, A new approach to consumer theory, in: The Journal of Political Economy 1966, S. 132-157.

Lancaster, Kelvin, Change and innovation in the technology of consumption, in: AER 1966, S. 14-23.

Lancaster, Kelvin, Consumer demand – A new approach, New York/London 1971.

Lang, Joachim, Entwurf eines Steuergesetzbuchs, Bonn 1993.

Lang, Michael, Hybride Finanzierungen im Internationalen Steuerrecht – Rechtsgrundlagen der Doppelbesteuerungsabkommen zur Beurteilung von Mischformen zwischen Eigen- und Fremdkapital, Diss. Univ. Wien o.J., Wien 1991.

Lang, Michael, Generalbericht, in: cahiers de droit fiscal international – 58th Congress of the International Fiscal Association – Wien 2004: Double non-taxation, International Fiscal Association (Hrsg.), The Hague/London/Boston 2004, S. 21-72.

Larenz, Karl, Methodenlehre der Rechtswissenschaft, 6. Aufl., Berlin u.a. 1991.

Llewellyn, David, Financial innovation: a basic analysis, in: Papeles de Economia Espanola 1988, S. 14-51.

Lohr, Andreas, Kapitalanlage nach der Unternehmenssteuerreform (Steuersenkungsgesetz): Ein Leitfaden für Anleger und ihre Berater, München 2001.

Löw, Edgar/Schildbach, Stephan, Financial Instruments – Änderungen von IAS 39 aufgrund des Amendments Project des IASB, in: BB 2004, S. 875-882.

Luttermann, Claus, Aktienverkaufoptionsanleihen („reverse convertible notes"), standardisierte Information und Kapitalmarktdemokratie, in: ZIP 2001, S. 1901-1906.

Marshall, John F./Bansal, Vipul K. (Hrsg.), Financial engineering – A complete guide to financial innovation, New York u.a. 1992.

Marshall, John F./Bansal, Vipul K., Arbitrage and synthetic instruments, in: Financial engineering – A complete guide to financial innovation, Marshall, John F./Bansal, Vipul K. (Hrsg.), New York u.a. 1992, S. 573-608, hier S. 598-601.

Matschke, Manfred Jürgen, Finanzierung der Unternehmung, Herne/Berlin 1991.

Mauritz, Peter, Konzepte der Bilanzierung und Besteuerung derivativer Finanzinstrumente, Diss. Univ. Köln 1996, Wiesbaden 1997.

McCormick, Roger/Creamer, Harriet, Hybrid corporate securities – international legal aspects, London 1987.

Meffert, Heribert, Marketing, 9. Aufl., Wiesbaden.

Mellwig, Winfried, Investition und Besteuerung, Wiesbaden 1985.
Menger, Jörg/Schmitt, Bernd, Taxation of option premiums: conflicting decisions in German tax courts, in: Journal of international taxation 8/2002, S. 30-34.
Mick, Marcus, Steuersenkungsgesetz: Gefährdung der Steuerfreiheit von Veräußerungsgewinnen nach § 8b Abs. 2 und 4 KStG n. F. bei bestimmten Formen des Wertpapierhandels, in: DB 2000, S. 1682-1683.
Miller, Merton H., Financial innovations and market volatility, Cambridge/Oxford 1991.
Möller, Christian, Die wirtschaftliche Betrachtungsweise im Privatrecht: dargestellt an den Kapitalaufbringungs- und -erhaltungsvorschriften im Recht der GmbH, Diss. Univ. Bayreuth 1995/1996, Berlin 1997.
Mössner, Jörg Manfred, Die Methoden zur Vermeidung der Doppelbesteuerung – Vorzüge, Nachteile, aktuelle Probleme, in: Grundfragen des internationalen Steuerrechts, Vogel, Klaus (Hrsg.), Köln 1985, S. 135-169.
Mössner, Jörg Manfred, Typusbegriffe im Steuerrecht, in: Festschrift für Heinrich Wilhelm Kruse zum 70. Geburtstag, Drenseck, Walter/Seer, Roman (Hrsg.), Köln 2001, S. 161-181.
Moxter, Adolf, Zur wirtschaftlichen Betrachtungsweise im Bilanzsteuerrecht, in: StuW 1989, S. 232-241.
Moxter, Adolf, Bilanzrechtsprechung, 5. Aufl., Tübingen 1999.
Mühlhäuser, Felix/Stoll, Heiko, Besteuerung von Wertpapierdarlehns- und Wertpapierpensionsgeschäften, in: DStR 2002, S. 1597-1602.
Müller, Jörg, Aktienanleihen: Einordnung als Termingeschäft und Erfordernis schriftlicher Aufklärung?, in: ZBB 2001, S. 363-377.
Müller, Thomas/Reinke, Rüdiger, Behandlung von Genußrechten im Jahresabschluß – Eine kritische Bestandsaufnahme, in: WPg 1995, S. 569-576.
Müller-Möhl, Ernst, Optionen und Futures, 5. Aufl., Stuttgart 2002.
Musgrave, Richard A., Fiscal systems, New Haven u.a. 1969.
Musgrave, Richard A./Musgrave Peggy B., Inter-nation equity, in: Modern fiscal issues, Essays in honor of Carl S. Shoup, Bird, R.M./Head, J. G. (Hrsg.), Toronto 1972, S. 63-85.
Musgrave, Richard A./Musgrave Peggy B./Kullmer, Lore, Die öffentlichen Finanzen in Theorie und Praxis – Bd. 2, 5. Aufl., Tübingen 1993.
Musgrave, Richard A./Musgrave Peggy B./Kullmer, Lore, Die öffentlichen Finanzen in Theorie und Praxis – Bd. 1, 6. Aufl., Tübingen 1994.
Naumann, Thomas K., Bewertungseinheiten im Gewinnermittlungsrecht der Banken, Diss. Univ. Frankfurt am Main 1994, Düsseldorf 1995.
Niehans, Jürg, Financial innovation, multinational banking and monetary policy, in: Journal of Banking and Finance 1983, S. 537-551.

Nelles, Michael/ Klusemann, Markus, Die Bedeutung der Finanzierungsalternative Mezzanine-Capital im Kontext von Basel II für den Mittelstand, in: FB 2003, S. 1-10.

Neumark, Fritz, Grundsätze gerechter und ökonomisch rationaler Steuerpolitik, Tübingen 1970.

OECD, Kommentar zum Musterabkommen auf dem Gebiet der Steuern vom Einkommen und Vermögen, Paris 2003.

Oestreicher, Andreas/Haun, Jürgen, Problembereiche der nationalen und internationalen Ertragsbesteuerung von Zinsderivaten, in: DStR Beihefter zu Heft 50 1995, S. 1-16.

Ohmer, Michael, Die Grundlagen der Einkommensteuer: Gerechtigkeit und Effizienz, Diss. Univ. Mannheim 1996, Frankfurt am Main u.a. 1997.

Oho, Wolfgang/Remmel, Matthias, Die Besteuerung von Hedge-Fonds-Zertifikaten im Privatvermögen, in: BB 2002, S. 1449-1456.

Paukstadt, Maik/Deiritz, Thomas, Fremdwährungsgeschäfte im Rahmen des § 23 EStG, in: DStR 2004, S. 806-809.

Penney, Mark, National Report United Kingdom, in: cahiers de droit fiscal international – 54th Congress of the International Fiscal Association – München 2000: Tax treatment of hybrid financial instruments in cross-border transactions, International Fiscal Association (Hrsg.), The Hague/London/Boston 2000, S. 645-664.

Perridon, Louis/Steiner, Manfred, Finanzwirtschaft der Unternehmung, 12. Aufl., München 2003.

Plambeck, Charles T./Rosenbloom, H. David/Ring, Diane M., Generalbericht, in: cahiers de droit fiscal international – 49th Congress of the International Fiscal Association – Cannes 1995: Tax aspects of derivative financial instruments, International Fiscal Association (Hrsg.), The Hague/London/Boston 1995, S. 735-779.

Pohl, Wolfgang, Neue Generation derivativer Finanzinstrumente – Anlaß zu juristischer Nachstellung?, in: WM 1995, S. 957-964.

Portner, Rosemarie, Nationalbericht Deutschland, in: cahiers de droit fiscal international – 49th Congress of the International Fiscal Association – Cannes 1995: Tax aspects of derivative financial instruments, International Fiscal Association (Hrsg.), The Hague/London/Boston 1995, S. 229-249.

Prahl, Reinhard/Naumann, Thomas K., Moderne Finanzinstrumente im Spannungsfeld zu traditionellen Rechnungslegungsvorschriften: Barwertansatz, Hedge-Accounting und Portfolio-Approach, in: WPg 1992, S. 709-719.

Prahl, Reinhard/Naumann, Thomas K., Financial Instruments, in: Handbuch des Jahresabschlusses in Einzeldarstellungen, von Wysocki, Klaus/Schulze-Osterloh, Joachim (Hrsg.), Köln 2000, Abt. II/10, S. 1-161.

Prätzler, Robert C., Überlegungen zur steuerlichen Behandlung vereinnahmter Optionsprämien im Betriebsvermögen – Zugleich Anmerkung zum Urteil des FG München vom 28.11.2000, 7 K 2035/98, in: DStR 2001, S. 927-931.

Prinz, Ulrich, Gestaltungsmöglichkeiten und -grenzen bei § 8a KStG, in: FR 1994, S. 622-635.

Pross, Achim C., Swap, Zins und Derivat: Finanzinnovationen im nationalen und internationalen Steuerrecht unter besonderer Berücksichtigung des Zinsbegriffes, Diss. Univ. München 1996, München 1998.

Rabenhorst, Dirk, DTB-gehandelte Optionen und Futures im Jahresabschluß, Diss. Frankfurt am Main 1998, Frankfurt am Main u.a. 1999.

Reding, Kurt/Müller, Walter, Einführung in die Allgemeine Steuerlehre, München 1999.

Reiner, Günter, Derivative Finanzinstrumente im Recht, Habil. Univ. Konstanz 2001, Baden-Baden 2002.

Rödder, Thomas/Schumacher, Andreas, Unternehmenssteuerreform 2001: Wesentliche Änderungen des Steuersenkungsgesetzes gegenüber dem Regierungsentwurf und Regeln zu seiner erstmaligen Anwendung, in: DStR 2000, S. 1453-1460.

Rödder, Thomas/Schumacher, Andreas, Erster Überblick über die geplanten Steuerverschärfungen und -entlastungen für Unternehmen zum Jahreswechsel 2003/2004, in: DStR 2003, S. 1725-1736.

Rödder, Thomas/Schumacher, Andreas, Ertragsteuerliche Änderungen für Unternehmen zum Jahreswechsel 2003/2004 – Die wesentlichen Veränderungen der verabschiedeten Gesetze gegenüber den Regierungsentwürfen, in: DStR 2004, S. 207-210.

Rödder, Thomas/Wochinger, Peter, Veräußerungen von Kapitalgesellschaftsanteilen durch Kapitalgesellschaften – Gestaltungsüberlegungen im Hinblick auf § 8b Abs. 2 KStG, in: FR 2001, S. 1253-1270.

Röhl, Klaus F., Allgemeine Rechtslehre: Ein Lehrbuch, 2. Aufl., Köln u.a. 2001.

Rose, Gerd/Glorius-Rose, Cornelia, Mißbrauchsrechtsprechung des BFH in Bewegung, in: DB 2000, S. 1633-1638.

Rose, Manfred, Plädoyer für ein konsumbasiertes Steuersystem, in: Konsumorientierte Neuordnung des Steuersystems, Rose, Manfred (Hrsg.), Berlin u.a. 1991, S. 7-34.

Rose, Manfred, Einführung marktorientierter Einkommensteuersysteme in osteuropäischen Reformstaaten, in: Einkommen versus Konsum – Ansatzpunkte zur Steuerreform, Smekal, Christian u.a. (Hrsg.), Heidelberg 1999, S. 167-215.

Rund, Thomas, Zeitliche Verlagerung der Besteuerung von Anteilsveräußerungen i.S.d. § 17 EStG in das Halbeinkünfteverfahren – Hinweise zur Vertragsgestaltung bei vorzeitigem Vertragsschluß, in: GmbHR 2001, S. 96-100.

Scharpf, Paul, Derivative Finanzinstrumente im Jahresabschluß unter Prüfungsgesichtspunkten – Erfassung, Abwicklung und Bildung von Bewertungseinheiten, in: BFuP 1995, S. 166-208.

Scharpf, Paul, Überlegungen zur Bilanzierung strukturierter Produkte (Compound Instruments), in: FB 1999, S. 21-30.

Scharpf, Paul, Finanzinnovationen, in: Handbuch der Rechnungslegung Einzelabschluss, Küting, Karl-Heinz/Weber, Claus-Peter (Hrsg.), 5. Aufl., Stuttgart 2003, Kapitel 6, S. 251-312.

Scharpf, Paul/Luz, Günther, Risikomanagement, Bilanzierung und Aufsicht von Finanzderivaten, 2. Aufl., Stuttgart 2000.

Schaumburg, Harald, Internationales Steuerrecht: Außensteuerrecht, Doppelbesteuerungsrecht, 2. Aufl., Köln 1998.

Schaumburg, Harald, Gestaltungsmißbrauch bei grenzüberschreitenden Geschäftsbeziehungen, in: Der Fachanwalt für Steuerrecht im Rechtswesen: gleichzeitig ein Beitrag zur Gestaltungs- und Durchsetzungsberatung; Festschrift 50 Jahre Arbeitsgemeinschaft der Fachanwälte für Steuerrecht e.V. und 50 Jahre Steuerrechtliche Arbeitstagung, Herne u.a. 1999, S. 467-484.

Scheffler, Wolfram, Besteuerung von Unternehmen Bd. I: Ertrag-, Substanz- und Verkehrsteuern, 6. Aufl., Heidelberg 2003.

Scherrer, Gerhard, Bilanzielle Behandlung von Schuldverschreibungen mit Emittentenwahlrecht, in: DStR 1999, S. 1205-1208.

Schmid, Hubert/Mühlhäuser, Felix, Wirtschaftliches Eigentum und Gewinnrealisierung bei der Wertpapierleihe, in: BB 2001, S. 2609-2618.

Schmidt, Ludwig (Hrsg.), EStG – Kommentar, 23. Aufl., München 2004, (zitiert als: Schmidt/Bearbeiter, § ... EStG Rz. ...).

Schmidt, Reinhard H./Terberger, Eva, Grundzüge der Investitions- und Finanzierungstheorie, 4. Aufl., Wiesbaden 1997.

Schmitt, Bernd/Krause, Haiko, Argentinienbonds keine Finanzinnovation? – Anmerkungen zum BMF-Schreiben vom 14.7.2004, DStR 2004, 1339, in: DStR 2004, S. 2042-2045.

Schmittmann, Peter/Weppler, Axel, Voraussetzungen der Verlustausgleichsbeschränkung bei Termingeschäften im Betriebsvermögen, in: DStR 2001, S. 1783-1788.

Schneider, Dieter, Bilanzrechtsprechung und wirtschaftliche Betrachtungsweise, in: BB 1980, S. 1225-1232.

Schneider, Dieter, Was verlangt eine marktwirtschaftliche Steuerreform: Einschränkungen des Verlustmantelkaufs oder Ausweitung des Verlustausgleichs durch handelbare Verlustverrechnungsgutscheine?, in: BB 1988, S. 887-896.

Schneider, Dieter, Reform der Unternehmensbesteuerung aus betriebswirtschaftlicher Sicht, in: StuW 1989, S. 328-339.

Schneider, Dieter, Investition, Finanzierung und Besteuerung, 7. Aufl., Wiesbaden 1992.

Schneider, Dieter, Grundzüge der Unternehmensbesteuerung, 6. Aufl., Wiesbaden 1994.

Schreiber, Ulrich, Notwendigkeit und Alternativen einer Reform der Besteuerung von Kapitaleinkommen, in: Aspekte der Unternehmensbesteuerung in Europa, Jacobs, Otto H./Spengel, Christian (Hrsg.), Baden-Baden 1996, S. 85-115.

Schreiber, Ulrich/Stellpflug, Thomas, Einkommen oder Konsum als Steuerbasis, in: WiSt 1999, S. 186-192.

Schumacher, Andreas, Gestaltungsmöglichkeiten bei der privaten Kapitalanlage – Die Unabhängigkeit der Besteuerung der Erträge aus sonstigen Kapitalforderungen von der zivilrechtlichen Ausgestaltung der Kapitalanlage, in: DStR 1996, S. 1505-1513.

Schumacher, Andreas, Die Besteuerung von Compound Instruments beim Privatanleger am Beispiel von Reverse Convertibles – Zugleich Anmerkung zum BMF-Schreiben vom 7.10.1999, DStR 1999, 2032, in: DStR 2000, S. 416-418.

Schumpeter, Joseph A., Konjunkturzyklen – Eine theoretische, historische und statistische Analyse des kapitalistischen Prozesses, Erster Band, Göttingen 1961.

Schumpeter, Joseph A., Theorie der wirtschaftlichen Entwicklung – Eine Untersuchung über Unternehmensgewinn, Kapital, Kredit, Zins und den Konjunkturzyklus, 8. Aufl., Berlin 1993.

Schwinger, Reiner, Einkommens- und konsumorientierte Steuersysteme – Wirkungen auf Investition, Finanzierung und Rechnungslegung, Diss. Univ. Tübingen 1991, Heidelberg 1992.

Schwinger, Reiner, Konsum oder Einkommen als Bemessungsgrundlage direkter Steuern?, in: StuW 1994, S. 39-50.

Schwitters, Jürgen/Bogajewskaja, Janina, B730 Bilanzierung von derivativen Finanzinstrumenten, in: Beck'sches Handbuch der Rechnungslegung Bd. 2, Castan, Edgar u.a. (Hrsg.), München 2002.

Seibt, Christoph H., Unternehmenskauf und -verkauf nach dem Steuersenkungsgesetz, in: DStR 2000, S. 2061-2076.

Selling, Heinz-Jürgen, Besteuerung grenzüberschreitend eingesetzter Finanzierungsinstrumente, in: IWB Fach 10 Gruppe 8 1999, S. 223-264.

Sen, Bidyut, Hybrid securities, in: Financial engineering – A complete guide to financial innovation, Marshall, John F./Bansal, Vipul K. (Hrsg.), New York u.a. 1992, S. 475-492.

Serfling, Klaus/Pape, Ulrich, Financial Engineering am Beispiel von Aktienanleihen, in: FB 2000, S. 388-393.

Silber, William L., Towards a theory of financial innovation, in: Financial innovation, Silber, William L. (Hrsg.), Lexington/Toronto/London 1975, S. 53-85.

Silber, William L. The process of financial innovation, in: AER 1983, S. 89-95.

Sinn, Hans-Werner, Kapitaleinkommensbesteuerung – Eine Analyse der intertemporalen, internationalen und intersektoralen Allokationswirkungen, Tübingen 1985.

Smith, Adam, Der Wohlstand der Nationen – Eine Untersuchung seiner Natur und seiner Ursachen, Recktenwald, Horst-Claus (Hrsg.), 9. Aufl., München 2001.

Sorgenfrei, Ulrich, Zur Neuregelung der Besteuerung von Verlusten aus betrieblichen Termingeschäften, in: DStR 1999, S. 1928-1936.

Steiner, Manfred/Bruhns, Christoph, Wertpapiermanagement, 8. Aufl., Stuttgart 2002.

Steiner, Manfred/Tebroke, Hermann-Josef/Wallmeier, Martin, Konzepte der Rechnungslegung für Finanzderivate, in: WPg 1995, S. 533-544.

Stiglitz, Joseph E./Schönfelder, Bruno, Finanzwissenschaft, 2. Aufl., München/Wien 1989.

Swoboda, Peter, Cash-Flow-Steuern und Finanzierungsneutralität, in: Konsumorientierte Neuordnung des Steuersystems, Rose, Manfred (Hrsg.), Berlin u.a. 1991, S. 473-489.

Tebroke, Hermann-Josef, Stichwort „Finanzinnovationen", in: HWF, Gehrke, Wolfgang/Steiner, Manfred (Hrsg.), 3. Aufl., Stuttgart 2001, Sp. 811-825.

Thies, Angelika, Rückstellungen als Problem der wirtschaftlichen Betrachtungsweise, Diss. Univ. München 1996, Frankfurt am Main u.a. 1996.

Tibo, Frank, Die Besteuerung von Termingeschäften im Betriebsvermögen gemäß § 15 Abs. 4 EStG, in: DB 2001, S. 2369-2372.

Tipke, Klaus, Die Steuerrechtsordnung, Bd. 3: Föderative Steuerverteilung, Rechtsanwendung und Rechtsschutz, Gestalter der Rechtsordnung, Köln 1993.

Tipke, Klaus, Die Steuerrechtsordnung, Bd. 1: Wissenschaftsorganisatorische, systematische und grundrechtlich-rechtsstaatliche Grundlagen, 2. Aufl., Köln 2000.

Tipke, Klaus/Kruse, Heinrich Wilhelm, Abgabenordnung, Finanzgerichtsordnung: Kommentar zur AO 1977 und FGO (ohne Steuerstrafrecht), Loseblattausgabe, Grundwerk 16. Aufl., Köln 1996, Aktueller Stand August 2002 (zitiert als Verfasser, in: Tipke/Kruse, § ... AO, Rz. ...).
Tipke, Klaus/Lang, Joachim, Steuerrecht, 17. Aufl., Köln 2002, (zitiert als Verfasser, in: Tipke/Lang, Steuerrecht, § ... Rz. ...).
Tschesche, Frank, Die Übertragung wirtschaftlichen Eigentums an Anteilen von Kapitalgesellschaften, in: WPg 2002, S. 965-972.
Unfried, Alexander, Besteuerung des Dividenden-Stripping nach der neueren Rechtsprechung des BFH, in: DStR 2000, S. 993-999.
Urbas, Helmut, Die wirtschaftliche Betrachtungsweise im Steuerrecht, Frankfurt am Main u.a. 1987.
van Horne, James C., Of financial innovations and excesses, in: The Journal of Finance 1985, S. 621-631.
Vera, Antonio, Das steuerliche Zielsystem einer international tätigen Großunternehmung – Ergebnisse einer empirischen Untersuchung, in: StuW 2001, S. 308-315.
Vogel, Klaus, Die Besteuerung von Auslandseinkünften – Prinzipien und Praxis –, in: Grundfragen des internationalen Steuerrechts, Vogel, Klaus (Hrsg.), Köln 1985, S. 3-31.
Vogel, Klaus, Die Mär von den "Rückfall-Klauseln" in Doppelbesteuerungsabkommen, in: IStR 1997, Beihefter zu Heft 24, S. 1-12.
Vogel, Klaus/Lehner, Moris, Doppelbesteuerungsabkommen – Kommentar, 4. Aufl., München 2003 (zitiert als: Bearbeiter, in Vogel/Lehner DBA, Art. ... Rz. ...).
Wagner, Franz W., Die zeitliche Erfassung steuerlicher Leistungsfähigkeit, in: Zeitaspekte in betriebswirtschaftlicher Theorie und Praxis, Hax, Herbert u.a. (Hrsg.), Stuttgart 1989, S. 261-277.
Wagner Franz W., Neutralität und Gleichmäßigkeit als ökonomische und rechtliche Kriterien steuerlicher Normkritik, in: StuW 1992, S. 2-13.
Wagner, Franz W., Die Integration einer Abgeltungssteuer in das Steuersystem – Ökonomische Analyse der Kapitaleinkommensbesteuerung in Deutschland und der EU, in: DB 1999, S. 1520-1528.
Wagner, Franz W., Eine Einkommensteuer muß eine konsumorientierte Steuer sein, in: Einkommen versus Konsum – Ansatzpunkte zur Steuerreform, Smekal, Christian u.a. (Hrsg.), Heidelberg 1999, S. 15-35.
Wagner, Franz W./Schwinger, Reiner, Der Einfluß einer Cash-flow-Steuer auf Finanzierung und Rechnungslegung, in: Konsumorientierte Neuordnung des Steuersystems, Rose, Manfred (Hrsg.), Berlin u.a. 1991, S. 495-521.

Wagner, Franz W./Wenger, Ekkehard, Theoretische Konzeptionen und legislative Transformation eines marktwirtschaftlichen Steuersystems in der Republik Kroatien, in: Regulierung und Unternehmenspolitik: Methoden und Ergebnisse der betriebswirtschaftlichen Rechtsanalyse, Sadowski, Dieter u.a. (Hrsg.), Wiesbaden 1996, S. 399-415.

Wagner, Franz W./Wissel, Harald, Entscheidungsneutralität der Besteuerung als Leitlinie einer Reform der Einkommensteuer, in: WiSt 1995, S. 65-70.

Wagner, Siegfried, Die Konkurrenz zwischen dem Grundsatz der Einzelbewertung und der Bildung von Bewertungseinheiten – Teil I, in: INF 2003, S. 783-787.

Wagner, Siegfried, Die Konkurrenz zwischen dem Grundsatz der Einzelbewertung und der Bildung von Bewertungseinheiten – Teil II, in: INF 2003, S. 820-825.

Weber-Grellet, Heinrich, Der Typus des Typus, in: Handelsbilanzen und Steuerbilanzen: Festschrift zum 70. Geburtstag von Prof. Dr. h.c. Heinrich Beisse, Budde, Wolfgang Dieter u.a. (Hrsg.), Düsseldorf 1997, S. 551-569.

Weber-Grellet, Heinrich, Steuern im modernen Verfassungsstaat – Funktionen, Prinzipien und Strukturen des Steuerstaats und des Steuerrechts, Habil. Univ. Münster 2001, Köln 2001.

Wehrheim, Michael, Liquiditäts- bzw. Rentabilitätseffekte aufgrund der Inanspruchnahme steuerlicher Finanzierungshilfen, in: ZfB 1997, S. 151-178.

Wehrheim, Michael, Investitionscontrolling, 2. Aufl., Frankfurt am Main/München 2000.

Wehrheim, Michael, Grundzüge der Unternehmensbesteuerung, München 2002.

Wehrheim, Michael, Einkommensteuer und Steuerwirkungslehre, 2. Aufl., Wiesbaden 2004.

Wehrheim, Michael/Krause, Haiko, Steuerbilanzielle Erfassung erhaltener Optionsprämien vor und nach dem BFH-Urteil vom 18.12.2002, in: BB 2003, S. 1552-1556.

Wehrheim, Michael/Krause, Haiko, Jahresabschlussanalyse: Fallstudie – TELECOMMUNICA AG, in: Internationale Rechnungslegung, Prüfung und Analyse, Brösel, Gerrit/Kasperzak, Rainer (Hrsg.), München 2004, S. 572-592.

Wehrheim, Michael/Renz, Anette, Die Steuerbilanz, München 2003.

Wehrheim, Michael/Schmitz, Thorsten, Jahresabschlussanalyse, Stuttgart/Berlin/Köln 2001.

Wellmann, Udo, Sind notleidende Anleihen des Privatvermögens Kursdifferenzpapiere i.S. von § 20 (2) Satz 1 Nr. 4 EStG?, in: DStZ 2002, S. 179/180.

Wengel, Torsten, Die handelsrechtliche Eigen- und Fremdkapitalqualität von Genussrechtskapital, in: DStR 2001, S. 1316-1324.

Wenger, Ekkehard, Traditionelle versus zinsbereinigte Einkommens- und Gewinnbesteuerung: Vom Sammelsurium zum System, in: Standpunkte zur aktuellen Steuerreform, Rose, Manfred (Hrsg.), Heidelberg, 1997, S. 115-140.

Wenger, Ekkehard, Warum die Finanzwissenschaft bei der Suche nach einer theoretischen Basis für die Einkommensteuer erfolglos bleiben mußte, in: Einkommen versus Konsum – Ansatzpunkte zur Steuerreform, Smekal, Christian u.a. (Hrsg.), Heidelberg 1999, S. 37-63.

Widmayer, Gerhard, Genussrechte als Instrument für grenzüberschreitende Finanzierungen, in: IStR 2001, S. 337-343.

Widmayer, Gerhard, Risikomanagement mit Derivaten im Internationalen Steuerrecht, Diss. München 2002, Lohmar/Köln 2002.

Wiedmann, Harald, Die Bewertungseinheit im Handelsrecht, in: Bilanzrecht und Kapitalmarkt – Festschrift für Adolf Moxter, Ballwieser, Wolfgang (Hrsg.), Düsseldorf 1994, S. 453-482.

Wiese, Götz Tobias/Dammer, Thomas, Zusammengesetzte Finanzinstrumente der AG, in: DStR 1999, S. 867-876.

Wilkens, Marco/Scholz, Hendrik/Völker, Jörg, Duplikation und Bewertung strukturierter Finanzprodukte – Callable Step-Up Bonds, in: Die Bank 1999, S. 262-268.

Windmöller, Rolf/Breker, Norbert, Bilanzierung von Optionsgeschäften, in: WPg 1995, S. 389-401.

Wissenschaftlicher Beirat des Bundesministeriums der Finanzen, Reform der internationalen Kapitaleinkommensbesteuerung, Bundesministerium der Finanzen (Hrsg.), Bonn 1999.

Wohlfahrt, Jürgen/Brause, Christian, Strukturierte Wertpapiere als Termingeschäfte?, in: WM 1998, S. 1859-1869.

Woywode, Uwe, Derivative Finanzinstrumente im Recht der Doppelbesteuerungsabkommen, Diss. Univ. Wien 2003, Willingshausen 2004.

Zellner, Florian, Die steuerliche Behandlung von Stillhalterprämien bei Investmentfonds nach dem InvStG, in: DB 2004, S. 1522-1524.

Zimmermann, Horst/Henke, Klaus-Dirk, Finanzwissenschaft – Eine Einführung in die Lehre von der öffentlichen Finanzwirtschaft, 8. Aufl., München 2001.

Zwirner, Thomas, Stichwort „Financial Engineering", in: HWF, Gehrke, Wolfgang/Steiner, Manfred (Hrsg.), 3. Aufl., Stuttgart 2001, Sp. 692-704.

2. Entscheidungen/Erlasse

Reichsfinanzhof

RFH vom 17.09.1931 A-1016/30, in: RStBl. III 1931, S. 868.

Bundesverfassungsgericht

BVerfG-Beschluss vom 27.12.1991, 2-BvR-72/90, mit Anmerkungen von Jens Peter Meincke, in: StuW 1992, S. 186-190.

Bundesgerichtshof

BGH vom 12.03.2002 XI-ZR-258/01, in: DStR 2002, S. 1055-1057.

Bundesfinanzhof

BFH vom 26.01.1970 IV-R-144/66, in: BStBl. II 1970, S. 264.

BFH vom 29.11.1982 GrS-1/81, in: BStBl. II 1983, S. 272.

BFH vom 13.12.1983 VIII-R-173/83, in: BStBl. II 1984, S. 428.

BFH vom 30.05.1984 I-R-146/81, in: BStBl. II 1984, S. 825.

BFH vom 22.08.1984 I-R-198/80, in: BStBl. II 1985, S. 126.

BFH vom 10.03.1988 IV-R-226/85, in: BStBl. II 1988, S. 832.

BFH vom 16.05.1989 VIII-R-196/84, in: BStBl. II 1989, S. 877.

BFH vom 20.09.1989 X-R-140/87, in: BStBl. II 1990, S. 368.

BFH vom 27.09.1989 VIII-R-193/83, in: BStBl. II 1989, S. 414.

BFH vom 28.09.1990 III-R-178/86, in: BStBl. II 1991, S. 187.

BFH vom 18.10.1990 IV-R-36/90, in: BStBl. II 1991, S. 205.

BFH vom 28.11.1990 XR-197/87, in: BStBl. II 1991, S. 300.

BFH vom 17.01.1991 IV-R-132/85, in: BStBl. II 1991, S. 607.

BFH vom 21.11.1991 V-R-20/87, in: BStBl. II 1992, S. 446.

BFH vom 18.12.1991 XI-R-40/89, in: BStBl. II 1992, S. 486.

BFH vom 19.01.1994 I-R-67/92, in: BStBl. II 1996, S. 77.

BFH vom 17.06.1998 X-R-68/95, in: BStBl. II 1998, S. 667.

BFH vom 27.07.1999 VIII-R-36/98, in: BStBl. II 1999, S. 769.

BFH vom 15.12.1999 I-R-29/97, in: BStBl. II 2000, S. 527.

BFH vom 02.05.2000 IX-R-73/98, in: BStBl. II 2000, S. 614.

BFH vom 07.08.2000 GrS-2/99, in: BStBl. II 2000, S. 632.

BFH vom 20.03.2002 I-R-63/99, mit Anmerkungen von Peter Fischer, in: FR 2002, S. 1077-1082.

BFH vom 18.12.2002 I-R-11/02, mit Anmerkungen von Christoph Watrin, in: BB 2003, S. 841-843.

BFH vom 18.12.2002 I-R-17/02, in: BStBl. II 2004, S. 126.

BFH vom 04.06.2003 I-R-89/02, mit Anmerkungen von M. Wendt, in: FR 2003, S. 1043-1045.

BFH vom 24.06.2003 IX-R-2/02, mit Anmerkungen von Friedrich E. Harenberg, in: FR 2003, S. 1137-1140.

BFH vom 25.02.2004 I-R-54/02, in: BStBl. II 2004, S. 654.

BFH vom 29.06.2004 IX-R-26/03, in: DB 2004, S. 1862-1864.

Finanzgerichte
FG Bremen vom 30.09.2002 3-K-160/02 und 3-K-161/02, in: DStRE 2003, S. 546.
FG Hamburg vom 06.12.2001 VI-227/99, in: EFG 2002, S. 559.
FG München vom 24.06.1999 13-K-3521/97, in: DStRE 2000, S. 18.
FG Münster vom 18.11.1999 1-K-4685/96-E, in: EFG 2000, S. 374.
FG Rheinland-Pfalz vom 26.08.2002 5-K-3050/00, in: EFG 2002, S. 1444.
FG Schleswig-Holstein vom 15.03.2000 I-714/91, in: EFG 2000, S. 1057.

BMF-Schreiben
BMF vom 15.12.1994 IV B 7-S 2742a-63/94, in: BStBl. I 1995, S. 25.
BMF vom 25.02.2000 IV C 2-S 2171b-14/00, in: BStBl. I 2000, S. 372.
BMF vom 02.03.2001 IV C 1-S 2252-56/01, in: BStBl. I 2001, S. 206.
BMF vom 27.11.2001 IV C 3-S 2256-265/01, in: BStBl. I 2001, S. 986.
BMF vom 22.12.2003 IV B 6-S 1300-852/03, in: BStBl. I 2004, S. 135.
BMF vom 12.01.2004 IV A 6-S 2133-17/03, in: BStBl. I 2004, S. 192.
BMF vom 14.07.2004 IV C 1-S 2252-171/04, in: BStBl. I 2004, S. 611.
BMF vom 25.10.2004 IV C 3-S 2256-238/04, in: DB 2004, S. 2393-2399.

3. Rechtsquellen

Abgabenordnung 1977, in der Fassung der Bekanntmachung vom 01.10.2002, veröffentlicht in: BGBl. I 2002, S. 3866, ber. in: BGBl. I 2003, S. 61, in: Steuergesetze, Stand: 01.01.2004, München 2004.
Aktiengesetz vom 06.09.1965, veröffentlicht in: BGBl. I 1965, S. 1089, in: Wirtschaftsgesetze, Stand: 01.03.2004, München 2004.
Einkommensteuergesetz 2002, in der Fassung der Bekanntmachung vom 19.10.2002, veröffentlicht in: BGBl. I 2002, S. 4210, ber. in: BGBl. I 2003, S. 179, in: Steuergesetze, Stand: 01.01.2004, München 2004.
Gesetz über das Kreditwesen, in der Fassung der Bekanntmachung vom 09.09.1998, veröffentlicht in: BGBl. I 1998, S. 2776, in: Wirtschaftsgesetze, Stand: 01.03.2004, München 2004.
Gesetz über die Besteuerung bei Auslandsbeziehungen (Außensteuergesetz) vom 08.09.1972, veröffentlicht in: BGBl. I 1972, S. 1713, in: Steuergesetze, Stand: 01.01.2004, München 2004.
Gewerbesteuergesetz 2002, in der Fassung der Bekanntmachung vom 15.10.2002, veröffentlicht in: BGBl. I 2002, S. 4167, in: Steuergesetze, Stand: 01.01.2004, München 2004.

Grundgesetz für die Bundesrepublik Deutschland vom 23.05.1949, veröffentlicht in: BGBl. 1949, S. 1, in: Deutsche Gesetze, Stand: 10.12.2003, München 2004.

Handelgesetzbuch vom 10.05.1897, veröffentlicht in: RGBl. 1897, S. 219, in: Wirtschaftsgesetze, Stand: 01.03.2004, München 2004.

Körperschaftsteuergesetz 2002, in der Fassung der Bekanntmachung vom 15.10.2002, veröffentlicht in: BGBl. I 2002, S. 4144, in: Steuergesetze, Stand: 01.01.2004, München 2004.

OECD-Musterabkommen 2003 zur Vermeidung der Doppelbesteuerung auf dem Gebiet der Steuern vom Einkommen und vom Vermögen, in: Doppelbesteuerungsabkommen, Stand: 31.05.2004, München 2004.

Solidaritätszuschlaggesetz 1995, in der Fassung der Bekanntmachung vom 15.10.2002, veröffentlicht in: BGBl. I 2002, S. 4130, in: Steuergesetze, Stand: 01.01.2004, München 2004.

4. Internet

Bank für Internationalen Zahlungsausgleich, Quartalsbericht März 2004, in: http://www.bis.org/publ/qtrpdf/r_qt0403ger.pdf, abgerufen am 07.03.2004.

Eurex, Interest rate derivatives – Fixed income trading strategies, in: http://www.eurexchange.com/download/brochures/fixed_income.pdf, abgerufen am 15.02.2004.

Genossenschaftsverband, Besteuerung von Kapitalanlagen/Notleidende Argentinienanleihen – Rundschreiben vom 11.06.2002, in: http://www.genossenschaftsverband.de, abgerufen am 03.08.2004.

Hoereth, Ulrike/Zipfel, Lars, Die Besteuerung von Aktienanleihen, in: http://www.ey.com/global/download.nsf/Germany/STH_Die_Besteuerung_von_Aktienanleihen/$file/DIE_BESTEUERUNG_VON_AKTIENANLEIHEN.pdf, abgerufen am 12.06.2003.

Hoereth, Ulrike/Zipfel, Lars, Die steuerliche Behandlung von Finanzderivaten, in: http://www.ey.com/global/download.nsf/Germany/STH_Die_steuerliche_Behandlung_von_Finanzderivaten/$file/DIE_STEUERLICHE_BEHANDLUNG_VON_FINANZDERIVATEN.pdf, abgerufen am 12.06.2003.

Hoereth, Ulrike/Zipfel, Lars, Genussscheine als Alternative zu Aktien, in: http://www.ey.com/global/download.nsf/Germany/STH_GENUSSSCHEINE/$file/GENUSSSCHEINE.pdf, abgerufen am 12.06.2003.

Schriften zum Steuer-, Rechnungs- und Finanzwesen

Herausgegeben von Prof. Dr. Michael Wehrheim

Philipps-Universität Marburg

Der Herausgeber will in dieser Schriftenreihe Forschungsarbeiten aus dem Steuer-, Rechnungs- und Finanzwesen zusammenfassen. Über den Kreis der eigenen Schüler hinaus soll originellen betriebswirtschaftlichen Arbeiten auf diesen Gebieten eine größere Verbreitung ermöglicht werden. Jüngere Wissenschaftler werden gebeten, ihre Arbeiten, insbesondere auch Dissertationen, an den Herausgeber einzusenden.

Band 1 Anja Marquardt: Ertragsbesteuerung von Unternehmen in der Europäischen Union. Erörterung von Grundsatzfragen unter besonderer Berücksichtigung der Mitgliedstaaten Deutschland und Frankreich. 2003.

Band 2 Thorsten Schmitz: Die Gemeindefinanzreform. Interkommunaler Steuerwettbewerb und der betriebliche Standortentscheidungsprozess. 2004.

Band 3 Gerrit Adrian: Tax Reconciliation im HGB- und IAS/IFRS-Konzernabschluss. 2005.

Band 4 Haiko Krause: Die Besteuerung hybrider Finanzinstrumente. 2006.

www.peterlang.de

Peter Lang · Europäischer Verlag der Wissenschaften

Jörg Weltin

Internationale Unternehmensbesteuerung

Allokation der Besteuerungsrechte unter veränderten Rahmenbedingungen

Frankfurt am Main, Berlin, Bern, Bruxelles, New York, Oxford, Wien, 2005.
XXV, 366 S., 9 Tab., 8 Graf.
Hohenheimer Volkswirtschaftliche Studien.
Verantwortlicher Herausgeber: Rolf Caesar. Bd. 50
ISBN 3-631-53703-4 · br. € 56.50*

Nationale Steuern werden durch zunehmende grenzüberschreitende Transaktionen vor neue Herausforderungen gestellt, wovon insbesondere die internationale Unternehmensbesteuerung betroffen ist. Neue Rahmenbedingungen beeinflussen die zwischenstaatliche Allokation der Besteuerungsrechte. Die Digitalisierung und darauf beruhende Anwendungen verändern die Art der unternehmerischen Wertschöpfung und können das gegenwärtige System der internationalen Unternehmensbesteuerung vor neue Probleme stellen. Zentrale Aufgabe dieser Arbeit ist es daher, Ursachen für Besteuerungsprobleme bei der internationalen Unternehmensbesteuerung herauszuarbeiten und diese vor dem Hintergrund der Digitalisierung zu analysieren. Dabei wird festgestellt, dass die Digitalisierung unternehmerischer Wertschöpfungen die Fähigkeit der Nationalstaaten reduziert, multinationale Unternehmen einer wirksamen Besteuerung zu unterwerfen. Lösungsversuche auf Basis von Quellenland- und Sitzlandprinzip erscheinen als ungeeignet, da diese Besteuerungsprinzipien auf Konstruktionsannahmen beruhen, welche die wirtschaftlichen Rahmenbedingungen im 19. Jahrhundert widerspiegeln und demzufolge nicht mehr mit der heutigen wirtschaftlichen Realität vereinbar sind. Eine Lösung dieser Besteuerungsproblematik ergibt sich stattdessen durch eine äquivalenzorientierte internationale Unternehmensbesteuerung.